ERNESTO GIMÉNEZ CABALLERO

ENTRE LA VANGUARDIA
Y EL FASCISMO

ENRIQUE SELVA

Prólogo de
JUAN MANUEL BONET

PRE-TEXTOS
INSTITUCIÓ ALFONS EL MAGNÀNIM

Diseño gráfico: Pre-Textos (S.G.E.)
Diseño sobrecubierta y cubierta: Ramón Gaya y M. Ramírez
Viñeta: Barradas

© del prólogo: Juan Manuel Bonet, 1999
© Enrique Selva, 1999
© de la presente edición:
PRE-TEXTOS, 2000
Luis Santángel, 10
46005 Valencia

en coedición con

IMPRESO EN ESPAÑA/PRINTED IN SPAIN

ISBN: 84-8191-325-1

DEPÓSITO LEGAL: V-2605-2000

GRAPHIC 3, S. A. - PINTOR SOROLLA 12 - POL. IND. CIUDAD MUDECO
46930 QUART DE POBLET (VALENCIA)

1002785593

A la memoria de mi padre, Enrique Selva Tur,
con tristeza por no haber llegado a tiempo.
Y a mi madre.

PRÓLOGO

El presente trabajo de Enrique Selva Roca de Togores, profesor titular de Historia en la Facultad de Ciencias de la Información del CEU San Pablo de Valencia, sobre Ernesto Giménez Caballero, centrado en la crisis de la vanguardia y en los orígenes del fascismo en España, constituye una gran aportación a una materia manifiestamente importante, y en torno a la cual sin embargo no abunda la bibliografía seria.

Enrique Selva trató en su día, al igual que yo lo hice también, a Giménez Caballero, al que califica de «figura poliédrica». Le ha dedicado ya varios trabajos, y en 1988 coordinó el número monográfico que le dedicó *Anthropos*. Quien firmó parte de su obra como Gecé y pronto se vería a sí mismo como Robinsón, de siempre le ha parecido uno de los personajes clave, y más fascinantes, de nuestra vanguardia literaria. Lleva años interrogándose sobre las razones, o las sinrazones, que condujeron a quien fue calificado de «gran estandarte, cartelista y jaleador de un ejercito juvenil», nada menos que por Antonio Machado en una carta, aquí citada, que le envía en 1929, a convertirse en el primero de una serie de intelectuales españoles que abrazarían, con todas sus consecuencias, la causa fascista.

Excelente conocedor del paisaje intelectual español del 98, del 14 y de las generaciones siguientes –recordemos su reciente libro *Pueblo, "intelligentsia" y conflicto social (1898-1923)* (Onil, Edicions de Ponent, 1999), significativamente subtitulado «En la resaca de un centenario»–, Enrique Selva sitúa a Giménez Caballero sobre un fondo en el que coexisten figuras de pensadores tan relevantes como Joaquín Costa, Ángel Ganivet, Unamuno, Ramiro de Maeztu, Azorín, Pío Baroja, José María Salaverría y José Ortega y Gasset.

De Maeztu, en el volumen que acabo de citar, Enrique Selva había tenido la buena idea de rescatar un fragmento de *Hacia otra España* (1899) que califica con

7

razón de «futurista *avant la lettre*»: «la clase intelectual, aferrada a un tradiciona-lismo muerto, no ha sabido cantar más que la tristeza de la leyenda desapareci-da, como si la belleza de las calles rectas, y de la fábrica, y de la máquina, y de la Bolsa no fuera de un orden anterior y superior al de la tortuosa calleja medieval».

Pero pasemos a Giménez Caballero. Están muy bien planteadas las páginas sobre los orígenes del escritor, sobre su primer entorno. Nacimiento en el ba-rrio de La Latina. Instituto de San Isidro. Imprenta familiar en la calle de la Huertas, expandida a la Ronda de Valencia, y luego a Canarias, 41, donde se imprimiría *La Gaceta Literaria*. Facultad de Filosofía y Letras, y revista homóni-ma. Proximidad al futuro historiador y político Pedro Sainz Rodríguez, y aque-llo, en una carta que le envía durante el verano de 1919, desde El Escorial: «Sainz, Castilla no se ha acabado». Ingreso en el Grupo de Estudiantes Socia-listas, fundado en la Casa del Pueblo pero actuante principalmente en el Ate-neo: ahí coincide con futuros comunistas de diversa obediencia como Juan An-drade, José Antonio Balbontín y Gabriel León Trilla. Lecturas de narrativa rusa. Centro de Estudios Históricos, vía Américo Castro, con el que siempre man-tendría estrechas relaciones.

Como otros de sus coetáneos, Giménez Caballero entra en fuego en Ma-rruecos. Su primer libro, *Notas marruecas de un soldado* (1923) le vale un proce-so, y reseñas elogiosas de Unamuno, Eugenio d'Ors e Indalecio Prieto. Libro nacionalista, regeneracionista, contiene el gérmen de muchas de sus ideas fu-turas. Su «Tenemos que intervenir juntos otra vez en algo común» recuerda ac-titudes parecidas, en futuros fascistas de otros países; Drieu, por ejemplo.

Tras Marruecos, nacionalismo y, ya, fascismo italiano, constituyen la base de las reflexiones de Giménez Caballero sobre la patria lejana, durante su se-gunda estancia como lector de español en Estrasburgo. Ahí conoce a su futura esposa, Edith Sironi, italiana de Toscana, y partidaria del régimen de Mussoli-ni, al igual que su hermano, con el que en 1924 él publica una entrevista –«Con-versación con un fascista»– en *La Libertad*. «El ejemplo de Italia es alentador», dice ahí quien unos años después asustará a Gerardo Diego calificándole de «poeta fascista».

Pero todavía no ha llegado la hora de la política. En 1925, reseñando, pa-ra *El Sol*, las *Literaturas europeas de vanguardia* de Guillermo de Torre, se conta-gia de los entusiasmos de quien se va a convertir en uno de sus mejores amigos: «¡La máquina, el Simplón exprés, el gran hotel, las antenas, la vida enérgica y deportiva! ¡Todos somos uno ya! ¡Viva la comunicación y el dinamismo!» Enri-que Selva reconstruye muy bien esa incorporación a la vanguardia, el clima de gestación de *La Gaceta Literaria* (1927-1932), el acercamiento a Guillermo de Torre, el papel de padrino de Ortega y Gasset, con un artículo –«Sobre un periódico de las letras»– con el cual se abre, muy significativamente, el primer número, al que Gabriel García Maroto, responsable de su diseño gráfico, apor-ta un tono ultraizante y suburbial.

Dice Enrique Selva que «Giménez Caballero no se adscribió a ninguna escuela vanguardista en particular, aunque mantuvo contactos fugaces y recibió la influencia de casi todas ellas». Ciertamente, resulta asombroso ver de qué modo confluyen, en la obra de finales de los años veinte y comienzos de los treinta de quien gustaba de posar con su mono proletario, sentado en un sillón Rolaco y delante de un cartel ferroviario del francés Cassandre, un amplio abanico de ismos, de inquietudes todas ellas modernas, aunque a veces contradictorias entre sí: el precursor ultraísmo, que le había llegado gracias a su «mentor vanguardista» Guillermo de Torre, el ramonismo –de la correspondencia inédita entre Ramón Gómez de la Serna y Gecé cabe deducir una relación muy estrecha entre ambos durante el tiempo de gestación de *La Gaceta Literaria*–, el neo-popularismo veintisietista a lo Alberti o a lo Fernando Villalón y su buceo en el pasado nacional, la reivindicación gongorina, el futurismo –quien en 1931 sería calificado de «madrileño futurero» por el Juan Ramón «caricaturista lírico», había ejercido el papel de principal anfitrión madrileño de Marinetti durante su visita de 1928, un hecho que tiene que ver con la estética pero también, evidentemente, con la política–, el *esprit nouveau* –la exaltación de una época de «atletismo, cinema, comete de dados» planteada en *Hércules jugando a los dados* (1928), en la línea del «Manifest groc» catalán de sus amigos Dalí, Gasch y Montanyà–, el constructivismo –en *Circuito imperial* (1929) hay unas páginas estupendas sobre su visita a Kurt Schwitters, Friedrich Vordemberge-Gildewart y demás *abatrakten* en Hannover–, el surrealismo...

A propósito del último de estos ismos, está claro que en ciertos textos de Giménez Caballero, y estoy pensando sobre todo en *Yo, inspector de alcantarillas* (1928), con su exaltación del sueño y de la cloaca, nos encontramos con planteamientos surrealistas, algo que en parte se explica por su cercanía a Alberti, Maruja Mallo –autora de la sobrecubierta de *Hércules*...–, Luis Buñuel y Dalí –elogia *El perro andaluz*–, cercanía de la que existen abundantes testimonios en *La Gaceta Literaria*, donde otro falangista, Eugenio Montes, hará la apología de *L'âge d'or*.

Los fantásticos *Carteles Literarios* de Gecé, expuestos en las barcelonesas Galeries Dalmau en 1928, motivan un viaje en avión de su autor, acompañado por Arconada, Juan Chabás, Antonio Espina y Benjamín Jarnés. Curiosa conjunción: la plástica, la aviación, los distintos rumbos políticos que pronto tomarán aquellos compañeros de vuelo.

Fundador del Cineclub de *La Gaceta Literaria*, impulsador de otros de signo similar en toda la península –en Valencia su responsable sería el futuro comunista Juan Piqueras–, e introductor en España, y a través de aquella red, de la filmografía vanguardista europea, incluida la soviética, Giménez Caballero practicó él mismo el nuevo cine, con talento, y apoyándose en la tradición, en su película *Esencia de verbena* (1930), de título bien significativo, en la que hay una cita fugaz de la pintura verbenera de Maruja Mallo, y en la que actúan Ramón, Samuel Ros y otros escritores.

Desde *La Gaceta Literaria*, Giménez Caballero conectó con Europa y América, polemizó con los argentinos de *Martín Fierro* a propósito del «meridiano de Madrid», escuchó a los nuevos escritores de Cataluña y Portugal –entre estos últimos, alguien cuya trayectoria guarda puntos de contacto con la suya, como António Ferro–, se asomó a los foros internacionales del castillo de La Sarraz, se interesó por los judíos sefardíes, por la FUE, por el deporte, por la arquitectura racionalista –que terminaría repudiando–, por la pintura de Rafael Barradas y en general por el arte de los «ibéricos».

Una época jovial y de convivialidad, sin embargo, terminaba. Comenzaba otra, cargada de negros nubarrones. En *Hércules jugando a los dados*, donde Enrique Selva detecta la influencia de Oswald Spengler, Giménez Caballero se fija en nuevos protagonistas de la historia: «el césar político (dictador o gran jefe de la república), la minoría cesárea o *soviet*, el inventor de laboratorio y gabinete, el capitán de industria, el aviador, el motorista, el poeta y el plástico puros, el gran periodista, el cinemactor». *Circuito imperial*, que he mencionado a propósito de Schwitters y sus compañeros, contiene un capítulo italiano en el que figuran unas páginas que narran el deslumbramiento del escritor ante Roma, páginas consideradas por Enrique Selva como «el texto decisivo que marca el punto de inflexión fundamental de su trayectoria ideológica». Su Virgilio por tierras italianas es Curzio Malaparte. Giménez Caballero elogia a la vez la Rusia comunista, y la Italia fascista. «Cortaron por lo sano: el mejor modo de ser europeos es ponerse frente a esa tradicional Europa y dar una nota original. Comunismo. Fascismo. En el fondo, dos fórmulas fascinadoras de una nueva Europa, de otra Europa». Una y otra vez, volverá sobre estos elogios simétricos, a los que en alguna ocasión incorporará algún matiz nuevo: recordemos la presencia, en las páginas de *Genio de España* (1932) de una alabanza de Kemal Atatürk, el padre de la Turquía moderna. Idéntica actitud encontraremos en un primer momento en su futuro cómplice Ramiro Ledesma Ramos: «Ahí están los magníficos ejemplos de Italia y Rusia, los dos únicos pueblos cuyo régimen político es fiel reflejo de esta época».

El tema que termina dibujándose, fatalmente, es el de la bifurcación guerracivilista de la vanguardia española. Ningún *tandem* la ilustra mejor, que el constituido por Ernesto Giménez Caballero, y su entonces amigo César M. Arconada. Según testimonio del primero, el autor de *Urbe* y futuro comunista, sucesor de Guillermo de Torre al frente del secretariado de redacción de *La Gaceta Literaria*, fue quien le presentó a Ledesma Ramos, de quien era vecino en un barrio tan de la época como Cuatro Caminos. Siempre me llamó la atención una frase de Arconada de 1928, en su respuesta a la encuesta sobre «Política y literatura» de *La Gaceta Literaria*, según la cual «un joven puede ser comunista, fascista, cualquier cosa, menos tener viejas ideas liberales». Enrique Selva subraya muy pertinentemente que la opinión del propio Giménez Caballero «no debía de andar lejos de la expuesta por César M. Arconada», algo que él mismo corrobora unas páginas más adelante, al hablar de *Hércules jugando a los dados*. Tan «de vanguardia», en definitiva, era en 1930 hacerse fascista, como hacerse comunista.

Junto a Giménez Caballero y al propio Ledesma Ramos, en cuya revista *La Conquista del Estado* el primero publicaría artículos surrealísticamente antisurrealistas, Enrique Selva plantea los retratos de otros de los intelectuales españoles de vanguardia tentados, en el quicio entre los años veinte y los años treinta, por promover una versión local del fascismo, intelectuales que, como nos dice el autor, encontraron una primera plataforma en *La Gaceta Literaria*, que ciertamente, y entre otras muchas cosas, fue también «el laboratorio intelectual donde se incubaron las actitudes protofascistas en nuestro país».

De «enigmático personaje» califica Enrique Selva a uno de aquellos jóvenes, Ramón Iglesia Parga. Futuro suicida y como tal futuro protagonista del *Nocturno de los 14* de Ramón J. Sender, fue, en 1929, época en que era lector en Göteborg, el destinatario de la «Carta a un compañero de la Joven España» que Giménez Caballero puso al frente de *En torno al casticismo de Italia*, su antología malapartiana, con título parodiado de Unamuno, y que todavía le ayudó a traducir… Arconada. En Göteborg, Iglesia se había «saturado de fascismo de buena ley» a través de uno de sus colegas, el lector de italiano. Se siente «cada vez más desinteresado de lo que no es español». En 1931 será uno de los firmantes del manifiesto de *La Conquista del Estado*. Un año después, dará un giro a la extrema izquierda.

De la extrema izquierda comunista venía precisamente Juan Aparicio, que había escrito en *La Gaceta Literaria* sobre Maiakowski, y de cuya evolución es significativa su respuesta, aquí citada, a la encuesta de la revista sobre la vanguardia, respuesta en la que nos encontramos, juntos y revueltos, con el Soviet, el «hacista» Giménez Caballero, Alberti, José Francisco Pastor, Ledesma Ramos… Pronto se convertiría en el «colaborador más cercano y permanente» del último de los nombrados. El franquismo le confiaría puestos bastante más relevantes, en lo cultural y en lo político, que a nuestro embajador en Paraguay.

Al valenciano José Francisco Pastor, por último, su paisano Enrique Selva le dedica una extensa nota. Lector de español, como Giménez Caballero lo había sido, en Estrasburgo, fue el primero en responder al llamado fascista del escritor, y en pedirle la articulación de «minorías que –como en Rusia o Italia– renueven el espíritu de nuestra sociedad». El director de *La Gaceta Literaria* anunció un título suyo –*Mitos y héroes*– a la postre nonato, en la misma colección donde había visto la luz su *Circuito imperial*. Publicó un libro en alemán, y una antología de la poesía española moderna en colaboración con el hispanista izquierdista holandés G. S. Geers. Al parecer falleció poco antes de la guerra civil, en los Países Bajos, y defendiendo posiciones izquierdistas. ¿Sabremos algun día algo más sobre esta sombra atormentada?

El arquitecto José Manuel Aizpurúa, nuestro Giuseppe Terragni, fue uno de los socios fundadores del GATEPAC y también de GU, sociedad donostiarra esta última sobre la que hubiera sido interesante que se hubiera detenido Enrique Selva. Polemizó en alguna ocasión con Giménez Caballero, que en 1931 ya expresaba su «disgusto» y su «malestar» ante la nueva arquitectura. Ocupó cargos importantes en Falange Española. Fue asesinado al comienzo de la Guerra Civil. El pintor Alfonso Ponce de León, adscrito al realismo mágico, navegó en la Barraca lorquiana, y la Falange, de la que fue el principal grafista. Fue asesinado, él también, en su caso en Madrid. Su colega Pancho Cossío, por su parte, dejó el París de *Cahiers d'Art*, por Santander, donde fue uno de los fundadores de la Falange local... y del Racing. No olvidemos tampoco el caso de Francisco Guillén Salaya, meticulosamente analizado, con su saber hacer habitual, por José Carlos Mainer, ni el de Luys Santa Marina, ni el de Agustín de Foxá, ni el de Eugenio Montes. El gimenezcaballerismo, por lo demás, impregna obras ensayísticas como la de Ramón Sijé o la de Agustín Espinosa, ambos corresponsales del escritor durante los años malditos. Todavía no ha sido estudiada en profundidad la deriva fascista de parte de nuestra vanguardia, deriva simétrica a la deriva comunista de las gentes de *Octubre* o *Nueva Cultura*. Este libro, aunque centrado en tan sólo uno de sus protagonistas, constituye un paso importante hacia un más completo conocimiento de la misma.

Tras creer, en plan bastante oportunista, que la República colmaría algunas de sus expectativas personales, y tras ser excluido aquel mismo mes de abril de 1931 de *La Conquista del Estado*, Giménez Caballero se lanzó a la que sería su última aventura literaria, los seis números de *El Robinsón Literario de España*, intercalados entre números «normales» de *La Gaceta Literaria*, y que presentan la particularidad de ser unipersonales. Paralelamente, redacta *Trabalenguas sobre España* (1931), *Genio de España*, y su libro sobre Azaña, un político en el que quiere ver, nos dice Enrique Selva, a un «*cirujano de hierro* costiano», espejismo que algo después lo llevará, durante un tiempo, a desear una conversión «nacional» del socialista Indalecio Prieto. «Al término de su etapa robinsónica –escribe Enrique Selva, que también recuerda los contactos–, se sitúa la consumación de la ruptura con las débiles amarras que le unían aún con la cultura política liberal».

Más allá de esas fechas, está, ya sin ambages, la política. Como subraya Enrique Selva, Giménez Caballero no se plantea ya nacionalizar a la izquierda, sino que, directamente, urge a la fascistización de la derecha. Se precipitan los acontecimientos. El encuentro con José Antonio, a comienzos de 1933, en el banquete de José María Pemán de *Acción Española*. Ese mismo año, la aventura de *El Fascio*, donde con el patrocinio de la embajada italiana coincide con Ledesma y los suyos, con José Antonio Primo de Rivera y Rafael Sánchez Mazas, y con el orteguiano Alfonso García Valdecasas, ex-promotor de un Frente Español al que había pertenecido María Zambrano; la incorporación a Falange Española; el fallido intento de presentarse a las elecciones por Murcia, dentro de la candidatura gilroblista... Luego vendrían la unificación de Falange y de las JONS y la temprana marcha de Ledesma, la rivalidad con Sánchez Mazas, preferido por José Antonio, el distanciamiento de los falangistas... Por último, el acercamiento de *Acción Española* –donde provoca enormes reticencias en Maeztu y en la mayoría de sus colaboradores–; la aparición de *Arte y Estado* (1935), libro doctrinario, donde entre otras anécdotas nos encontramos con el relato del encuentro de varios falangistas (Aizpurúa y los de GU, José Antonio Primo de Rivera, el propio autor) con Picasso, durante el verano de 1934, en un escenario tan emblemático como el Club Náutico de San Sebastián, la obra maestra del primero de los nombrados; la pintoresca campaña en pro de la patronal y la fundación del no menos curioso PEPE; la polémica participación en la candidatura unificada de la derecha en las elecciones de 1936; el reencuentro y la reconciliación, en junio de aquel año fatídico, con un José Antonio encarcelado...

«Patético destino el de Ernesto Giménez Caballero», concluye lacónicamente Enrique Selva, tras hacer un balance de los «tropiezos, piruetas y saltos mortales» vividos por el futuro embajador durante la etapa estudiada, etapa que concluye con su incorporación, no sin avatares –está claro que eran consustanciales al personaje–, al bando franquista en lucha, y con su papel –una de las revelaciones del libro– en la redacción del decreto de Unificación.

Lleno de pistas nuevas, y también de interpretaciones pertinentes, este libro muy bien construido de Enrique Selva constituirá a partir de ahora referencia imprescindible para cuantos se quieran asomar a la vida y la obra de Ernesto Giménez Caballero, y en términos más generales para cuantos quieran profundizar en el conocimiento de una época dramática y clave de nuestra historia intelectual, y de nuestra historia a secas, época respecto de la cual las generaciones nacidas tras la guerra civil ya no nos contentamos con las simplificaciones al uso durante demasiado tiempo –siempre digo que la nuestra fue la primera que supo escuchar a la vez a Bergamín, y a Giménez Caballero–, y queremos saber de verdad, con todas sus complejidades y contradicciones, entre otras cosas para que jamás pueda volver a producirse una tragedia semejante, la tragedia que hizo que se terminaran enfrentando fraticidamente, al igual que otros cientos de miles de españoles, el autor de *Hércules jugando a los dados*, y el de *Urbe*.

Juan Manuel Bonet

INTRODUCCIÓN

«Ernesto Giménez Caballero merecería que se le consagrara un estudio en profundidad. El hombre, como su obra, se encuentran en la encrucijada de varias corrientes, y siguiendo de cerca el itinerario de G.C. [...] aclararíamos de forma, a menudo inesperada, varios aspectos de la vida político-literaria española de los años 1925-1936.»

Jean Bécarud [1974]

Entre los intelectuales españoles de los años veinte y treinta, pocos ofrecen un perfil tan sugestivo para el historiador como Ernesto Giménez Caballero. Por el valor intrínseco de su obra, por la amplitud del territorio sobre el cual desplegó su acción, y porque, en definitiva, ninguna inquietud que convulsionó los ambientes intelectuales de este período le fue ajena. El dinámico fundador de *La Gaceta Literaria* –por recordar su empeño más ambicioso y logrado– se situó en esos años en el centro del huracán. Y sin embargo –lo reclamaba en las líneas anteriores el hispanista francés hace un cuarto de siglo– está todavía por hacer el estudio atento y detallado de su trayectoria y del influjo de su actuación en su época. En lugar de acometer, sin parcelaciones artificiosas, la investigación de cuanto significó en el tramo histórico que le tocó vivir, la relevancia de su papel ha sido dejada de lado. Y cuando de forma excepcional ha sido abordada, ha tendido a trivializarse, utilizando para ello un verdadero arsenal de términos descalificatorios, donde los de extravagante, exhibicionista, delirante o histriónico serían los más comunes... aunque todos tengan su parte de razón y su base de realidad.

La burla más o menos despiadada o el olvido calculado revestirían poca gravedad si no se aplicaran a quien no sólo desempeñó un papel inesquivable en la vida literaria y cultural de los años veinte (como se va aceptando, todavía con reticencias, pero de una forma creciente), sino también al primer intelectual que de una forma totalizadora intentó asimilar y traducir en España en el período de entreguerras la experiencia fascista y vino a ocupar un puesto notorio en todas las iniciativas de ese signo.

Pero aún hay más. La significación de Giménez Caballero no se reduce sólo a la de precursor. Con su proceder constituye la mejor encarnación de la vía específica a través de la cual se formula la ideología fascista y se comienza a difundir en nuestro país. Elaboración doctrinal y praxis son inseparables en quien, además de ser escritor (y escritor político), quiso desbordar esa condición para volcarse sobre la cosa pública de su tiempo. Detrás de sus frenéticos movimientos se esconde un complicado proceso donde se interrelacionan motivos estético-políticos de las vanguardias europeas, ingredientes actuantes en el pensamiento de los intelectuales españoles desde la crisis finisecular y elementos directamente importados de la ideología y el régimen mussoliniano. *Gecé* –hombre-encrucijada, como advirtió Jean Bécarud– protagoniza ese proceso, ejemplifica las dificultades surgidas en su curso y, al tiempo, da cuenta de su parcial fracaso, con la instalación de un régimen, la dictadura franquista, de contornos políticos tan controvertidos.

* * *

En el cruce de esos tres caminos está el lugar propio de Giménez Caballero en la historia.

La base de su formación intelectual fue el mundo ideológico legado por las dos generaciones anteriores a la suya: la de 1898 y la de 1914. De ese entramado de corrientes dominado por el regeneracionismo, con Joaquín Costa como punto de partida y José Ortega y Gasset como término, arrancará casi todo. ¿Arrancó también el fascismo en España?

Contestar afirmativamente el interrogante es tan aventurado como hablar de un «prefascismo» español, aunque lo cierto es que los intelectuales fascistas hispanos se reclamaron herederos de ese cúmulo de ideas puesto en circulación por Costa y desarrollado desde posiciones muy diversas por quienes vinieron después. Es aventurado, en primer lugar, porque supondría –desde el punto de vista del historiador– una inversión de la progresión temporal: partir de los resultados del proceso y retrotraer hacia unos antecedentes más o menos remotos el origen de la evolución histórica, como si ésta estuviera predeterminada. Lo es, también, porque es muy difícil distinguir cuanto en esas vertientes político-culturales hubiese de verdaderamente precursor, de la utilización –muchas veces interesada– realizada por los fascistas *a posteriori*, en su pretensión de dotarse de una genealogía intelectualmente respetable, no ya por las raíces autóctonas sino por el prestigio de los nombres recuperados. Y por último, porque un estudio comparativo de los elementos «prefascistas» en nuestro país en relación con los que se dieron en otros lugares europeos (piénsese a título de ejemplo en Italia, Alemania e incluso la misma Francia) revelaría la escasa entidad de los mismos y obligaría al historiador a rastrear aquí y allá indicios de fracturas en un orbe de ideas predominantemente liberal.[1]

---

[1] Este aspecto lo hemos desarrollado ampliamente en nuestro libro *Pueblo, «intelligentsia» y conflicto social (1898-1923)*. Onil, Edicions de Ponent, 1999.

Ésta, precisamente, es una de las claves que ayudan a comprender el proceso protagonizado por *Gecé*. Pues fue en los entresijos del pensamiento liberal (con sus múltiples derivaciones antidemocráticas, elitistas, etc.) donde se formó el escritor que hizo posible la originaria síntesis entre las quiebras de ese pensamiento liberal (y no reaccionario) y el fenómeno del fascismo italiano.

Como es bien sabido, ante la emergencia de los fascismos se reaccionó *favorablemente* de dos maneras. Desde la óptica del conservadurismo, percibiéndolo como una nueva modalidad de organización estatal que venía a cerrar la crisis (acentuada por las consecuencias de la Gran Guerra) de la sociedad burguesa, manifestada por la insurgencia del movimiento obrero y el desasosiego de las capas medias. Desde una perspectiva incubada en los medios del liberalismo y de la izquierda, quiso verse en la naciente ideología una nueva forma de entender la vida, dejando sus artilugios institucionales o sus efectos sobre la sociedad en un segundo término.

El fascismo, pues, por sus resultados, con un sentido instrumental, operativo. Y el fascismo como aurora de un mundo nuevo, todavía impreciso, apoyado en una revolución estética de profundo calado. Que las dos ópticas estuviesen condenadas a confluir es otra historia, de la cual, por otra parte, también es Giménez Caballero, a la vez, testigo y parte. Desde la segunda posición hizo antes que nadie, integralmente, la referida síntesis entre los elementos autóctonos y los foráneos. Pues nada garantizaba que del pensamiento regeneracionista anterior, con sus contradicciones y sus debilidades, pudiese saltarse en España hacia las concepciones del fascismo.

En ese enrevesado avatar, la vanguardia, tal y como fue asimilada por *Gecé*, desempeñó un papel de primera importancia. También las tendencias artísticas de ruptura, particularmente en su vertiente futurista, confluían en ese vislumbre estético del nacimiento de una nueva forma de humanidad, superadora de los planteamientos y esquemas decimonónicos.

Pocos jóvenes de su generación vivieron con tanta intensidad los debates que atraviesan el primer cuarto del siglo XX; ninguno fue tan extremado como él en la hora decisiva de sacar conclusiones.

*   *   *

Como su camino ideológico estuvo saturado de tropiezos, piruetas y saltos mortales, y, en relación con esa circunstancia, parece fútil aprehender en una síntesis coherente un pensamiento político muchas veces contradictorio y escasamente sistemático en su exposición (salvo cuando adquiere organicidad, ya al final del período aquí estudiado), he optado por el enfoque diacrónico como el más apropiado para presentar esas variadas posiciones surgidas del choque de una vida personal con unas variables históricas (sociales, políticas, ideológicas) en las cuales se incardina todo devenir vital. En el acercamiento a Giménez Caballero reviste más interés desvelar el alumbramiento de sus posiciones, la serpenteante línea seguida en sus sucesivas etapas, que el punto de llegada, forzosamente simplificador.

Por ese motivo, la disposición narrativa del libro ha sido configurada bajo un esquema biográfico, y este hecho reclama algunas consideraciones. Indubablemente en la actualidad asistimos a una reivindicación de la biografía como género histórico. Atrás quedan varias décadas de desprestigio de la misma como consecuencia de aquellas corrientes historiográficas dominantes que ponían todo el énfasis en las estructuras y desalojaban el factor humano, personal y concreto, del acontecer histórico. Como esa vuelta del género biográfico lleva la fuerza de todas las modas, no puede por menos de entrañar riesgos desde el punto de vista de su valor en el campo de las ciencias sociales. Se impone por tanto una prevención: la validez de todo estudio centrado en una individualidad dependerá siempre de considerar al hombre como sujeto integrante de un conjunto social, sobre el cual actúa y –dialécticamente– se ve condicionado por él. Y nunca como *rara avis* más o menos atrayente desde parámetros puramente literarios, para simple consumo de lectores curiosos.

Este estudio pretende ser a la vez comprensivo y crítico. En la construcción de su vida, todo personaje se ve inevitablemente coaccionado por un entramado de factores, donde la posición en la sociedad o las tradiciones culturales de su país y su tiempo ocupan un lugar destacadísimo. Pero en última instancia el individuo no pierde su capacidad de elección a la vista de las circunstancias, y escapa así al determinismo. Precisamente por eso, comprender las actuaciones humanas en el pasado no nos exime de valorarlas. Y valorarlas, como no puede ser de otra manera, de acuerdo con nuestras posiciones ideológicas y nuestras convicciones éticas actuales. La tan cacareada aspiración a la objetividad no deja de ser un espejismo. Pero el juicio de comportamientos ajenos localizados en el pretérito no debe basarse en la arbitrariedad. La misión del historiador en tanto que biógrafo, tal y como la concibo, consistirá en aportar los elementos necesarios con que armar el escenario –relativamente abierto– donde esas opciones se van presentando al paso de toda vida personal. Y en dar las razones de por qué se decantaron en un sentido y no en otros.

Tratándose de un personaje de su contexto humano, he pretendido rehuir toda fácil tentación de anecdotismo para centrarme en la trayectoria de su significación intelectual y en la historia de la formación de su pensamiento político. Con una delimitación cronológica final precisa: la Unificación decretada por Franco en abril de 1937. Momento en que, consumada su evolución política y en parte agotada la fuente de su inspiración literaria (aunque siguiese escribiendo y publicando durante medio siglo más), alcanzó el punto culminante de su intervención en los destinos españoles, en plena guerra civil... Porque a partir de entonces, Giménez Caballero empezó a sobrevivirse.

* * *

El libro no es, en rigor, la biografía de Giménez Caballero. Ni por el espacio cronológico que abarca (se detiene cuando su protagonista no había cumplido aún los cuarenta años), ni por la precariedad de las fuentes de carácter íntimo con que se ha tropezado su autor (aunque lo autobiográfico informase buena parte de su escritura); ni, sobre todo, porque, deliberadamente, pretende trascender de una vida humana individual para contribuir a iluminar –a través, eso sí, de su personal vivir– el complejo proceso histórico apuntado.

Pero creo de interés señalar, junto a las anteriores consideraciones objetivables, la peculiar significación de *Gecé* desde la perspectiva del sujeto.

Hombre polifacético, de profundas intuiciones y dotado de un enorme talento para la escritura y la movilización cultural, fue un malabarista de las ideas, los mitos y el lenguaje. Tenía una fe absoluta en la fuerza transformadora de la palabra y atribuía al intelectual verdadero las condiciones del *profeta*. Todo eso –como se sabe– es muy vanguardista. Pues aunque en el conjunto de su obra podemos delimitar un período estrictamente vanguardista, esa condición lo acompañó, como característica indeleble de su personalidad, hasta el fin de sus días. A Giménez Caballero sólo parecían interesarle, en puridad, los momentos inaugurales. La realidad práctica subsiguiente no podía, por fuerza, sino defraudarle. Así se explica que su concepto de la fidelidad a las ideas y a las personas –y el trasfondo ético que lo animaba– se sujetase tan poco a las convenciones, motivo por el que habría de ser tan atacado por sus enemigos. Podría decirse que sólo era fiel a su condición de «adelantado». Un francotirador que necesitaba constantemente cambiar el objetivo de sus disparos.

En verdad siempre pareció hacer la guerra por su cuenta, pero no por propia voluntad. Sus pensamientos, sus actos, su escritura estaban sembrados de contradicciones, y éstas eran un trasunto de su forma de ser compleja e inestable. Desde un egocentrismo desmesurado pretendió proyectarse sobre la colectividad, primero en el plano de la cultura; políticamente, después. Giménez Caballero es el hombre que constantemente se ofrece, que está esperando para ser utilizado en cualquier iniciativa y que ve, al cabo, cómo sus ambiciones naufragan en beneficio de quienes vienen detrás. En ese drama íntimo e insalvable no hubo caldo que no probase, ya que la síntesis de los contrarios fue siempre su aspiración máxima. Su idea de la coherencia era también muy poco convencional, porque siendo un intérprete veloz de un mundo en mutación permanente, el mismo devenir continuo de la realidad le permitía justificar la volubilidad de sus entusiasmos. Ahí está la historia de sus sucesivos desaprovechamientos y frustraciones, desde los años finales de la Dictadura de Primo de Rivera, hasta la II República y el franquismo, éste último tan poco amigo de los experimentos imaginativos, divertidos y algo inquietantes.

*   *   *

Procuraré atenerme a una norma de sobriedad para no hacer interminable la nómina de las muchas personas con quienes me considero en deuda. La primera mención será para el protagonista del libro, Ernesto Giménez Caballero. Tuve la fortuna de tratarlo en los últimos años de su vida. Fue generoso conmigo: me confió el volumen nada desdeñable de sus recuerdos –adobados con frecuencia de ánimo provocador–, me permitió la consulta de su archivo personal, e incluso me obsequió con alguno de sus documentos. Estoy seguro que de haber sobrevivido a la edición del libro, se hubiese sentido feliz, en la misma medida en que le entusiasmó la idea cuando sólo era un proyecto. Otros supervivientes de la época –algunos de ellos también desaparecidos– que me aportaron sus testimonios e interpretaciones, verbal o epistolarmente, verán reflejado en el texto el valor que les concedo y por eso mismo considero innecesario citarlos aquí por extenso.

El libro procede de la reelaboración del texto de una tesis doctoral que su autor presentó en la Universidad de Valencia en noviembre de 1995. El tribunal que la juzgó –compuesto por los doctores Enric Ucelay, Pedro J. de la Peña, Alicia Alted, Rafael Valls e Inocencio Galindo– no sólo le concedió la máxima calificación académica, sino que hizo valiosas sugerencias, generales y de detalle, al escrito originario. Con el director de la tesis, Ismael Saz, tengo también una particular deuda de gratitud. Muchas de las ideas expuestas en sus páginas son producto de intermitentes conversaciones mantenidas durante varios años y de él proceden casi todas las fuentes extranjeras. Los actuales colegas de la Facultad de Ciencias de la Información del CEU San Pablo de Valencia –y en particular los integrantes del Departamento de Historia– me alentaron en la gestación y desarrollo del trabajo, en un amistoso y enriquecedor diálogo desde la pluralidad ideológica. La confianza de los responsables de esta institución académica –y mencionaré expresamente los nombres de José María Espinosa y Vicente Navarro de Luján– ha sido, al cabo, decisiva, pues al permitirme hacer compatible la docencia con la actividad investigadora, me dieron el impulso último gracias al cual el esbozo originario no se perdió como otras ilusiones que nos dejamos arrumbadas en el camino de la vida.

No sería justo excluir de este sumario elenco los nombres de Juan Manuel Bonet, que leyó detenidamente el texto originario, me hizo valiosas sugerencias como gran especialista en la materia que es, y aceptó generosamente prologarlo; de Carlos Pérez de Tudela, animoso acompañante con sus epístolas madrileñas cargadas de sabiduría y salpicadas de gracejo; de Magdalena Rigual, por facilitarme amablemente referencias bibliográficas de difícil acceso desde la Casa-Museo Azorín, ejemplar institución cultural de la cual es bibliotecaria; de Mechthild Albert y Nigel Dennis, generosos, como los anteriores, con la lectura de mis trabajos, cuyos estímulos han sido especialmente apreciados en ra-

zón de su lejanía –sólo– geográfica. De los editores de Pre-Textos, Manuel Borrás, Manuel Ramírez y Silvia Pratdesaba, gracias a cuyo empeño decidido sale
este libro, con el apoyo no menos efectivo y la favorable acogida de Andrés Amo-
rós, director de la Institución Alfons el Magnànim.

Del entorno más íntimo no será necesario dejar constancia de nombre alguno, porque en él cada cual es consciente del lugar que ocupa en mi estimación. Tratándose de una investigación atravesada de dificultades, con sus momentos de desánimo, el apoyo afectivo incondicional se convierte en imprescindible.
Y da origen a un sentimiento de gratitud que no encuentra palabras para ser
expresado.

$$* \quad * \quad *$$

Hubo un tiempo en que el nombre de Ernesto Giménez Caballero significó mucho en la vida cultural y política española. Habrá, sin duda, quien consi-
dere este aserto una hipérbole infundada. Las páginas de este libro aspiran, precisamente, a mostrar, a través de la narración crítica de su trayectoria, que la
frase anterior no es una exageración.

Valencia, julio de 1999.

EL JOVEN GIMÉNEZ CABALLERO EN SU CIRCUNSTANCIA

HIJO DE GUARDABOSQUES CON PASIÓN DE CAZADOR

Hay personajes que han procurado pasar por la vida haciendo el menor ruido posible, mientras otros han inscrito su existencia en una controversia permanente. A estos segundos pertenece Ernesto Giménez Caballero, alimentador constante de esa polémica y creador de su propia leyenda. Este estudio pretende ser la exposición razonada de su trayectoria intelectual y política en un período cronológico preciso. Pero en la medida en que toda obra –artística o de pensamiento– se radica en una vida personal, y ésta, a su vez, en un contexto histórico concreto, debemos empezar por alejarnos de aquella leyenda, tan rica en anécdotas, para remarcar los elementos básicos de esa biografía.

Nace nuestro personaje en Madrid el 2 de agosto de 1899, cuando el trauma y la revulsión que supusieron la catástrofe colonial del 98 están aún cercanos. A esta circunstancia cronológica, que lo incluye en el posteriormente célebre grupo del 27, en el que tan importante papel desempeñaría, se suman las derivadas de su procedencia territorial castellana (más aún, madrileña), su origen social adscrito a la pequeña burguesía, pero en rápido ascenso económico, y un medio familiar carente de cualquier tradición intelectual. Factores todos ellos que encuadran de forma precisa el punto de partida de su vida.

El Madrid finisecular donde viene al mundo era una ciudad que rondaba el medio millón de habitantes, escasamente industrializada y con una abundante población funcionarial por ostentar la capitalidad del Estado. Una ciudad de burócratas y comerciantes que, según la afortunada imagen de Ortega y Gasset del Madrid que conoció en su mocedad, vivía «absorta en sí misma». Allí, «salvo pequeñísimos grupos que leían a algunos escritores franceses y, claro está, algunas individualidades, como Valera y alguna otra, que conocían ya bastante la ciencia alemana y por eso precisamente eran excepcionales, para aquel Madrid –como entidad colectiva– no existía nada del Universo más allá del extrarradio y vivía vuelto hacia su propia intimidad, sumergido en ella, gozándose de ella. Una intimidad que era casi siempre vulgar y cotidiana, porque Madrid entonces era en todos los sentidos muy pobre. Y sin embargo, esas míseras realidades de su vida vulgar, de puro atenderlas y vivirlas, lograba que fuesen, además, leyendas y mitos de sí mismo.»[1]

La imagen puede completarse con esta otra, castiza y humorística, del propio Giménez Caballero, al evocar sus años infantiles, «cuando aún el pueblo de Madrid no tomaba taxis ni usaba gabardina, esgrimía la navaja para sus crímenes pasionales, muy poco la de afeitar para sus barbas, hablaba siempre de que tenía un "corazoncito" y una "negra honrilla", cobraba los votos a duro, como único subsidio de cargas familiares, y no pedía intervenir en más Empresas que las de Toros, donde la palabra "burro" la ejercitaba como un derecho familiar. Por eso y por otras cosas que no me atrevo a insinuar –aquel Pueblo madrileño (prototipo del hispánico) era considerado en los sainetes, las novelas, la prensa y hasta los sermones– como un modelo de bondad y sencillez.»[2]

En este Madrid donde se engendran los personajes míticos transmitidos por los géneros populares musicales y literarios, nace y crece Giménez Caballero, quien se considera a sí mismo «madrileño por los cuatro costados»,[3] aunque enraizado a la provincia de Toledo y a Extremadura. En efecto, su abuelo por línea materna, natural de Olías del Rey, poseía una rica huerta en Talavera –El esparragal– especializada en el cultivo de la ciruela, producto que vendía en el madrileño mercado de la Cebada y que incluso exportaba a Londres.

El padre del futuro escritor, Ernesto Giménez Moreno, nacido ocasionalmente en Cuba –donde su padre, músico de la Sinfónica, se hallaba de *tournée*– residiría desde muy corta edad en la capital de España. Allí empezaría, muy joven, como dependiente de una tienda de ultramarinos en la calle del Arenal, para pasar después a tenedor de libros en un pequeño comercio de papel en la calle de las Huertas. Su propietaria era una viuda con un hijo «que no valía para el comercio, que le había dado por el teatro», por lo que al fin pudo quedarse con el negocio e instalar «una pequeña minerva para hacer tarjetas».[4] Sería el comienzo de una exitosa carrera que le llevaría a poseer una fuerte industria gráfica y papelera en un rápido proceso de enriquecimiento. A la pequeña imprenta y tienda de material de escritorio de la calle de las Huertas, añadiría una imprenta mayor en la Ronda de Valencia, primero, y en la calle Canarias 41, después, para terminar la construcción de su emporio industrial con la ad-

---

[1] J. Ortega y Gasset, *Una interpretación de la Historia Universal* [Curso 1948-1949], en *Obras Completas*, Madrid, Alianza, 1983, t. IX, pp. 139-140. (En adelante citaremos abreviadamente por *OC*, seguido por el tomo en números romanos y la página en arábigos).

[2] EGC, *Don Ernesto o el Procurador del Pueblo en las Cortes Españolas*, Madrid, EPESA, 1947, p. 13.

[3] *Apud* L. Tandy, *Ernesto Giménez Caballero y «La Gaceta Literaria»*, Madrid, Turner, 1977, p. 24.

[4] E. Selva, «Giménez Caballero entre la vanguardia y la tradición. Su autobiografía intelectual a través de una entrevista». *Anthropos*, 84 (mayo 1988), p. 22.

quisición de una fábrica de papel y talleres de manipulado en Cegama (Guipúzcoa), integrada en el oligopolio de La Papelera Española, bajo la dirección de Urgoiti.

Este ascenso económico, basado fundamentalmente en las subastas y concursos del Estado, sobre todo de Correos y Telégrafos,[5] lo ejemplificaría en las sucesivas residencias familiares: la calle del Duque de Rivas, en el popular barrio de La Latina, donde nació el escritor; la calle de Cañizares, junto a la parroquia de San Sebastián, donde contraería matrimonio en 1925; y por último, la plaza de las Cortes, donde serían vecinos, en plena República, del financiero Juan March y donde tenía su redacción la revista contrarrevolucionaria *Acción Española*.[6] Por añadidura, en los años veinte el padre adquiriría una preciosa villa –llamada de San José, por la devoción profesada por la madre, Elisa Caballero, al santo– junto a la fábrica de Cegama, donde toda la familia pasaría junta algunas temporadas al final del verano.[7]

Pero la infancia de Ernesto discurriría por unos cauces de mayor estrechez económica. Entre su abuelo materno –«amigo de toreros y mujeres de rumbo»–[8] y su padre, el laborioso impresor, trataron de orientar su vocación. El primero, intentando implicarlo en sus negocios frutícolas y pretendiendo convertirlo en un tratante de altura de sus exportaciones a Inglaterra; el segundo, introduciéndolo en el negocio familiar de la papelería y haciéndole estudiar artes gráficas a la vez que cursaba sus estudios de bachillerato en el Instituto de San Isidro. La tienda de material de escritorio atendía a algunos ministerios, y cada vez que había crisis política, el futuro escritor «corría de Ministerio en Ministerio y me pasaba horas y horas en los antedespachos de las habitaciones esperando un pedido de besalamanos o de lapiceros en encarnizada competencia con otros industriales, pues cada nuevo Ministro o subsecretario llevaba sus recomendados».[9] Es posible que a través de esta presión familiar que le obligó a participar en actividades tan alejadas de su vocación inequívoca por los libros, tuviese su primer contacto con la realidad política nacional, el régimen de la Restauración en su fase declinante, del cual ofrecería muchos años después este cuadro tan negativo:

«Si hubo una palabra que simbolizara las primeras etapas de mi vida española fue ésa: "crisis". Yo creo que, de oírla tanto, me crié en esos años melancólico y paliducho. *¡Crisis! ¡Crisis!* ¿Qué le pasaba a España? Hasta 1923 [en] que Primo de Rivera dio aquella enérgica pastilla de bismuto

[5] *Ibídem.*

[6] D. W. Foard, *Ernesto Giménez Caballero (o la revolución del poeta)*. Madrid, I.E.P., 1975, p. 17.

[7] Carta de Elisa Giménez Caballero al autor (Madrid, 12.III.1992).

[8] R. Gómez de la Serna, «"Los toros, las castañuelas y la Virgen", por Ernesto Giménez Caballero». *Revista de Occidente*, 18, LII (octubre 1927), p. 131.

[9] EGC, *Memorias de un dictador*. Barcelona, Planeta, 1979, p. 31.

–que se llamó Dictadura– a la Monarquía Alfonsina, conteniendo por siete años su terrible descomposición, aquello que yo vi desde 1900 no fue un régimen: fue una disentería.»[10]

Como el joven Ernesto no tardase en manifestar sus aspiraciones literarias y su absoluto despego por los cada vez más pujantes negocios familiares, entró en conflicto con las aspiraciones paternas. Su progenitor pretendía que, al menos, cursase una carrera de las del tipo provechoso como la ingeniería. A esta razón obedece el hecho de que cuando inició sus estudios universitarios de Filosofía y Letras hubiese de compaginarlos –situación harto frecuente en su época– con los de Derecho.

En la investigación dedicada al escritor a comienzos de los años treinta, la norteamericana Lucy Tandy nos proporciona abundantes datos sobre su carácter y sobre el ambiente que se respiraba en su casa. Ernesto fue el mayor de cuatro hermanos, dos varones y dos mujeres. Toda la familia, salvo el padre y una hermana que moriría joven, «tenían temperamentos apasionados y violentos. Eran más bien ariscos, nerviosos, antisociales.» El carácter de su madre «debió despertar en su natural timidez un conato de defensa, de rebelión, de orgullo y de germen antisocial»; tendencia que cambiaría en la madurez por la exactamente contraria: «la del entusiasmo por la acción y el éxito». En cuanto a la religión, parece ser que no tuvo mucha intensidad en su casa, pues aunque la madre («inquieta, activa, antiintelectual y dogmática») llevaba las prácticas a rajatabla y poseía un temperamento intransigente, no forzó el celo religioso sobre los hijos. Por lo que respecta a Ernesto, Tandy pudo hablar de una «receptividad pasiva» en materia religiosa en sus años infantiles, alterada por una «reacción laica» cuando accede a la Universidad.[11]

Giménez Caballero deploraría en 1932 el haber tenido que formarse en una atmósfera tan restrictiva –de negocios, mercados y especulaciones económicas– y carecer de la más mínima tradición intelectual familiar. «Mi niñez y adolescencia –escribe– tuvieron la ilusión de los libros, sin satisfacerla plenamente.» Para confesar a continuación haber echado siempre en falta «la fortuna de los que poseen la gran biblioteca patrimonial, los amplios salones alineados de libros, encuadernados pulcramente, entesorados de sorpresas, de

---

[10] *Ibíd.*, p. 30.

[11] Tandy, *op. cit.*, pp. 25, 27 y 28. El trabajo de L. Tandy data de 1932; la investigadora de la Universidad de Oklahoma pudo beneficiarse tanto de la cercanía cronológica de los hechos que describe, como de un conocimiento directo de Giménez Caballero y su familia, pues pasó, para redactar su trabajo, una temporada en Madrid. La «reacción laica» a que se refiere Tandy, perduraría en 1930, cuando en una entrevista EGC declararía con cierto desenfado: «comulgué en San Andrés por primera y última vez.» (J. L. Salado, «Los nuevos. Giménez Caballero dice que las masas jerarquizadas son la única democracia». *Heraldo de Madrid*, 20.II.1930).

curiosidades repentinas, inéditas, siempre renovadas...»[12] Resultados de esta circunstancia fueron su dificultad de acceso a la lectura y el carácter desordenado de las mismas. En su casa no disponía sino de libros de contabilidad y algún que otro folletín. Ernesto intentaría saciar su curiosidad lectora devorando semanarios ilustrados como *Blanco y Negro* y novelones románticos y posrománticos que encontraba en casa de su abuela.[13] Más adelante, en la antigua Biblioteca Imperial del Instituto de San Isidro, leería prácticamente entera la *Biblioteca de Autores Españoles* de Rivadeneyra, y se interesaría especialmente por los autores místicos.

Estas lecturas clásicas españolas se reflejarán en el primer escrito que publicó; un soneto titulado «El Siglo de Oro», inspirado de una forma directa en el *Tenorio* de Zorrilla, y que dice así:

Me llamo Lesmes y nací en Toledo.
Cursé la Teología en Salamanca.
Jugué a las pintas, me quedé sin blanca.
Y a Flandes me marché sin darme un bledo.

En Flandes peleé con gran denuedo,
Fui soldado y mi suerte nada franca
Topóme de fullero en una banca
Y a Italia me marché cantando ledo.

En Nápoles fui pícaro y poeta.
Mil damas engañé, y en mi gaveta
Se vio lo que robé y alampar hube.

Ahora voy a las gradas por las tardes
Y entre bobos y necios hago alardes
de bienes y grandezas que no tuve.[14]

Es de resaltar la aparición tan precoz de un tema –el de la decadencia española, vuelto a poner en boga por el huracán regeneracionista posterior al desastre del 98–, que llegará a ser una de las constantes de su obra posterior, por

---

[12] EGC, «Confesiones, ilusiones». *El Robinsón Literario de España*, 6, p. 13 (*La Gaceta Literaria*, 122, 15.II.1932). (En adelante citamos abreviadamente como *RLE* y *GLit*).

[13] Entre estos libros se contaban, según Tandy (*op. cit.*, p. 29), *Martín el Expósito*, de Eugenio Sue; *Cuentos de Hadas*, de Andersen; *Los dos cadáveres*, de Soulié; *La Virgen del Líbano*, de Herault; *Actea y Nerón*, de Dumas; *Jessica la judía*, de Schiller; *Los tres hijos del crimen*, de Antonio García del Canto; *Ernestina*, de José Mª del Río; *La cabaña del tío Tom*, de H. Beecher-Stowe y *La Favorita*, de Ortega y Frías.

[14] Tandy, *op. cit.*, p. 31. Por su publicación en la revista *Blanco y Negro* percibió quince pesetas. Esto debió ser hacia 1914 o 1915.

no decir el eje central, y que sin duda tiene su origen inmediato en ese *atracón* de lectura de los clásicos españoles.

Por todo lo apuntado hemos de matizar la afirmación de José Carlos Mainer cuando habla de su inserción en «una familia de la burguesía acomodada» o de que como Ortega, Giménez Caballero había nacido «en el corazón del negocio editorial».[15] El paralelismo con Ortega revelaría, únicamente, una verdad parcial. Pues si el filósofo pertenecía, en efecto, a una familia de larga tradición publicística y política y sólidamente instalada en la sociedad, por el contrario, el joven Giménez, pese al acelerado enriquecimiento paterno, tendría siempre presentes sus orígenes modestos, tan cercanos, y la carencia de un básico equipaje cultural familiar. Aunque destacado universitario, Giménez no pudo dejar de ser, también, un autodidacta, y esta condición subyace, muy posiblemente, a la versatilidad ideológica de que dio muestras desde su primera juventud. «Lloraba yo en silencio –recordaría con los años doloridamente– porque no sabía cómo leer, cómo mitigar la sed de lectura que me abrasaba. No había tras de mí un guía, un profesor, nadie, nadie, que calmase esta sed; me dejaban solo. Rodeado del mar de todos los libros. Germinando rencor social contra este desvalimiento pedagógico.»[16]

A su alrededor sólo pudo ver «una *cultura material* del intelecto», que le llevaría a declarar irónicamente en 1932: «Es como si el hijo de un guardabosque naciese con pasión de cazador. Así, yo, con todas las piezas al alcance.»[17] Probablemente con otro origen social y otro medio familiar sería mucho más difícil de explicar su evolución posterior. En cualquier caso, el conflicto con las dificultades surgidas del entorno dejaría en Giménez honda y perdurable huella, y en adelante arrastraría un cierto complejo de culpabilidad por su condición de hombre entregado a las faenas intelectuales; complejo sublimado en las siguientes líneas en las que apunta un tono patético:

> «Otra de mis grandes tristezas –mezclada de orgullo y humildad– es esa de constatar, cada vez que pasan más años, mi destino de flor, que es el más terrible destino humano […] Veo a mi padre trabajar día por día, horas y horas, en una santa continuidad de animador de todo este mecanismo que me rodea. Veo a mi hermano distribuirlo y regularlo. Y pasar junto a mi vera pilas de papel. Y kilos de tinta. Y escucho rumores de múltiples máquinas. Y toda una organización apta para producir… ¿el qué? Precisamente mi instrumental. "Lo que la Humanidad necesita para expresar sus pensamientos".
>
> Como la tierra necesita de lluvia y escardo, y sudores humanos y esfuerzos vegetales y clasificación solar y todo el trabajo lento, callado, ab-

[15] J. C. Mainer, *La Edad de Plata (1902-1939)*. Madrid, Cátedra, 1981, p. 245.
[16] EGC, «Mi estatuto». *RLE*, 2, p. 1 (*GLit*, 115, 1.X.1931).
[17] EGC, «Confesiones...»

negado, durable, anónimo de infinitos factores producentes para que
un tallo crezca, crezca, crezca –y en su término se abra la inútil flor
que vemos desde el camino– así yo –sobre la abnegación silenciosa de
los míos– flor de mi casa, inútil, humilde y orgulloso, con todo el lujo
y el peligro de este terrible destino tan hermoso.»[18]

Entre la Universidad y el Centro de Estudios Históricos

En 1916, el joven Ernesto ingresa en la Universidad Central madrileña para cursar la carrera de Filosofía y Letras, desoyendo las presiones familiares en
el sentido ya apuntado. Como tantos otros estudiantes que cursaban estos estudios, los compaginó con los de Derecho. De esta forma se pretendían paliar
las escasas posibilidades económicas y de prestigio social de la primera, con otra
alternativa que tuviese más «salidas». «La Universidad, entre nosotros –escribía
a este respecto Américo Castro en 1920– gira en torno a la Facultad de Derecho, la cual, juntamente con la de Medicina, suena algo en el oído público, sobre todo cuando el profesor es centro de un bufete o de una clientela considerable. Fuera de eso, el profesorado –especialmente el de Letras– carece de
prestigio.» Y centrándose en los estudios de Letras, añadía:

> «Hasta 1900 nuestra Facultad fue una camarilla corta, algo así como
> la de cura de misa y olla. Desde aquella fecha se ampliaron su marco y
> sus estudios, de una manera abstracta e insistemática, sin consultar las
> capacidades científicas del profesorado, sin reformar nada ese ridículo
> método de exámenes y obligando a los alumnos de la Sección de Letras
> a estudiar (?) latín, griego, árabe, hebreo y castellano, además de otras
> complicadas disciplinas tan extrañas algunas de ellas, que en 1913 la Fa-
> cultad de Madrid pidió que se sustituyeran por otras menos exquisitas,
> por no haber entre nosotros técnicos que pudieran enseñarlas ni alum-
> nos preparados para seguirlas.»

Si los planes, como denunciaba Américo Castro, eran absurdos, no lo eran
menos los métodos pedagógicos:

> «Todo está preparado para deformar la personalidad de los jóvenes.
> Saben muy bien que no se exige de ellos que sepan realmente hacer és-
> ta u otra cosa; se les pide tan sólo que aprueben una tras otra muchas

---

[18] *Ibídem.* Tan perdurable sería este sentimiento culposo –y el afán de superarlo mediante el
propio triunfo como escritor– que en una de sus últimas entrevistas, realizada en diciembre de
1986, aún declararía: «Mi padre me daba ánimos y aliento porque veía que la fama mía de escritor repercutía en sus negocios.» (Selva, «Giménez Caballero entre la vanguardia...», p. 22).

asignaturas. Y esta aprobación se logra meramente con asistir a clase [...].
A esta viciosa organización de los estudios que reemplaza la adquisición
de una técnica por el ejercicio pasivo de oír a los maestros durante unos
años, se añade la dificultad material para que los estudiantes trabajen
por su cuenta en la Universidad.»[19]

Sin embargo, contra lo dicho por Américo Castro –y él mismo era una
buena prueba– la Universidad española, y las Facultades de Letras en particular, estaban experimentando un importante proceso de transformación
que obedecía a un impulso dual. En primer lugar, la renovación –que daría
sus mejores frutos en los años republicanos– provenía del interior de la institución universitaria, vivificada con la afluencia de una pléyade de profesores de la categoría de Ortega y Gasset, García Morente (en el campo de la filosofía), de Menéndez Pidal y el propio Castro (en la parcela filológica) o de
Claudio Sánchez–Albornoz (en la historia), por no citar sino las cumbres,
que a la altura del tiempo que nos ocupa estaba dando ya excelentes resultados desde una perspectiva de acercamiento al nivel europeo. El otro impulso de renovación pedagógica partía de la Institución Libre de Enseñanza, en connivencia con los gobiernos de signo liberal, mediante la creación
de organismos que renovaran la enseñanza desde fuera de la Universidad.
Los más importantes fueron, indudablemente, la Junta para Ampliación de
Estudios e Investigaciones Científicas, creada en 1907, y el Centro de Estudios Históricos, establecido tres años después y dependiente de la anterior.
En verdad, ambos impulsos eran inseparables, pues la labor marginal de los
institucionistas revertía posteriormente en la elevación de la competencia
académica de quienes accedían a la institución universitaria como docentes.[20]

La Facultad de Filosofía y Letras de la Universidad de Madrid, cuando cur-
sa sus estudios Ernesto Giménez Caballero (de 1916 a 1920) conprendía tres
secciones: Filosofía, Literatura e Historia. La licenciatura se obtenía con dos
años de estudios comunes a las tres secciones (el primero de ellos, llamado
Preparatorio, era común, a su vez, a Derecho, propiciando así la simultaneidad de ambas carreras), más una serie de enseñanzas –en otros dos cursos–
específicas de cada sección. Al doctorado se accedía mediante un nuevo curso adaptado a la sección por la que se optase. Giménez Caballero obtendría
la licenciatura en Filosofía y el doctorado en Letras (aunque la tesis doctoral
no la realizó y leyó hasta mediada la década de los cuarenta). En cuanto a la

---

[19] A. Castro, «Las Facultades de Letras en España», *Boletín de la Institución Libre de Enseñanza* (septiembre 1920); *apud* A. Alted Vigil, *La revista «Filosofía y Letras»*, Madrid, F.U.E., 1981, pp. 80-82.
[20] Una excelente síntesis de la problemática universitaria española a comienzos de siglo, y
especialmente de la Facultad de Filosofía y Letras de la Universidad de Madrid, en el libro de
Alted, *op. cit.*, pp. 41-83.

carrera de Derecho, no llegó a sentir la menor afición por las leyes y la abandonaría cuando le faltaran algunas asignaturas para acabarla.[21]

Giménez ha resaltado los nombres de Ortega y Gasset, Menéndez Pidal, García Morente, Miguel Asín Palacios, Américo Castro y Besteiro entre los que fueron sus profesores. Con todos ellos llegaría a tener una relación frecuente, más allá de la mera asistencia a clase.[22] No debe olvidarse que la Facultad de Filosofía y Letras madrileña, en el viejo caserón del Noviciado de la calle de San Bernardo, era, en la segunda década del siglo, un centro escasamente concurrido, donde la mayoría de las cátedras no superaban la veintena de alumnos.[23]

Poco es lo que nos aporta Lucy Tandy sobre sus años universitarios. Silencia por completo su alineación ideológica, aunque, eso sí, nos proporcione una nutrida lista de sus conquistas amorosas. Al margen de ello, nos dice: «Fuera de su disciplina universitaria siguió indisciplinado, pero por imaginación y ensimismamiento. Le exasperaban las conferencias. A veces se dormía en el teatro. En las reuniones de negocios con su familia se desconectaba mentalmente. Y si en una asamblea alguien le dardeaba con alguna crítica, se exponía ese alguien a no ser ni remotamente atendido.»[24]

Vamos, pues, a intentar reconstruir con el material de que disponemos, las posiciones adoptadas por Giménez Caballero ante tres realidades en las que se vio inmerso mientras estudiaba en la Universidad. Por lo menos en apariencia, adelantamos que se trata de realidades contradictorias: su colaboración en una revista marcadamente conservadora, su participación en el lanzamiento de un Grupo de Estudiantes Socialistas y su adscripción final al Centro de Estudios Históricos.

La revista *Filosofía y Letras* ha sido minuciosamente estudiada por Alicia Alted en el trabajo que venimos citando en este capítulo. Nació a partir del discurso de apertura del curso académico 1914-1915 pronunciado por Bonilla y San Martín sobre «La vida corporativa de los estudiantes españoles». Adolfo Bonilla conviene recordar que era –junto a Menéndez Pidal, pero más próximo ideológicamente– uno de los discípulos predilectos de Menéndez Pelayo, y se significó en la vida universitaria española, con el concurso de Julio Cejador, por su oposición cerrada a la reforma de la Universidad propiciada desde organismos dependientes o vinculados a la Institución Libre de

---

[21] Esto dice en sus *Memorias...* (p. 33), recogiéndolo del trabajo de L. Tandy. Pero después de que la investigadora norteamericana terminase su estudio, EGC trasladaría matrícula a la Universidad de Murcia con el fin de terminar Derecho, extremo que no hemos comprobado, aunque en un «Curriculum vitae» de 1968, editado en su imprenta, figure como licenciado. (Sobre el traslado de matrícula a Murcia, *vid.* J. Muñoz Garrigós, *Vida y obra de Ramón Sijé.* Universidad de Murcia, 1987, pp. 100-101).

[22] EGC, *Memorias...*, pp. 34-37.

[23] Alted, *op. cit.*, p. 214.

[24] Tandy, *op. cit.*, p. 32. La hermana del escritor, Elisa, se ha referido en carta al autor (12.III.1992) a que «en su abstracción en el estudio no se daba cuenta de que pasaban las horas.»

Enseñanza.[25] Ambos catedráticos defendían una concepción tradicionalista de la cultura, en la línea menendezpelayista, y una reforma de la Universidad desde dentro, favoreciendo el desarrollo de un cierto espíritu corporativo. En torno a estos profesores confluyó un grupo de alumnos, entre los que descolló pronto Pedro Sainz Rodríguez, que en noviembre de 1915 sacaron a la luz una revista estudiantil inspirada por el magisterio de los dos catedráticos citados. El grupo, además de Sáinz, que asumió las funciones de director, estaba integrado por Cayetano Alcázar, Luis Morales Oliver, Florencio Porpeta, Luis Antón Oneca, Vicente Aleixandre y Juan de Contreras, futuro marqués de Lozoya. La revista, de corte humanista –llevaba una efigie de Luis Vives en la portada– prolongaría su existencia durante casi cinco años y sería una plataforma de difusión –llegó a tirar mil ejemplares por número– de investigaciones históricas, jurídicas y de crítica literaria, y un mirador de la vida universitaria desde una posición marcadamente conservadora.

La participación en ella de Giménez es relativamente tardía y está circunscrita al año 1918. Entre enero y noviembre de este año publica tres reseñas librescas, un comentario y dos artículos de tema cervantino. Son los primeros escritos que publica, excepción hecha del soneto reproducido en el epígrafe anterior; no es difícil apreciar en ellos la pretensión de alcanzar un estilo, siguiendo de cerca el modelo azoriniano. Por su tema no desbordan el marco de la literatura clásica española, por otra parte tan acorde con el tono general de la revista donde aparecen. La literatura española de los siglos áureos fue el campo temático al que dedicó mayor interés en sus años universitarios, junto con el estudio de lenguas y la lectura ávida de los autores del 98, entonces en el ápice de su fama. Como escritos fundamentalmente literarios, no se percibe en ellos apenas manifestación alguna de su ideología juvenil; sin embargo, es sorprendente que en esos primeros artículos esté ya patente su obsesión italiana, de tan fecundas consecuencias para su obra posterior. En el artículo sobre el personaje cervantino Tomás Rodaja, narra Giménez Caballero el efecto embriagador que, para un castellano puede tener el contacto con Italia. Nos cuenta cómo el estudiante salmantino, en la cuesta de Antequera –según refiere Cervantes en *El Licenciado Vidriera*– coincide con un gentilhombre que lleva su mismo camino...

> «A los pocos lances se conocieron. El gentilhombre, capitán de infantería por su majestad, venía de Italia y de Italia comenzó a hablar. ¡Italia! Tomás Rodaja... Es el punto central de su vida. Su vida va a pender de este nombre que ha sonado en unos labios curtidos de vivir; nombre que no es el de Salamanca, y que, sin embargo, le ha hecho temblar, de-

---

[25] Cfr. Alted, *op. cit.*, p. 158. Sobre Bonilla y Cejador, *vid.* P. Sainz Rodríguez, *Semblanzas*, Barcelona, Planeta, 1988, pp. 41-48 y 73-77, respectivamente.

tenerse, pararse en su camino; nombre que le borra por unos instantes "la apacibilidad de la vivienda", "las letras humanas", "la estimación y el afecto de todo género de gentes"; que le borra el de "Salamanca".»

Y continúa Giménez Caballero:

«Cervantes: "nuestro Tomás Rodaja comenzó a titubear". Italia es rubia. Salamanca con el cabello oscuro y liso. Vence el gesto, blando y rubio, de la rubia Italia. Tomás Rodaja se entrega, cae en su seno, todo incertidumbres, emociones y esperanzas y visiones nuevas, y "holguras" y "festines" y "espléndidas comidas".

Mucho quisiéramos hablar de los maravillosos momentos italianos y de tantos otros, de Tomás Rodaja.

Es el personaje cervantino que más comprendemos y gustamos, quizá porque está muy cerca de nosotros, porque sus inquietudes pudieran ser inquietudes nuestras, y sus aficiones y sus sentimientos.»[26]

Pero más que en estos ensayos literarios, es en su correspondencia con su amigo Sainz Rodríguez donde podemos ver con nitidez el alcance de sus preocupaciones intelectuales, las vacilaciones de su vocación, la aspiración a trascender su vida individual para inscribirla en el problema colectivo de su patria. Así, en carta remitida desde El Escorial en pleno verano de 1919, le escribe: «Ningún medio incapacita más que éste para charlar, a distancia, objetivamente de cualquier asunto, por lo menos a mí. Achaca, si quieres, al género de vida y a la soledad de que hay que rodearse, el lirismo con que se preña uno por este ancho y duro paisaje, tan querido. A solas con él y mis sensaciones tiño de ambos cuanto por dentro de mí pasa. El silencio y la soledad son los masones mejores para el edificio del individualismo, de las personalidades y los contrarios y enemigos de la ciencia, de lo objetivo. Este aislamiento, forzado o voluntario, que ha solido y suele rodear al español me explica su peculiar horror al laboreo frío, anónimo, sosegado, sin prisas de la ciencia, de lo colectivo.» Junto a la reflexión sobre el problema español, el sentido pedagógico del paisaje, proyectado sobre las esencias de la nacionalidad y tan en consonancia con los supuestos institucionistas, del 98 e incluso orteguianos del momento: «No puede ser, amigo Pedro: Con el infinito torrente de paisaje que me invadió al trasponer la cumbre, a solas con el lucero de la tarde y un vago olor a tomillo ¿qué hace un castellanito en este mundo maravilloso? ¿Cerrar la puertecita del pensamiento, del recuerdo, de la costumbre, del amor humano, de la historia, del pasado y del porvenir? [...]. Allá el monasterio,

---

[26] EGC, «Tomás Rodaja, estudiante». *Filosofía y Letras*, 23 (mayo 1918), recogido en *Julepe de menta y otros aperitivos*, Barcelona, Planeta, 1981, pp. 71-73, de donde citamos.

ceniciento y geométrico, las lagunas de la granjilla, chispeando como dos únicas estrellas; y el bosque encrespado y fuerte, la Mancha cárdena y trémula; Madrid, albeante, indeciso como una suave nubecilla, y llanura, llanura. Y Guadarrama a mi izquierda violeta y con ráfagas tenues de color rojo. [¿]Tu crees, honradamente, que unos ojos después de esta visión pueden posarse tranquilamente y sin inquietud en los encantos de una ecuación de segundo grado?»

Y también en este escrito privado, como en el artículo cervantino anteriormente glosado, parece como adelantarse al eje central de su obra de madurez: la cuerda tensa entre la tradición, hecha patente por esas tierras –reveladas por el paisaje inesquivable y vividas por generaciones pasadas– y la tarea futura, como un imperativo intuido aunque sin concretar todavía. «Sáinz –sigue diciéndole al amigo universitario–, Castilla no se ha acabado o somos nosotros los castellanos los que no nos hemos acabado. Una hebra ingrávida y conocida me enlaza con no sé que viejo y querido, con algo lejano y cerca. Siento que al borbollear la sangre frente a tal paisaje me trae mensajes clásicos de otros hombres y otras emociones labrados aquí mismo y aquí muertos. Si esto es la raza ¡bien haya la raza! Ardor, encendimiento y voluntad. Virtudes aceradas que dictan los robles y los fresnos ahí bajo. Caminitos del mundo que nos han abierto mientras dormíamos en el vientre materno. Salgamos dél [sic], ascendamos a esta colina dorada un atardecido y comencemos a caminar por ellos. Sáinz, Sáinz: cuando con estos materiales arcaicos se puede a los veinte años alzar un pequeñito alcázar para mirar la vida, un goce nuevo y espléndido se siente en lo hondo. Un goce singular y grave, de quien se siente mecido por el pasado.» Para concluir, cual joven discípulo de Ortega: «¡El Escorial! Mi juventud le adeuda su inapreciable labor en mi alma y mi modo de ser.»[27]

Hasta tal punto se nos aparece el joven Giménez Caballero imbuido del mundo intelectual de sus maestros, que en compañía de otro amigo muy fraterno, Enrique Lafuente Ferrari, futuro historiador del arte, realizaría una peregrinación, un auténtico viaje inciático a Toledo, portando en el equipaje *La voluntad* de Azorín y *Camino de perfección* de Baroja, dos libros emblemáticos de dos autores por quienes sentía verdadera devoción literaria.[28]

Pero los intereses de nuestro personaje en estos años universitarios no discurrieron únicamente por semejantes recreaciones y comentarios de la literatura española de los siglos XVI y XVII, o ese afán, literaturizado también, de revivir los momentos sintomáticos de las generaciones intelectuales inmediatamente anteriores a la suya. El quinquenio 1916-1920 fue un período de considerable agitación social y política. Se dan en él los apasionados debates entre aliadófilos

---

[27] Carta de EGC a Pedro Sainz Rodríguez (El Escorial, 24.VII.1919. Archivo Sainz Rodríguez, Fundación Universitaria Española, Madrid).

[28] Selva, «Giménez Caballero entre la vanguardia...», p. 22.

y germanófilos[29] en el contexto de la neutralidad del país en la guerra europea (debates particularmente ruidosos en el Ateneo madrileño, centro frecuentado por nuestro escritor); la crisis institucional y social en 1917 y, como trasfondo, la influencia de la revolución soviética sobre España. A juzgar por su testimonio, se sintió fuertemente influido por la literatura rusa en los tiempos inmediatos a la revolución: «la Rusia que yo imaginaba a mis veinte años –escribirá en 1943– llenos de inmensa ilusión, tras leerme a Dostoyeswki, a Gogol, a Tolstoi, a Turgênef, a Kuprin, a Korolenco, a Gorki, como evangelistas de una aurora humana, luminosa e imprecisa. Pero embriagadora como un narcótico».[30] En esa onda expansiva, su nombre figura entre los fundadores del Grupo de Estudiantes Socialistas. Sabemos muy poco sobre esta agrupación, al parecer muy reducida numéricamente (Foard habla de apenas veintitrés estudiantes),[31] pero en la que se ha visto uno de los núcleos de los que saldrá, en 1920, el Partido Comunista. Un superviviente de la fundación del partido, Luis Portela, recordaría así el papel que cumplió en su germen aquella agrupación estudiantil:

> «… en 1918 se constituyó el Grupo de Estudiantes Socialistas. No fue ajeno, sin duda, a su nacimiento el impacto que en la Universidad produjo la condena del profesor Besteiro, miembro del comité que dirigió –o, más bien, debería haber dirigido– la huelga general de agosto de 1917. El Grupo de Estudiantes Socialistas tenía su domicilio legal en la Casa del Pueblo, pero, de hecho, sus actividades se desarrollaban en el Ateneo de Madrid, al que pertenecían bastantes de sus miembros. Quizá, en parte, por ello entre la Juventud Socialista y el Grupo de Estudiantes hubo escasas relaciones. No todos los miembros de éste eran estudiantes; no pocos de ellos habían terminado ya sus estudios universitarios, y alguno, como Juan Andrade, no había pasado por la Universidad. En aquel grupo destacaron José Antonio Balbontín, que usaba entonces un nombre de guerra, el de José Quijano; Eduardo Ugarte [...]; Gabriel León Trilla, que desde 1925 hasta 1932 dirigió, asociado a Bullejos, el Partido Comunista de España… Y un hombre que, años más tarde, fue el primero que propagó y propugnó en España la ideología fascista: Ernesto Giménez Caballero. Los jóvenes intelectuales que militaron en el Grupo de Estudiantes Socialistas se sintieron fuertemente atraídos por la revolución rusa y por el naciente movimiento comunista. Un buen puñado de ellos se incorporó desde el primer momento al Partido Comunista, y algunos le aportaron una colaboración muy valiosa.»[32]

---

[29] Por cierto que la revista *Filosofía y Letras* mostró en ocasiones su proclividad germanófila.
[30] EGC, *La matanza de Katyn (Visión sobre Rusia)*. Madrid, [Imp. E. Giménez], 1943, p. 4.
[31] Foard, *op. cit.*, p. 42.
[32] L. Portela, «1920: Así fundamos el Partico Comunista Español». *Nueva Historia*, 18 (julio 1978), p. 41.

En sus memorias, Giménez ha insistido en el papel de animador que Besteiro –a la sazón, catedrático de Lógica en el curso Preparatorio– jugó en una iniciativa surgida de los estudiantes. Y ha referido que le acompañó en manifestaciones y mítines.[33] No obstante, parece poco congruente el apoyo de Besteiro a la agrupación juvenil y la final adscripción de bastantes de sus miembros a las directrices de la III Internacional, a no ser que esta decantación fuese posterior y el concurso del catedrático sólo alcanzase los momentos iniciales, como parece probable. En cualquier caso, todo induce a pensar que el tránsito de Giménez Caballero por estas actividades socialistas –como su paso por la revista de signo opuesto *Filosofía y Letras*– debió ser bastante breve y la impregnación ideológica superficial.[34] Podemos suponer que se sirvió de la revista como plataforma desde la que poder dar salida a sus primeras escaramuzas crítico-literarias, pero sin sentirse plenamente vinculado al núcleo estudiantil que la editaba (la mayor parte de cuyos integrantes pertenecía a cursos superiores) ni al trasfondo ideológico que la animaba. En cuanto al Grupo socialista, su grado de implicación debió ser mayor, pero cabe conjeturar que Giménez Caballero, refractario en estos años a cualquier disciplina, según apuntaba Lucy Tandy, se sintió incómodo con el dogmatismo y sectarismo de que hacían gala estas agrupaciones que están en los orígenes del movimiento comunista español.[35] Si para él «liberalismo y socialismo eran entonces sinónimos»,[36] es probable, a juz-

---

[33] EGC, *Memorias...*, p. 34; y *Retratos españoles (bastante parecidos)*, Barcelona, Planeta, 1985, p. 205.

[34] No hemos podido localizar ningún escrito suyo de estos años, en el caso de que exista, en el que se refleje su supuesta ideología socialista.

[35] Esto podría inferirse de la siguiente referencia irónica a su época de estudiante socialista que figura en su libro *Carteles* (Madrid, Espasa-Calpe, 1927, p. 89):

«Según parece, apenas tenemos españoles de nota en esa gran caldera de Rusia. Creo que andan por allá Nin y algunos jóvenes ateneístas de la Casa del Pueblo madrileña. Uno de ellos, según nos cuenta Pestaña en su reciente libro, se le presentó, a última hora, en el cuarto del hotel, imponiéndole la abjuración del anarquismo, porque si no, se lo decía a Chicherin.

–¿Pero usted quién es? -le preguntó Pestaña.

–¿Yo? ¡Merino Gracia! -respondió el otro, con aire aplastador.

[...] Este Merino Gracia yo lo conocía. Era maestro de escuela muy sabihondo y muy revolucionario. Un día, en una reunión de estudiantes socialistas en la Casa del Pueblo, se habló del Dante, tal vez como antecedente de Carlos Marx, porque allí todos eran antecedentes.

–Yo no he leído aún al Dante -dije yo.

–Eso es vergonzoso -me increpó Merino Gracia-. Yo le regalaré un ejemplar de *La Divina Comedia* en italiano, con notas.

–¡Pero si yo no sé italiano!

–No importa...»

[36] *Apud* Foard, *op. cit.*, p. 41; la cita procede de una carta de EGC a este autor (26.III.1971). Para Foard «esta cohabitación de dos ideologías en una misma mente indica que Giménez Caballero no era un doctrinario.» Nosotros pensamos, más bien, que se trata de una identificación retrospectiva, realizada al acceder a la ideología fascista, en la medida en que liberalismo y socialismo eran igualmente rechazables desde los nuevos supuestos ideológicos.

gar también por su evolución posterior, que el liberalismo, por el momento, acabase por imponerse sobre un socialismo colocado ante la disyuntiva entre el reformismo y la bolchevización. Añádase que a este conflicto se le sobrepuso la oportunidad de una nueva opción con la cual poder desarrollar sus posibilidades de estudiante aventajado en un proyecto cultural definido. Esta opción fue el Centro de Estudios Históricos.

Ya nos hemos referido a la labor de reforma universitaria emprendida desde instituciones inspiradas, de alguna forma, por el ideal institucionista. En esta perspectiva hay que insertar al Centro de Estudios Históricos, organismo al que se debe la formación de una escuela histórica y filológica que, bajo el magisterio de Menéndez Pidal, alcanzó en pocos años prestigio universal.[37] Por el Centro pasaron –como profesores, investigadores o alumnos– historiadores y lingüistas entre quienes se cuentan Américo Castro, Tomás Navarro Tomás, Dámaso Alonso, Claudio Sánchez–Albornoz, García de Valdeavellano, Rafael Lapesa, etc.; es decir, los equipos –muy en la línea del proyecto educativo institucionista– que harían posible en un futuro inmediato una sustancial elevación de los niveles académicos. El que se tratase de una institución extrauniversitaria produjo, no obstante, sus fricciones con aquel sector de la Universidad de espíritu corporativo que vimos representado por la revista *Filosofía y Letras*, netamente opuesta a todo intento de reforma que no partiese del propio ámbito universitario. Quien fuera director de aquella publicación, Pedro Sainz Rodríguez se ha referido en sus memorias a un «pugilato entre el Centro y la Universidad»; enfrentamiento estéril, basado en «la tesis –en la cual se alineaba el propio Sáinz, aunque con el paso de los años la reputase injusta– de que se había despojado a la Universidad de unos organismos que debían pertenecer a ella».[38]

Independientemente de la razón meramente corporativa apuntada por Sainz Rodríguez, alguna más profunda, de raíz ideológica, subyació al conflicto. La oposición básica enfrentó una tendencia inspirada en la interpretación católica de la cultura española, afín al ideario menendezpelayista, y el proyecto liberal y europeísta hecho propio por el Centro. Por lo que respecta a Menéndez Pidal, director de la institución, su obra viene a significar «la construcción de los fundamentos historiográficos del nacionalismo liberal español».[39] Pero fue, posiblemente, Américo Castro quien mejor encarnó el nuevo proyecto. Su obra puede presentarse como un esfuerzo de superación de la mera historia erudita para alcanzar una verdadera historia de las ideas y de las actitudes vitales; esfuerzo, es verdad, que arranca con ese planteamiento de Menéndez Pelayo, pero desde una perspectiva ideológica muy distante de la del

---

[37] Cfr. R. Lapesa, «Américo Castro. Semblanza de un maestro», en *Poetas y prosistas de ayer y de hoy*, Madrid, Gredos, 1977, p. 354.

[38] P. Sainz Rodríguez, *Testimonio y recuerdos*, Barcelona, Planeta, 1978, p. 33.

[39] Mainer, *La Edad...*, p. 88.

polígrafo montañés. Su producción historiográfica anterior a la guerra civil se orientó al estudio de la participación española en los movimientos espirituales europeos; en opinión de Lapesa, constituyó «un afán inusitado por el deseo de que España se incorporase plenamente a Europa; compañero, por lo tanto, del esfuerzo reformista».[40] Sobre su actitud crítica frente a la enseñanza de las Letras en España, algo nos hemos extendido en páginas precedentes.

Si nos detenemos en el papel de cuanto significó Castro en la Universidad madrileña de la segunda década de la centuria, es porque fue a través de él como se introdujo Giménez Caballero en el Centro de Estudios Históricos. Entre el maestro, catedrático de Historia de la Lengua Española en el último curso de la carrera, y el discípulo, se estableció una relación bastante estrecha.[41] En el Centro, Giménez pasaría varias temporadas haciendo papeletas para Menéndez Pidal, investigando sobre el teatro renacentista de Juan del Encina (sobre el que publicaría, en 1927, un artículo en la prestigiosa *Revista de Filología Española*)[42] e incluso interviniendo en un seminario de Filosofía organizado por Ortega y que no pasaría de un coloquio sobre la fama. La relación y la influencia orteguianas también se acentuaron en los últimos años universitarios. Ortega, con Antonio Machado, García Morente y Cossío, integraron el tribunal que juzgó la tesis de licenciatura de Giménez sobre Séneca. Obtenida la licenciatura, realizó inmediatamente el curso de doctorado y abandonó los estudios de Derecho, quizá porque consideró que las puertas de la enseñanza universitaria se le habían abierto. Finalmente, Américo Castro le proporcionaría un contrato de lector de Lengua y Literatura españolas en la Universidad de Estrasburgo. El puesto había sido solicitado por el romanista de aquella Universidad Eugen Kohler y le fue adjudicado, tras haber sido rechazado Ernesto por demasiado joven para un puesto similar en la Universidad de Washington.[43]

LA EXPERIENCIA AFRICANA: *NOTAS MARRUECAS DE UN SOLDADO*

La política española del primer cuarto de siglo cuenta, como uno de sus elementos condicionantes decisivos, con la cuestión marroquí. Originada al ca-

---

[40] Lapesa, *op. cit.*, p. 356. *Vid.* también: G. Araya, *El pensamiento de Américo Castro*. Madrid, Alianza, 1983, especialmente pp. 27-32.

[41] EGC acompañaría a Castro en la recogida oral de romances sefardíes en Melilla, cuando el primero participaba como soldado en la guerra marroquí. Posteriormente le daría a leer el manuscrito de su primer libro, *Notas marruecas de un soldado*. Castro actuaría como padrino suyo en un duelo frustrado con el fundador de Prensa Española (editora del diario *ABC*), Luca de Tena, en 1925, así como en su boda, celebrada en mayo del mismo año. Sobre todo ello *vid.* EGC, *Memorias...*, pp. 36, 47 y 54.

[42] EGC, «Hipótesis a un problema de Juan del Encina». *Revista de Filología Española*, XIV (1927), pp. 59-69.

[43] EGC, *Memorias...*, p. 37.

lor del imperialismo colonial europeo en África, la posición de los gobiernos de la Restauración cabe encuadrarla, según el profesor Seco Serrano, en tres coordenadas.[44] En primer lugar, como una orientación política que contrapesara el pesimismo del 98. En segundo lugar, como una posición defensiva que controlara los territorios inmediatos de Ceuta y Melilla y salvaguardara la situación estratégica de España, impidiendo el establecimiento de cualquier otra potencia en el norte de Marruecos. Por último, como una respuesta a las pretensiones francesas de llegar a un acuerdo con Gran Bretaña que le dejase libertad de acción para su penetración en todo el territorio. Con la idea de evitar esa eventualidad, se llegó al convenio hispano-francés de 1912, por el que se acordaba el establecimiento de un protectorado sobre el Imperio xerifiano, encomendado a los dos países signatarios. Sin embargo, la ocupación efectiva del territorio por parte española se demoró en medio de las vacilaciones entre la actitud de los políticos, partidarios de respaldar el poder del califa frente a la rebelión de las cábilas del interior, y la de los jefes militares, para quienes el cumplimiento de los acuerdos suponía la subyugación mediante acciones guerreras de la rebeldía cabileña. Sobre esta base se desarrolló el titubeante colonialismo español en el norte de África.

La guerra de Marruecos –si es posible llamarla así con anterioridad a 1921– produjo una auténtica floración de documentos literarios que sólo puede ser explicada si consideramos un hecho inusual hasta entonces: la participación de intelectuales en el conflicto bélico, merced a los nuevos criterios por los cuales se regulaba el reclutamiento militar. El viejo sistema de quintas, con su posibilidad de «redención a metálico» –que tantas protestas había levantado entre los medios de izquierda cuando las guerras coloniales de finales del XIX– había sido derogado y sustituido por un nuevo procedimiento. La Ley del Servicio Militar de febrero de 1912 declaraba teóricamente iguales a todos los ciudadanos ante las obligaciones militares y suprimía la redención a metálico. No obstante, este procedimiento disponía de un mecanismo legal que, en la práctica, venía a perpetuar, aunque de una forma atenuada, la desigualdad económica ante el servicio militar. Nos referimos a la figura del soldado de cuota. Mediante el pago de una cantidad al Estado y la atención a los gastos de manutención, equipo y caballo, el tiempo en filas venía a reducirse considerablemente. La citada ley ofrecía dos posibilidades: mediante el pago de mil pesetas, el servicio militar consistía en diez meses; con dos mil, la permanencia se reducía a cinco. Como quiera que estas sumas sólo podían desembolsarlas los estratos acomodados de la sociedad, al servicio militar –cuya duración normal era de tres años– eran obligadas, como siempre, las clases populares, acompañadas «durante unos

---

[44] Cfr. C. Seco Serrano, *Alfonso XIII y la crisis de la Restauración*, 2ª ed., Madrid, Rialp, 1979, pp. 150-151. *Vid.* también los estudios de V. Morales Lezcano, *El colonialismo hispano-francés. 1898-1927*, Madrid, Siglo XXI, 1976, y *España y el Norte de África. El protectorado en Marruecos. 1912-1956*, Madrid, U.N.E.D., 1986.

meses por los soldados de cuota, que eran una especie de señoritos cuartele-ros».[45] Esta situación privilegiada no les eximía, sin embargo, del riesgo de una movilización.

Las nuevas condiciones legales hicieron que la guerra hispano–marroquí, sobre todo a partir de la catástrofe de la comandancia melillense en 1921, con-templase una destacada presencia de elementos de extracción burguesa entre los soldados de los batallones expedicionarios enviados desde la Península. Y dentro de esa categoría, jóvenes intelectuales (procedentes de medios univer-sitarios y periodísticos) que nos han dejado un testimonio directo de la desdi-chada aventura militar africana.[46] En este contexto, debemos inscribir las *Notas marruecas de un soldado*, el primer libro de Ernesto Giménez Caballero.

Eugenio d'Ors, en el comentario que le dedicó, se hizo eco de la poten-cialidad revolucionaria que suponía la aparición de una nueva figura de «sol-dado que *ve* y *juzga* a sus jefes, aun a los más altos»: «Las *Cartas* [*sic*] *marruecas de un soldado*, de Jiménez [*sic*] Caballero [...] nos importan tres veces: como obra literaria, como documento de historia y como síntoma nacional. Y cuan-do nos fijamos en este último valor del libro, no podemos menos de pensar que debe de haber entre nuestras tropas de África cientos de Jiménez Caballero, no tan artistas en el redactar, pero, en el observar, igualmente lúcidos.» Y añadía:

«¡Cuidado jefes! Ya los *ojos* de vuestros soldados son vuestros jueces... Ha habido un "expediente de responsabilidades" escrito en el papel. [...] Pero ha habido, además, otro expediente de responsabilidades, difuso, muy vasto, inmenso. Lo han *instruido* tantos ojos lúcidos de soldado, tan-tas mentes de soldado acostumbradas a examinar y juzgar.

Las *figuras del delito* tal vez comenzarán a traducirse, simplemente, en figuras de artículo y de cuento. ¿Y qué? Acaso un día, con pruebas de ar-tículos o cuentos, pronunciará su fallo la historia, o la revolución.»[47]

Pero antes de entrar en el contenido crítico de las *Notas marruecas*, convie-ne que conozcamos someramente las circunstancias que llevaron a su autor a la guerra. A comienzos del verano de 1921, terminado el curso de Estrasburgo, Giménez regresaba a España para cumplir unos meses de servicio militar como soldado de cuota, con el ánimo de reintegrarse el curso siguiente a su puesto de la Universidad francesa. Sin embargo, el desarrollo de los acontecimientos africanos habría de truncar sus proyectos. En la segunda mitad de julio tiene lugar el hundimiento de la comandancia de Melilla en una serie escalonada de derrotas por la que van cayendo, sucesivamente, las posiciones de Igueriben,

---

[45] G. Cardona, *El poder militar en la España contemporánea hasta la guerra civil*. Madrid, Siglo XXI, 1983, p. 9.

[46] Cfr. G. Díaz-Plaja, *Estructura y sentido del novecentismo español*. Madrid, Alianza, 1975, p. 85.

[47] E. d'Ors, «Palique». *Nuevo Mundo* (9.III.1923).

Annual, Nador y Monte Arruit, con enormes pérdidas humanas y materiales. Giménez Caballero, entonces recluta en el Cuartel de la Montaña de Madrid, debe jurar bandera precipitadamente y partir al escenario bélico encuadrado en el Batallón de Saboya nº 6.[48] Su participación en la guerra, pertenece, pues, a la fase de recuperación de las posiciones perdidas en julio de 1921. Como el propio autor reconoce, no estuvo en zonas de combates cruentos, y en sus *Notas* están totalmente ausentes las descripciones de batallas. Únicamente hay una alusión retrospectiva al desastre de Annual, a través del recuerdo de la conversación con un superviviente.[49] Por lo demás, tras una corta estancia en la posición de Guad-Lau, es de destacar su acompañamiento como maletero del Alto Comisario (el general Berenguer) en el buque *Giralda* hasta Málaga, donde tendría lugar la conferencia de Pizarra. El resto del tiempo, hasta su licenciamiento a finales de 1922, lo pasó en campamentos, hospitales, en la burocracia militar del Estado Mayor (donde colabora en la confección del expediente Picasso sobre las responsabilidades) y trabando un conocimiento directo y profundo de la zona. Otro aspecto de interés desarrollado por el autor en tierras africanas es la investigación sobre los judíos marroquíes, en la que acompañó a su maestro Américo Castro, como queda dicho. Esta investigación se centró fundamentalmente en la recogida en Xauen de viejos romances castellanos, enviados para su estudio a Menéndez Pidal.[50]

Escritas durante su permanencia en el ejército, las *Notas marruecas* aparecerían a principios de 1923, en una corta edición de 500 ejemplares, compuesta tipográficamente por el propio autor en la imprenta de su padre.[51] No obstante la brevedad de la tirada, el escrito conocería amplia difusión al ser reproducido parcialmente en el periódico *El Liberal* de Bilbao, regentado por Indalecio Prieto. Buscando el espaldarazo de la crítica, Giménez Caballero se encargó de enviar ejemplares de su obra a los más importantes escritores y críticos. Así, en poco tiempo, aparecieron los comentarios de Salaverría, el ya reproducido de Eugenio d'Ors, de Castrovido y del propio Indalecio Prieto, para quien las *Notas marruecas* eran «el único libro que nos ha emocionado de cuantos se han escrito acerca de la desventurada guerra sostenida por Es-

---

[48] EGC, *Memorias...*, p. 41.
[49] «Hablamos de los sucesos de julio [...]. Con verdadero interés escucho sus pintorescas y fidedignas descripciones. Cómo fue llegando la ola del desastre, esa descarga eléctrica que galvaniza las guarniciones. Por todas partes aparecían fugitivos. Yo me lo imagino. Debió ser un fenómeno horrible de pánico, de ansia irracional de huir, sin saber por qué ni adonde: algo igual a ese otro fenómeno contrario en que las multitudes, los ejércitos, se sienten invadidos por una embriaguez de empuje, de arrollar al adversario. Se cuenta del soldado que venía loco, corriendo, a otra posición ya desmoralizada y presta a escapar, y matando al oficial que había alcanzado un caballo, se montaba en la bestia para salir galopando sin dirección y caer al poco rato en manos de los moros.» (EGC, *Notas marruecas de un soldado.* 2ª ed., Barcelona, Planeta, 1983, p. 71).
[50] EGC, *Memorias...*, pp. 42-44; y *Notas...*, pp. 140-145.
[51] EGC, Prólogo a la 2ª ed. de *Notas...*, pp. 5-6.

paña en el Rif», y su autor, «dominador del léxico, observador perspicaz y espíritu hidalgo».[52] Algo después aparecía el comentario de Unamuno en la revista *España*;[53] pero, nada más recibir el ejemplar, le remitía desde Salamanca, las siguientes líneas:

> «Amigo mío: Sí, cuando un mozo hace, como usted, algo que vale la pena –y que promete más– hay que animarle y ayudarle. En *El Mercantil Valenciano* del día 18 me publican un artículo en que cito un pasaje de su libro. Y no será la primera vez, ni el único que cite. En otro artículo que he enviado a *El Liberal* de esa llamo la atención de mis lectores sobre su obra. Aquí me la pidió para leerla el gobernador D. Jorge Rodrigo, que me dijo que le conocía a usted, y aun que tenían parientes comunes, o relaciones de familia.
> Cuente, pues, como con un amigo
> Miguel de Unamuno.»[54]

Este interés de la crítica cabe explicarlo –méritos literarios al margen– por la actualidad de un tema que gravitaba con fuerza sobre la sociedad española y sobre todo por el trasfondo ideológico que respiraba la obra, tan afín a la problemática en que estaba sumergida la intelectualidad liberal–burguesa desde el 98 hasta entonces. Al espaldarazo crítico logrado por Giménez Caballero hubieron de sumarse los avatares de un proceso instruido por la justicia militar, que habría de prolongarse durante varios meses, y a los que nos referiremos después de haber analizado el contenido del libro.

La reacción del Ejército ante la publicación de *Notas marruecas* hay que ponerla en relación con el fuerte contenido crítico al enjuiciar el comportamiento de aquél en África. Pero Giménez no se limita a una censura de la conducta militar. En el conjunto de su crítica podemos discernir tres aspectos íntimamente relacionados. En primer lugar, las *Notas* son una indagación de las razones que llevan al país a sostener una guerra económicamente infructuosa. En segundo término, una denuncia inequívoca del comportamiento militar y de la negligencia en la búsqueda y exigencia de responsabilidades. Por último, y como corolario de los dos aspectos anteriores, una lamentación sobre la debilidad del país como potencia colonizadora y los españoles como elementos capaces de una intervención exterior.

Respecto del primer punto, el autor empieza por constatar la pobreza material del terreno asignado a la aventura imperialista española:

---

[52] I. Prieto, «Leyendo un libro. Notas marruecas de un soldado». *El Socialista* (15.III.1923).

[53] M. de Unamuno, «Cola de humo», *España* (7.IV.1923), pp. 1-2.

[54] Carta de Unamuno a EGC (Salamanca, 20.II.1923); en M. de Unamuno, *Epistolario inédito. II (1915-1936)*, ed. de L. Robles, Madrid, Espasa-Calpe, 1991, p. 129.

«Las costas son peladas, desagradables, sin bahías naturales. Se comprende que los pueblos antiguos –y los modernos– hayan rehuido sus negocios con ellas. Ni los fenicios, ni los romanos, se entusiasmaron nunca con la conquista del Rif. Es un hueso para un perro. Y el perro somos nosotros –se piensa con tristeza.»[55]

De la mano de esta impresión desoladora, aflora inmediatamente en el autor la queja de sabor nacionalista ante el papel de comparsa reservado a España en el reparto de papeles europeo. «¿Hay algo más sorprendente y lastimoso –se pregunta– que con tanto Protectorado, no podamos favorecer los intereses nacionales dejando que sigan nuestros puertos marroquíes con el régimen abierto, y sean los franceses, los ingleses, los alemanes, los que se lucran con nuestro esfuerzo por mantener este mercado?» De esta forma, la guerra se explica por la confluencia de dos circunstancias complementarias. Desde el punto de vista exterior, por una «zancadilla internacional guiada por la Economía», por la que Francia encontraría el medio de destruir la «modesta opulencia» conseguida por España con la acumulación capitalista producida durante la neutralidad en la Gran Guerra. E Inglaterra, la forma de «seguir manteniéndonos como pueblo débil y que su Peñón siga tranquilo». Desde un ángulo interior, Giménez Caballero señala los intereses de ciertos sectores, entre los que destaca el arribismo de algunos militares, deseosos de medrar económicamente, o «el interés personal de altos caudillos, de un Berenguer, por ejemplo». Frente a esta realidad, el autor opone la posición completamente alienada del pueblo, que, sin embargo, «siente claro el confuso motivo de nuestro Protectorado»,[56] y al que es inútil pretender motivarlo con argumentos toscos como una supuesta actuación civilizadora o una misión asignada por la Historia a España, como intentaron justificar los gobiernos restauracionistas la intervención en Marruecos. La situación ante el problema marroquí es un callejón sin salida: un abandono de la guerra supondría el desencadenamiento de un proceso revolucionario; pero no hay suficiente empuje para una revolución, como no lo hay tampoco para acabar con la rebeldía rifeña.

Ya hemos señalado que una de las razones de la permanencia en Marruecos la cifra Giménez en el círculo de intereses creado en torno al grupo militar. «Dicen que la guerra no se termina –apunta en este sentido– por culpa de los militares y sus pluses de campaña, y la pequeña importancia social que adquieren vistiéndose esos uniformes ingleses que han visto en las películas y en el *Nuevo Mundo* hace dos años.» «Que no acaba la guerra –añade con sarcasmo– porque si la Intendencia se iba a desmayar y se iban a termi-

---

[55] EGC, *Notas...*, p. 66.
[56] *Ibíd.*, pp. 173-174.

nar los incendios de paja y sobrar toda la gasolina que necesitan para apagarlos...»[57]

Al mismo tiempo, no se priva de hacer una denuncia explícita de incompetencia y corrupción: «En el hotel tetuaní reside, principalmente, el militar de postín: el General, el Inspector de Servicios, todos esos jefes que cobran una atrocidad de pesetas por levantarse tarde, dar un paseo hasta algún Parque e inspeccionar las cosas de modo que ocurran bicocas como la de Larache.»[58]

Al referirse al Alto Comisario, subraya su tendencia a rodearse de ayudantes de escasa importancia, para resaltar más sobre semejante fondo. Y alude despectivamente a los posibles resultados de su conferencia con el Gobierno en Málaga: «para las consecuencias que resulten de ella y la importancia de sus mutuos discursos podrían haber elegido una mesa de café».[59] Respecto de la oficialidad, señala su afición, en medio de la inactividad e infecundidad de la campaña, a las «pasiones violentas y groseras», al juego y a la prostitución.[60] No es menos duro cuando observa los intentos de la vieja maquinaria burocrática del Estado Mayor por adaptarse a una función moderna: «Mis facultades se detienen sólo en vagas sensaciones de irritación y de angustia. Calor, mal olor, estrechez. Frases envenenadas. Gritos, órdenes. Arbitrariedades.»[61]

La conclusión lógica que se impone en este cuadro es la lenidad en la exigencia de responsabilidades, sustentada en la incompetencia del Ejército y en la decisión colectiva de éste de salvarse como cuerpo:

> «Pero en el fondo tiene que ser así –concluye escéptico Giménez Caballero–. Si no hubiese habido negligencia, las defensas de Annual hubieran funcionado. Al funcionar, no hubiera ocurrido el desastre. Al no ocurrir el desastre, no hubiera habido responsabilidades. Al no haber responsabilidades, no hubiera habido expediente Picasso. Y al no haber expediente Picasso, no estaría aquí en estas tablas polvorientas y melancólicas. Sobre el común denominador de negligencia, de cansancio, marcha todo lo nuestro.»[62]

---

[57] *Ibíd.*, pp. 117-118.

[58] *Ibídem.* Referencia al célebre caso de corrupción conocido como «el millón de Larache».

[59] *Ibíd.*, p. 78.

[60] Al autor le preocupa el problema de la prostitución existente en la judería de Tetuán, en un contexto de miseria y suciedad. Y ante la inhibición estatal en esta cuestión, propone su organización por empresas particulares. «Una organización amplia, higiénica, numerosa, sería un gran negocio», escribe (*ibíd.*, p. 139).

[61] *Ibíd.*, p. 113. Su acritud frente a la burocracia del ejército se contrapesa con la sugestión, matizada de ironía, que le produce la vertiente activista del militar. Así, en la descripción del jefe legionario Millán Astray: «Aquel hombre sanguíneo, de cuello corto, de rostro violento y mirada algo desequilibrada, con sus arreos bélicos, rodeado de multitud, haciendo gestos plásticos, era todo un espectáculo. Parecía un condotiero antiguo» (*ibíd.*, p. 54). El destino le depararía ser colaborador suyo en los servicios de propaganda en Salamanca, a comienzos de la guerra civil.

El tercer punto que hemos señalado en la crítica de Giménez Caballero es el que revela, desde nuestro punto de vista, la indefinición básica en que se mueve su ideología; contradicción por la que entronca directamente con las ambigüedades en que se desenvolvió el pensamiento regeneracionista. En *Notas marruecas* no hay una condena taxativa del colonialismo, sino una angustiada lamentación por la debilidad de España como potencia colonial. Al llegar a este punto es inevitable la referencia a Costa y a sus posiciones ante la cuestión marroquí. Mainer, con sagacidad, ha mostrado el parentesco de estas *Notas marruecas* con autores como Costa o Ganivet –«bien conocidos del joven solado–escritor»–, cuyo pensamiento ya se había debatido en «esa contradicción entre imperialismo expansivo y regeneracionismo sin ambiciones».[63] Es interesante recordar que Costa, en la década de los ochenta del siglo pasado, en medio de un sentimiento de frustración por la campaña africana de 1859, formuló un programa de actuación oscilante entre una vertiente de colonialismo indirecto –justificada desde una supuesta afinidad geográfico-histórica de España y Marruecos, por la que a la primera le correspondería el papel civilizador de la segunda–[64] y otra vertiente francamente intervencionista, donde Marruecos sería sólo el primer paso de una política africana más amplia, en la que quedarían involucradas también las posesiones africano–portuguesas (en una eventual unidad ibérica), principalmente las del África austral, el golfo de Guinea, la costa del Sahara y el Estado de Berbería occidental. Este programa costiano tendría por objeto tanto la revitalización de la economía española, a través del desarrollo de los intercambios comerciales, como el afianzamiento de la posición internacional de España entre las demás naciones colonialistas.[65]

Ya hemos dejado constancia de la repulsión de Giménez Caballero ante el papel subalterno desempeñado por España frente a Francia e Inglaterra y al nulo rendimiento económico devengado por la presencia hispana en Marruecos. Pero lo que parece deplorar más sinceramente el autor es «la decadencia enorme en la aptitud de salir del terruño que hemos tenido»; esto es, del «espíritu aventurero del español». Su visión del presente está condicionada por la de un mitificado pasado, del que nada parece quedar: «No es nuestro reino de Granada contemporáneo. España está cerrada desde hace mucho tiempo, mucho, desgraciadamente. [...] Para nosotros, el tiempo del héroe, en su carabela audaz, con el presente exótico a su dama, ha terminado.»[66]

---

[62] *Ibíd.*, p. 112.

[63] Mainer, *op. cit.*, p. 246.

[64] España y Marruecos, según Costa, «son como dos mitades de una unidad geográfica. [...] España tiene en la Edad Moderna la misión providencial de promover una civilización en Marruecos.» (J. Costa, «Política de España en Marruecos», discurso de 1884; *apud* J. Maurice y C. Serrano, *J. Costa: crisis de la Restauración y populismo (1875-1911)*, Madrid, Siglo XXI, 1977, pp. 59-60).

[65] J. Costa, *El comercio español y la cuestión de África* [1882]; *apud* Maurice, *op. cit.*, pp. 63-65.

Frente al elemento colonizado –los *moros*–, su posición oscila entre la sugestión que le produce su cultura, la consideración de la proximidad racial y la exclamación destemplada: «¿Por qué respetarles? Que les respeten los franceses. Nosotros hemos sido siempre el pueblo de los frailes, de los interventores evangélicos en las costumbres de los bárbaros.»[67]

Si los militares han demostrado su ineptitud en el campo bélico y en su organización burocrática, tampoco por parte de los civiles llegados de la Península ha brillado la menor competencia:

> «Entre el elemento civil se notan también muchas pifias. Todavía en América, en Cuba, junto a las balas perdidas y los trastos que se expulsaban de la Metrópoli, iba gente aventurera, de presa, emprendedora, de espíritu recio.
>
> Aquí –que, hoy por hoy, no hay nada que ganar, dígase lo que se quiera–, han acudido una de trastos que convierten esto en un desván nacional. Aquí se ve al ingeniero chulón y vacuo representando nuestra colonización, o al diplomático cretino, andando a saltitos y diciendo tonterías a las niñas como ocupación única.»[68]

Giménez Caballero parece orientarse por el ideal de una colectividad de individuos selectos, organizada bajo la disciplina militar, capaz de llevar a cabo un programa civilizador de corte regeneracionista, ante el cual «los moros nos contemplarían absortos. Verían al hombre superior que construye, que transforma.»[69] La relación dual españoles/civilizadores y moros/bárbaros, se reproduce en el seno del primer término dando lugar a una perspectiva elitista. Así, Giménez pasa por alto el carácter privilegiado de los soldados de cuota (grupo al que pertenece) por dos motivos: un soldado educado e inteligente –condiciones no necesariamente identificadas con la situación económica– no tiene, en «una campaña tan estúpida», por qué resignarse a la brutalidad de un sargento; en segundo lugar, un hombre acreedor de esas condiciones puede realizar, simplemente trabando amistad con la élite musulmana, «más labor política en pro de la idea de España, que todas las pamemas que ante los moros hace tanto improvisado».[70] En definitiva, en Giménez Caballero tiene lugar un conflicto muy agudo entre sus aspiraciones nacionalistas e incluso imperialistas y la conciencia bien patente de la impotencia de España como país civilizador; conflicto que reproduce básicamente los términos en que estaba planteada la polémica sobre la decadencia hispana desde la crisis finisecular. Ante la

---

[66] EGC, *Notas...*, pp. 109 y 180.
[67] *Ibíd.*, pp. 106-107.
[68] *Ibíd.*, pp. 115-116.
[69] *Ibíd.*, p. 24.
[70] *Ibíd.*, pp. 118-119.

simple visión de Gibraltar, estas vacilaciones se ponen de manifiesto con toda claridad:

«Es curioso el verdadero estado de un español que no se mixtifique sus impresiones al pasear por Gibraltar. Hay en él, no cabe duda, respeto y curiosidad. Si es algo culto, quizá tristeza y una vaga inquietud, demasiado vaga, generalmente [...].

Sería cómico –continúa diciendo– que estando gobernados por unos reyes de dinastías extranjeras –una de ellas británica– y enzarzados en una guerra donde se defienden intereses muy extraños, hasta el punto de sentirse uno un poco cipayo, fuese a clamar nuestro patriotismo porque una roca, casi desgajada de la Península, estuviese ocupada por habitantes rubios.

No, no es hora todavía... ¿Lo será algún día?... de decir a los ingleses: "Hagan el favor, ¡eh! que molestan..."

No, no. Antes que patriota a ultranza se es europeo, o bien como decían los antiguos filósofos, los viejos humanistas: ciudadano del mundo.

Y desde este punto de vista de ciudadano del mundo, se prefiere esta ingente roca, defendida fuertemente por una civilización sana, que la llena de delicadezas y suntuosidades.

Como ciudadano del mundo se agradece este pasillo culto, refinado, entre dos zonas descuidadas, entre estos pueblos muertos de Andalucía y esa tierra salvaje de África.»

Pero al final, Giménez Caballero no puede reprimir su sentimiento dolorido:

«Nuestros ojos se avivan y dilatan al pasearlos por toda la ciudad, por esta pequeña ciudad europea. Pero al asomarlos al mar y ver allí enfrente el Marruecos de donde vienen y, al volverlos hacia el capote, hacia este uniforme que le fataliza a uno en un país pobre y desgraciado, cuyas vicisitudes hay que sufrir, y sus angustias y sus desdichas, el corazón se encoge, y el español, en él adormecido, siente como un deseo de llorar.»[71]

El libro lleva una breve nota final, fechada en Madrid en diciembre de 1922, recién producida la desmovilización de su autor. Estas páginas alteran el tono ambiguo mantenido por nuestro autor a lo largo de toda la obra y refuerzan el contenido nacionalista latente en todo el discurso. En primer lugar, en ellas se autoerige en testigo representativo una la generación –la suya– que ha combatido en África; y apoyado en esa conciencia generacional definida por la parti-

---

[71] *Ibíd.*, pp. 179-180 y 181-182.

cipación común en el esfuerzo bélico, reclama dos tareas en la nueva vida civil. La primera de ellas es la aportación de claridad sobre lo ocurrido en Marruecos, y hacia esta finalidad se orienta la publicación de sus *Notas*. La segunda es la exigencia de la depuración de responsabilidades, sin limitarlas a las que llevaron al desastre de Annual, sino haciéndolas extensivas a la actuación militar posterior; es decir, a aquella de la que ha sido testigo directo. De esta forma, el soldado–escritor recién repatriado se suma al clamor público que sacude a la sociedad española inmediatamente predictatorial. Finalmente, la nota es un exponente de su pretensión de hacer viable en la Península la continuidad de la unión lograda por la empresa guerrera, por encima de la diversidad regional y como antídoto frente al peligro de un particularismo que amenaza con llevar a la desintegración nacional:

> «Tenemos que intervenir juntos otra vez en algo común, por lo menos en ese ansia de descargar sobre alguien las fatigas, las canalladas sufridas, el tiempo perdido estérilmente.
>
> Unámonos otra vez en algo compañeros vascos, catalanes, gallegos, asturianos, andaluces y nosotros castellanos, todos estos que hemos respondido aún al nombre de españoles y nos hemos mirado como hermanos todavía. Si nos entregamos otra vez a la fatalidad perdiendo la esperanza en una nueva empresa común y nacional, particularizándonos en nuestras regiones, es posible, seguro, que esa fatalidad nos ponga mañana unos frente a otros mirándonos hostilmente, sin que España, no esa matrona de los leones, sino esta viejecita de luto, pobre y angustiosa que es España, sea ya capaz de reunirnos al conjuro de su nombre respetable.»[72]

En el Giménez Caballero de estas últimas líneas es tan patente el impacto ideológico de la *España invertebrada* de Ortega, como el de la experiencia vital de la guerra en tanto que modificadora de sus concepciones políticas; la evolución que se dibuja sería análoga a la experimentada por algunos intelectuales europeos en la Gran Guerra que habrían de desembocar, como él, en el fascismo.[73] En Giménez, a la plena convicción nacionalista por la que se decanta sin equívocos al final del libro, se suma una idea de la militancia entendida como prosecución del espíritu guerrero tras la desmovilización. De momento pa-

---

[72] Citamos por la 1ª edición de *Notas marruecas* (Madrid, [Imp. E. Giménez], 1923, p. 252), ya que en la segunda el autor introduce cambios tan significativos como sustituir el «Unámonos otra vez en algo...» por «¡Unámonos en haz!». Sin duda, de esta forma, su papel de precursor del fascismo quedaba mucho mejor resaltado.

[73] Cfr. Foard, *op. cit.*, p. 57. Sobre la influencia orteguiana, cabe decir que Giménez utiliza, incluso, sus mismos términos: «nueva empresa común y nacional», «particularizándonos en nuestras regiones». Sostenemos, por tanto, la hipótesis del impacto de una lectura de *España invertebrada*

rece una intuición escasamente precisa y definida, pero irá cobrando fuerza a medida que su acercamiento al fascismo sea un proceso con un margen cada vez menor de reversibilidad.[74]

La publicación del libro, como quedó dicho, dio lugar al procesamiento de su autor, seguido de la recogida de la obra, cuando casi no quedaban ejemplares en venta. Ya le había advertido Américo Castro, al leer el manuscrito, que tendría «problemas»;[75] de ahí que su publicación constituyese un acto claro de desafío, como único modo de introducirse, haciéndose notar, en la república de las letras. Por la correspondencia que se ha conservado con Unamuno podemos seguir las incidencias del proceso. Después de agradecer por carta al gran escritor vasco el interés demostrado ante la publicación de su primer libro,[76] al mes siguiente –el 23 de marzo– le comunica su procesamiento y la orden de recogida de su libro. «Hasta mañana que tengo que declarar –continúa diciéndole– no sabré bien lo que se me imputa. Pero por confidencias particulares se me acusa de insulto al Cuerpo de ejército y de sedición. Son delitos

---

anterior a la redacción del epílogo de *Notas marruecas*. En cuanto al paralelismo con otros intelectuales europeos, en 1929 nuestro autor proclamará el «sincronismo» de su evolución con la de Malaparte, reflejada en el sentido análogo de sus *Notas marruecas* con *La rivolta dei santi maledetti* del autor italiano. Cfr. EGC, «Carta a un compañero de la Joven España». *GLit*, 52 (15.II.1929), p. 5.

[74] Una confrontación con las dos obras que, con *Notas marruecas*, mejor han resistido el paso de los años -*El blocao*, de Díaz-Fernández e *Imán*, de Ramón J. Sender- nos arrojaría luz sobre otra posible salida al conflicto ideológico suscitado por la guerra marroquí. Nos limitaremos a decir que, publicadas respectivamente en 1928 y 1930 e inscritas en la llamada «literatura de avanzada» que proliferó en el tránsito de la Dictadura a la República, carecen de la inmediatez testimonial de las anotaciones de Giménez Caballero, pero aportan la perspectiva nueva de la problemática de la inserción del intelectual de la pequeña burguesía en las luchas del movimiento obrero. (Sobre este tema, *vid.*, especialmente, el capítulo de V. Fuentes, «Narrativa de "avanzada": Arderíus, Díaz Fernández y Sender», en *La marcha al pueblo en las letras españolas (1917-1936)*. Madrid, Ed. de la Torre, 1980, pp. 75-94; y L. Boetsch, *José Díaz Fernández y la otra Generación del 27*. Madrid, Pliegos, 1985; por lo que respecta a *El blocao*, pp. 57-99). En Giménez el marcado nacionalismo actúa como elemento encubridor de los antagonismos de clase que subyacen en el enfrentamiento imperialista, por lo que su actitud necesariamente ha de oscilar entre un confuso populismo y un elitismo de *profesor llegado de Europa*. No hay, ni puede haberla, una condena taxativa de la guerra colonial en sí, sino de algunos de sus efectos -como la alienación de la vida cuartelera o la corrupción que mina al estamento militar- y, sobre todo, de la subsidiariedad de España en la vorágine imperialista. Por el contrario, las obras de Sender y Díaz-Fernández apuntan a que el dominio a que se ve sometido el soldado de las clases populares no es sino una transposición del conflicto que enfrenta a las clases en la sociedad capitalista. En consecuencia, el marroquí, el moro, no puede ser visto como un enemigo, sino como un potencial aliado para sacudirse la opresión de la burguesía simbolizada por los jefes y oficiales del ejército colonial.

[75] EGC, Prólogo a la 2ª ed. de *Notas...*, p. 5.

[76] «Me dan ganas de empezar esta carta con un querido don Miguel, casi filial. [...] Yo le ruego señor Unamuno, que no vea en estos modestos elogios otra cosa que el entusiasmo de ver acogido con calor -y algo más- y por alguien como usted -al fin y al cabo, un ideal para mí- la primera obra de mi vida», le dice entre otras cosas. (Carta de EGC a Miguel de Unamuno. Madrid, 19.II.1923. Todas las cartas citadas a continuación proceden del Archivo de la Casa-Museo Unamuno, Salamanca).

que me parecen absurdos. Yo no he insultado a nadie. Porque tomar el pelo no es insultar. Claro que un Juez Militar no hace esos distingos. En cuanto a la sedición me parece una majadería. Yo doy una voz, pero a la gente paisana, "civil", a los que ahora entramos por las puertas de la vida ciudadana [...]» Y termina indignado: «¡De modo que las responsabilidades se las vienen a exigir a una víctima de los que las debían asumir y que andan tranquilos por la calle!»

El 11 de abril le comunica a Unamuno hallarse en un compás de espera y haber «utilizado el derecho de solicitar la revocación del caso», aún sin tener la seguridad de que se le otorgue. Su airada crítica no se detiene: «Los militares creen que porque metan en unas habitaciones a unos cuantos estrellados, y enseñen en Retamares las últimas compras de material a los profesores de la Central (según invitación que ha recibido Américo Castro y otros) ya está todo salvado, ya el Ejército está regenerado, ya no se seguirán haciendo disparates en África, ni robando la intendencia, ni aumentando la oficialidad aterradoramente.» E incluso apunta hacia lo más alto: «El ejército seguirá monstruoso, y, ahora fortalecido. *El rey mejor salvaguardado.* Y, en ciernes, cualquier otra guerra para desahogar tanto sable y tanto material.»[77] Como quiera que la causa no fue revocada y seguía su curso, Giménez Caballero recurrió a la amistad de Sainz Rodríguez, quien realizó gestiones ante el conde de Romanones. Éste, a su condición de ministro de Gracia y Justicia en el gabinete de García–Prieto unía la de presidente del Ateneo, del que Sáinz era bibliotecario.[78]

La siguiente carta a Unamuno –de 27 de junio– contiene un ruego y es indicativa, al igual que la petición de ayuda a Sainz Rodríguez, del temor del inculpado, preparado en último extremo para escapar a Francia. En concreto, le pide «unas líneas de su puño y letra, con fecha *6 o 7 de diciembre de 1922* diciéndome haber recibido mi libro.» «Se trata –añade– de poder demostrar, antes del sábado, con el concurso de libreros madrileños y con algunas cartas que constan en mi proceso, como la de usted (el nombre sólo claro está) –que mi libro fue publicado antes del 19 de diciembre. Como el proceso comenzó a incoarse el 19 de marzo habrán pasado más de tres meses, plazo en que prescribe el delito.» Según le dice, es «la única tabla de salvación que a un leguleyo se le ha ocurrido momentos antes de trasponer yo la frontera, pues estaba avisado de que ya se iba a proceder a mi prisión preventiva por considerarme el fiscal incurso en una pena de prisión mayor o sea de 6 a 12 años».

Por fin, recién subido al poder el Directorio de Primo de Rivera, su caso fue sometido a Consejo de Guerra y salió absuelto.[79] Desde Estrasburgo, reintegrado a sus tareas docentes, Giménez Caballero volvería a escribirle al catedrático de Salamanca el 26 de noviembre: «Mi absolución ha sido curiosa. Des-

---

[77] La cursiva es nuestra.

[78] Entrevista a Pedro Sainz Rodríguez (Madrid, 8.X.1982).

[79] Según Foard, «pocos días después del Pronunciamiento, el defensor de Giménez Caballero le trajo al noticia de que todos los cargos contra él iban a ser sobreseídos. [...] había hablado per-

de aquí me sonrío con ironía, sí, con ironía. Los militares españoles, sobre todo, son unos brutos. Me afirmo en ello. Como brutos suelen ser de una bondad y de una maldad elementales. Sólo así se explica que a un individuo que le han podido –¡ya lo creo!– meter varios años (18 fue la 1ª petición fiscal) en la cárcel, le hayan podido absolver. Aparte las conveniencias, yo hubiera preferido un castigo si era cierto que había delinquido. Pero somos inmorales para castigar y para perdonar.»

La experiencia europea: el lectorado en Estrasburgo

Giménez Caballero desempeñó dos años su puesto de lector de Lengua y Literatura españolas en la Universidad de Estrasburgo. No puede decirse, sin embargo, que esta experiencia europea de nuestro autor fuese homogénea. Cronológicamente estuvo cortada por el largo hiato de la guerra marroquí, la publicación de su primer libro y el subsiguiente proceso militar. Así, las dos permanencias de Giménez en Estrasburgo, durante los cursos 1920-1921 y 1923-1924, pueden ser netamente diferenciadas si consideramos como bisagra la decisiva experiencia africana. Para valorar la significación total de su estancia en la ciudad francesa, en aras de una mayor claridad expositiva, vamos a sacrificar el hilo cronológico que veníamos siguiendo, de manera que, conociendo ya las circunstancias de su intervención en la guerra del Rif, nos sea posible analizar el impacto que la posición nacionalista adoptada en Marruecos tuvo en la evolución de su pensamiento.

Según vimos, al acabar sus estudios universitarios, Giménez Caballero se integró en los círculos intelectuales hispanos que pretendían afrontar el atraso cultural de España con una elevación del nivel científico, utilizando como paradigma la organización universitaria europea, y dentro de ella, particularmente la alemana. Abanderada de esta idea de renovación por la alta cultura fue la promoción intelectual que ha pasado a la historia con el apelativo de generación del 14. Promoción que vino a recoger el impulso regeneracionista y el de la Institución Libre de Enseñanza, con su primado de la educación, añadiéndole una manifiesta voluntad de intervencionismo político. Ortega fue su portavoz a partir de sus célebres conferencia y libro de 1914, *Vieja y nueva política* y *Meditaciones del Quijote*, respectivamente. Este último, auténtico manifiesto reformista donde rebate, entre otras cosas, el falso dilema planteado por Me-

---

sonalmente con Primo de Rivera y encontró que el general simpatizaba con los puntos de vista expresados en *Notas marruecas* y abrigaba la esperanza de que el haz de combatientes, incitados por el autor, quisiera ayudarle en la tarea de gobernar España.» (*Op. cit.*, p. 60). Esta versión del historiador norteamericano es imposible de contrastar con ningún otro testimonio que el derivado del propio Giménez Caballero, interesado en que así fuera.

néndez Pelayo entre las «nieblas germánicas» y la «claridad latina». Influido por este clima intelectual, y muy directamente por sus maestros Ortega y Américo Castro, Giménez Caballero partiría hacia Estrasburgo a la vuelta del verano de 1920.

> «Cuando yo surgí a la faz de nuestras preocupaciones literarias –recordará varios años después– esta faz estaba contraída casi por una exclusiva: "el mito ario". Las novelas de Pío Baroja eran una de sus mayores exaltaciones […]. La generación de "España" y "El Sol" cantaba en todos los tonos sus salmos puritanos a la liberal Inglaterra y a la científica Germania. Araquistain, peroraba de panaceas socialistas: las "de los países progresivos". Madariaga hablaba en inglés y escribía en inglés. Luzuriaga, desembarcaba de Tudesconia con el aire de un puro tudesco. Y así, Navarro Tomás, y Morente, y Dantín Cereceda, y Américo Castro, y Juan de la Encina… Menéndez Pidal fijaba en el goticismo los orígenes de nuestra épica. Y Ortega y Gasset, los orígenes de nuestra desvertebración nacional.»[80]

Y en otro texto de 1931, volverá sobre lo mismo:

> «Acudí a esta ciudad renana embriagado de germanismo y de misticismo ario. Era la época en que las corrientes "europeístas" encarecidas por Joaquín Costa y por Unamuno habían adquirido en mi país una fiebre casi grotesca. […] Nadie sabía bien lo que era lo "europeo". La duda se resolvía aprendiendo furiosamente alemán, inglés; propugnando el culto a la cerveza e incubando una especie nacional llamada "minoría selecta" encargada de resolver a base de traducciones y a distancia de la masa general española los problemas generales de la patria. [Toda mi ilusión fue] pertenecer a la casta minoritaria que decían gobernaría a España enseguida.»[81]

Pero al margen de estas ironías caricaturescas, hay que decir que en Estrasburgo, su primer año académico discurrió con la preparación de su curso universitario sobre la literatura española del siglo de oro, como ayudante del hispanista Eugen Kohler, sin descuidar el estudio de diversas lenguas –el alemán, el provenzal (este último con Hoeffner)– así como disciplinas científicas como la literatura comparada (con Baldensperger) y la prehistoria (con Paul Wernert). Dado lo exiguo de la remuneración de que disfrutaba, para poderse mantener en una modesta pensión, debió de alternar sus cla-

---

[80] EGC, *Circuito imperial*, Madrid, *La Gaceta Literaria*, 1929, pp. 90-91.
[81] EGC, *Trabalenguas sobre España*. Madrid, CIAP, 1931, pp. 349-350.

ses en la Universidad con otras en la Escuela de Comercio.[82] Esta primera estancia en Estrasburgo, hasta donde llega nuestra información, no dio lugar a publicación alguna. Su actitud fue más bien receptiva, de aprendizaje. Además de los cursos que siguió, completó su formación devorando volúmenes del Seminario de Románico de la Universidad, leyendo hasta quedarse, según su confesión –indudablemente hiperbólica– «sin sangre en las extremidades, y el corazón acelerado, y los ojos turbios, y todo yo, transido, cataléptico».[83]

Muy distinto cariz habría de tener la vida estrasburguesa de Giménez Caballero durante el curso 1923-1924. Subrayamos el hecho de que la publicación de *Notas marruecas de un soldado* había supuesto su irrupción súbita en el mundo literario, con una resonancia acrecentada por sus fuertes notas críticas y el inmediato proceso por la jusrisdicción militar. Esta segunda etapa reflejaría, desde nuestro punto de vista, un cambio vocacional favorecido por las nuevas circunstancias: sus aspiraciones parece que dejaron de tener por norte la dedicación plena a la investigación y a la docencia universitaria para orientarse con decisión hacia el campo del periodismo y la creación literaria. Al volver a Estrasburgo, se amplió considerablemente su horizonte vital. Siguió estudiando, pero, además, escribió numerosos artículos sobre sus excursiones por Holanda, Alemania, Suiza, Bélgica y la propia Francia, y al tiempo desarrollaba una vida de relaciones sociales más intensa.[84] «Me he hecho un smoking –le escribe a su amigo Enrique Lafuente– y me he comprado unos zapatos de charol. Voy pasado mañana a una fiesta de Caridad. Y cuando llegue la primavera quisiera dedicarme a tomar el aire, a remar, a adquirir un poco de fuerza y alegría [...] y poder conseguir una mujer de veras, dejar de ser un niño algún día, de ser una criatura estúpida, débil, sin gran conciencia de la responsabilidad y el esfuerzo.»[85] En efecto, no mucho después de escribir esta carta, en una fiesta en la Prefectura de Estrasburgo conocerá a quien será su mujer el año siguiente, la toscana Edith Sironi Negri, hermana del cónsul de Italia en la ciudad alsaciana. Como recordará muchos años después en sus memorias, la descubrió en la mencionada fiesta, «junto a un alto, esbelto, rasgado ventanal dieciochesco», y se le fue acercando «atraído por un impulso ignoto [...] hasta quedar frente a frente y hacer que aquella muchacha, entre atónita y deslumbrada por mi alucinamiento, me preguntara: "*Qu'est-ce que vous désirez, Monsieur?*" A lo que le respondí en el acto: "*Je vais vous épouser*"».[86] Ocioso es resaltar la importancia que esta mujer tendrá en su vida. Había nacido en Prato un año antes que él y convivido desde la infancia –habitaban en el

[82] EGC, *Memorias...*, p. 38.
[83] EGC, «Confesiones...»
[84] Cfr. EGC, *Memorias...*, p. 49.
[85] Carta de EGC a Enrique Lafuente Ferrari. (Estrasburgo, 12.II.1924. Archivo del autor).
[86] EGC, *Memorias...*, p. 53.

mismo inmueble– con Curzio Suckert, el posteriormente célebre escritor fascista Curzio Malaparte.[87]

En la misma carta a Lafuente Ferrari, Giménez testimonia sus ocupaciones intelectuales y el cierto grado de relación alcanzado con varios grandes escritores contemporáneos:

> «Aquí trabajo el alemán algo. Ahora estoy traduciendo con Wernert un artículo de Gómez de Baquero al alemán, para "La République" de aquí. En la "Revue d'Alsace et Lorraine" voy a publicar un artículo en francés sobre Gómez de la Serna. Que te mandaré.
>
> Me estoy orientando bastante bien en el Folklore. Me he puesto en relaciones con un gran folklorista nirlandés gracias a Van Dam. Y me voy a relacionar con uno famoso de Varsovia, gracias a Wernert. Un tal Frankowski que ha trabajado sobre etnografía ibérica, que tu conocerás seguramente, y del que me habló Baroja.
>
> Baroja me va a escribir uno de estos días. Me lo ha anunciado por Van Dam, pues le hemos hecho proposiciones para traducirle al holandés. También me escribe Andrenio; ha regalado libros a este Instituto. Y asimismo Salaverría. Azorín me puso una postal, después de mi artículo de "El Sol". A La Libertad he mandado otro artículo. Y ahora mandaré –con fotos– el de "La Esfera".
>
> Recibí "César o nada" y te lo agradezco mucho.»[88]

En la base de su mayor movilidad estuvo una mejora de su situación económica: al apoyo pecuniario familiar, sumó las retribuciones por su colaboración en la prensa y la concesión de una subvención de dos mil pesetas, gestionada por Lorenzo Luzuriaga desde la oficina de Asuntos Culturales del Ministerio de Estado.[89]

Los mencionados artículos, en los que recogía sobre el terreno sus impresiones y experiencias por tierras europeas, se irían publicando en los diarios madrileños *La Libertad* y *El Sol* ya desde noviembre de 1923. «Tienen –ha escrito Miguel A. Hernando– el mismo viso regeneracionista de sus *Notas marruecas*.»[90]

---

[87] Entrevista a Edith Sironi Negri. (Madrid, 9.XII.1986). La propia interesada nos confirmó la exactitud de los términos en que se le declaró su futuro marido.

[88] Carta citada. También le pidió a Unamuno ayuda para dejar bien surtida la biblioteca universitaria de literatura hispana: «quisiera solicitar de usted algún donativo para la Biblioteca de español. Tenemos sus Ensayos, completos y "De mi país". Me he sentido un poco sacerdote de la diosa España y trabajo también un poco por ella, en conferencias y en cursos. Quisiera dejar la biblioteca a mi cargo nutrida de Literatura española contemporánea. ¿Puede usted ayudarme en la tarea, don Miguel? ¿Es impertinente mi petición?» (Carta de EGC a Miguel de Unamuno. Estrasburgo, 26.XI.1923. Archivo Casa-Museo Unamuno, Salamanca).

[89] EGC, *Memorias...*, p. 49.

[90] M. A. Hernando, *Prosa vanguardista de la generación del 27 (Gecé y «La Gaceta Literaria»)*. Madrid, Prensa Española, 1975, p. 131.

En su conjunto, los artículos revelan dos notas fundamentales: un intento de indagar las peculiaridades culturales de cada país, región o ciudad que visita y la constatación pesimista de la inferioridad española. Desde Basilea, por ejemplo, le impresiona el sentido de la solidaridad que ve representado en el Municipio:

«... la divinidad suiza –escribe– vive en el Municipio. La Solidaridad, la Unión. Sin Solidaridad no hay fuerza. No hay libertad, no hay máquinas de seguros, no hay cantos corales, no hay explotación de turistas, no hay modo de hacer marchar el reloj de la vida civil. ¡Ah! Pobre España, que desoyó esta sabia máxima, que tantas veces la recuerdan nuestros pedagogos y directores espirituales, esos pedagogos que sienten la nostalgia relojera, y queman estérilmente sus velas ante la imposible "Einigkeit", la esquiva diosa.»

Por el contrario, para los españoles «el Ayuntamiento ha sido siempre la residencia del buen y del mal ladrón»; de ahí que tengamos «por fuerza que considerar, sí, Basilea, como un ideal el poseer como tú a Dios en el Municipio».[91]

En otra ocasión, será la desbordante actividad del puerto de Estrasburgo el motivo de sus reflexiones. «¡Qué grandeza, qué envidia, un río con un puerto! Nosotros los españoles no conocemos ni el bosque ni el río; estas dos materias primas del progreso material de un pueblo: el árbol, el agua.» Al contemplar su país desde esa perspectiva, no puede por menos que preguntarse: «Vista Europa desde el Rhin, ¿qué es España? ¿Qué participa España de esta ligazón internacional?» Y la contestación que le surge no puede ser más negativa: «Allá, en su rincón occidental, con sus mesetas áridas y sus cursos torrenciales y desordenados, con vagos proyectos históricos de canalizaciones, sin saber la alegría y la riqueza del río navegable.» Es cierto, sin embargo, que «la corriente renacentista, de unidad en la pluralidad, por la que atravesamos, nos ha enseñado a conformarnos con nuestra suerte geográfica»; corriente que culmina en Ortega y Gasset y que se cifra en el apotegma «cada cosa es buena según donde está». Pero su postura acepta con reticencias la resignación, volviendo una y otra vez a su *leitmotiv*. «¿Cada cosa es buena según donde se encuentre? Sí... Pero ¡qué envidia, qué grandeza, un gran río con un puerto!»[92]

Entre esta gavilla de artículos, hay uno, que no sólo abunda en cuanto venimos señalando, sino que, además, tiene el interés de mostrarnos su primera aproximación al fenómeno fascista. Se trata de una entrevista con su futuro cuñado, Fausto Sironi, cónsul de Italia en Estrasburgo, como quedó reseñado. Gi-

---

[91] EGC, «Desde Basilea. Dios en el Municipio». *La Libertad* (19.VII.1924).
[92] EGC, «Desde Estrasburgo. El puerto». *La Libertad* (5.VII.1924).

ménez Caballero se dirige a él para satisfacer su «curiosidad más o menos vaga acerca del movimiento italiano por Alsacia y Lorena»; regiones que, al decir de su interpelado, contaban con una población de unos 50.000 italianos, la mayoría comerciantes y obreros. El cónsul es caracterizado como un fascista entusiasta y admirador de Mussolini, «a quien le cree no sólo el salvador de Italia, sino el hombre más representativo de la vida actual, el solucionador de los problemas fundamentales de Europa».

Pero Giménez deriva enseguida la conversación hacia una confrontación entre los pueblos italiano y español. En España –le dice a Sironi–, habíamos olvidado y dejado de respetar a un país como Italia «que fue nuestro "desiderátum" en el Renacimiento», y la gente se sonríe –«quizá bárbaramente», apostilla– al contemplar los esfuerzos italianos por resurgir «con un heroísmo y una simplicidad frente al ridículo», por pensar que un pueblo cargado de historia es incapaz de resurrección. Y en clara referencia a las tesis sustentadas por Ortega en *España invertebrada*, añade, pretendiendo explicarse el fenómeno que está acaeciendo en la otra península mediterránea:

> «Mire usted: en España hay escritores de gran finura mental y cultural, que sostienen ahora que la gran fuente de energías de ustedes está en las hondas raíces germánicas, bárbaras, vitales, que posee Italia mucho más que España.
> –Eso me parece un disparate.
> –Políticamente está bien su juicio. Pero yo me inclino […] al parecer germanizante. Ustedes no tienen ese fardo triste y terrible del semitismo tan encima como nosotros. Además, su posición geográfica les ha favorecido siempre en la vida europea.»

Sironi le informa de los esfuerzos del fascismo por ganarse a los miles de jornaleros italianos que pueblan esas regiones, en competencia con las organizaciones comunistas. «Éste es un trabajo ímprobo, tenaz, sin brillo, pero fundamental», le subraya el cónsul; quien añade: «Ustedes los españoles no organizan nada.»

La conversación sume a nuestro autor en la tristeza al tener que aceptar la verdad del italiano entusiasta, organizador. «El ejemplo de Italia es alentador –concluye Giménez–. Así lo debió comprender nuestro Duce, el Sr. Primo de Rivera –de "Riviera", como aquí le llaman–. Ahora, que la verdadera fuerza está en sentir dentro el bullicio juvenil de las pasiones y del ansia de afirmar, al frente de un pueblo, un ensayo de vida nueva.» Pero Giménez Caballero termina por constatar que los caminos históricos y culturales de ambas naciones –Italia y España– son divergentes; y mientras Dante «tejía un ideal solemne y grande para su pueblo», España, a través de sus escritores, iba preparando ya «con la ironía y la amargura que debían refluir en Cervantes, la derrota y el ridículo de todos los condottieros más o menos errantes y soñadores».[93]

En definitiva, y teniendo en cuenta la globalidad de sus escritos en este período, Giménez Caballero parece concluir en tono desesperanzado la inutilidad de ir a importar elementos de culturas más avanzadas que la española, por resultar inasimilables a las propias peculiaridades nacionales. Nuestro autor se mueve ideológicamente entre el Ganivet del *Idearium* y el Ortega y Gasset de *España invertebrada*. De ahí que cuando Foard habla de la ruptura con sus maestros,[94] parece no tomar en consideración que el pensamiento de éstos (los vivos, claro está) también evolucionaba, y que en el caso de Ortega –que es el punto de referencia básico–, en torno a 1919-1922, como ha señalado con toda rotundidad Elorza, cabe colocar un decisivo punto de inflexión que le lleva desde las espectativas de cambio inmediato a la interpretación pesimista de la historia española como justificación de la imposibilidad de la transformación.[95] El Giménez Caballero de estos momentos debió de esforzarse por combinar una inquieta curiosidad intelectual por conocer formas culturales distintas a las que había vivido en Madrid (y después en Marruecos); una clara preocupación por el atraso español, de sabor regeneracionista, patentizada de forma más aguda por el inevitable contraste con el resto de Europa; y, finalmente, cierta postura de orgulloso nacionalismo reportada de su experiencia en la guerra del Protectorado. A esta última actitud cabe imputar su atrabiliaria reacción ante el embajador español en París.[96]

Pero donde reflejaría con mayor intensidad los conflictos ideológicos y los «reajustes morales»[97] en que se debatió durante su estancia en tierras europeas debió ser en su segundo libro, titulado *El fermento*. Obra escrita en Madrid, tras su regreso de Marruecos y antes de reincorporarse a su puesto en Estrasburgo, y desaparecida, inédita, con el saqueo de su vivienda durante la guerra civil. Para introducirnos en su significación tenemos, por fuerza, que movernos en el terreno de lo hipotético, valiéndonos de las alusiones a esta obra del propio autor.

La primera referencia a ella es estrictamente coetánea y la encontramos en su correspondencia con Unamuno. En plenos avatares del proceso, a finales de junio de 1923, le anuncia tener casi acabado otro libro, cuyo contenido «me

---

[93] EGG, "Desde Estrasburgo. Conversación con un fascista". *La Libertad* (14.V.1924).

[94] Foard, *op. cit.*, pp. 69-70.

[95] Cfr. A. Elorza, *La razón y la sombra. Una lectura política de Ortega y Gasset.* Barcelona, Anagrama, 1984, pp. 117 y ss.

[96] El incidente se debió al retraso en percibir la subvención del Ministerio de Estado: «cansado de esperarlas las dos mil pesetas, escribí al Embajador en París, Quiñones de León, quien me respondió despectivamente exigiéndome paciencia y disciplina. A lo que respondí invitándole a que mi beca la repartiese a sus criados, pues yo venía de arreglar un Marruecos que él había estropeado con sumisiones a un poderío francés. (Las 2.000 pesetas me llegaron en el acto.)» (EGG, *Memorias...*, p. 49).

[97] Tandy, *op. cit.*, p. 33.

parece pudiera levantar alguna otra marejada, aunque en distinto campo que el militar». Meses después, y ya desde Estrasburgo, entra bien explícitamente en el contenido del libro, «que dejé –le escribe al catedrático de Salamanca– terminado en Madrid y que no publico por falta de editor; mejor dicho, por falta de implorar un editor»:

> «Este orden y este equilibrio [el centroeuropeo] siempre serán para nosotros, don Miguel, buenos iberos, queramos o no, una superstición, una ilusión. Una ilusión es quizá ésta de recoger "el fermento" cultural de Europa para importarle [*sic*] a nuestra España. Yo estoy en el plan de abeja. Modesto heredero de nuestros europeizantes que, desde Nebrija intentan renovarnos con la levadura ajena. Sin embargo, creo que mi generación representa ya el estadio de sonreírse del "fermento" sin dejar de rendirle tributo.»[98]

Años después, al abordar otra vez el tema europeo desde una nueva posición ideológica, establecerá un paralelismo interesado entre la evolución experimentada por Curzio Malaparte y la suya propia. Su libro inédito, sería la expresión de la rebelión de la periferia contra el espíritu de la Europa moderna; una expresión análoga a la que coetáneamente tendría lugar en Italia y en Rusia. Estos dos países, frente a la obsesión cifrada en la palabra Europa (entendiendo por ella «reformismo, criticismo, democracia, liberalismo, burguesía, *laissez faire* del individuo»), «cortaron por lo sano: el mejor modo de ser europeos es ponerse frente a esa tradicional Europa y dar una nota original. Comunismo, Fascismo. En el fondo, dos fórmulas fascinadoras de una nueva Europa, de otra Europa. Quizá: de otra cosa que Europa.» Y la evolución de estos países, es buena prueba de esa nueva generación salida desconcertada de la guerra, y que en pocos años se rehace y reorienta el curso de la historia en función de una misma sensibilidad. Ahora, y sólo ahora –es decir, cinco años después de haberlo escrito–, puede ver la lógica a que obedeció su impulso, al contemplar cómo fructificaba «ese mismo género de libro en Italia y en Rusia, sin ponernos previamente de acuerdo». Por eso, *El fermento*:

> «... fue una consecución natural de mis "Notas marruecas". Como "L'Europa vivente" fue la consecución natural de "La Rivolta dei santi Maladetti", de Curzio Suckert. Es decir: la sátira de un régimen nacional viejo al probarse en una guerra (Annual, Caporetto), seguida por la iro-

---

[98] Cartas de EGC a Miguel de Unamuno (Madrid, 27.VI.1923; y Estrasburgo, 26.XI.1923. Archivo Casa-Museo Unamuno, Salamanca). Antes le había ofrecido el manuscrito a Baroja, quizá pensando en su publicación por Caro Raggio. «Baroja me dio una evasiva, sin verlo.» (EGC, «Carta a un compañero...»).

nía del mito europeo al convivir tras 1918 en esa Europa supersticiosa de nuestros mayores. La ironía del contra–europeísmo.»[99]

Aún volverá a referirse al libro un año después, pero en términos en que está completamente ausente el sentido irónico de la obra:

«Esa crisis del lector de español –asaeteado de derrotas y pesimismos españoles, por una herencia atroz, tres siglos, de criticismos, de dudas, de desconfianzas y de cobardías– la he sentido yo. No digo como nadie: sí como el que más. Ahí está, en un cajón, el libro mío que reflejó esa crisis –crisis que aún me persiste, y en la que debato mis horas más agudas. Un libro titulado *El Fermento*, novela autobiográfica del lector español, del pensionado español, del español que va a Europa, en misión patria, para reportar la levadura, el *fermento* europeo que había de regenerarnos.»[100]

En vista de los testimonios aducidos, ¿qué significación tuvo –nos preguntamos para concluir– el segundo libro de Giménez Caballero en su evolución ideológica? Parece evidente que la obra, formalmente, estuvo en la misma tendencia narrativa y autobiográfica de sus *Notas marruecas*. Y que en ella reflejó su experiencia personal europea. Pero el título del libro es un término anfibológico que alude a dos realidades perfectamente deslindables. Por una parte, el *fermento* sería el elemento catalizador «liberal, criticista, científico» que nuestro autor había ido a buscar a Europa, imbuido por la tradición europeísta transmitida directamente por sus maestros, para «salvar la cultura española».[101] En este sentido, el título de la obra aludiría tanto a la mentalidad con que habría llegado por primera vez a Estrasburgo, como a su experiencia durante el curso 1920-1921, donde esencialmente tales esquemas no experimentarían variación alguna. Pero, por otra parte, el *fermento* sería también el proceso de descomposición del ideal europeísta en el propio pensamiento del escritor, al confrontar su aspiración a la conquista de la cultura y la ciencia europeas con el nacionalismo político que había adoptado a raíz de su servicio militar en Marruecos. El nacionalismo político acaba por invadir también sus concepciones culturales; Giménez, como ha escrito un buen conocedor de su obra, «resuel-

---

[99] EGC, *Circuito...*, pp. 17-18. El texto originario es de 1928.

[100] EGC, «Carta a un compañero...» En parecidos términos se expresaría en sus últimos años al ser indagado sobre el tema: «Era un cuaderno de argonauta -nos escribiría- a la conquista del Vellocino salvador de España: el *fermento europeico* que nos redimiera de nuestra decadencia finisecular y de nuestrro barbarismo. En la línea del 98 pero sobre todo en la orteguiana, en la institucionista de Castillejo, con su Junta para la Ampliación de Estudios.» (Carta de EGC al autor. Madrid, 21.XI.1985).

[101] EGC, *Memorias...*, p. 50.

ve no competir dentro de sus caracteres típicos con los países europeos ni tender a imitarlos. Se inclina por la individualidad heroica de cada nación como el mejor camino para el progreso.»[102]

Sólo aceptando la doble significación apuntada del término con que titula su obra –una significación objetiva asimilable a la cultura europea, y otra subjetiva, en tanto que transformaciones operadas en su conciencia– es posible una explicación integradora de las sucesivas versiones retrospectivas aportadas por el autor, que de esta forma serían complementarias en lugar de divergentes.

Con un pasaje alegórico de *Circuito imperial* vamos a cerrar nuestra aproximación a la experiencia europea de Giménez Caballero, en un proceso que va, como hemos visto, desde el ideal hasta el desengaño europeísta:

> «Es posible que existan otros españoles –a más de mi caso– que hayan puesto sobre el Rin toda una cifra moral e imaginativa: Que se lo hayan recorrido desde sus manantiales suizos hasta sus desvertebramientos bátavos –En surnorte– fidedigna, lealmente, para perseguir un problema de gravitación patriótica. Es posible. Pero lo dudo. [...] ¡Ser godos, ser rubios, tener un poco de ojos azules, un poco de cráneo redondo, un poco de barbarie! Barbarie = vitalidad. ¡Ah, la vitalidad gótica! (El latinismo: en franco vejamen.) [...] No es, pues, de extrañar que a un catecúmeno de aquel culto le pareciese el Rin como el agua lustral de todo credo. Recuerdo haber zahondado mi mano sobre el Rin de Estrasburgo con subconsciente ademán de persignación. No es este el momento de recordar mis aventuras morales renanas. Rin: fue mi Meca y mi Ceca. Fue, para mí, la coyuntura religiosa. Mi Sinaí. Sobre él me arrodillé para pedir un día a su Genio las tablas de una Ley. Y, en efecto: con una ironía –de la que yo hubiera creído incapaz al blondo río– el Rin me señaló una sola conducta: lealtad de orígenes. Nada tiene –pues– de extraño si a la misma ribera renana encontré el camino apasionado de Roma y de Oriente.»[103]

Pero para llegar a Roma –que en el lenguaje alegórico de nuestro personaje no es otra cosa que el fascismo– habría de recorrer, aún, un largo camino sembrado de contradicciones, donde lo más significativo y destacable será su hiperactiva etapa vanguardista.

---

[102] Hernando, *op. cit.*, p. 235.
[103] EGC, *Circuito...*, pp. 90-91.

II

EL VANGUARDISMO ESPAÑOL Y *LA GACETA LITERARIA*

El arte de vanguardia en España

Las tendencias renovadoras del arte occidental del período de entreguerras fueron, en su momento, calificadas con el término de «vanguardia», importado de los frentes bélicos. El témino vanguardia alude, en esta transposición desde el lenguaje militar, a aquellas parcelas de la actividad artística que ejercían su labor de choque, rompían con los gustos tradicionales y abrían nuevos caminos. En realidad, todo nuevo estilo artístico supone obviamente una ruptura con los cánones vigentes, en una cierta fase, de duración variable, tras la cual acaba por aclimatarse a las demandas de un público que termina por asumirla. Lo característico de la llamada «vanguardia histórica» es haber llevado esa ruptura a límites difícilmente concebibles en tiempos anteriores, límites en los que no sólo se aportaban nuevas prácticas estéticas, sino que el propio hecho artístico era puesto en cuestión.

Las vanguardias europeas se plasman en un interminable rosario de «ismos», que se superponen, se autoaniquilan y se suceden con rapidez, y que suponen otras tantas etapas en el proceso de definición de la noción histórica de la vanguardia. Sin embargo, la vanguardia es, al mismo tiempo, una noción historiográfica, de carácter instrumental, que urge definir –saliendo de los niveles intuitivos en que hasta un tiempo reciente se ha planteado su estudio– para poder delimitar, en el seno de la actividad artística global, aquellos procesos artísticos alternativos.

En España contamos con el ingente acopio de información de Juan Manuel Bonet o el notable esfuerzo de Jaime Brihuega para la superación del estadio predominantemente intuitivo y descriptivo en que se movían los estudios sobre las vanguardias.[1] En un estudio orientado a las artes plásticas (aunque sin descuidar las demás manifestaciones artísticas), este último autor ha par-

---

[1] J. M. Bonet, *Diccionario de las vanguardias en España. 1907-1936*. Madrid, Alianza, 1995; J. Brihuega, *Las vanguardias artísticas en España. 1909-1936*. Madrid, Istmo, 1981.

tido de la consideración de la existencia de dos ejes en torno a los que se organiza la actividad artística española en la primera mitad del siglo. Por actividad artística no entiende sólo la obra en sí, sino también la teoría y la práctica artísticas que la acompañan. Desde su perspectiva, estos dos ejes estarían constituidos por:

–El eje de la ideología artística dominante, que aglutina aquella actividad acorde «con la ideología que demandan las clases, estratos o capas instalados en los distintos niveles del poder» y que cristaliza, al tiempo, en el plano del lenguaje y en el de la obra concebida como objeto de consumo en un mercado.

–El eje integrado por «una *crítica* de esta ideología», a la que «trata de ofrecer una *alternativa*; con vistas a una simple modificación del componente "artístico" de la ideología o para continuar (partiendo siempre de esta modificación artística que es su cabeza de puente) en dirección a una modificación de radio más amplio que el específicamente artístico, uniéndose unas veces, otras no, a los procesos de lucha emprendidos desde otros sectores».[2]

A partir de estas precisiones es posible aglutinar la actividad artística desarrollada en el periodo indicado en dos grupos que responden, respectivamente, a los ejes anteriores: por una parte la *actividad artística acrítica* y, por otra, la *actividad artística crítica*. Esta última equivaldría a una ampliación de la noción tradicional de vanguardia, con la ventaja –según Brihuega– de anular dicotomías como vanguardia/retaguardia, basadas en criterios harto subjetivos. Además, permitiría contemplar la sucesivas nociones históricas de la vanguardia bajo el prisma de su común inclusión en un proceso histórico concreto de elaboración de alternativas a la ideología artística dominante (en el triple aspecto de los lenguajes, de las funciones ideológicas o del funcionamiento de los productos artísticos como objetos de cambio y consumo).

Carecemos, no obstante, de unas orientaciones metodológicas desde las que abordar, en su especificidad, la vertiente literaria del vanguardismo español.[3] Con independencia de este problema de partida, vamos a adentrarnos en la realidad de la constitución de la noción histórica de la vanguardia en España, y, a partir de ella, estudiar sus influjos en la creación literaria que va desde el ultraísmo hasta las tendencias del «arte comprometido» de los años treinta.

---

[2] Brihuega, *op. cit.*, p. 68.

[3] Pese a la existencia de estudios importantes, como el de A. Jiménez Millán, *Vanguardia e ideología. Aproximación a la historia de las literaturas de vanguardia en Europa (1900-1930)*, Universidad de Málaga, 1984, de carácter general, como indica su título; o el de A. Soria Olmedo. *Vanguardismo y crítica literaria en España (1910-1930)*. Madrid, Istmo, 1988; fundamental para conocer el desarrollo de la vanguardia literaria española desde la perspectiva de la crítica aparecida en revistas.

En este punto es obligado hacer mención del ensayo de Ortega y Gasset *La deshumanización del arte*. Publicado por primera vez como libro en 1925, alcanzará una difusión inigualada por este tipo de obras[4] y será, sin duda alguna, la referencia imprescindible de toda la crítica artística (no exclusivamente literaria) del decenio siguiente, de la misma forma que un hito decisivo en la formalización del concepto de vanguardia en su época.

En rigor, el ensayo orteguiano es una aplicación de sus tesis sociológicas al campo específico del arte contemporáneo. Lo característico de éste en sus diversas manifestaciones –pues todas ellas aparecen íntimamente trabadas en cada época histórica– es, al decir de Ortega, su *impopularidad*. «Todo el arte joven –afirma el filósofo madrileño– es impopular, y no por caso y accidente, sino en virtud de su destino esencial.»[5] *Impopular*, sin embargo, no debe confundirse con *no popular*. Todo arte innovador, que rompe con tendencias consagradas, ha empezado por no ser popular, hasta que conquista su público, su *pueblo*. En cambio, el arte nuevo al que se refiere Ortega, «tiene a la masa en contra suya, y la tendrá siempre. Es impopular por esencia: más aún: es antipopular.»[6] La nueva obra de arte tiene, por consiguiente, la virtud de dividir al público, sociológicamente, en dos categorías: el reducido núcleo que le es favorable y la mayoría que se muestra hostil. No se trata, simplemente, de una cuestión de gustos personales, sino de algo más profundo:

> «A mi juicio –subraya Ortega– lo característico del arte nuevo, "desde el punto de vista sociológico", es que divide al público en estas dos clases de hombres: los que lo entienden y los que no lo entienden. Esto indica que los unos poseen un órgano de comprensión negado, por tanto, a los otros; que son dos variedades distintas de la especie humana. El arte nuevo, por lo visto, no es para todo el mundo, como el romántico, sino que va desde luego dirigido a una minoría especialmente dotada. [...] Habituada a predominar en todo, la masa se siente ofendida en sus "derechos del hombre" por el arte nuevo, que es un arte de privilegio, de nobleza de nervios, de aristocracia instintiva. Dondequiera que las jóvenes musas se presentan la masa las cocea.»[7]

El mecanismo artístico en virtud del cual se crean unos productos susceptibles de ser entendidos únicamente por una minoría culta, no es otro que la

---

[4] Hasta 1936 alcanzó tres ediciones y superó los seis mil ejemplares (Brihuega, *op. cit.*, p. 255). Añádase que, parcialmente, había sido publicado en forma de artículos por un diario de tan amplia difusión como *El Sol* en 1924.

[5] J. Ortega y Gasset, «La deshumanización del arte» [1925], en *OC*, III, 354.

[6] *OC*, III, 354.

[7] *OC*, III, 355.

deshumanización a que es sometida la realidad, verdadero rasgo generalizador de la producción artística analizada por Ortega.

> «Lejos de ir el pintor más o menos torpemente a la realidad, se ve que ha ido contra ella. Se ha propuesto denodadamente deformarla, romper su aspecto humano, deshumanizarla. [...] Con las cosas representadas en el cuadro nuevo es imposible la convivencia: al extirparles su aspecto de realidad vivida, el pintor ha cortado el puente y quemado las naves que podían transportarnos a nuestro mundo habitual. Nos deja encerrados en un universo abstruso, nos fuerza a tratar con objetos con los que no cabe tratar humanamente. Tenemos, pues, que improvisar otra forma de trato por completo distinto del usual vivir las cosas; hemos de crear e inventar actos inéditos que sean adecuados a aquellas figuras insólitas. Esta nueva vida, esta vida inventada previa anulación de la espontánea, es precisamente la comprensión y el goce artísticos.»[8]

Por la sinuosidad de su estilo, es difícil determinar en qué medida el ensayo de Ortega constituye un mero diagnóstico del arte de su época, o, por el contrario, una declaración de principios. Con todo, en sus páginas es indudable que late una crítica radical del arte decimonónico, sustentada en un firme antirromanticismo y antirrealismo. Para Ortega, el arte producido a lo largo del siglo XIX era muy *antiartístico* en tanto que era demasiado real. «Se comprende, pues, que [...] haya sido tan popular: está hecho para la masa indiferenciada en la proporción en que no es arte, sino extracto de vida.» Frente al arte de la pasada centuria, el nuevo estilo se caracteriza por tender a la deshumanización, a «evitar las formas vivas», a no ser sino obra de arte, y como tal, producto del juego y de una «esencial ironía»; a ser el resultado de una «escrupulosa realización», y a rehuir toda trascendencia.[9]

La deshumanización del arte es, sin duda, el texto capital para la sistematización de la noción de vanguardia en la España de los años veinte. Según este ensayo, la vanguardia se vinculaba a prácticas artísticas experimentales, de laboratorio, en el ámbito de minorías que creaban y eran, a su vez, las destinatarias de los nuevos productos.[10] El arte así concebido carecía de ulterior trascendencia; era un mero –aunque complejísimo– juego, tan difícil de crear como de gozarlo. En esta misma línea de valoración del arte nuevo, podemos situar el ensayo de Fernando Vela *El arte al cubo*, publicado en 1927, donde prosigue y perfila los planteamientos orteguianos. «Esta es nuestra anormalidad –escri-

---

[8] *OC*, III, 365.

[9] *OC*, III, 359-360.

[10] Esto lo ha subrayado con rotundidad R. Osuna al hablar de la revistas españolas de vanguardia, limitadas muchas veces «a las amistades de los editores.» (*Las revistas españolas entre dos dictaduras: 1931-1939*. Valencia, Pre-Textos, 1986, p. 23).

be quien fuera secretario de la *Revista de Occidente* y devoto seguidor del filósofo–: que sentimos fruición cuando la obra de arte nos presenta problemas y no soluciones. Nunca gozamos de ella ingenuamente; necesitamos agrios que nos descompongan la simplicidad propia de todo goce.» Por eso la agresividad inevitable contra el arte viejo, ya que éste daba los problemas por resueltos y, por lo tanto, mostraba su falsedad. Aunque el arte actual posea un valor sustantivo, necesita del anterior para actuar como contragolpe, «como la pelota de la pared. Sin el impresionismo, el cubismo no bota.» Y concluye Vela:

> «El arte nunca ha sido ingenuo, aunque a veces lo pareciese. El deleite estético nace siempre de la conciencia de una duplicidad, es decir, de una actitud irónica. Tomemos el ejemplo más sencillo: la metáfora. No existe más que cuando el sujeto posee la conciencia de que los objetos comparados son esencialmente distintos y que su identificación es capciosa. Ha de lanzar los ojos en dos direcciones opuestas para traer a coincidencia en su visión dos cosas incongruentes. Si creyera en su identidad real, la fruición desaparecería instantáneamente. No; el arte no es nunca ingenuidad, sino ironía. Pero a veces esta duplicidad primera recibe nuevos dobleces: el arte al cubo.»[11]

El análisis de Ortega –y en general los ensayos publicados en los veinte bajo su influjo, como el de Vela– adolecía, pese a su pretensión sociológica, de una nula atención a los fenómenos sociohistóricos condicionantes del arte inmediatamente posterior a la guerra europea. Ortega teorizaba con la vista puesta, sobre todo, y por lo que se refiere a la literatura, en el dadaísmo y el creacionismo, y dentro del ámbito hispano, el ultraísmo. En estas manifestaciones del arte de entreguerras la voluntad escapista de la realidad social y política –la Europa devastada tras la Gran guerra; la España sumida en una honda crisis a partir de 1917– es muy patente, y justificaba en parte el término «deshumanización» para designar el carácter de sus productos. Sin embargo, la poderosa influencia de la calificación orteguiana acarreó penosas consecuencias para unas obras –en especial las de los prosistas de vanguardia– caídas en el descrédito a partir de 1930, cuando se inicia la «rehumanización» de la literatura comprometida. En ese momento, *vanguardia* se identificó con *deshumanización* (experimentalismo artístico, intrascendencia, virtuosismo esteticista), siendo así que deshumanización y compromiso eran, en distintos momentos históricos, las dos caras de una común búsqueda de alternativas a la ideología artística dominante.

---

[11] F. Vela, *El arte al cubo*. Madrid, La Lectura, 1927, pp. 17 y 19-20.

DEL ULTRAÍSMO A LA ETAPA CONSTRUCTIVA EN LA VANGUARDIA LITERARIA HISPANA

No tememos al error si decimos que el desarrollo de la vanguardia literaria en España obedeció, a partes iguales, a la propia evolución interior de las
letras hispanas y a la asimilación de las experiencias renovadoras extranjeras.
Claro es que ambas direcciones no pueden separarse en compartimentos es-
tancos, pues el sector literario español que actuó, funcionalmente, como una
prevanguardia era, al mismo tiempo, el que estaba más al día en lo concerniente a las innovaciones artísticas europeas. Así, la vanguardia española es inexplicable sin la labor de apertura de caminos y filtración de novedades exteriores que supusieron «la aventura de intelectualización poética iniciada por Juan
Ramón Jiménez, la personalísima búsqueda de Ramón Gómez de la Serna, [y]
la apodíctica seguridad de la divagación cultural orteguiana», por atenernos a
las acertadas palabras de Mainer.[12]
    Por lo que respecta a los influjos foráneos directos, Brihuega ha podido ha-
blar de «fogonazos», de «fugaces irrupciones» continuas aunque carentes de
persistencia. Con una característica que las peculiariza: el mecanismo de irrupción súbita de las vanguardias extranjeras llega a convertirse en un fin en sí mismo, e «incluso a sustituir como tal operación táctica a aquello de lo que en otros
países es simple colofón […]: la construcción de una poética».[13] Así, puede hablarse de una sucesión continua de influencias de «ismos» extranjeros que actúan sobre el contexto cultural español: el futurismo (sobre el que publicaría,
pioneramente, Gómez de la Serna en fecha tan temprana como 1909), el creacionismo, el dadaísmo, la poesía pura francesa, el surrealismo…
    Pero volvemos a insistir en que Brihuega analiza la producción artística to-
tal y no la específicamente literaria. Quizá por eso, de su valoración, poco discutible si la tomamos en conjunto, habría que excluir el intento más serio por
construir una poética coherente: el ultraísmo. Casi todos los críticos, al acercarse a él, han señalado el contraste entre la trascendencia de sus elaboraciones teóricas (sin las cuales resultaría inexplicable la floración de los poetas del
27) y la mínima cantidad y calidad de sus producciones poéticas.[14] Sin duda alguna, el ultraísmo cumplió en las letras hispanas una doble función: por un lado, con sus desplantes de sabor dadaísta o futurista –todo lo modestos que se
quiera– actuó como cuña en un público acostumbrado a las formas tradicio-

---

[12] Mainer, *op. cit.*, p. 207.
[13] Brihuega, *op. cit.*, p. 396.
[14] Por ejemplo A. L. Geist, cuando escribe que «el fracaso innegable de la poesía ultraísta hizo posible, en efecto, el éxito de la del 27.» (*La poética de la generación del 27 y las revistas literarias: de
la vanguardia al compromiso (1918-1936)*. Barcelona, Guadarrama-Labor, 1980, p. 78). Por su parte,
G. de Torre, protagonista e historiador del movimiento literario, señaló que el ultraísmo «fue más
pródigo en "gestos y ademanes" que en obras individuales.» (*Historia de las literaturas de vanguardia*.
Madrid, Guadarrama, 1974, II, p. 217). Y más adelante: «la importancia del ultraísmo fue quizá mayor en sus continuadores indirectos, que en sus iniciadores voluntarios.» (*Ibíd.*, p. 243).

nales, preparándolo para la recepción del arte nuevo; por otro, sirvió, a través de sus revistas, como laboratorio de experimentación de los escritores, y aunque de momento el experimentalismo ultraísta no pudiese materializarse en obras relevantes, es innegable que sin él resulta difícil de comprender la ulterior renovación de la expresión poética.

El movimiento ultraísta no tardó en manifestar dos características primordiales en su actividad: la hostilidad a la tradición y la búsqueda de la novedad poética.[15] En la práctica, ambos sentidos respondían a una idéntica voluntad escapista de la realidad. El ataque a la tradición se revestía de las formas de un deseo de acción y un culto al dinamismo: el esfuerzo físico, el atletismo, la velocidad y el automóvil, son elementos que, al modo en que el futurismo hiciera en Italia, son exaltados como exponentes de la rabiosa actualidad y del nuevo hombre –despreocupado, irónico, violento, podríamos decir con Nietzsche– que ésta trae consigo. Esta ruptura radical con el pasado se refleja en la expresión, tan repetida por los ultraístas, «voluntad de superar», así como en la profusión de una terminología bélica que parece recién importada de las trincheras europeas. «El efecto de tal lenguaje –subraya Geist– es doble: crea, en primer lugar, un sentido (o una ilusión) de solidaridad y disciplina; implica, en segundo lugar, un odio recíproco entre ellos y un enemigo que contraataca.» Por lo que respecta al nivel sociológico, el desacuerdo con la tradición se expresa en el desprecio de los ultraístas por el público, al que continuamente pretenden aguijonear con sus audacias tipográficas, la disonancia de sus poemas o el escándalo de sus veladas literarias de raigambre dadaísta. Al penetrar en el sentido último que pudiera tener esta hostilidad a la tradición, Geist ha resaltado que no deja de incluir como componente un cierto sentido antihistórico: «la aversión que sentían por la historia reciente podía convertirse fácilmente en un rechazo de la historia en general. Es más, la falta de conciencia política que se trasluce en la estética ultraísta es el corolario de esa negación de la historia.»

En cuanto a la búsqueda de la novedad poética –segunda característica fundamental señalada de esta escuela vanguardista–, se manifestó en dos facetas. Por una parte se trataba de percibir la realidad desde nuevos puntos de vista; en un sentido más profundo y riguroso, lo que los ultraístas pretendían era la creación de una nueva *realidad poética*, distinta y aun confrontada con la *realidad objetiva*. Geist aduce, en este punto, la explicación de dos teóricos de excepción: Huidobro y Guillermo de Torre. Para el primero –a quien debemos la invención del creacionismo–, la poesía hasta ese momento se había limitado a «cantar» o evocar una imagen de algo existente, por definición, fuera del po-

---

[15] Cfr. Geist, *op. cit.*, pp. 38 y ss. En los párrafos que siguen exponemos, básicamente, un resumen de la visión de este autor sobre el ultraísmo. Para una panorámica general del mismo, *vid.* G. Videla, *El ultraísmo*, 2ª ed., Madrid, Gredos, 1971; y G. de Torre, *op. cit.*, t. II, pp. 173-288; una excelente revisión actual en J. M. Bonet, «Baedeker del ultraísmo», en *El ultraísmo y las artes plásticas* [Catálogo]. Valencia, IVAM, 1996, pp. 9-58.

ema; es decir, en la realidad objetiva. En lugar de esto, el poema «creado» debía aspirar a presentar un hecho sin correspondencia alguna con el mundo circundante. Esta pretensión –vista con claridad por Ortega–,[16] no por inalcanzable, dejó de expresarla también Guillermo de Torre, con estas palabras: «El Arte Nuevo [...] comienza allí donde acaba la copia o traducción de la realidad aparente: allí, en aquel plano ultraespacial donde el poeta forja obras inauditas y creadas que no admiten confrontación exterior objetiva.»[17] «Parece bastante claro –concluimos con Geist– que el deseo de crear una realidad nueva implica un rechazo del mundo circundante, que corresponde a la negación de la historia que iba implícita en el impulso contra la tradición.»[18]

Los años de vigencia del movimiento ultraísta podemos centrarlos en el período comprendido entre 1918 y 1922. A partir de esta última fecha –Guillermo de Torre cifra su declive desde la desaparición de la revista *Ultra* en la primavera de 1922– el ultraísmo entró en fase de descomposición y comenzó a sobrevivirse. Varios factores pueden ser tomados en consideración para explicar este final. En primer lugar, y como le ocurrió coetáneamente al dadaísmo, la dificultad de mantener la cohesión de sus integrantes. Tampoco fue un motivo menor la imposibilidad de hacer perdurar un movimiento que en gran parte se nutría de la negación del pasado (con lo que esto suponía de principio autoaniquilador) y de la superabundancia de proclamas e intenciones teóricas frente a obras cumplidas que reflejasen de forma cabal los fundamentos de la nueva estética en construcción. Por último, el ultraísmo congregó en torno a sí numerosos elementos de segunda fila provenientes de la disolución del modernismo, pronto olvidados –en muchos casos sin la comisión de una injusticia flagrante– en las historias de la literatura, siendo incapaz, por contra, de comprometer a los miembros de esa nueva promoción de escritores (sobre todo poetas, aunque no deben desdeñarse los prosistas) que pudieron beneficiarse, como queda dicho, de la experiencia ultraísta.

El nuevo clima caracterizado por el agotamiento de las formulaciones ultraístas se manifestó netamente en torno a los años 1924-1925. Ortega, en la tantas veces citada *Deshumanización del arte,* se haría eco de lo excesivo de las pretensiones y la escasez de los logros: «Se dirá que el arte nuevo no ha producido hasta ahora nada que merezca la pena, y yo ando muy cerca de pensar

---

[16] Para Ortega, cabía una tendencia hacia la purificación del arte, entendiendo por ella la «eliminación progresiva de los elementos humanos, demasiado humanos, que dominaban en la producción romántica y naturalista.» (*OC,* III, 359). La misión del poeta consistiría en aumentar el mundo, «añadiendo a lo real, que ya está ahí por sí mismo, un irreal continente» (*OC,* III, 371), valiéndose, por encima de todo, de la metáfora. «Antes se vertía la metáfora sobre una realidad, a manera de adorno, encaje o capa pluvial. Ahora, al revés, se procura eliminar el sostén extrapoético o real y se trata de realizar la metáfora, hacer de ella la *res* poética.» (*OC,* III, 375).

[17] G. de Torre, «Vertical», *Grecia,* 50 (1.XI.1920); *apud* Geist, *op. cit.,* p. 46.

[18] *Ibíd.,* p. 47.

lo mismo. De las obras jóvenes he procurado extraer su intención, que es lo jugoso, y me he despreocupado de su realización. ¡Quién sabe lo que dará de sí este naciente estilo! La empresa que acomete es fabulosa –quiere crear de la nada. Yo espero que más adelante se contente con menos y acierte más.»[19]

Por las mismas fechas, el crítico catalán Cristófor de Doménech valoraba el problema de la poesía en función del distanciamiento entre público y poeta en la sociedad moderna. A su juicio, un arte tan minoritario y de cenáculo era el mejor exponente de la crisis estética y social por la que se estaba atravesando. César M. Arconada, por su parte, pensaba que la época de las proclamas, manifiestos y negaciones –que no había sido estéril– debía dejar paso a otra fase afirmativa y de realizaciones: «Bien que las estéticas proclamatorias anuncien cómo y por dónde debe conducirse la actividad artística: pero que no haya escamoteo de consecuciones, que la obra venga como consecuencia de la estética –o peor la estética como consecuencia de la obra– pero nunca una estética sin obras: teoremas sin demostración.»[20] Aunque el escritor palentino comentaba específicamente la aparición del surrealismo en Francia –en el que precisamente valoraba cuanto tenía de estética afirmativa («toda la doctrina de Breton es una invitación a hacer, a ejecutar»)–, como un hito que venía a romper la ininterrumpida sucesión de «ismos» negativos, destructores, de hecho su mirada estaba fija en el escenario vanguardista español.

En estos años se está gestando la etapa constructiva de la vanguardia española, estructurada en dos fases claramente diferenciables de unos cinco años cada una.[21] La primera fase, extendida hasta 1930 aproximadamente, estará orientada por publicaciones como *Revista de Occidente* y, desde su aparición en 1927, por *La Gaceta Literaria*. Es un fenómeno paradójico digno de reseñar: los «ismos» que en toda Europa se habían levantado contra el pensamiento burgués, en España habrán de llegar a un «cierto diálogo» con éste, cuando las tendencias novedosas de la literatura y el arte sean «detectadas por las corrientes ideológicas que propugnaban la modernización de España».[22] Las minorías cultas entregadas a sus afanes reformadores de la faz española realizarán un esfuerzo por captar, reorientándolos y en buena parte absorbiéndolos, los caminos de ruptura abiertos por las primeras vanguardias. Así se explica la tarea sistematizadora y orientadora desplegada por la *Revista de Occidente* –que no era propiamente una publicación de vanguardia– o el apoyo inicial –y sólo inicial– de que gozó el vasto proyecto de *La Gaceta Literaria* desde las empresas cultu-

---

[19] Ortega, *OC*, III, 386.

[20] C. de Doménech, «El problema de la poesía». *Alfar*, 39 (abril 1924); C. M. Arconada, «Hacia un superrealismo musical». *Alfar*, 47 (febrero 1925), recogido en *De Astudillo a Moscú. Obra periodística*, Valladolid, Ámbito, 1986, pp. 95-110.

[21] Cfr. R. Buckley y J. Crispin, «Introducción» a *Los vanguardistas españoles. 1925-1935*. Madrid, Alianza, 1973.

[22] Soria, *op., cit.*, p. 21.

rales alentadas por el tándem Ortega–Urgoiti. Renovación, por consiguiente, de la literatura (no circunscrita a la poesía, como el ultraísmo), en concordancia con los postulados antirrománticos y apoliticistas sustentados por Ortega. Por esta dirección se impuso la novela deshumanizada, alejada del sentimentalismo tosco y de un realismo demasiado prosaico, así como la poesía pura y una nueva modalidad ensayística. Tendencia, en fin, que respondió a un «espíritu jovial y burlón, un optimismo vital, una exaltación del presente con conciencia de fugacidad y de lo sensual. Se exalta la civilización moderna y el progreso técnico, los deportes y la velocidad, que transforman la sensación.»[23] Junto a esta vertiente, un periodo constructivo tenía que modificar por fuerza su concepto del pasado; así, empezó a discernirse en el venero de la tradición aquellas figuras (Góngora, Gracián, Gil Vicente) que pudieran ser rescatables para la nueva concepción estética. De esa forma, lo más valioso de la producción literaria de aquellos años febriles han sido aquellas obras donde se consiguió una afortunadísima simbiosis de modernidad y tradición. Pero históricamente esta fase fue posible porque la literatura vivió, como un fiel trasunto, en un clima de prosperidad económica y de atenuación de la conflictividad social.

El clima variaría radicalmente en la segunda fase, inmersa en tiempos de crisis económica y acentuación de las luchas sociales y políticas. La producción literaria posterior a 1930 –y muy significativamente con el cambio de régimen sobrevenido un año después– incorporó algunos hallazgos formales de la fase anterior al elemento nuevo significado por el compromiso político, mayoritariamente con la izquierda revolucionaria, aunque tampoco faltó con la derecha y con el fascismo. «Se pierde gradualmente la fe en el arte y en el progreso técnico como solución.»[24] El espíritu jovial ha de dejar paso a la nota pesimista o cuanto menos crítica; la novela deshumanizada, a la novela de contenido social; la poesía pura, a la poesía comprometida, cuando no claramente panfletaria. Este cambio de sensibilidad se produce en torno a 1930 y va a encontrar su justificación teórica mejor articulada en el ensayo de José Díaz Fernández *El nuevo romanticismo* (publicado precisamente en este año) y en las revistas culturales militantes del período republicano.

Hacia la fundación de *La Gaceta Literaria*

La investigación sobre los orígenes de *La Gaceta Literaria* nos ha de llevar necesariamente a una cala en la actividad literaria de Ernesto Giménez Caballero desde su regreso de Estrasburgo en el verano de 1924 hasta la aparición de aquélla al alborear 1927. Son años de intensa actividad periodística, des-

---

[23] Buckley y Crispin, *op. cit.*, p. 12.
[24] *Ibíd.*, p. 13.

arrollada en publicaciones como *El Sol* (periódico al que accede por los contactos empresariales de su padre con Nicolás María de Urgoiti), la *Revista de las Españas* y *Revista de Occidente*. Labor periodística orientada, fundamentalmente, al conocimiento directo del mundo intelectual español, en el que él mismo va haciéndose un nombre como integrante de la promoción joven. Este periodo, por otra parte, marca la transición desde unos iniciales supuestos regeneracionistas/noventayochistas a la peculiar fase vanguardista culminada –con *La Gaceta Literaria* como trasfondo– en los años 1927-1928.

Por estas fechas, Giménez Caballero se consolida como uno de los críticos y comentaristas intelectuales más innovadores y audaces del país, a través de la alternancia de dos fórmulas periodísticas: el repaso personalísimo de la actualidad libresca y las «Visitas literarias» a personajes o hechos de la cultura que por alguna circunstancia son noticiosos o llaman su atención. Tanto las notas críticas publicadas bajo el epígrafe «Revista de libros», habitualmente con el seudónimo *Gecé* –las iniciales silabeadas de sus apellidos– como las «Visitas literarias», ambas en el diario *El Sol*, muestran un cambio sustancial en la tonalidad de la escritura. Si sus primeros escritos, según vimos, se caracterizaban por un tono pesimista y de lamento, a partir de las colaboraciones que inauguran las «Visitas», su escritura se vuelve alegre y festiva, y las ideas que en ellas pone en juego son mucho más imaginativas y buscan constantemente producir la sorpresa en el lector. El tono desgarrado, el «desenfado juvenil» y los «juicios provocativos»[25] se dan la mano en unos textos de apariencia más ligera, de menor trabazón lógica y con abundancia de ideas atrevidas y arbitrarias. La fórmula de la «visita literaria» incluía, por lo común, una breve entrevista y bastantes opiniones propias sobre el encuadramiento generacional o sobre el momento evolutivo en que se encontraba el personaje escogido. Por esta sección de *El Sol*, fueron pasando escritores (Baroja, *Azorín*, Gómez de la Serna), ensayistas (Maeztu, Zulueta), historiadores (Menéndez Pidal, Bosch Gimpera), científicos (Ramón y Cajal, Blas Cabrera), pintores (Zuloaga, Barradas, Dalí, Togores…), pedagogos (Luzuriaga), instituciones (como la Universidad Central o el Centro de Estudios Históricos), etc., hasta completar un friso de lo más relevante de la cultura del momento. Entre estos artículos están, desde nuestro punto de vista, algunas de las mejores páginas salidas de su pluma.

Se podría decir que con este giro en su producción nacía a las letras españolas un nuevo Giménez Caballero, apagados ya los ecos de su revelación súbita por la publicación de *Notas marruecas de un soldado*. Un «nuevo monstruo», como lo calificaría Gómez de la Serna, para quien «traía borbolloneos de decir, precipitación de lava y vomitación de tierras reminadas», frente a «la ca-

---

[25] N. Dennis, "El inquieto (e inquietante) Ernesto Giménez Caballero", prólogo a su edición de EGC, *Visitas literarias de España (1925-1928)*. Valencia, Pre-Textos, 1995, p 38. Se trata de un estudio imprescindible para conocer la faceta de crítico literario de nuestro autor.

rencia de obra y sobra de aquilatados programas de otros jóvenes».[26] Y lo hacía, efectivamente, sin rehuir la polémica y sus riesgos, como se puso de manifiesto con toda claridad en la frustrada "visita literaria" a *Azorín*, al dar lugar a una «controversia entre divertida y alarmante»[27] con el director de *ABC*, don Torcuato Luca de Tena, con cruce de agresiones verbales y amenaza de duelo incluido, al fin sin consecuencias.[28] Giménez ya había sido procesado militarmente por su primer libro y sabía muy bien que la notoriedad era difícil de alcanzar, sobre todo para quien carecía de *pedigree* literario, y no estaba dispuesto a renunciar a ella aunque fuese a costa del escándalo.

Mención aparte merece su actividad crítica ejercida desde las páginas de la *Revista de Occidente*. Su primer escrito data de agosto de 1924. Esto supone que nada más regresar de la Universidad europea, logra introducirse en el escogido grupo intelectual congregado en torno a Ortega y Gasset.[29] De esta forma, nuestro autor podía simultanear el ejercicio de una crítica de amplia difusión a través del diario *El Sol* y la pertenencia a la «minoría selecta» del más selecto de los intelectuales, en contacto con las últimas novedades continentales, que actúa de hecho como una de las principales vías de introducción de las vanguardias artísticas en España. La simultaneidad apuntada es muy frecuente en la joven intelectualidad de la época y está presente en los inicios de muchos de los integrantes de las promociones vanguardistas de la segunda mitad de la década de los veinte. Esta situación viene a confirmar la realidad de que en el *Gecé* de estos años no hay una ruptura clara y explícita con sus maestros, sino más bien un debate íntimo, avivado por su permanente inestabilidad, entre las tendencias político-intelectuales contradictorias de esa coyuntura. Esas contradicciones debieron vivirlas la mayoría de los jóvenes intelectuales incorporados por entonces a las tareas críticas o creativas, aunque pocos con la intensidad de nuestro autor.

La preocupación primera de Giménez Caballero en los artículos publicados en la *Revista de Occidente* es la escasez de personalidades «egregias» padecida por España y, en lógica consecuencia, la necesidad de exaltar las pocas excepciones a esa regla de nuestra historia. La preocupación denota que se mueve todavía –y con una intensidad nunca tan patente– en la órbita del pensamiento de Ortega, tal como se explicita en *España invertebrada*. En un caso, será la conmemoración del centenario de Valera, la oportunidad para pedir, desde el ideal puesto de «los que situamos tendencias centrípetas a la *Mitteleuropa*», una

---

[26] Gómez de la Serna, «"Los toros..."», pp. 129-133.

[27] Dennis, *op. cit.*, p. 38.

[28] *Vid.* E. Selva, «La "visita literaria" a Azorín. Un incidente olvidado del periodismo de los años veinte», *Anales Azorinianos*, 4 (1993), pp. 603-615, para una exposición detallada del incidente. También, en el prólogo ya citado de Dennis, pp. 38-43.

[29] *Vid.* el estudio fundamental de E. López Campillo, *La «Revista de Occidente» y la formación de minorías*. Madrid, Taurus, 1972.

contribución «en lo posible al culto del hombre ilustre; al de la efeméride de una personalidad, acallando los esfuerzos desdeñosos de nuestro berebere interior que nos incita siempre a hacer tabla rasa de valores en lo humano».[30] El tema vuelve cuando glosa la aparición de una biografía de otro gigante del pasado siglo, Menéndez Pelayo. Colocado ante él, Giménez reivindica la condición de «hombre selecto» del erudito montañés e insiste en la necesidad imperiosa de recuperar su figura por las minorías intelectuales, frente a «las masas beocias» que se lo han apropiado indebidamente. «Menéndez Pelayo –concluye– debería ser cada día más nuestro, y no más suyo. Fue un selecto. Fue un aristarca. Fue un magnate.»[31]

La segunda preocupación patente en estos artículos es el interés de nuestro autor por la etnología, disciplina científica comenzada a estudiar en Estrasburgo y completamente acorde con el clima cultural suscitado por Ortega, sobre todo a partir de la publicación de *Las Atlántidas* en octubre de 1924. Una reseña de una colección de cuentos del antiguo Egipto –editada a instancias de Ortega– testimonia a partes iguales los conocimientos adquiridos por nuestro autor en el terreno de la etnología y el cambio de perspectiva del maestro –cambio saludado con fina ironía–, que ha dejado de ver en Alemania y lo germánico los referentes de la transformación española:

«Tal vez –escribe con agudeza crítica– uno de los móviles de Ortega y Gasset al publicar esta serie de relatos de piel oscura –sudanesa y egipcíaca– está en un tácito prurito patriótico, nada extravagante, sin duda. En un conato pedagógico suyo –suave, tenaz, elegantísimo– de irnos educando, con la atmósfera sencilla, mágica e infantil del cuento, a no echar ya de menos los prejuicios arios del siglo pasado, a no sentir desaliento por no ser hijos de un rey Viking y a no desdeñar a esos hermanos del mundo occidental y moreno en que siempre hemos vivido.»[32]

---

[30] EGC, «Conmemoración de don Juan Valera». *Revista de Occidente*, 6, XVI, (octubre 1924), p. 141. Obsérvese el paralelismo del texto citado con los siguientes pasajes de las *Meditaciones del Quijote* de Ortega, si descontamos la nota germanizante del Ortega de 1914, rechazada ya por Giménez: «No estoy dispuesto a confinarme en el rincón ibero de mí mismo. Necesito toda la herencia para que mi corazón no se sienta miserable [...] ¿Por qué se olvida [el español] de su herencia germánica? Sin ella –no hay duda– padecería un destino equívoco. Detrás de las facciones mediterráneas parece esconderse el gesto asiático o africano, y en éste –en los ojos, en los labios asiáticos o africanos– yace como sólo adormecida la bestia infrahumana, presta a invadir la entera fisonomía. [...] No metáis en mis entrañas guerras civiles; no azucéis al ibero que va en mí con sus ásperas, hirsutas pasiones contra el blondo germano, meditativo y sentimental, que alienta en la zona crepuscular de mi alma. Yo aspiro a poner paz entre mis hombres interiores y los empujo hacia una colaboración.» (Ortega, *Meditaciones del Quijote* [1914], *OC*, I, 356-357).

[31] EGC, «Notas. Miguel Artigas. Menéndez Pelayo. Santander, 1927». *Revista de Occidente*, 18, LIII (noviembre 1927), p. 282.

[32] EGC, «Cantos y cuentos del Antiguo Egipto». *Revista de Occidente*, 9, XXVII (septiembre 1925), p. 387.

Por último, no falta en los artículos de esta época de la *Revista de Occidente* la nota contra la Real Academia, una de las inevitables actitudes en el camino hacia una toma de posición plenamente vanguardista. El pretexto se lo ofrecerá el ingreso en la docta casa de *Azorín*. «¿Por qué no intentar –se pregunta con fingida indignación– el gesto secesionista, la nueva Academia, en que el voto lo tuviera la juventud y no la ancianidad? ¿Por qué no han de entrar, sí, todos los que son, y dejar a los demás, tranquilos, satisfechos, en su oficio de limpiabotas de la lengua?» Y concluye su invectiva con palabras llamadas a disonar en el ámbito mucho más fornal de la publicación en que aparecían: «Queden mis fuerzas para dar el grito de aliento a la gente de fuera de las verjas por si quieren lanzarse a la toma de la Bastilla literaria y arrancar a los exquisitos presos, llevándolos en volandas a una residencia digna de su calidad, donde el mármol sea mármol y no corcho.»[33]

Al margen de esta labor de crítico en publicaciones periódicas –de ella saldrá su segundo libro, titulado *Carteles* y firmado con el seudónimo *Gecé*, recopilación de la mayoría de los comentarios bibliográficos aparecidos hasta entonces en el diario *El Sol*, junto a una originalísima colección de críticas literarias visuales en forma de esquema o de cartel–[34] Giménez escribe los «tres ensayos folklóricos» integrantes de su tercera obra, también de 1927: *Los toros, las castañuelas y la Virgen*. Debemos detenernos en este volumen de tan curioso título porque ejemplifica muy bien, a nuestro juicio, el enlace entre la temática nacionalista y los aires de renovación literaria –en este caso ensayística– que nos van introduciendo de lleno, como el anterior de *Carteles*, en la vanguardia.

«La crítica literaria –escribirá a propósito de este libro Juan Chabás con palabras muy acertadas–, la nota costumbrista entre paradojas descarnadas, las resurrecciones folklóricas, las agrias visiones de la vida española contemporánea y las arbitrarias sistematizaciones y caracterizaciones de la historia patria, se unen en el primer libro de esta segunda etapa de Giménez Caballero que, desde su título, busca en este volumen, con irreverente desenfado para mezclarlo todo, esa

[33] EGC, «Azorín (De la Real Academia Española)». *Revista de Occidente*, 6, XVII (noviembre 1924), pp. 298-299.

[34] Gecé, *Carteles*, Madrid, Espasa-Calpe, 1927. A propósito de este libro, escribía Salaverría: «En el libro *Carteles* es donde mejor resaltan y se distinguen las dos cualidades que hacen característica la personalidad del autor: desgarro un poco callejero y erudición. Parece una amalgama paradójica. Parece que no puede haber manera de acoplar ese tono como de parroquiano de café de la plaza del Progreso, y ese consumado saber que sólo se adquiere asistiendo largos años al gabinete de Centro de Estudios Históricos, donde Menéndez Pidal gobierna el mundo aparte de las papeletas y los ficheros. Y el caso es que *Gecé* lo logra. Y da, por consiguiente, el espectáculo inaudito, el espectáculo propio de nuestra edad de instrucción extensiva y democrática, del joven que habla con dejo de pueblo y dice cosas de alta y fina cultura. Algo semejante a lo que ocurre con Ramón Gómez de la Serna, con el que tiene *Gecé* tanto parecido.» (J. Mª. Salaverría, *Instantes*. Madrid, Espasa-Calpe, 1927, p. 139).

heterogeneidad, ese fragmentarismo que le son peculiares.»[35] Un acusado fragmentarismo, desde luego, es la nota común a estas páginas donde es abordado calidoscópicamente el resurgir nacionalista español desde la crisis finisecular.

El primero de los ensayos (aparecido originariamente en *El Sol* en una serie de tres artículos de septiembre de 1924) es su contribución personal a uno de los temas más debatidos en la polémica entre casticistas y europeístas dominante desde finales del XIX. Giménez analiza la decandencia de la fiesta taurina e indaga sus posibles causas. Y cree encontrarlas en la confluencia de estos tres elementos: en primer lugar, el espíritu deportivo de los nuevos tiempos, que prende arrebatadoramente en la juventud y tiende a desplazarla; en segundo, el triunfo de las charlotadas; por último, causas derivadas de una modificación de la estructura orgánica de la fiesta en concordancia con los cambios en la sensibilidad del público.

«Hoy es peligroso –comenta con su «achulado madrileñismo gritón»[36] a la vista de la expansión del fútbol entre la juventud– acercarse a los niños, porque, como dicen los castizos, "a Cristo, padre, le pegan un pelotazo".»[37] Pero no es únicamente el fútbol lo que atrae a la nueva juventud; el autor invita al lector, caso de conseguir entrada, a pasar una velada de boxeo en el Circo Americano de Madrid. Presenciará allí a los «torerillos de ayer» de las capeas de los pueblos, quitándose el guardapolvo en el ring, para «aprestarse a ejecutar lo que desde las películas y las revistas de deportes, con sus fotos, han venido calentándoles la cabeza». Y a los que eran mozos de estoque, banderilleros y peones, «convertidos en entrenadores y masajistas, dando verónicas airosas con la toalla al maestro que ha sufrido los guantazos y alargándole la esponja y el botijo».[38]

Esta nueva sensibilidad ha invadido también los comportamientos de la mujer, modificándolos; así, la «chula se ha hecho cocota de Fornos y abandona la mantilla y el gesto trágico por el aviador que chupa cocktails a su lado, en banquetas de pata de cigüeña». Pero lo esencial de estas aproximaciones entre castizas y humorísticas, será el alcance último del «ideal de fuerza más pulcra y más alegre» cuando prenda en una gran parte de la juventud, vigorizada por el deporte; quizá ya no afrontarán una guerra «pachuchos, amilanados, irrisorios», como en la última de Marruecos. Estos jóvenes «tal vez busquen afirmar en otros órdenes la fortaleza que hoy sienten en el campo del deporte».[39]

Con todo, no cabe achacar al auge de los deportes la causa primordial en el declive de la fiesta; causas endógenas, como la profusión de las charlotadas, pue-

---

[35] J. Chabás, *Literatura española contemporánea. 1898-1950*. La Habana, Cultural, S.A., 1952, p. 580.

[36] *Ibídem.*

[37] EGC, *Los toros, las castañuelas y la Virgen*. Madrid, Caro Raggio, 1927, p. 15.

[38] *Ibíd.*, p. 16.

[39] *Ibíd.*, p. 17.

den explicarlo con más profundidad. Al valorar éstas, Giménez se atiene a la ley dramática según la cual el síntoma de la decadencia viene anunciado por el «predominio del género cómico». Pero si advierten el declinar, apuntan también los elementos necesitados de corrección: «Los "Charlots" han señalado, con sus sátiras, lo que debía evolucionar en el toreo. La indumentaria, ya hierática, arqueológica. Y el suavizamiento de la lidia del toro hacia una forma, cada vez menos bárbara. Creer que las corridas no han evolucionado en atenuar su crueldad, es un error.» Aun así, no es de extrañar que la «chusma» siga «refocilándose todavía con los desperdicios de la fiesta». Como conclusión aboga por una fórmula –anunciada ya en el arte del rejoneo– que haga compatible «la nueva sensibilidad del gusto por el deporte internacional –una sensibilidad limpia, pulcra– y la vieja querencia –violenta, encendida y trágica– de la lucha con el toro hispano». De esta forma, España no tendrá por qué renunciar a su ancestral culto al toro («el dios honrado en esta tierra de Don Juan y de los fecundadores de América»)[40] sin por ello dejar de incorporarse a los nuevos tiempos. En suma, tradición y modernidad integrados en un mismo impulso hacia el porvenir.

«Ese ensayo es, justamente, mi modo de pensar sobre los toros», comenta Giménez que le dijo Ortega al leerlo; añadiendo, con el punto de desfachatez que suponía hacerse una crítica de su propio libro, como si de otro autor se tratara: «La tarde en que –tal vez por ese ensayo de coincidencia insospechada– Ortega y Gasset vio en Giménez Caballero al espontáneo que merecía hacérsele proposiciones serias para entrar en una cuadrilla de "primer cartel".»[41] Pero la coincidencia nada tenía de fortuita, si reparamos en que la pretensión del maestro se situaba en una misma línea de depuración de la entraña popular hispana por el contacto con las minorías cultas, *europeizadas*.

El segundo ensayo («Muerte y resurrección de las castañuelas») es mucho más imaginativo –y quizá por eso gustara tanto a Ramón Gómez de la Serna– y su conclusión, por cuanto supone de pirueta literaria, también más sorprendente. Un hecho en apariencia tan insignificativo como el florecimiento, en la primavera madrileña, de corros de niños con castañuelas y su desaparición súbita al acercarse el invierno, da pie al autor para interpretar, desde presupuestos folkloristas, la reacción castiza española frente al clima espiritual surgido en Europa desde finales del siglo XIX.

«... el mundo occidental entró desde el novecientos en una era renacentista de valores nuevos, irrománticos, postulados por la novísima sensibilidad aquella de fin de siglo que iluminó el verbo de Nietzsche. De entonces data para Europa el culto de lo lúdico, del deporte; del cuerpo enérgicamente, diciendo, sí. Culto reforzado por la trascendental gim-

---

[40] *Ibíd.*, pp. 27-28, 29, 34 y 33.
[41] Gecé, «Carteles de toros. I. Giménez Caballero, o la teoría». *El Sol* (30.III.1927).

nasia de la guerra y por el mágico efluvio de las aventuras norteameri-
canas en las proezas de sus películas.»[42]

Esta nueva sensibilidad, en España, sólo halló el eco de unas minorías que tuvieron que vencer grandes repugnancias –religiosas, económicas, gustos tradicionales del país– para ir siendo aceptadas por la multitud.

> «Yo veo el juego danzarín de esta primavera en España, como una
> reacción racial, castiza, auténtica, mediterránea, contra la fórmula nór-
> dica, anglosajona, de la cultura del cuerpo. La veo como la rebelión de
> una fémina tamizada por siglos de gracia lúdica contra la pedantería im-
> provisada de una hembra bárbara [...] En último término, veo en tal
> reacción lo que todo renacimiento plantea en las regiones que toca: un
> agudizamiento nacionalista, con todas sus consecuencias.»[43]

La tercera y última parte del libro la constituye un extenso ensayo sobre el
renacimiento español experimentado desde 1898, con el tema de Don Juan como clave. Para nuestro autor, el renacimiento obedece a dos factores simboli-
zados en la ecuación «ANTILLAS–NIETZSCHE»: «La moda de Don Juan [...]
tiene una cuna nacionalista, política, localizada en España: 1898. Pero puesta
en vaivén por el empujón ideal de Basilea: 1898, también.»[44] Identificado con
el poder y la energía –como acababa de hacer Maeztu en *Don Quijote, Don Juan
y la Celestina* (1926)– el mito donjuanesco es puesto por Giménez en la estela
de las influencias nietzscheanas, de ahí que, al calor de la difusión de las ideas
del filósofo alemán, se haya vuelto a poner en boga. No vamos a detenernos en
los pormenores de la sugestiva y erudita aproximación al problema planteado;
baste decir que lo contempla desde una exposición triangular:

–Una fecha: 1630, la de la publicación del *Burlador de Sevilla* de Tir-
so, que representa la victoria de lo individual frente a la colectividad.

–Un adjetivo sustantivado: «puta», en que se cifra la estimación de la
mujer por Don Juan.

–Los cuadros de Murillo en exaltación de la Inmaculada, cuyo culto
viene a crear Don Juan, cansado ya de la facilidad con que se le rinden
las mujeres a sus brazos.[45]

---

[42] EGC, *Los toros...*, p. 85.
[43] *Ibíd.*, p. 86.
[44] *Ibíd.*, p. 118.
[45] Aprovecha la ocasión para rebatir a Ganivet, si no en su tesis del culto a la Inmaculada en
España, sí en las razones en que la apoyaba en *Idearium español*: «El apasionamiento con que en Es-

Los temas del renacimiento español y de Don Juan se convierten en sus manos de malabarista en puros pretextos desde los que abordar el concepto moderno de la mujer y su relación con el hombre. Giménez Caballero se vale de la supuesta revivificación donjuanesca para postular el surgimiento de un nuevo tipo de femineidad y de una nueva relación intersexual que, a fin de cuentas, constituyen una vuelta atrás. En su opinión, la literatura empieza a manifestar ya los síntomas de un reflujo, el de «nuestro fastidio de donjuanes escépticos, defraudados», cansados de la excesiva proximidad de la mujer y su tendencia a la «virilización». «¿Qué es lo que sinceramente hemos sentido, sentimos?», se pregunta ante la visión de la mujer moderna «en el dancing; al salir de su bureau; en el cine, abrazada por el amigo; [...] guiando el Citröen por el ancho paseo; depositando su papeleta en la urna electoral». Su escritura, bajo la apariencia formal del acento novedoso, se desliza por la senda de las afirmaciones reaccionarias; característica cada vez más acentuada de sus textos. La contestación que se da es como un engarce –literariamente muy afortunado– de greguerías: «El pelo lamido de cosmético, el peinado equívocamente viril. Los pechos, sistematizados en un leve y común denominador, casi en un recuerdo imposible de ellos. La figura elastificada hasta el ángulo, en un cubismo de la osamenta. Los ojos con música de Erik Satie. La boca, un aforismo recargado de Cocteau.»[46] Para concluir, señala: «se va teniendo a la mujer demasiado cerca, demasiado fácil, demasiado encima». Y se interroga: «¿Vibra en el aire una nueva postulación, un ansia renaciente? ¿Un reiterado Salve María? ¿Un dónde estás, mujer, para que te salude y te venere otra vez?»[47]

Si el ensayo –y el libro en su conjunto–, con todo su regusto por la provocación y la paradoja,[48] se había movido desde el principio en una evidente ambigüedad e incurrido en contradicciones, al final la toma de posición de Gecé no puede ser más rotunda. Su postura ante la liberación de la mujer es ilustrativa del sesgo que tomará su actividad literaria plenamente vanguardista, ya des-

---

paña ha sido defendido y proclamado el dogma de la Concepción Inmaculada, no fue por la razón misteriosa que usted [dirigiéndose a Ganivet] –un poco (bastante) a la ligera– supuso: "Acaso ese dogma era el símbolo de nuestra alma nacional... de nuestra propia vida". Menos amplio, menos majestuoso el símbolo, amigo Ganivet. El dogma de la Inmaculada fue, en España, un paradigma menos pretencioso y más exacto; el de un solo alma nacional: la de Don Juan.» (*Ibíd.*, pp. 165-166).

[46] *Ibíd.*, pp. 191-192.

[47] *Ibíd.*, pp. 192-193. Sobre el tema de la mujer en estos momentos, *vid.* su irónica contestación a la encuesta "Qué deben leer las mujeres", en *El Sol*, Madrid, 9.VII.1927.

[48] Por ejemplo, cuando asocia idealmente la Dictadura de Primo de Rivera con el movimiento contrarreformista, y a Santa Teresa con el dictador (*ibíd.*, p. 108); cuestión que motivó la indignada protesta de Unamuno, en carta desde su exilio de Hendaya: «[...] cerca de mi nombre empareja usted "Santa Teresa y Primo de Rivera". Lo cual ni en broma puede pasar. Blasfemias, no ¿eh? blasfemias, no! Junto al nombre de aquella mujer no se puede poner el de ese vil verraco, resumen de la envidia frailuno-castrense.» (Carta Unamuno a EGC. Hendaya, 16.III.1927; en *Epistolario inédito. II (1915-1936)*, pp. 212-213).

de este libro considerado como de transición hacia ella. Sin que se produzca ninguna ruptura, hay una gradual asimilación de los elementos externos vanguardistas, desde los temas al estilo literario con que los aborda, aceptando como materia artística cualquier hecho que comporte la actualidad, e incluso afrontando, en ocasiones, el repertorio temático ínsito en la tradición político-cultural presente desde finales del siglo XIX. Su posición de escritor ante *lo moderno* nunca llegará a superar una radical ambigüedad: a la progresiva expresión dentro de los cauces formales de la vanguardia unirá, desde sus inicios, acentos ideológicos de clara reacción frente a las formas de la vida moderna, exaltadas, por otra parte, en un ejercicio de funambulismo permanente.

Nada tiene de particular, pues, que al contemplar su evolución intelectual desde la edad provecta, señalase que su asimilación del vanguardismo se produjese «siempre con una gran reticencia», y que tanto en esa evolución personal como escritor, cuanto en la gestación de *La Gaceta Literaria*, ejerciese un papel de primer orden Guillermo de Torre, su «mentor vanguardista».[49] De Torre, como sabemos, había sido uno de los principales teóricos de la aventura ultraísta y en 1925 publica el libro que constituirá una exhaustiva puesta al día en lo concerniente a los «ismos» europeos del momento. *Literaturas europeas de vanguardia*, que así se titulaba, era, al mismo tiempo, «la triste monografía del ultraísmo español»;[50] suponía la cancelación de esa experiencia y la invitación a entrar en una etapa más constructiva. Por entonces se produce la confluencia entre estos dos hombres, Ernesto Giménez Caballero y Guillermo de Torre, encuentro llamado a ser fructífero pues de los desvelos de ambos saldrá perfilada *La Gaceta Literaria*, «dinámico vocero de la vida cultural española»[51] entre los años 1927 y 1932.

Según recordará muchos años después, De Torre le habría enviado, desde el Ateneo, un ejemplar de su recién salido libro el 23 de mayo de 1925, para que comentase su significación como crítico desde las columnas de *El Sol*.[52] Y, en efecto, al poco tiempo publicaba *Gecé* su comentario, muy sintomático de la fase nacionalista–crítica abierta a las novedades: «El libro de Guillermo de Torre [...] es quizá uno de los acontecimientos literarios actuales en España y en América española más digno de exaltar, de vocear, de bombear.» Por eso no dudaba en llamar la atención ante ese «esfuerzo de *pioneer* cultural» en un momento en que la vida española flaqueaba «de originalidad, de fervor y de seriedad»:

> «Aquí –este "aquí" terrible–, aquí, donde nuestra Universidad no es capaz de crear nada expansivo ni pesquisidor, ni un solo filólogo jurista,

---

[49] Selva, «Giménez Caballero entre la vanguardia...», p. 23.
[50] B. Jarnés, «Antena y semáforo». *Alfar*, 54 (noviembre 1925); *apud* Geist, *op. cit.*, p. 27.
[51] Chabás, *op. cit.*, p. 580.
[52] EGC, *Retratos...*, p. 157.

y aun científico, que pueda darse el lujo de intervenir en otras culturas de un modo fácil, natural y profundo; aquí, donde nuestra política sigue cerrando las fronteras, aprovincianando nuestra vida como nunca; aquí, donde no tenemos más mirador internacional que el *cine* y la página de deportes del diario, es admirable ver cómo un buen manchego, como creo que es el Sr. Torre, con una petulancia quijotesca, se compre unos libros europeos […]. De la mano nos agarra el autor, alucinado, radiante, convencido, magnetizado, nos aparta un poco, se echa atrás y comienza a boxear en nuestras narices con todos los reóforos recién aprendidos, hasta que nos hace caer al suelo anonadados. "¡Existe un nuevo mundo literario! ¡Existe un nuevo mundo literario!" ¡La máquina, el Simplón exprés, el gran hotel, las antenas, la vida enérgica y deportiva! ¡Todos somos uno ya! ¡Viva la comunicación y el dinamismo!»[53]

A partir de este exultante comentario, se cimentaría la amistad entre *Gecé* y Guillermo de Torre, de gran trascendencia en la preparación de *La Gaceta Literaria*.[54] Esta revista habría de tener, como recordaría el segundo, «un largo periodo de gestación», durante el cual ambos estarían «estrechamente identificados cambiando casi a diario una larguísima correspondencia –pues yo residía a la sazón, o al menos había pasado el verano en Puertollano, La Mancha». Desde esta población, enviaría a Giménez «numerosas fichas, títulos de revistas, direcciones de autores, amén de numerosas sugestiones y planes que habrían de constituir los basamentos teóricos y doctrinales de la nueva publicación».[55]

Por su parte, Giménez Caballero ha especificado el contenido de la correspondencia recibida. Comienza el 23 de noviembre de 1925 con unos libros de Epstein y una antología de Werner Kraus. A principios de 1926, el 2 de enero, se encuentran en Pombo «y me desea buen viaje a Europa, en el Hotel Brienne de Montparnasse, hablándome ya de *La Gaceta Literaria*, cuyo título le sugerí y aceptó.» En sucesivas cartas, durante la primavera, «en papel azul con tinta roja», va contestándole a sus cuestiones, o le envía una traducción hecha por él de Verlaine. El 13 de noviembre, cuando los preparativos están muy avanzados, le manda una «posible lista de colaboradores elaborada con Ramón» –con De Torre, el otro gran impulsor de *La Gaceta*–, tres acciones (500 pesetas) de

---

[53] Gecé, «Literaturas europeas de vanguardia». *El Sol* (3.VI.1925); recogido en *Carteles*, p. 133.

[54] Como testimonio de la amistad trabada entre ambos, reproducimos a continuación las expresivas palabras de la dedicatoria de su libro *Carteles*: «A Guillermo de Torre, / mi compañero, mi camarada, / –en el mismo barco– / con todo mi entusiasmo y mi / emoción le hago esta dedicatoria / –género que me suele repugnar / por lo insincero. Pero en este / caso es –además de imprescindible– / un imperativo moral y de arte y / de amistad y de admiración / y de ¿de qué más?... En el mismo barco. / Con un abrazo fraterno. / Ernesto / Madrid febrero, 1927.» (He de agradecer a Manuel Borrás la consulta del ejemplar de su propiedad).

[55] G. de Torre, «Mis recuerdos de "La Gaceta Literaria"», en *El espejo y el camino*. Madrid, Prensa Española, 1968, p. 293.

Ramón de Basterra y el anuncio de que Neville quiere colaborar en el proyecto encargándose de la «Cinegrafía».[56]

Guillermo de Torre, se atribuye –y no sin razón– un papel fundamental tanto en la evolución personal de Giménez como en el hecho concreto de la creación de la revista. «Si no sonara demasiado atrevido –escribirá–, osaría decir que el germen, el ímpetu inicial [...] le fue dado por mis *Literaturas europeas de vanguardia* (1925), libro que en Ernesto descubrió horizontes antes insospechados. De ahí deriva [...] toda la osatura vanguardista de *La Gaceta Literaria*; quiero decir, aquello que le dio un perfil más singular, no el único, desde luego, aunque también, por otra parte fuera el más combatido.»[57] No debemos olvidar que *Gecé*, a esas alturas, pudo valerse también de sus grandes conocimientos del mundo cultural español, hasta el punto de que sus «Visitas literarias» han podido ser valoradas como un «puente» entre el escritor primerizo de *Notas marruecas* y el fundador de *La Gaceta*, y no sólo por cuanto respecta a la evolución de su estilo literario, sino en la medida en que contribuyen a iluminar el nacimiento de ésta.[58]

La Gaceta Literaria, como muy bien señalaba De Torre, no sólo recogió los elementos más detonantes de las nuevas manifestaciones artísticas. Su significación en la cultura española reside, sobre todo, en haber potenciado esas manifestaciones –hasta entonces muy minoritarias–, haciéndolas accesibles a un público más ancho y en haberlas entroncado en un programa de amplio alcance que, abarcando la creación artística sin exclusiones, aceptara la continuidad con una cierta tradición. El cruce biográfico de Giménez Caballero con Guillermo de Torre, en este sentido, personaliza ese ensamblaje entre la información de primera mano de las últimas novedades europeas, aportada sobre todo por el segundo, y el esfuerzo por entroncar la obra nueva al legado de las anteriores generaciones del 98 y del 14, seguido tan de cerca por el primero, en un proyecto común.

Giménez solicitó ayuda también a otro amigo, en este caso más antiguo, para poder materializar sus proyectos: Pedro Sainz Rodríguez. En dos cartas conservadas en el archivo de éste, le va informando con entusiasmo de los preparativos que lleva adelante. «No he podido marcharme a Portugal esta semana –le escribe Giménez a finales de julio de 1926–, teniendo pasaporte, billete y todo. Nos cayó la pequeñita muy grave y tuve que embarcarme todo en el in-

---

[56] EGC, *Retratos...*, p. 157. Lamentablemente, esas cartas no existían ya en el archivo de Giménez Caballero cuando tuvimos oportunidad de consultarlo. Su publicación, donde quiera que estén, sería de enorme interés para perfilar mejor estos orígenes de *La Gaceta*.

[57] Torre, «Mis recuerdos...», pp. 293-294. Giménez le reconocería esa paternidad, en carta citada por G. de Torre en «La trayectoria de Giménez Caballero». *Síntesis*, 20 (enero 1929), p. 155: «Es curioso que tú hayas sido mi padre. Y que el hijo más visible de tus *Literaturas de vanguardia* sea mi acción.»

[58] Dennis, «El inquieto (e inquietante)...» También L. Tandy vio en ellas «los inmediatos orígenes» de la revista (*op. cit.*, p. 37).

cierto y terrible mar de la aventura filial –que casi te deseo que no la conozcas. Los hijos del espíritu –que diría Unamuno– tienen la enemiga de los de la carne. Pero los de la carne hacen sufrir más.»[59] Le escribe ya en un papel anaranjado y con el membrete de *GACETA LITERARIA*; le anuncia que tendrán «nueva ayuda financiera de gente diplomática, muy avanzada y muy seria» y que el dibujante Maroto «nos ha hecho un boceto de cartel magnífico». Se refiere en la carta a un enigmático conde, como posible subvencionador de la publicación. No es otro que el conde de Romanones. «Debes hablarle o escribirle para activar las cosas», le dice en la segunda carta, desde San Sebastián, el 22 de agosto. «El Conde no estaba ya aquí. Sino en Sigüenza, cazando.»[60] Le comunica que el «instrumento jurídico me lo hacen ya en el bufete de Sangróniz» y que existe «el estupendo proyecto de cedernos a la *Gaceta* un departamento del gran local de la Unión Ibero Americana de *Recoletos 10*. Tendríamos hasta salón de conferencias», como así será durante los primeros tiempos de la nueva revista. Después tanto la dirección como la administración del quincenario se trasladarían a la propia residencia de su director, en la calle Canarias 41, en cuya planta baja estaban los talleres gráficos donde se imprimía; «sitio más desenfadado y a propósito para las informales reuniones de los colaboradores».[61] Finalmente, Giménez le insiste a Sáinz en la necesidad de poner en marcha «la cosa catalana» y le comunica el hecho de que periódicos franceses e italianos ya han dado noticia de la nonata publicación.

La realidad financiera de *La Gaceta Literaria* pudo hacerse efectiva gracias al mecenazgo de personalidades como el doctor Marañón, el diplomático, político y acaudalado empresario bilbaíno José Félix de Lequerica, procedente de las filas del maurismo; el poeta vasco, perteneciente también a la carrera diplomática, Ramón de Basterra; el empresario papelero Nicolás María de Urgoiti, fundador de *El Sol*, muy vinculado a los proyectos culturales de Ortega;[62] el ya citado José Antonio Sangróniz, diplomático asimismo, que dirigía la mencionada Unión Ibero Americana[63] y el Patronato de Turismo; el pedagogo de la línea institucionista Lorenzo Luzuriaga, Jules Supervielle y Gabriel Maura,

---

[59] Carta de EGC a Pedro Sainz Rodríguez. (30.VII.1926. Archivo Sainz Rodríguez. Fundación Universitaria Española, Madrid).

[60] Carta de EGC a Pedro Sainz Rodríguez. (San Sebastián, 22.VIII.1926. Archivo Sainz Rodríguez. Fundación Universitaria Española, Madrid). Al final Romanones se limitó a comprar siete suscripciones de la publicación (60 pesetas). «Claro está que le regalé veinte de esas suscripciones, trece más de su deseo», escribirá Giménez Caballero en *RLE*, 3, p. 2 (*GLit*, 117, 1.XI.1931).

[61] M. A. Hernando, *La Gaceta Literaria (1927-1932). Biografía y valoración*. Universidad de Valladolid, 1974, p. 17.

[62] *Vid*. el reciente libro de M. Cabrera, *La industria, la prensa y la política. Nicolás María de Urgoiti (1869-1951)*. Madrid, Alianza, 1994.

[63] Entidad que editaba la *Revista de las Españas* desde junio de 1926, impresa en los mismos talleres que *La Gaceta Literaria* y en la que colaboraría Giménez habitualmente desde su primer número como crítico literario.

entre otros.[64] Las aportaciones de todos ellos sumarían la exigua cantidad de un capital de seis mil pesetas, prestadas «altruísta y graciosamente» en forma de acciones de mil y quinientas pesetas, «sin más finalidad que la de favorecer el nacimiento de un órgano cultural». A esta financiación mínima habría que añadir la realidad de la imprenta paterna del director, «que vivía de otros usos mucho más rentables», sólido soporte para la regular aparición del quincenario, y el hecho de que el propio Giménez Caballero aportase su propio trabajo como tipógrafo.[65]

«Periódico de las letras», lo bautizó Ortega y Gasset con su presentación en el primer número. Porque, en efecto, *La Gaceta Literaria* se constituyó en prototipo de las «revistas mayoritarias de difusión»,[66] y venía a llenar, análogamente a como lo hacían *Les Nouvelles Littéraires* en Francia, *La Fiera Letteraria* en Italia o *Die Litterarische Welt* en Alemania, no tanto la labor creativa o exegética, cuanto la informativa, como celebró Benjamín Jarnés al comentar su aparición.[67] En opinión de Ortega, la necesidad del nuevo órgano residía en que *La Gaceta* «deberá mirar la literatura desde fuera, como hecho, e informarnos de sus vicisitudes, descubrirnos la densa pululación de ideas, obras y personas» y contribuir a «sacudir los restos de provincianismo»[68] que aquejaban a las letras españolas.

Giménez Caballero planteaba inteligentemente los objetivos prioritarios de su publicación, orientados por tres afirmaciones. La primera era de carácter retrospectivo y suponía el enlace de la obra de vanguardia con la tradición literaria y política aportada por las dos generaciones anteriores: «Quiere recoger –escribía en la anónima «Salutación»– el esfuerzo bello y magno, que una generación paternal tendió al aire de la Península en 1915, al fundar la inolvidable revista *España*. Aquella generación, timoneada por D. José Ortega y Gasset, que recogía, a su vez, el esfuerzo de la otra, ciclópea, del 98.» Y concluía: «La afirmación de LA GACETA LITERARIA –1927– hacia el pasado es la de enlazar 1898 y 1915. Y bogar avante.»[69]

La afirmación hacia el presente tomaba cuerpo en un afán «multitudinario de popularizar la alta cultura», mediante un eficaz acercamiento de los tres protagonistas del mercado literario: autores, editores y lectores. A este

---

[64] Seguimos la relación de Hernando (*La Gaceta...*, p. 17); otras fuentes añaden a estos nombres el de José María de Areilza, completamente improbable, el del bibliófilo y editor Gustavo Gili o el del político Ossorio y Gallardo. (Cfr. Tandy, *op. cit.*, p. 39).

[65] Hernando, *La Gaceta...*, p. 16. L. Tandy eleva la cantidad a diez mil pesetas (*op. cit.*, p. 39), que sigue resultando mínima si la comparamos con las treinta y ocho mil con que pudo arrancar la *Revista de Occidente*.

[66] R. Jowers, «Las revistas literarias». *Revista de Occidente*, 7-8 (noviembre 1981), p. 142.

[67] B. Jarnés, «Revistas nuevas». *Revista de Occidente*, 15, XLIV (febrero 1927), p. 266.

[68] J. Ortega y Gasset, «Sobre un periódico de las letras». *GLit*, 1 (1.I.1927), p. 1; en *OC*, III, 446-449.

[69] «Salutación», *GLit*, 1 (1.I.1927), p. 1.

fin se orientaban secciones como «Lo que leen y escriben los políticos», «El escritor visto por su mujer», «Manías de los escritores», «Los obreros y la literatura», la atención frecuente al mundo universitario, resonantes encuestas, una serie sobre las editoriales españolas, boletines bibliográficos periódicos, exposición y subasta de manuscritos y, en general, la difusión de cualquier actividad cultural renovadora. Todo ello desde una plataforma que llegó a alcanzar una tirada de tres mil ejemplares;[70] con asiduos lectores, según la intuitiva caracterización sociológica de Mainer, «en la veintena o la treintena de su edad», preferentemente adscritos a «la clase media profesional, universitaria o administrativa», radicados sobre todo en Madrid pero con clara extensión a unas provincias que en estos años «despiertan del letargo restauracionista al calor de nuevas comunicaciones, mayores inquietudes y confusas desazones que pudieron acogerse muy bien al socaire de cuanto *La Gaceta* representaba».[71]

La vocación hacia el futuro se reveló, por el contrario, mucho más problemática. Su triple programa «ibérico-americano-internacional» –como rezaba el subtítulo de la publicación– empezó por acoger textos en otras lenguas peninsulares que la española: catalán, gallego y portugués. Pero su declarada aspiración a la unidad ibérica chocó con lógicas incomprensiones por parte de Portugal[72] y, a título de curiosidad, motivó la alarma de un extraño caballero, de nacionalidad estadounidense, Juan C. Cebrián, acérrimo defensor «de la denominación *América española* y sus derivados»,[73] en sendas cartas a Giménez y a Sainz Rodríguez; en esta última, lamentaba ver al director de *La Gaceta* «víctima de una ilusión tan perniciosa para nuestra España».[74] Menos fortuna tuvo aún la relación con la América de nuestra lengua, sobre todo a partir de la publicación del editorial «Madrid, meridiano intelectual de Hispanoamérica» –sin firma, pero debido a la pluma de Guillermo de Torre– frente al cual reaccionó con violencia la juventud intelectual argentina desde publicaciones como *Martín Fierro*.[75] En cuanto al internacionalismo, no pudo pasar de la información de las realidades culturales extranjeras, pues, en última instancia, contradecía la ideología nacionalista sustentada por su director. Añádase que a partir del verano de 1927, Giménez dejó de contar con el contrapeso del secretario de la revista, De

---

[70] Hernando, *La Gaceta...*, p. 11. Aunque EGC, años después, llegase a alargar esa tirada a los diez mil. («Fundación y destino de "La Gaceta Literaria"». *La Estafeta Literaria*, 1, 5.II.1944).

[71] J. C. Mainer, «Notas sobre *La Gaceta Literaria* (1927-1932)», *Anthropos*, 84 (mayo 1988), p. 40.

[72] «[...] hay siempre reservas y temor de ciertas palabras que pueden suponer supeditación de mi país», declaraba F. de Figueiredo en una entrevista. *GLit*, 26 (15.I.1928), p. 1.

[73] E. Gómez de Baquero, «Latinismo, iberismo, hispanismo». *El Sol* (19.V.1927).

[74] Carta de Juan C. Cebrián a Pedro Sainz Rodríguez. (Madrid, 2.III.1927. Archivo Sainz Rodríguez. Fundación Universitaria Española, Madrid).

[75] *Vid.*, *GLit*, 8 (15.IV.1927), p. 1; 17 (1.IX.1927), pp. 3 y 6; y A. R. Ferrarin, «Buenos Aires contro Madrid». *La Fiera Letteraria*, III, 38 (18.IX.1927), p. 1, donde reproduce sendos retratos de *Gecé* y Borges.

Torre, establecido en Argentina a raíz de su casamiento con la pintora Norah Borges, hermana del posteriormente celebérrimo escritor Jorge Luis Borges.

Al margen de las suspicacias levantadas por su posible criptoimperialismo, es indudable que la labor de *La Gaceta* se encuadró en unas líneas de «política de expansión cultural», expresadas así por el pedagogo institucionista –y mecenas del periódico– Lorenzo Luzuriaga:

> «La palabra que acaso convenga más a esa inquietud reinante es ésta: expansión. El trabajo cultural hispano de los últimos decenios ha empezado a dar sus frutos, y cada vez se siente más la necesidad de sacarlo a luz del mundo [...]. Durante los últimos veinte años los máximos propulsores de nuestra cultura han sido los centros dependientes de la Junta para Ampliación de Estudios y lo seguirán siendo en mucho tiempo aún. Pero no lo serán solos. En la misma gestión cultural han de colaborar, en lo sucesivo, otras instituciones e instrumentos, nacidos o reorganizados, en nuestro tiempo [como] la Sociedad de Cursos y Conferencias, la Unión Ibero Americana, la Junta de Relaciones Culturales y esta misma GACETA LITERARIA, recién nacida.»

Al dibujar los vectores de esa política expansiva, Luzuriaga hablaba de una «asistencia espiritual a las colonias españolas de América y Europa» para evitar su «desnacionalización», a través del envío de libros y maestros. Se refería también a una atención a los centros docentes europeos y norteamericanos donde se impartiese la enseñanza de la lengua y la literatura españolas. Y por último, a los sefardíes, considerados como la posible «base de nuestra penetración económica en el Próximo Oriente».[76]

LA GACETA LITERARIA Y LA ESTÉTICA PURISTA

El ideal de pureza que caracterizó la literatura de esta fase de la vanguardia española obtuvo su más nítido reflejo en el rescate de Góngora con motivo de cumplirse en 1927 el tercer centenario de su muerte. La movilización cultural a que dio ocasión este acontecimiento ha servido de base para bautizar a un grupo de escritores: la llamada «generación del 27». De ella, la crítica literaria, con pocas excepciones y bastante injusticia, ha excluido por sistema a los prosistas del mismo entorno cronológico.[77] Junto a la conmemoración

---

[76] L. Luzuriaga, «Política cultural». *GLit*, 2 (15.I.1927), p. 5.

[77] En este punto hacemos nuestras las iluminadoras palabras de Nigel Dennis a propósito de la «marginación» de un escritor de la categoría de Bergamín; palabras que podemos hacer extensivas, con las peculiaridades propias de cada caso, a muchos otros prosistas coetáneos. Cfr. «Epílogo prologal» a J. Bergamín, *Prólogos epilogales*. Valencia, Pre-Textos, 1985, pp. 121 y ss.

gongorina de 1927, será la aparición de *La Gaceta Literaria* el otro hito decisivo para esa formalización; como vimos, en la «Salutación» del primer número de la nueva revista, Giménez Caballero trazaba el panorama generacional (1898, 1915) que desembocaba en esa fecha: 1927. No es éste el lugar oportuno para considerar la pertinencia o no de la utilización del concepto de generación en la historia de la literatura; únicamente apuntamos que, en su aplicación a la del 27, parte de una consideración reduccionista (un conjunto de poetas con relaciones en muchos casos personales y amistosas entre sí) a la que en todo caso cuadraría más la simple denominación de «grupo poético». Por nuestra parte, empleamos indistintamente los términos generación o grupo para designar a aquellos escritores –y en su caso cultivadores de otras disciplinas– revelados públicamente desde comienzos de los años veinte. A las reservas anteriores, añadimos nuestro escepticismo sobre este tipo de clasificaciones excesivamente atentas a la cronología (como los modelos teóricos de Petersen, Ortega o Marías). Sus aplicaciones, además, no sólo resultan poco clarificadoras de los rasgos unitarios o comunes, sino que tienden a menoscabar las peculiaridades donde residen los valores más sustantivos de la obra de sus integrantes.

Aunque *La Gaceta Literaria*, como empresa abierta, dio acogida en sus páginas a toda la actividad cultural del país, por sus mismas características (el ser un «periódico de las letras» con una prioridad informativa sobre la creativa), fue más una plataforma donde se ejercitaron los prosistas que los poetas del 27. Estos últimos, aunque en ningún caso estuvieron ausentes de la publicación, encontrarían su lugar más apropiado en las numerosas y muy minoritarias revistas de creación poética surgidas con enorme proliferación en aquellos años en toda España, y muy significativamente en provincias.

El centenario de Góngora halló también su eco en *La Gaceta*. A él se dedicó monográficamente su número de 1 de junio de 1927, con artículos de Guillermo de Torre, Gómez de la Serna, Jorge Guillén, Artigas, Salinas, Jarnés, Ayala, Cossío, Dámaso Alonso, Gerardo Diego, un poema de Alberti, etc., y las colaboraciones extranjeras de Valery Larbaud, Petriconi y Bosseli, entre otros.

Góngora fue considerado un audaz creador de imágenes y metáforas, un lírico puro que sufrió la incomprensión de su tiempo y de la posteridad, un autor difícil y hermético. Por todas estas razones, el poeta del siglo XVII fue reivindicado por la nueva literatura, que venía a colocar en su estela la creación pura. Curiosamente, en el homenaje confluyó la protesta vanguardista y el estudio más riguroso. Los mismos jóvenes que condenaban a la hoguera, en singular auto de fe, libros de los más conspicuos detractores de Góngora, antiguos y contemporáneos (Lope, Quevedo, Moratín, Cejador, Valle–Inclán...) o que decoraban las paredes de la Real Academia «con una armoniosa guirnalda de efímeros surtidores amarillos»,[78] recogían, como Gerardo Diego, una *Antología poética en honor de Góngora*, o editaban, con rigor erudito, como Dámaso Alonso y José María de Cossío, respectivamente, las *Soledades* y los *Romances* del poeta cordobés.

Giménez Caballero aportó al acontecimiento –además del propio homenaje rendido desde su revista– dos notas tan interesantes como provocativas. De interés, sobre todo, porque venían a poner a prueba su lucidez a la hora de valorar las significaciones políticas subyacentes bajo la estética purista y el peculiar diálogo con la tradición sostenido desde las posiciones de la vanguardia española.

«Toda la literatura actual, joven (y aun la vieja que se renueva) –escribía Giménez en *La Gaceta*– está teñida de inevitable gongorismo. En más o en menos. La técnica gongorina, desarticulada (articulada de otro modo) y malabarista, domina.

Así como el prurito de *métier*, de taller, desdeñoso de toda otra cosa que el oficio literario. Ese asco ex profesional, apolítico, promulgado en diferentes países al mismo tiempo, ha hecho que la literatura gongorina se desarrolle a gusto bajo los regímenes de dictadura. Los dictadores respetan la literatura pura.»[79]

Pero al mismo tiempo que señalaba esa coincidencia entre purismo artístico y ausencia de libertades cívicas, anunciaba la situación de «cansancio» y «asfixia», visible en «ciertos espíritus jóvenes de última hora», quienes «preparan un esfuerzo para romper la deliciosa cárcel de oro, que impide sentir los lejanos clarines de un alba, de otra barbarie, de otra vez la vida que vuelve, buscando estructuras y postulando formas.» Para concluir, con sagacidad si tenemos en cuenta el espíritu dominante en la creación literaria del momento: «Época de final y de crisis, la presente.»

Si en el texto precedente señalaba el marco político donde la literatura purista se desarrollaba con preferencia o por lo menos sin dificultades, aún iba más lejos al parangonar la reivindicación de Góngora y la vuelta a las formas métricas tradicionales desde la vanguardia antipasatista (evolución en el campo literario), con el movimiento fascista como reacción al bolchevismo (evolución en la política contemporánea) desde el final de la Gran Guerra. Así lo expresaba, con toda su capacidad de provocación, en una singular «visita literaria» a Gerardo Diego, el versátil poeta que había pasado de las atrevidas imágenes de *Manual de espumas* al clasicismo formal de *Versos humanos*. Visita que

---

[78] G. Diego, «Crónica del centenario de Góngora (1627-1927)». *Lola*, 1 (1927), p. 8. Sobre la génesis de la conmemoración y una vívida descripción de la misma *vid.* también R. Alberti, *La arboleda perdida*. Barcelona, Seix Barral, 1975, pp. 234 y ss.

[79] EGC, «Pespuntes históricos sobre el núcleo gongorino actual». *GLit*, 11 (1.VI.1927), p. 7.

era producto, según Diego, del «habitual gracejo» de *Gecé* y además «perfectamente fantástica», en tanto que no había llegado a producirse.[80] Situado frente a un Gerardo Diego atónito, que no acierta a contestar sus avasalladoras afirmaciones más que con monosílabos o gestos de extrañeza, le espeta entre otras cosas:

> «Desde luego tiene usted que convenir en que la vuelta poemática a la décima, al soneto y a la silva [...] es un regreso al antiguo nacionalismo. Es una vuelta a los valores consuetudinarios. Es una reacción. [...] Es, Gerardo Diego, lo que Mussolini ha logrado en Italia. Y lo que proféticamente predecía Maura entre nosotros (Maura, profeta de la vanguardia): "la revolución desde arriba". Es decir: el vino revolucionario en odres tradicionales. La Pirueta en el Orden. La acción directa en el conservadurismo. Los temas poéticos de audacia estupenda en la formalidad arcaica de una décima.»[81]

Desde esta sorprendente perspectiva, reveladora ya de sus preocupaciones por el fenómeno fascista, tanto en sus planos cultural como político, aunque todavía no se hubiese pronunciado sobre el mismo con claridad, valoraba la conmemoración de Góngora:

> «... Aceptación de la ley escrita, Gerardo Diego, es exaltar como revolución osada la vuelta a Góngora. A un escandaloso, que es, sobre todo, un castizo. Nada ya de internacionalismos bolchevizantes. Los escándalos, que sean de cepa definida. Con muchos colores nacionales. De ahí ese aire de Junta Patriótica y de Somatén que ha tenido el Comité gongorino. Ese comité ha realizado actos de puro corte fascista; de intransigencia violenta; haciendo tomar el aceite de ricino de las venganzas al que no se sometía, al que no se convencía... Así como la bendición de la bandera gongorina en una misa de campaña... No hay, pues, que extrañarse si la gente –ante ese pronunciamiento católico, dictatorial, barroco, arrebatado y pasadista– haya creído ver en él una poesía maurista, reaccionaria...»[82]

---

[80] G. Diego, «Crónica del centenario de Góngora (1627-1927)». *Lola*, 2 (1927), p. 5.

[81] EGC, «Visitas literarias. Gerardo Diego, poeta fascista». *El Sol* (26.VI.1927); en *Visitas literarias...*, pp. 327-331.

[82] *Ibídem.* Para una valoración de conjunto de lo que significó la conmemoración de Góngora, *vid.* EGC, «Centenario gongorino (1627-Mayo-1927)», *El Sol* (26.V.1927), donde adelanta los mismos puntos de vista. Gerardo Diego se defendió de estas interpretaciones y de los comentarios surgidos a partir de ellas en *El Liberal*, a cargo de López Parra, desde el segundo número de *Lola*: «Conste, pues, que yo no soy fascista, ni en política ni en arte ni en nada. Que soy igualmente ajeno a todo maurismo y a toda revolución, desde arriba y desde abajo. Que "la pirueta en el orden" no ha sido nunca mi lema, sino todo lo contrario, sabiendo entenderlo en cierto sentido: "el orden en la pirueta".» (*Op. cit.*)

Con todas las desorbitaciones que se quiera, estos textos de Giménez Caballero ponen de manifiesto, ya en 1927, su deliberado interés por politizar la vanguardia y sacarla del puro ludismo intrascendente. En el mismo sentido debemos enfocar también la encuesta realizada en *La Gaceta Literaria*, promovida expresamente por su director, sobre el tema de «Política y literatura», a partir de las siguientes preguntas: «1. ¿Debe intervenir la política en la literatura? 2. ¿Siente usted la política? 3. ¿Qué ideas considera fundamentales para el porvenir del Estado español?»[83]

Esta encuesta dirigida a la juventud española reveló en aquellos momentos la mayoritaria adscripción de los escritores, en esta fase de la vanguardia, a un concepto de separación radical de política y literatura y a la afirmación de la supremacía absoluta del arte. El tono de las respuestas osciló entre el llamamiento a la responsabilidad social del escritor que hacía José Díaz Fernández –posición estrictamente minoritaria– y la alegre despreocupación de un Gerardo Diego.

Díaz Fernández, uno de los fundadores y animadores de la revista de izquierda *Postguerra*, fundamentaba su respuesta a partir de lo que había significado la reciente tradición literaria española. La generación del 98, «gesticulante y pesimista», se había limitado a bracear «alrededor de los problemas que siguieron inasibles y vírgenes», mientras sus integrantes se dispersaban en las más variadas actitudes políticas, con la excepción de Unamuno, «señero y solitario». El panorama cambió con el advenimiento a la vida literaria de las figuras de Ortega y Gasset y Pérez de Ayala, «primera grieta por donde la literatura atisba el tejido interno del Estado español.» Ambos intelectuales «son los primeros que trabajan en el cuerpo nacional con el instrumento literario moderno» y sus diagnósticos quedan expresados en *España invertebrada* y *Política y toros*, respectivamente.

A su juicio, estos autores deben marcar la pauta politizada a seguir por los nuevos escritores, con la única exclusión de los poetas líricos, «rara especie que se cultiva en una atmósfera extrahumana.» Por lo demás, Díaz Fernández precisa la naturaleza de las relaciones que deben existir entre la literatura y la política en un lúcido análisis:

> «No se trata ahora de pedir que la literatura discurra deliberadamente por los temas políticos. Se trata de crear una conciencia y una sensibilidad homogéneas al tiempo, por medio de las creaciones literarias. Y con esto, la lucha, la acción, la dinámica pública. La política ha eliminado hoy toda su retórica y queda reducida a pura síntesis, a simple esquema social. La literatura, también. Nuestra época se singulariza porque tiene estilo como la literatura. De este modo observamos cómo el

---

[83] «Política y literatura. Una encuesta a la juventud española». *GLit*, 22 (15.XI.1927), p. 1.

escritor y el político coinciden en el punto concreto de los problemas contemporáneos. Barbusse o Maurras; no importa. Ambos expresan los movimientos en pugna, acaso dos morales opuestas. Pero, a la vez, dos fuerzas activas en choque.

Lo que no tiene razón de ser es el Narciso literario. El que crea el estanque de su prosa para contemplarse en él, mientras a su alrededor crepitan los problemas vitales.»

Por último, al ajustar su respuesta a los términos del cuestionario, Díaz Fernández se mostraba partidario de una intervención de la política en la literatura (aunque, mejor, de la literatura en la política) y consideraba fundamentales para el porvenir del Estado las ideas «que preconizaría un socialista puro».[84]

La contestación de Gerardo Diego se situaba en las antípodas de la de Díaz Fernández: «1º- Soy tan lego en la una como en la otra. 2º- Me duele, pero no sé dónde. 3º- Ya he dicho que no entiendo una palabra. Ni siquiera, por qué me lo preguntan.»[85]

Más matizada era la respuesta de César M. Arconada, redactor jefe de *La Gaceta* y futuro militante comunista. A la primera cuestión respondía: «No. No. No. Rotundamente. La literatura es ocio, fantasía, inutilidad. Es decir, lo contrario de la política, que es utilidad y realidad. La literatura es deporte, juego, prestidigitación. La literatura es magia. En la Edad Media, la alquimia era literatura. Hoy, la literatura es alquimia. Desde luego, en principio: literatura es orientalismo. Algo aparte de la acción, de la civilización. Opio. Humo. Perfume.»

¿Para qué iba a necesitar la política de un arte considerado mero juego malabar? Esto, sin embargo, no significa que el escritor puro –no como escritor, sino como hombre, como ciudadano– no deba sentir la política como cualquier otra actividad de la vida. «El escritor debe sentir la política. Pero que el mundo –añade con desenfado– lo arreglen los políticos. Que esto es absurdo, egoísta, inmoral. Muy bien. Pero no todos hemos nacido para Napoleones. El escritor ha nacido para ver cómo los demás se pelean mientras él se entretiene en jugar a los naipes.» Pero el mayor interés de su respuesta está en la refutación de la tesis esgrimida por los escritores liberales de identificación de vanguardia con reaccionarismo: «Hay que desenmascarar –exclama con dureza Arconada– a esos miserables burgueses que son los viejos liberales. Con claridad. Con energía. Ante todo es necesario sentar este principio: en el momento actual, los que se llaman liberales son los retrasados, los reaccionarios. Los jóvenes, en cambio, somos los progresistas, los verdaderos liberales.» Y concluye con la exaltación de quien piensa que está viviendo desde los supuestos de la más rabiosa contemporaneidad:

---

[84] Contestación de J. Díaz Fernández. *GLit*, 28 (15.I.1928), p. 2.
[85] Contestación de G. Diego. *GLit*, 24 (15.XII.1927), p. 3.

«Si los liberales fuesen perspicaces sabrían [...] comprender que las ideas derrotadas son ideas acabadas. Que el mundo, lo mismo en política, que en arte, que en costumbres, que en ciencia, está dentro ya de una época nueva, distinta a la del siglo pasado: Peor o mejor; no es tiempo todavía de comparaciones. Pero nueva, vigorosa, precisa, característica. *Un joven puede ser comunista, fascista, cualquier cosa, menos tener viejas ideas liberales.* Para un joven, nada más absurdo, más incomprensible, más retrógrado, que las ideas políticas de un doctor Marañón, de un Castrovido.

Los jóvenes queremos para la política, como hemos querido para el arte, ideas actuales, de hoy, con el perfil y el carácter de nuestra época. Pretender que todavía nos sirvan las viejas ideas liberales, es tan aburrido como pretender que las viejas levitas sirvan para jugar al fútbol.»[86]

Considerándose también entre quienes pensaban que la política no debía intervenir en la literatura, Ángel Sánchez Rivero, intelectual de gran finura muerto prematuramente en 1930,[87] en una respuesta de gran interés, se cuestionaba e invertía los términos del planteamiento de la primera pregunta de la encuesta:

«En vez de *deber* pongamos *poder.* Y preguntemos, reduciendo la cuestión a horizontes más cercanos: ¿Puede la literatura contemporánea española apasionarse por los contrastes políticos que ocurren en torno suyo? Mi opinión es que no [...] Faltan los motivos que pueden sacar de sus casillas a la musa: el héroe o la causa. [...]

Me parece que pocos tendrán, entre nosotros la convicción necesaria para responder afirmativos a la primera pregunta. No olvidemos, sin embargo, que dos escuelas políticas en Europa, la fascista y la comunista, lo harían sin vacilación alguna.»[88]

Giménez Caballero se abstuvo de contestar a la encuesta. Ciertamente, su opinión en estos momentos no debía andar lejos de la expuesta por César M. Arconada, muy próximo a él por esas fechas: clara distinción entre literatura y política; repudio del liberalismo, asimilado al siglo XIX, como ideología caduca; necesidad de entroncar todas las actividades humanas –y entre ellas la política y el arte– en el carácter general de la nueva época. Con Sánchez Rivero coincidiría en la imposibilidad de la literatura española de «apasionarse por los

---

[86] Contestación de C. M. Arconada. *GLit*, 25 (1.I.1928), p. 3; en *De Astudillo...*, pp. 187-190.

[87] Sobre este ensayista apenas recordado en la actualidad, *vid.* J. C. Mainer, «Un escritor olvidado: Ángel Sánchez Rivero», en *Literatura y pequeña-burguesía en España. (Notas 1890-1950).* Madrid, Cuadernos para el Diálogo, 1972, pp. 171-188.

[88] Contestación de A. Sánchez Rivero. *GLit*, 24 (15.XII.1927), p. 3.

contrastes políticos que ocurren en torno suyo», con un medio tan poco dinámico y atractivo –tan decimonónico, en suma– como la dictadura primorriverista. Aunque admitía la necesidad y sentía el deseo de un cambio, mientras en el panorama hispano no surgiese un *héroe* o una *causa*, la literatura podría seguir discurriendo por unos cauces de experimentación vanguardista que, en su opinión, tenían los días contados. No tardaría mucho en levantar acta de una defunción que ya presentía.

GECÉ EN EL VÓRTICE DE LA VANGUARDIA

La inserción de Ernesto Giménez Caballero en el vanguardismo es problemática; y sin embargo, *Gecé* llegará a encarnar como ningún otro escritor de su tiempo la desenfadada vanguardia de los años veinte y a ser un adelantado del compromiso político que se anunciaba al terminar esa década. Es problemática, en primer lugar, por sus orígenes; pues sus inicios como escritor discurrieron al margen de la aventura ultraísta y su primera obra, *Notas marruecas de un soldado*, se inscribió, como vimos, en la línea regeneracionista y crítica afirmada en la cultura española desde el 98. No deja de ser sorprendente que la publicación de este libro le ocasionase un proceso militar, precisamente cuando los literatos ultraístas flotaban en el limbo de sus creaciones poéticas. La evolución desde aquellos iniciales supuestos nacionalistas y críticos hacia la plena actitud vanguardista hay que ponerla en relación con su desenvolvimiento en el círculo intelectual orteguiano –*El Sol* y la *Revista de Occidente*– y, sobre todo, con el influjo directo y decisivo de Guillermo de Torre, de vuelta ya de los escarceos ultraístas, cuando los dos juntos preparan la revista que va a hacer posible la apoteosis del vanguardismo en nuestro país: *La Gaceta Literaria*. Lo hemos visto también.

Podemos conjeturar que la ambigua asimilación del vanguardismo por Giménez Caballero se superpone a un sustrato, nunca del todo desaparecido, que dará unidad y coherencia al conjunto de su obra: la preocupación fundamental por las posibilidades de regeneración de España.[89] De aquí deriva la segunda dificultad. La plenitud de su fase vanguardista constituye un interregno breve, aunque muy intenso, que separa –o mejor, que une– dos períodos de literatura esencialmente política. Su peculiar vanguardismo vendrá a ser de este modo, el eslabón que relacione los temas y los tópicos en que se debatió la cultura política española –desde Joaquín Costa a Ortega, pasando por el 98– con el fascismo, ideología que se presenta al final de este camino y con la que se identificará de una forma absoluta.

Giménez Caballero no se adscribió a ninguna escuela vanguardista en par-

---

[89] Hernando, *Prosa vanguardista...*, p. 233

ticular, aunque mantuvo contactos fugaces y recibió la influencia de casi todas ellas.[90] No tuvo, como queda dicho, participación directa en el movimiento del *ultra*, lo que no significa que no pueda colocarse entre quienes recibieron sus influjos ambientales y llevaron a efecto, en parte, sus postulados teóricos. En la medida en que consideremos al ultraísmo como un movimiento abierto, acogedor de las aportaciones heterogéneas de los «ismos» europeos, y no únicamente una escuela, De Torre se ha permitido incluir a *Gecé* entre los continuadores del ultraísmo, dentro del cual su obra «venía a ser una especie de extensión periodística, de manufactura en gran escala del inicial y minoritario espíritu vanguardista».[91]

El *Gecé* de la apoteosis vanguardista es un personaje que responde por completo a la imagen que grabaría, con tonos indelebles, un atento e hipercrítico observador de la vida literaria de su tiempo como Juan Ramón Jiménez, en una de sus caricaturas líricas: «Escurridizo, tirante, ubicuo este madrileño futurero, fotografiado siempre desde sitio atrevido...»[92] Ubicuidad plasmada en una polifacética serie de realizaciones nada fácil de clasificar, ya que las sucesivas trayectorias seguidas por *Gecé*, al variar de territorio en cada nuevo libro –como señaló agudamente Guillermo de Torre en el primer ensayo extenso publicado sobre el conjunto de su obra– obligan «al crítico o espectador, a efectuar una constante modificación del punto de enfoque o de la abertura del diafragma».[93] Como crítico, Giménez Caballero fijó sus posiciones ante el arte nuevo, en las columnas de *La Gaceta Literaria* sobre todo, pero también en toda aquella publicación nacional que diera acogida a los aires renovadores. Su «Cartel de la nueva literatura» y «Eoántropo»,[94] en su origen sendas conferencias pronunciadas en 1928, constituyen, respectivamente, una abarcadora panorámica de la última literatura española desarrollada en esos momentos y un manifiesto sobre las nuevas tendencias artísticas; ambas denotan tanta información de primera mano como sagacidad interpretativa. Su labor creativa de estos años no es menos extensa y está reflejada en libros, de muy distinta factura y temática, como *Yo, inspector de alcantarillas, Hércules jugando a los dados* y *Julepe de menta*; o, con un sentido mucho más claramente político, *Circuito imperial* y *Trabalenguas sobre España*, libro este último donde recoge una miscelánea de escritos en cinco idiomas.

Pero el vanguardismo de nuestro personaje va más allá de su perfil de escritor. Invade el terreno del arte plástico con sus «carteles literarios» donde

---

[90] M. A. Hernando, «Primigenia plasmación del superrealismo castellano: "Yo, inspector de alcantarillas" (1928)». *Papeles de Son Armadans*, 236-237 (noviembre-diciembre 1975), pp. 139-141.

[91] Torre, *Historia de las literaturas...*, II, p. 248.

[92] J. R. Jiménez, «Ernesto Giménez Caballero (1931)», en *Españoles de tres mundos*, Buenos Aires, Losada, 1942, p. 128.

[93] Torre, «La trayectoria...», p. 144.

[94] EGC, «Cartel de la nueva literatura». *GLit*, 32 (15.IV.1928), p. 7; «Eoántropo. El hombre auroral del arte nuevo». *Revista de Occidente*, 19, LVII (marzo 1928), pp. 309-342.

pone en práctica una nueva modalidad de crítica literaria visual, en «llamativas sinopsis»[95] con utilización en algunos casos de la técnica del *collage*, de resonancias futuristas y dadaístas, presentada como alternativa novedosa –en la «era industrial del mundo» como reza la dedicatoria del libro– frente a la crítica tradicional. Estas síntesis gráficas componen la parte final de su libro *Carteles*, a las que se añade la serie expuesta sucesivamente en las Galerías Dalmau de Barcelona y en Ediciones Inchausti de Madrid, a comienzos de 1928. Con los carteles, *Gecé* se dota de un nuevo instrumento, acorde con el carácter sinóptico de su crítica literaria escrita y en perfecta consonancia con los cambios que están produciéndose en la naciente cultura de masas. En eso reside su originalidad auténtica y por eso constituyen uno de los documentos capitales de la vanguardia histórica española, desafiando la caducidad de tantos de sus productos coetáneos. Mucho tiempo preferidos hasta su reciente redescubrimiento, asombran por su coherencia entre el nivel ideológico y el significante material. Sorprendente resulta también la lúcida conciencia del autor sobre su propia obra en el tiempo mismo de realizarla. Cuando, de viaje por Alemania en 1928, Giménez entre en contacto personal con los «abstractos de Hannover» (Schwitters, Steinitz,...) escribirá: «Mis teorías […] les hicieron constatar cómo, una vez más, inquietudes paralelas son aprehendidas por diferentes meridianos y cómo puede llegarse a resultados congruentes sin la menor intercomunicación.» Señalando a continuación la similitud de los puntos de partida –*esquema* y *materia*– y la diferencia de los respectivos enfoques: «Para los "abstractos" (todos ellos pintores) el *esquema* necesitaba, como única significación, el ritmo de líneas. Mientras para mí todo ritmo de líneas tenía que poseer una significación literaria. Para ellos lo intelectual, lo formal, era un trampolín para el goce plástico, mientras para mí lo plástico era una escala hacia un contenido espiritual. Lo mismo ocurría al estimar el concepto *materia*.»[96]

Penetra también en el terreno de la cinematografía, como patrocinador del Cineclub Español, en el marco de *La Gaceta Literaria*, fundado en Madrid a finales de 1928 y con ramificaciones por toda la geografía española,[97] e incluso

    [95] Torre, «La trayectoria...», p. 149.

    [96] EGC, *Circuito...*, pp. 85-86. La colección de 1928 fue adquirida por el bibliófilo Gustavo Gili, expuesta en el Museo de Arte Contemporáneo de Madrid en diciembre de 1986 y reproducida por la revista *Poesía*, 26 (verano 1986), pp. 30-63. Más recientemente han vuelto a ser exhibidos en el M.N.C.A. Reina Sofía en julio-octubre de 1994, y con tal motivo se ha editado el catálogo *Madrid-Barcelona*. *«Carteles literarios» de Gecé*, con textos de J. M. Bonet, M. Peran y C. Losilla. Sobre la significación de los carteles pueden verse también los artículos de E. Carmona Mato, «Dos billetes de ida y vuelta: poesía y pintura en la España de los años veinte». *Arena*, 5 (diciembre 1989), pp. 82-85; N. Dennis, «En torno al Cartelismo de de Ernesto Giménez Caballero». *Romance Quarterly*, 41, 2 (primavera 1994), pp. 102-109; e I. Galindo Mateo, «Dos muestras de literatura visual hispánica en la época de los "ismos": Salle XIV y Carteles literarios», *Insula*, 603-604 (marzo-abril 1997), pp. 17-18 y 31.

    [97] Sobre el Cineclub, *vid.* C. Castilla (doc.), «El cine a través de *La Gaceta Literaria* y del Cine-

como realizador de dos cortometrajes en 1930: «Noticiario del Cineclub» y «Esencia de Verbena».[98] Y finalmente como promotor de un establecimiento comercial –La Galería–, desde donde trató de difundir la nueva arquitectura, el mueble metálico y la artesanía popular.

Los testimonios gráficos de la época nos lo presentan haciendo gala de su atuendo proletario –el mono azul de trabajo–, la acusada miopía escondida tras unos lentes de pinza o unas estrafalarias gafas romboidales, manejándose entre maquinaria de imprimir y resmas de papel en los talleres paternos donde se confeccionaba *La Gaceta*, o en su despacho, sentado en una silla metálica de la Bauhaus, y al fondo, el célebre cartel de Cassandre «L'étoile du nord». Un ambiente deliberadamente porvenirista, desde donde se permitía escribir a su maestro Unamuno (incomodado con él por la utilización de una carta manuscrita) para hacerle constar su cercanía «frente al mundo que nace», el de la «*última clase*» social, en este «barrio internacional (el único internacional de Madrid) donde vivo. Sirena de fábrica y gente que come a las doce.» Y su vislumbre de la llegada del momento «en el que tendrán gran totalidad estos hombres que hacen sudar las máquinas en torno mío».[99]

Dinamismo fecundo, disparado en todas las direcciones, e imagen estridente de la encarnación de la modernidad. Pero daríamos una versión incompleta de la realidad si no contemplásemos, al mismo tiempo, el papel que durante aquellos años pretendió asumir de líder intelectual, y que efectivamente logró por un breve tiempo. «Gran estandarte, cartelista y jaleador de un ejército juvenil», le llamó un Antonio Machado tan distante estética y cronológicamente de él.[100] Porque, como recordaría muchos años después José María Alfaro –uno de los integrantes de ese juvenil batallón–, Giménez Caballero constituía «una enrevesada mezcla de intelectual y hombre de acción» y desde esa condición inseparable, «se soñaba un profeta de los tiempos futuros, un capitán de las iluminadas huestes creadoras del porvenir».[101] Escritores y artistas cuya posteridad ha conocido muy diversas fortunas, como Francisco Ayala, Benjamín Jarnés, Ledesma Ramos, César M. Arconada, Juan Piqueras, Eugenio Montes, Rafael Alberti, Agustín Espinosa, Salazar y Chapela, Antonio Espina, Pérez Ferrero, Dalí, Luis Buñuel, Sebastià Gasch y Maruja Mallo, en-

---

club de Ernesto Giménez Caballero». *Poesía*, 22 (enero 1985), pp. 19-62, donde detalla el contenido de la programación de las 21 sesiones realizadas en tres temporadas, hasta la proyección de «El acorazado Potemkin» en mayo de 1931.

[98] *Vid.* R. Utrera, «Cuatro secuencias sobre el cineasta Ernesto Giménez Caballero». *Anthropos*, 84 (mayo 1988), pp. 46-50.

[99] Carta de EGC a Miguel de Unamuno. (Madrid, 30.IX.1927. Archivo Casa-Museo Unamuno, Salamanca).

[100] Carta de Antonio Machado a EGC, en «Encuesta a los directores culturales de España. ¿Cómo ven la nueva juventud española?». *GLit*, 53 (1.III.1929), p. 1.

[101] J. Mª. Alfaro, «Giménez Caballero, del vanguardismo al robinsonismo». *El País* (9.XI.1980).

tre otros –aunque a algunos de ellos les pesase cuando el devenir histórico se-
parase sus caminos de una forma radical e irreversible– se vieron por un tiempo arrastrados y en algunos casos seducidos por el fenómeno *Gecé*.

¿Qué carácter tuvo su producción vanguardista por encima de las múltiples
facetas que presenta? Nada más clarificador, a nuestro juicio, que acudir a su
ensayo sobre el arte nuevo «Eoántropo» –ensayo singularizado por «llevar al interior de la *Revista de Occidente* los ecos de un debate contra el modelo forma-
lista dominante en ella»– para descubrir su posición ante el fenómeno artístico en su momento cenital. La afirmación hecha en el escrito de una línea vitalista
e irracionalista –que trataría de volver a emparentar a la vanguardia otra vez
con el futurismo– choca fuertemente con el «vanguardismo racionalista, distante y negador de sí mismo, sostenido por la *Revista de Occidente*».[102] Y entre las
conquistas de la sensibilidad reciente, en su retorno al primitivismo, señala «la
valoración del sueño como materia artística y literaria» afrontada, gracias a
Freud y la moderna psiquiatría, por el «superrealismo».[103]

En «Eoántropo» Giménez Caballero traza las etapas por las que ha pasado
el arte nuevo y el hombre que ese arte preanuncia. En primer lugar, por una
inmersión «en el baño abisal y profundo de lo *primitivo*»; para, a continuación,
sufrir una «reacción, en salto, hacia *lo culto y racional*». Lo característico del momento es el agotamiento de esta segunda fase y el anuncio de la siguiente; una
tercera etapa, todavía incógnita, en que «saturado de fuerza vital (de *homo ele-
mentalis*), y a punto de saturarse de fuerza cultural (de *homo culturalis*), quizá se
prepara la evolución del hombre hacia una soberbia armonía de potencias y
posibilidades». De ahí que para cifrar el signo de la novísima producción artística, no se deba hablar «de una cosa deshumana, ni perhumana, ni inhumana,
ni simplemente humana. Sino *eohumana*. La *eohumanización del arte*. Tal juzgo el
verdadero postulado de la más avanzada estética: generación de un hombre inédito, de un ántropo auroral.»[104]

Semejante carga de profundidad contra las tesis orteguianas, publicada,
además, en las páginas de la revista de Ortega, nos introduce en el sentido que
habría de tener uno de los libros clave de su fase vanguardista –*Yo, inspector de
alcantarillas*–,[105] así como nos explica que no llegase a ser editado por la *Revista
de Occidente* en su colección «Nova Novorum». «Tengo casi terminado –le escribirá a Ortega en agosto de 1927– mi libro "introvertido" de relatos, de aven-

---

[102] Soria, *op. cit.*, p. 187.
[103] EGC, «Eoántropo», p. 328.
[104] *Ibíd.*, pp. 341 y 314.
[105] EGC, *Yo, inspector de alcantarillas (Epiplasmas)*. Madrid, Biblioteca Nueva, 1928. Reedición en
Madrid, Turner, 1975, con prólogo de Edward Baker. Sobre este libro *vid.* el reciente estudio de
Nigel Dennis, «Ernesto Giménez Caballero and Surrealism: a Reading of "Yo, inspector de alcantarillas" (1928)», en C. B. Morris, *The Surrealist Adventure in Spain*. Ottawa, Dovehouse Editions,
1991, pp. 80-100.

turas psíquicas, un libro que sin ningún temor me atrevo a calificar de místico, recogiendo esa tradición de fiebre y de lógica que corre por nuestras venas castellanas (oriente–occidente). Yo se lo ofrecería a usted para que me lo analizase y sopesase. Pero temo su silencio, su desconfianza. Su no sin decir no.» Y continuaba: «Así que lo echaré en brazos de otra editorial banal, amazacotada y sin sentido, donde deberá desarrollar una tensión titánica para poder flotar y atraer la mirada selecta, la que va más allá de los vertidos.»[106] El libro saldría finalmente en Biblioteca Nueva y ha sido considerado como la primera incursión narrativa publicada en España clasificable bajo la etiqueta surrealista,[107] dando a este término un sentido amplio, que tendría poco que ver con la escuela francesa capitaneada por André Breton. En realidad es una colección de doce narraciones bastante heterogéneas que se hunden «en ese mundo abisal de la subconsciencia, de los instintos oblicuos y de los deseos gelatinosos»,[108] que debe tanto al ambiente difuso que se había propagado desde la publicación en Francia del *Manifiesto del surrealismo* en 1924, como, sobre todo, a la traducción de las obras completas de Freud acometida por la misma editorial que publicaba el libro de *Gecé*.[109] Sólo al final de la obra, algunas de las «Fichas textuales» y de los escritos agrupados bajo el marbete «Composición» pueden tener cierto parentesco con fórmulas de escritura automática. Pero la nota dominante es el análisis de complejos y el buceo en las profundidades y misterios de la conciencia, en clave psicoanalítica, pero con influjos de otros autores bien conocidos de nuestro personaje como el Joyce del *Retrato del artista adolescente* o el Kafka de *La metamorfosis*. A partir de estos conocimientos, elabora cuidadosamente el material extraído de su inspección de las «alcantarillas» humanas, donde la obsesión sexual se mezcla con lo religioso –«Infancia de don Juan (Cuadernos de un jesuita)»–[110] y los deseos reprimidos del hombre se amalgaman con el mundo animal («Esa vaca y yo» y «Aventura con Hermafrodita»).

En el otro extremo de la «actitud vanguardista pura»[111] tenemos su libro *Hércules jugando a los dados*. Es un conjunto de brillantes ensayos, cercanos al poema en prosa, con los que *Gecé* intenta definir la actualidad del momento vivido a la altura de 1927-1928. «Nuestra época –asegura– es eso: atletismo, ci-

---

[106] Carta a EGG a José Ortega y Gasset. (Madrid, 21. VIII. 1927. Archivo de la Fundación Ortega y Gasset, Madrid)

[107] Hernando, «Primigenia...»

[108] Torre, «La trayectoria...», p. 151.

[109] En *Carteles*, EGC comenta dos traducciones de Freud al español: *Totem y tabú* y *Psicoanálisis de las masas y análisis del Yo. (Op. cit.*, pp. 161 y 163-164). En carta al autor (21.I.1986), confesaba no haber sido un gran lector de Freud, aunque sí haber asimilado lo esencial del psiquiatra vienés para su surrealismo (así como de Nietzsche para su fascismo).

[110] Relato que posiblemente inspiró el cuadro de Dalí titulado «Profanación de la hostia», como estudia R. Santos Torroella, «Giménez Caballero y Dalí: influencias recíprocas y un tema compartido». *Anthropos*, 84 (mayo 1988), pp. 53-56.

[111] Mainer, *La Edad...*, p. 247.

nema, cornete de dados. Nuestra época eso: juego, velocidad, luz, cubilete y geometría.»[112] Pero de la misma forma que en *Yo, inspector de alcantarillas* había reaccionado contra la tendencia deshumanizadora del arte consagrada por Ortega –por cuanto, como acabamos de ver, la *Revista de Occidente* no quisiese incluirlo entre sus ediciones y sólo le publicase una de las narraciones, «Datos para una solución», desde luego la «más altamente refinada e ingeniosamente imaginativa»[113] de todas ellas–, su *Hércules* es, ante todo, un intento de extraer las conclusiones políticas de esa fase de la vanguardia definida en «Eoántropo». Y por paradójico que pudiera parecer, en realidad nuestro autor no hacía sino desarrollar una sugestión expresada por Ortega en *La deshumanización del arte* al advertir los «síntomas y anuncios de una reforma moral que en política se presentan oscurecidos por las bajas pasiones».[114] Tal reforma, en opinión de Ortega, consistiría en escindir claramente la sociedad en dos rangos –los hombres vulgares y los hombres egregios– y reestructurarla a partir de ese hecho. Firmemente convencido de la idea orteguiana (y spengleriana) de una básica «solidaridad del espíritu histórico», Giménez Caballero va a reivindicar, junto al arte nuevo, los nuevos regímenes autoritarios como modos de encuadrar y disciplinar a las masas. Esta reivindicación del «cesarismo» debe mucho a Spengler, cuya *Decadencia de Occidente*, acababa de ser publicada por Espasa-Calpe en 1927, a instancias de Ortega y en excelente traducción de García Morente. Para el filósofo de la historia alemán, el cesarismo sería la forma de gobierno en la cual, frente a la obsolescencia de las instituciones, «lo único que significa algo es el poder personal que ejercen por sus capacidades el César o, en su lugar, un hombre apto»; forma que adviene cuando el mundo, «colmado de formas perfectas, reingresa en lo primitivo, en lo cósmico ahistórico.» Ocurre entonces que «los poderes de la sangre, los impulsos primordiales de toda vida, la inquebrantable fuerza corporal, recobran su viejo señorío».[115] Desde estos supuestos teóricos puede explicar Giménez Caballero:

> «Rey de la nueva vida del mundo es el césar político (dictador o gran jefe de república) la minoría cesárea o *soviet*, el inventor de laboratorio y gabinete, el capitán de industria, el aviador, el motorista, el poeta y el plástico puros, el gran periodista, el cinemactor.»[116]

Y de la misma manera que el arte actual sólo atiende a la minoría preparada para entenderlo mientras desprecia a la masa ignara, la nueva humanidad

---

[112] EGC, *Hércules jugando a los dados*. Madrid, La Nave, 1928, pp. 13-14. La mayor parte del libro se publicó seriadamente en *El Sol* en 1927.

[113] Dennis, «Ernesto Giménez Caballero and Surrealism...», p. 98, nota 20.

[114] Ortega, *OC*, III, 356.

[115] O. Spengler, *La decadencia de Occidente*, Madrid, Espasa-Calpe, 1923-1927, IV, p. 251.

[116] EGC, *Hércules...*, pp. 212-213.

«no entiende de burgueses ni de proletarios, sino de regidores y regidos, de proas y de masas.» Como el deportista, el héroe político es considerado un individuo «batidor de récords para la conquista del poder». La «monarquía natural» –frente a la hereditaria– es proclamada como único gobierno de «juventud humana»; pero Giménez se cuida de marcar diferencias con la situación política española coetánea –la dictadura de Primo de Rivera– para que nadie se pueda llamar a engaño:

> «Por ser interpretado –¡ah, viejos gerontes!– hasta ahora, como exclusivo fenómeno político –mucha juventud se ha sentido ajena e indiferente. (Sobre todo, en lugares donde ha venido siendo –de hecho– una gerontarquía, un anticesarismo. Y se ha confundido el militarismo y la burocracia –es decir: lo siglo XIX– con el militantismo y la aventura: es decir, lo siglo XX.)»

De la mano de una virulenta actitud antirromántica –el trabajo número trece de Hércules, nos dice, fue arrumbar varios siglos de romanticismo–, expresada en la dura vejación del siglo XIX, Giménez nos presenta su oposición frontal al demoliberalismo. Para nuestro autor, el liberalismo constituye una falacia al poseer «el máximo de los terrores a la máxima de las libertades: dejar suelto al *individuo* –no en sus instintos gregarios, mediocres y relativos, sino en sus instintos sublimes, absolutos y majestuosos: *regios*».[117] Este cesarismo de Giménez Caballero es, sin duda, una interpretación exacerbadamente política del elitismo sociológico de Ortega y Gasset, configurada por la aportación concreta de Spengler y en la que interviene de forma muy acusada una utilización de Nietzsche («el primer gran profeta heraclida de la actual era humana»)[118] con un sentido fascista, análoga a la que habían desarrollado con anterioridad Marinetti y los futuristas italianos.

Ya en un comentado libro anterior, *Los toros, las castañuelas y la Virgen* (1927), Giménez había empezado por unir el nombre del filósofo errante alemán al resurgimiento europeo del siglo XX y colocar bajo su influjo la revivificación española acaecida desde la crisis finisecular. Pero si la influencia de Nietzsche sobre los hombres del 98 consistió más que nada en suscitar un sentido crítico demoledor, y en Ortega y su promoción fue una fundamentación teórica sobre la que apoyar un programa de minorías intelectuales reformistas, en Giménez Caballero se produce un giro importante. Primero, porque –como ha señalado Sobejano– fue el primer escritor que advirtió en España la potencialidad afirmativa que encerraba la «voluntad de poder» nietzscheana, por encima de la fuerza que pudiera tener su crítica moral.[119] En segundo lugar, porque en-

---

[117] *Ibíd.*, pp. 213, 211, 209 y 210.
[118] *Ibíd.*, p. 15.
[119] Cfr. G. Sobejano, *Nietzsche en España*. Madrid, Gredos, 1967, p. 142.

troncó directamente la idea del superhombre con la del héroe político surgido de la entraña popular y forjado en la lucha, e interpretó desde esta base el desarrollo del cesarismo en el mundo contemporáneo. Antes, conviene subrayarlo, de dar un contenido concreto (Mussolini, el fascismo italiano) al esquema ideal construido desde la culminación de sus posiciones vanguardistas.

En 1928, el crítico catalán Lluís Montanyá hacía esta valoración global de la obra de *Gecé*:

> «Si hubiéramos de traducir en dos palabras la impresión de conjunto de la obra actual de Giménez Caballero, diríamos que puede ponerse toda ella bajo el signo de la *inquietud* y del *ingenio*. De la inquietud en el sentido intrínseco de desplazamiento, de imposibilidad de permanecer demasiado tiempo en la misma posición. Y del ingenio en el sentido intraducible de "*esprit*". Un *esprit* meridional, pasado por Heidelberg. Giménez Caballero, felizmente, no es un escritor fijado, definitivo, de significación declarada. No es todavía, por fortuna, perfecto.»[120]

Aun reconociendo esta última aseveración, por las mismas fechas otro crítico, Guillermo de Torre, consideraba al autor de *Carteles*, como la figura «más rica, proteica y renovadora de todas las que pueblan el ámbito de la joven literatura española.»[121] Esa inquietud permanente de que hablaba Montanyá, su personalismo –el «personalismo rabioso» al que se ha referido Rafael Conte–,[122] una abrumadora dedicación a las tareas críticas y organizativas y las mismas tensiones derivadas del difícil equilibrio entre el experimentalismo literario y la temática nacionalista, precipitaron el final propiamente vanguardista de *Gecé* y frustraron en buena medida una trayectoria de escritor tan cargada de promesas. Aunque el cambio se inscribió en la crisis general del movimiento vanguardista y en la escisión de la intelectualidad joven de la época, en adelante Giménez Caballero encontraría, desde un puesto de precursor que nadie le regatea, su lugar y su voz como ideólogo del fascismo español.

---

[120] L. Montanyá, «Carteles literarios», *GLit*, 33 (1.V.1928), p. 7.
[121] Torre, «La trayectoria...», p. 144.
[122] R. Conte, «La obra imposible de Ernesto Giménez Caballero». *El País*, (9.XI.1980).

LA «VIA ESTÉTICA» AL FASCISMO Y LA CRISIS DE LA VANGUARDIA

PREVIAS CONSIDERACIONES SOBRE LA «VÍA ESTÉTICA»

El planteamiento del concepto de «vía estética» al fascismo en España se lo debemos a Manuel Pastor en uno de los primeros trabajos de síntesis sobre el desarrollo originario de esta ideología política en nuestro país. Para este autor, la vía estética vendría a ser una modalidad concreta del desenvolvimiento del binomio doctrina/práctica política, caracterizada por la anticipación del nivel doctrinal sobre la acción política. De esta forma, se habría generado un proceso inverso al caso italiano, singularizado, según la clásica exposición de Ernst Nolte –a quien sigue Pastor– por constituir un paradigma de la *práctica política como premisa*: «En su primera configuración –escribe el historiador alemán al respecto– fue, en 1919, de acuerdo con el proceso de evolución de Mussolini, un movimiento revolucionario nacionalsocialista cuyo programa era lo más radical posible en su planteo político. Pero sólo alcanzó el éxito cuando, tras el fracaso del intento de revolución socialista, se convirtió en protagonista de la "reacción" y del orden aparentemente en peligro. Paulatina y gradualmente la justificación ideológica fue siguiendo a la práctica. Y finalmente la "autoridad de la actuación previa a la teoría" se convirtió en un punto básico de la doctrina fascista.»[1]

Consciente de las limitaciones que entrañaba, el propio Pastor matizó su afirmación precisando que, en realidad, la *vía estética* al fascismo, si la reducimos al desarrollo del antedicho binomio, es un fenómeno universal y por lo tanto no circunscribible a la evolución específica española; «lo que quiero decir –añade– es que, a diferencia del caso italiano, donde las tendencias estético-políticas futuristas encontraron un pretexto en el *climax* revolucionario de la postguerra, en España las ideas de Giménez Caballero se anticiparon notablemente a dicho climax».[2] Es decir, lo peculiar de la vía española sería la *anti-*

---

[1] E. Nolte, *El fascismo en su época*. Barcelona, Península, 1967, p. 112.
[2] M. Pastor, *Los orígenes del fascismo en España*. Madrid, Tucar, 1975, p. 17, nota 17.

cipación notable de las elaboraciones teóricas a la coyuntura revolucionaria, que sólo se presenta de una forma clara en el período 1934-1936, y que será la que haga posible el desarrollo de un movimiento político de signo fascista en competencia con otras opciones por la conquista del poder. Y en su caso, la imposición final de un sistema de estas características.

Esto es cierto; pero la utilización del concepto de vía estética adquiere su pleno sentido si, además, nos arroja luz sobre la formación de la propia ideología y su difusión inicial en España, dando por supuesto que en un principio ésta tiene lugar en una coyuntura muy poco favorable para el desenvolvimiento de una opción estrictamente fascista. A partir de esta precisión, por la que empezamos a circunscribir el terreno conceptual en que nos movemos, podemos hacer dos puntualizaciones.

En primer lugar, en España el fascismo, *stricto sensu*, tiene unos orígenes intelectuales, y los tiene en un doble sentido. Por una parte, los dos hombres de mayor calibre que participan en su definición –Ernesto Giménez Caballero y Ramiro Ledesma Ramos– «son, en toda la amplitud del término, *intelectuales verdaderos*».[3] En otro sentido, derivado del anterior, el ámbito en que elaboran sus primeras propuestas es el mundo intelectual, recogiendo y sintetizando elementos presentes en la cultura política española, asimilando e incorporando experiencias estéticas y políticas foráneas –determinadas direcciones de la vanguardia, el fascismo italiano– y proponiendo, en suma, nuevos caminos en el seno del espacio intelectual donde se desenvuelven.

En segundo término –y la puntualización es obligada si queremos comprender adecuadamente la génesis del fascismo en nuestro país–, no hay solución de continuidad en la línea que va desde la elaboración de la ideología a la formación de los primeros grupos activos, todo ello con anterioridad al *clímax revolucionario* al que se refiere Pastor, por la razón de que tanto Giménez como Ledesma, a su condición de intelectuales, unen la de hombres de acción. El hilo que conduce de la doctrina a la práctica se origina en los primeros atisbos de Giménez Caballero, inmerso en la secuencia de las vanguardias, quien diseña un marco ideológico previo para una actuación política fascista; muy influido en sus comienzos por el anterior –podríamos decir que lanzado por él–, Ledesma Ramos proseguirá la definición ideológica y elaborará buena parte de la primera estrategia desde el grupo de *La Conquista del Estado* y las Juntas de Ofensiva Nacional Sindicalistas. Por último, tendrá lugar la incorporación de José Antonio Primo de Rivera con su proyecto falangista, pero ya en unas circunstancias sociopolíticas y con unos apoyos concretos que apenas tienen que ver con la *vía estética* que, para entonces, ha cumplido su ciclo.

---

[3] J. Bécarud y E. López Campillo, *Los intelectuales españoles durante la II República*. Madrid, Siglo XXI, 1978, p. 27.

De esta forma, Bécarud y López Campillo han podido hablar de un «complejo fascistizante» que ya desde los años 1928-1930 va afirmándose «en el paisaje ideológico de la preguerra civil al lado de corrientes mayoritarias, sean liberales o socialistas, con una continuidad que merece subrayarse».[4]

Pocas dudas pueden caber sobre Giménez Caballero en cuanto artífice y creador de ese clima, y su publicación, *La Gaceta Literaria*, como el laboratorio intelectual donde se incubaron las actitudes protofascistas en nuestro país. Así lo ha tenido que reconocer el profesor Velarde al analizar los orígenes del nacionalsindicalismo, aunque se niegue a aceptar que entre los muchos «ismos», estéticos y políticos, captados por Giménez, el fascismo tuviese una absoluta prioridad. Y aduzca, para justificar su punto de vista, lo sospechosa que resulta «la sistemática y sincrónica alabanza que en ella [*La Gaceta*], y en la serie de libros de Giménez Caballero, se hace tanto del fascismo como del comunismo». Por su parte, Tomás Borrás, en su voluminoso trabajo hagiográfico sobre Ledesma, subraya la importancia de *Gecé* como «abastecedor de lo nuevo», en el marco de *La Gaceta Literaria*, desde donde realizó «la revolución estética, quiero decir, la de la sensibilidad», señalando expresamente que en ella pudo apoyarse Ledesma Ramos «al lanzar a sus jóvenes a la revolución política». Añadiremos, por último, que el propio Ledesma, al bucear en los orígenes del fascismo hispano, aceptaría el papel precursor que le cupo a «la campaña, de índole exclusivamente literaria, y por tanto restringida», emprendida por Giménez en su periódico de las letras, en la cual «postuló por primera vez en España una doctrina nacionalista moderna, social y vital, desenmascarando con eficacia lo que en el liberalismo demoburgués había de podrido, reaccionario y antisocial».[5]

El «circuito imperial» de Giménez Caballero

En mayo de 1928 Giménez Caballero inicia un viaje de conferencias por toda la Europa occidental, que se prolongará durante dos meses. Va invitado por los siguientes centros culturales: en Italia, Il Convegno de Milán y Roma; en Alemania, las Universidades de Bonn, Frankfurt, Münster, Berlín y el Círculo Literario de Hannover; en Holanda, la Genootschap Nederland–Spanje de Amsterdam y Enschede; en Bélgica, la Fondation Universitaire de Bruxelles; y en Francia, la Universidad de la Sorbona (invitación posteriormente anulada). En total pronunciaría dieciséis conferencias en italiano, alemán, francés y español, sobre los temas de Goya y las nuevas manifestaciones artísticas y literarias es-

---

[4] *Ibídem.*

[5] J. Velarde Fuertes, *El nacionalsindicalismo cuarenta años después (Notas críticas)*. Madrid, Ed. Nacional, 1971, pp. 47-48. T. Borrás, *Ramiro Ledesma Ramos*. Madrid, Ed. Nacional, 1971, pp. 104, 105 y 108; R. Ledesma Ramos, *¿Fascismo en España?* [1935], en *¿Fascismo en España? La Patria Libre. Nuestra Revolución*. Madrid, [ed. de Trinidad Ledesma], 1988, p. 55.

pañolas, acompañadas de proyecciones. Durante su larga ausencia quedaron al frente de *La Gaceta* los redactores Jarnés y Arconada.[6]

El resultado de esta importante gira cultural europea, que probablemente no conoce parangón en el mundo intelectual coetáneo, es una serie de crónicas de las sucesivas etapas que irá publicando *La Gaceta* desde julio a noviembre de 1928, bajo el epígrafe de «12.302 kms. de literatura». Estos artículos, a los que añadirá como etapa portuguesa la reproducción del discurso pronunciado en Lisboa a propósito de la Exposición del Libro Portugués en Madrid, y la etapa francesa, que no figura en la serie de *La Gaceta*, constituirán el libro que publica a finales de 1929 con el título de *Circuito imperial*.

Acaso estaba en lo cierto el crítico Salazar y Chapela al valorar este libro como «el más perfecto», el más acorde con la personalidad y el temperamento de su autor.[7] Este género de literatura viajera, uno de cuyos máximos representantes en este momento podía ser el conde de Keyserling, tan apreciado por nuestro autor, le da pie a replantearse el tema europeo y a reflexionar sobre los movimientos artísticos y literarios del continente, con interesantes incursiones en el campo político. Por otra parte, esta obra marca, en su evolución como escritor, la transición desde el experimentalismo vanguardista representado por libros como *Yo, inspector de alcantarillas*, *Hércules jugando a los dados* o *Julepe de menta*, a la literatura prioritariamente política.

No vamos a detenernos en su visión –lúcida y caprichosa a partes iguales– del conjunto de la realidad europea. Nos limitaremos a extraer unas notas. Holanda o el país de la plasticidad y de la antiliteratura por antonomasia, donde experimenta el primer desengaño por la arquitectura funcionalista. Berlín o el predominio del «hombre medio», del «sentido industrial y moderno de la vida. Del exiguo margen que resta a una voluntad para querer cosas arbitrarias». En Alemania comprueba la evolución literaria desde el expresionismo a la *nueva objetividad*, calificada como «la reversión de la subversión». En la etapa belga experimenta dos fuertes impresiones: la de la pervivencia de la presencia dominadora española (el Flandes de la época imperial) y la *emoción interna* de lo religioso, en contraposición a la *disciplina externa* del catolicismo que había sentido en Roma:

> «Si el catolicismo me ha sobrecogido en Roma, se me ha revelado y descubierto por *primera vez* en Roma, por segunda en tierras flamencas, bajo cielos brabanzones, empapados de lluvia y torres de catedrales. Sobre el Borinaje: humo, escorias. Roma ha podido mostrarme lo que catolicidad es bajo un sol claro y sobre una tierra seca, imperial y dura. [...]

---

[6] «Los raids literarios. Circunvalación de Europa por Giménez Caballero», *GLit*, 34 (15.V.1928), p. 1. La revista, en sucesivos números, dio abundante información del viaje, particularmente de las etapas cumplidas en Italia.

[7] E. Salazar y Chapela, «Giménez Caballero (E.): "Circuito imperial"», *El Sol* (8.I.1930).

Si en Roma se descubre la disciplina exterior de lo espiritual, en Brujas, Lieja, Lovaina, Gante: la íntima.»

París no le ofrece otro interés que el puramente artístico y erótico. Es el paraíso –y el infierno– de marchantes, pintores y coleccionistas: «Esto es lo conmovedor de París: el fondo subhumano y vil que corre por él. La tragedia de tanta raza y de tanto hombre que necesita del mestizaje y de la trata para vivir. Único lugar del mundo todavía para *sentir la novela*.» Y sin embargo a Francia le reconoce ser la nación de la crítica literaria, «el país más genial para inventar valores. Y luego para difundirlos».[8] Pero debemos introducirnos rápidamente en la etapa italiana, con sus tres peldaños ascendentes de Milán, Florencia y Roma.

De Milán, la potente ciudad norteitaliana, le atrae su cosmopolitismo, tan alejado del carácter de museo que puedan tener una Venecia o la misma Florencia, «vertederos del turismo mundial». La confrontación entre estas ciudades itálicas es muy reveladora de la impronta futurista de su punto de vista:

«Esa fetidez que se siente en Florencia y en Venecia procede de la putrefacción de tantas admiraciones insinceras, banales, transeúntes, de tanta pólvora en salvas quemada en el fusil del Baedeker.

En cambio, la gracia cosmopolita de Milán es vital, auténtica, directa. Produce automóviles de marca universal y necesaria. Produce literatura alegre de dancing y de sport, de esa que hace rabiar a los casticistas del *Italiano* y del *Selvaggio*. Produce sincero novecentismo. El futurismo –maquinístico, exaltado, intercontinental– salió de un corso milanés.»

El paralelismo con España no tarda en saltar. La industriosa y dinámica Milán representa en la península italiana lo que en la ibérica pueda suponer Barcelona. A ésta sólo le falta, para que la equiparación sea totalmente efectiva, sacudirse un «particularismo punzante» que la mantiene como agazapada: «¡Barcelona! –exclama– Remozada de preocupaciones arcaizantes, puesta al día en vigor industrial, técnico; sin tufo a provincia clásica española ¡qué enorme fuerza para el futuro peninsular de España! Una Barcelona interventora, arrolladora.»

Bagutta es el Pombo milanés. Pero la tertulia ramoniana –enclavada en el seco e intelectualista ambiente madrileño– carece del sentido social, colectivista y organizador del restaurante «acogedor y polimorfo de arte» de Milán: «Bagutta –escribe– es un parlamento federal y democrático, con un presidente de Congreso destinado a repartir silencios, estrechones de mano y buenas

---

[8] EGC, *Circuito imperial*, Madrid, La Gaceta Literaria, col. Joven España, 1929, pp. 63-64, 76, 78, 105-106, 115 y 117.

marcas de vino. Mientras Pombo es una dictadura de largo arranque, un esfuerzo unipersonal y sin jerarquías. Ramón. Y los demás: súbditos, Pombianos.»

Si Milán es emparejable en este paralelismo hispano–italiano, con los reparos señalados, a Barcelona; la arqueológica Florencia podría equivaler a Toledo o a cualquier «ciudad castellana, dormida, ladrillosa, desconchada, mugrienta, silente, sucia, pordiosera», donde no se siente «más que el punzante acosamiento de toda su atrocidad retrospectiva, de su incomodidad, de su puro absurdo».[9]

Pero al entrar en Roma, última etapa de este periplo ascensional, se rompe el pie de igualdad en los paralelismos con el mundo hispano. Es difícil, con todo, deslindar en el impacto romano de *Gecé* la parte que pudo corresponderle a la ciudad histórica en sí y aquella otra relativa al régimen fascista que la envolvía y la expresaba. En un texto que no dudamos en calificar como el más representativo de la retórica delirante que será característica en él, unifica ambas impresiones para transmitirnos este impacto:

> «… en Roma, a las pocas horas de caer en Roma… ¿qué cosa me pasó? No sé. Sólo recuerdo que girovagué alucinado por calles, y jardines, y cielos, y árboles, y palacios, y acentos de aquella vida. Y que de pronto me encontré abrazado a Roma con ansia incontenible y desarticulada de balbucear tenuemente: madre.
>
> Roma, a los pocos días, ya fue todo para mí.
>
> Roma era el Madrid cesáreo e imperial que Madrid no sería nunca.
>
> Roma era ese firmamento cálido, azul, de un azul sexual, embriagador, azul y dorado que yo no había visto en parte alguna de España –y que era España, sin embargo– y que me protegía como una mano regia.
>
> Era la matriz de una Castilla mía, depurada, antigua, eterna, celeste, inajenable. Roma era –¡qué impresión descubrir eso, sencillamente!– mi lengua, el manantial de mi habla, espuma y cristal, originario en el que yo ahora zahondaba mi espíritu como en un Jordán beatífico, saturándome de santidad, de *período de orígenes*, de filialidad, de ternura agradecida.
>
> Roma era lo que yo nunca supuse que podría pervivir: aquella iglesia de mi infancia, y aquel sonar de campanas de mi colegio de monjas y aquel olor de agua bendita–incienso, y aquella visión negra de sotanas y roja de sobrepellices, y era la procesión de ese día y de ese pueblo, y de esa tarde castellana, y de esa noche madrileña y de ese alba en el mar.»[10]

La extraordinaria longitud de la cita era inevitable por nuestra incapacidad para sintetizar con otras palabras el arrobo, entre místico y erótico, que según

---

[9] *Ibíd.*, pp. 41, 42, 44-45 y 47.
[10] *Ibíd.*, p. 48.

su protagonista sintió en Roma. «Olor a mundo antiguo, medieval y nuevo», frente al cual, las demás culturas europeas que se le «disputaban el favor», suponían una simple «bastardía arrivista [*sic*]». Este texto nos conduce a pensar que en la Roma fascista encontró Giménez Caballero el terreno firme desde el que recomponer su coherencia ideológica. Desde que había dado sus primeros pasos como escritor, se había visto atrapado en una serie de contradicciones. En primer lugar, la que nacía de la difícil compaginación de tradición y modernidad, especialmente patente en la plenitud de su fase vanguardista. En segundo lugar, la contradicción provenía de la infructuosidad en la búsqueda de un referente cultural, polarizado entre el deslumbramiento por las culturas del Norte de Europa y el reconocimiento del ingrediente «africano» de lo español, o, en otros términos, entre el europeísmo y el casticismo como soluciones a la decadencia hispana. Finalmente, habría que señalar el sentimiento de enajenación que como integrante de la minoría selecta intelectual sufre respecto del pueblo. Son tres contradicciones rastreables en las corrientes político-culturales del primer tercio del siglo, que en Giménez Caballero llegan a su punto de máxima agudeza, hasta hacer crisis a partir de esta visita a Italia. El alucinado texto vendrá a constituirse en prólogo para su nueva profesión de fe, pues cuando –según confiesa a continuación– el fenómeno político del fascismo «irrumpió en mi conciencia, a posteriori de mi reconocimiento entrañable de Roma, me vi perdido. Tenía que admitirlo *acríticamente*». Y desde la seguridad de la nueva creencia, «todo un pasado juvenil, envenenado de exotismos y torceduras, se me desvanecía como una veste de humo».[11] Aunque no podemos dejarnos llevar por el arrebato de las palabras –para esas fechas había dado ya sobradas muestras de su proclividad hacia la tendencia política que ahora abrazaba–, nos encontramos ante el punto de inflexión fundamental de su trayectoria ideológica.

¿En qué consistió el fenómeno fascista para Giménez Caballero? ¿Qué imagen nos transmite de él a partir de su primer contacto directo? Creemos poder resumirla en tres puntos básicos.

A) Antes que otra cosa, *el fascismo supone la realización de las tendencias profundas reflejadas en la historia italiana*. No es Giménez Caballero el único, ni el primero, en advertir este sentido, que lleva implícita toda una concepción culturalista de la historia, tan de su época. Ángel Sánchez Rivero, por ejemplo, en fecha tan cercana al escrito de Giménez como abril de 1928 consideraba desde las páginas de la *Revista de Occidente* que «en el movimiento fascista está el nudo de toda la historia italiana, con su doble manifestación: espiritual y política».[12] En la misma línea escribía nuestro autor: «en Italia asombra echar una

---

[11] *Ibíd.*, pp. 48-49.
[12] A. Sánchez Rivero, «Curzio Malaparte: "L'Italie contre l'Europe"», *Revista de Occidente*, 20, LVIII (abril 1928), p. 134.

ojeada profunda (literaria) por su historia y no sentir más que ese ansia de una forma política, antiburguesa, violenta y primacial de regir sus destinos»;[13] es decir: la representada en esos momentos por el fascismo.

B) Antiburguesismo, violencia y sentido primario de lo político son rasgos sobresalientes de la historia de la península vecina, que viene a recoger y actualizar el régimen de Mussolini, porque *se identifican con el pueblo italiano; y el pueblo, a su vez, se identifica con el campo.* Esta ecuación pueblo = campo, es llevada adelante por Giménez apoyándose, implícitamente, en los precedentes suministrados por la cultura española desde el 98 (sobre todo por Costa y Unamuno).

> «Si el fascismo –escribe– es aristárquico por su estructura de partido, y monárquico por su representación del poder ejecutivo, es en el fondo archidemocrático: el pueblo mismo. ¿Archidemocrático? No: popular. La palabra democracia huele a burguesía, a ciudad, a cosa mediocre. Mientras popular es lo del campo, lo de la taberna, y el mercado, y la plaza, y la fiesta. Popular no es el hombre como obrero, ni como ciudadano, ni como funcionario. Sino simplemente como hombre elemental. Como campesino. Como hombre eterno.»[14]

En la cúpula de este movimiento está Mussolini, que si es inseparable del fascismo es porque existe una previa identidad básica del dictador con su pueblo: «El fascismo es popular y movimiento de *pueblo,* de *masa* en Italia, porque su jefe es masa y pueblo. Pero no en el sentido vulgar del primate que se avulgara para ganar simpatías, sino el de que se aristocratiza a fuerza de jugo democrático.» Y en eso reside su atractivo sobre sus seguidores de los estratos más bajos de la sociedad. «Saber el operario italiano que Mussolini ha sido albañil, y emigrante, y labrador, y socialista, y hampón como él […] es un enorme acicate de respeto y de solidaridad.»

«No fue traición –añade Giménez– la que Mussolini hizo al pueblo, dejando de ser socialista. Si hubiera de veras traicionado al pueblo, éste no le hubiera seguido. Pero el pueblo –ese pueblo menudo, y estropajoso, y lacerado, y violento, y hambriento de Casa de pueblo italiana– vio en Mussolini al héroe que se atrevía a afirmar *su nacionalismo, su personalidad* como su única salvación.» De ahí que el fascismo ofrezca «ese aire campesino, bárbaro, radical», faz encarnada por su jefe en la medida en que ha surgido de la entraña popular: «Todo el mundo que habla con Mussolini observa al instante la campesinidad de este hombre. Y esta es su grandeza: en un país de agro y emigración, antiindustrial por esencia y por historia, haberlo comprendido y haber cortado un traje a su

---

[13] EGC, *Circuito…*, p. 54.
[14] *Ibíd.*, p. 56.

medida. Una camisa con que cubrir las vergüenzas y una estaca para ganarse violentamente el pan.»[15]

C) Contrariamente a las interpretaciones que presentan al fascismo como un movimiento reaccionario, *el fascismo es un movimiento de «nuevas valoraciones» y de juventud; y, por tanto, auténticamente revolucionario*. «Sólo desde Italia se ve que la unívoca reacción es, quizá, ya el liberalismo; por lo menos para el latino.»[16] Por su carácter revolucionario y juvenil, el fascismo sólo sería parangonable, entre los fenómenos políticos y sociales de la trasguerra, con la revolución bolchevique, con la que le uniría un mismo sentido antiliberal y el ser ambos expresiones genuinas de sus propios pueblos (el italiano y el ruso).

Como se había cuidado de subrayar en escritos anteriores, cualquier paralelismo entre la situación política que atravesaba España –la dictadura de Primo de Rivera, en fase de declive– y la Italia de Mussolini es meramente superficial y no debe levantar la alarma de los liberales hispanos. Pues, contra lo que puedan pensar éstos, España, bajo el régimen del general, atraviesa «el monento más liberal de su historia, desde el siglo XIX». Y da la siguiente explicación: «Si el régimen actual de España es archiliberal es porque es archiburgués. En el fondo, Primo de Rivera está realizando la más pura doctrina de Costa: *Despensa, Escuela* y *Siete llaves al sepulcro del Cid*.» Mientras la «España de hoy descansa, engorda [y] se abanica», la Italia fascista «castiga como únicos pecados la quietud, la falta de ardor, el silencio, la ironía y la panza.» Por ese motivo:

«Mussolini, revolucionario y antitradicional, da la sensación de un Cisneros de la nueva Italia. Toda Italia se ve que quiere algo. Romperse la cabeza, como hizo España. Pero es que romperse la cabeza y el corazón es el sino de todo Estado imperialista, audaz y emprendedor.

---

[15] *Ibíd.*, pp. 53 y 56. Por las fechas en que se publican por vez primera estas líneas, Salaverría y Sánchez Mazas discutían en el diario *ABC* sobre el carácter industrial o agrario del fascismo. Para Salaverría, el «entusiasta elogio del *rascacielos*, pronunciado desde la americanísima y vitalísima Milán por Marinetti y sus discípulos, nos invita a reconocer en el alma del fascio […] una ofensiva contra Roma.» «Pero el alma del fascio –le contestaba Sánchez Mazas– es Mussolini. Nadie cree que lo sea Marinetti, partidario fervoroso y muy sujeto a error. A error, en este caso, hasta cierto punto… El rascacielos y todos los demás fenómenos de superurbanismo, que usted cita y sugiere como antirromanos, no son sino típicos vicios de la romanidad madura y pletórica.» Y en cuanto al futurismo, partiendo del «fresco dinamismo a ultranza», ha derivado por fuerza «al orden, a la responsabilidad constructiva y civil, al servicio en guerra interior y exterior, al patriotismo fascista, a dar por un orden sangre y entendimiento.» (R. Sánchez Mazas, «Reflexiones sobre el fascismo. Carta a D. José María Salaverría», *ABC*, 14.XI.1928). Pero Salaverría en el siguiente artículo continuaba en sus trece: «el espíritu y la tendencia del fascismo dan una impresión muy poco ruralista. El fascismo, al menos en su origen, aparece como una reacción burguesa, urbanista y cultural, frente al movimiento disgregador del obrerismo urbanista. Todo, pues, resulta efecto de la misma causa: el granindustrialismo.» (J. Mª. Salaverría, «Interpretaciones. La nueva marcha sobre Roma», *ABC*, 28.XI.1928).

[16] EGC, *Circuito...*, p. 54.

Mussolini hace ejercicios con su pueblo como con sus músculos: buscando estar en forma. Su política es la del entrenador. De ahí todo ese enorme sentido deportivo de Italia, donde la vida es ingrávida, trabajada a dieta y a disciplina dura. Y joven, archijoven.»[17]

Ya al llegar a la estación de Milán había podido percibir la sensación flotante en el ambiente como si la guerra no hubiese terminado. Y había señalado la incomodidad que tal situación podía representar para un español joven –nada digamos para otro de edad provecta– acostumbrado a vivir en permanente relajación e incluso indolencia. En el último texto citado nos descubre el sentido que esconde la disciplina cuasi militar a que se ven sometidos los italianos: una voluntad de expansión imperialista.

Como nacionalista que era, por lo menos desde su regreso de la guerra marroquí, fue de los primeros en enfrentarse en España al drama experimentado por todos aquellos que sintieron el deslumbramiento por el fascismo y, al propio tiempo, hubieron de reconocer su carácter constitutivamente nacionalista, su inexportabilidad. En este sentido tiene que discrepar de la opinión vertida por el ministro italiano A. Rocco en su libro *La transformazione dello Stato* (1927), donde considera la nueva modalidad política como un método extensible a otras realidades nacionales, y afirmar rotundamente: «El fascismo es una fórmula absolutamente de Italia y para Italia.» Lo que no impide, ciertamente, que para España resulte menos perniciosa que, por ejemplo, el liberalismo anglo-francés. «Pero no por eso quiere decirse que no haya que sentirla también como un enemigo más de nuestra última substancia.»[18] «Esto es lo engañador –se lamenta– de estas fórmulas, con su apariencia universal y necesaria, buena para todo espacio en un dado tiempo. Pero que en lo hondo llevan un particularismo radical, inajenable.»

Al final ha de aceptar que si «todo gran movimiento nacional ha sido siempre fascista (reunión de haces, de nervios, de querencias, de ansias colectivas)», no por ello siempre «todo fascismo resulta un gran movimiento nacional». Para concluir lapidariamente: «El pueblo que no encuentra en sí su propia fórmula de fascismo es un pueblo influido, sin carácter y sin médula.»[19]

ENTRE MARINETTI Y MALAPARTE

El acercamiento de Giménez Caballero a Italia tenía precedentes en la propia *Gaceta*. Ya desde su nacimiento se había orientado con preferencia hacia este país. También lo había hecho hacia Alemania (le dedicará un número mo-

---

[17] *Ibíd.*, p. 52.
[18] *Ibíd.*, p. 55. Toda la obra política posterior de Giménez Caballero se enderezará, precisamente, a corregir esta afirmación de 1928.
[19] *Ibídem.*

nográfico), en detrimento de la vecina Francia, como acertadamente vio Antonio Machado, al ponderar así la mencionada entrega de *La Gaceta Literaria* en carta a *Gecé*. «Mucho me agrada el número dedicado a Alemania. Ustedes, con el bendito Ortega, contribuyen a libertarnos del aparato francés que, como único alimento, venimos chupando hace dos siglos. ¡Ya era tiempo!»[20] Pero ahora, después del recorrido italiano, los lazos entre Giménez y la nación de su mujer, se estrechaban con una fuerza; no debió ser ajena la excelente acogida dispensada, que le llevaría a exclamar, por contraste: «En España no es uno nadie.»[21]

El precedente más significativo de este acercamiento lo constituyó la visita de Marinetti a España a comienzos de 1928. Entre la relativa frialdad con que fue acogido por la mayoría de los órganos culturales del país –unos, los liberales, por creerlo ya superado; otros, los reaccionarios, por no olvidar sus antiguos radicalismos anticlericales y antiacadémicos–, *La Gaceta* se volcó, dedicando varias planas al acontecimiento. Como escribiría, «sólo *La Gaceta Literaria* que tengo el placer de dirigir, tributó justicia literaria al autor de *L'Alcova d'alciaio* sin preocuparse de derivaciones políticas. O mejor dicho: preocupándose mucho de ellas».[22] Haciéndose eco de una prevención generalizada contra el creador del futurismo y reaccionando contra ella, terminaba una breve entrevista al escritor italiano con estas palabras de tono marcial:

«Hoy se desprecia a Marinetti entre los enterados. ¿Enterados de qué? Mañana, el *fascio de los veinte años* levantará un puño como monumento a este hombre.

En el agua chirle de Europa nonagentista, fue un renovador. De ese agua purificada salió en Italia un Pirandello, un Bontempelli. Salió un país latino con más fuerza que uno germánico. Salió una política original y sin préstamos nórdicos.

¡Marinetti! Te saludamos con la eterna admiración española *ante lo que se mueve, grita, se desenfrena y revoluciona*. A ti, cuyo enlace en España era éste: Unamuno, Baroja, Ramón, De Torre. Antipasatistas, vulcanizadores... Te saludamos con la convicción galileica frente al escepticismo: *e pur si muove.*

E pur e giovane questo vecchiume che dicevano di Marinetti!»[23]

[20] «Una carta de Machado sobre poesía», *GLit*, 34 (15.V.1928), p. 1. El monográfico sobre Alemania: *GLit*, 33 (1.V.1928). La proclividad italiana de *La Gaceta* ha sido estudiada por V. Peña Sánchez, *Intelectuales y fascismo. La cultura italiana del «ventennio fascista» y su repercusión en España*, Granada, Universidad, 1995, pp. 212-259.

[21] EGC, *Circuito...*, p. 49.

[22] EGC, *Julepe de menta* [1929], en *Julepe de menta y otros aperitivos*. Barcelona, Planeta, 1981, p. 54. Sobre la visita del escritor italiano a nuestro país, *vid.*: R. Mas, *Dossier Marinetti*. Barcelona, Universitat, 1994; y L. García de Carpi, «Marinetti en España», en *Homenaje al profesor Hernández Perera*. Madrid, Universidad Complutense, 1992, pp. 821-826.

[23] EGC, «Conversación con Marinetti», *GLit*, 28 (15.II.1928), p. 3.

En el mismo número de la revista se incluía un telegrama de Mussolini al escritor futurista y un artículo de Guillermo de Torre («Efigie de Marinetti») donde no soslayaba las concomitancias entre el fascismo y la ideología marinettiana. Y un mes después, *La Gaceta* publicaba una carta de Ettore de Zuani en la que este periodista justificaba la plena adhesión de los intelectuales italianos al régimen de Mussolini. «Pensar a nuestra generación literaria neutra, indiferente, apolítica –escribía Zuani– es imposible; fascismo e Italia son para nosotros una misma cosa, y ser literatos italianos quiere decir serlo fascistas.»[24]

También en ese año de 1928, Juan Chabás, colaborador de *La Gaceta* y antiguo lector de español en la Universidad de Génova, publicaba su ensayo *Italia fascista (política y cultura)*, donde advertía que el fascismo no era «únicamente el desesperado ademán de un partido que pretende salvar la política de su país: toda la vida italiana de hoy, políticamente o no, es fascista»; entendiendo por el término, más que «una actitud ante los problemas del gobierno de un Estado [...], una actitud ante la vida». «Hay una manera fascista de vivir –añadía–; probablemente, la única manera italiana de vivir»; lo que no excluye –pues el autor se colocaba en una posición políticamente antifascista– «la imposibilidad de otro Gobierno que no sea la dictadura de Mussolini».[25] El libro de Chabás mereció a Giménez Caballero el siguiente comentario, muy significativo por su misma ambivalencia:

> «... es un libro claro, fino, informado. Un libro muy bueno. De gran tono europeo. Hecho con pasión. Pero sin partido. (Por tanto, algo vacilante y mesurado a la par, en ciertos juicios.) Desde luego es el único libro español útil sobre el fascismo italiano en sus aspectos políticos y culturales. Ojalá todos los pensionados españoles en el extranjero aportaran una *memoria* tan interesante como la de Chabás –y tan extraoficial– sobre los países de sus instalaciones. Como levantino, Chabás ha sentido el caso subyugador de Italia. Pero como "español celular", sin entusiasmos colectivos, deja prudentemente de sumarse a él.
> Libro providente y prudente, éste de Chabás.»[26]

Pero volviendo a Marinetti, sería absurdo pretender encontrar en su futurismo la expresión acabada de una teoría política coherente. Gramsci, en car-

---

[24] E. de Zuani, «Los escritores italianos y el fascismo», *GLit*, 30 (15.III.1928), p. 5.

[25] J. Chabás, *Italia fascista (política y cultura)*. Barcelona, Mentora, 1928, pp. 11-12. Sobre el autor y el libro, *vid.* M. Aznar Soler, «Juan Chabás y la Italia fascista: del vanguardismo deshumanizado al compromiso antifascista», en T. Heydenreich (ed.), *Cultura italiana y española frente a frente: años 1918-1939*. Tübingen, Stauffenburg Verlag, 1992, pp. 67-93; y J. Pérez Bazo, *Juan Chabás y su tiempo*. Barcelona, Anthropos, 1992; para el tema que nos ocupa, especialmente pp. 179-199.

[26] EGC, «Libros españoles de la quincena. Juan Chabás: "Italia fascista"», *GLit*, 46 (15.XI.1928), p. 3.

ta a Trotski, le informaba sobre el movimiento futurista italiano a la altura de 1922 –cuando la obra de Marinetti ya se había decantado por completo hacia la política– y le decía que los «representantes principales del futurismo de antes de la guerra se habían hecho fascistas», a excepción del Papini converso al catolicismo, y en cuanto a su fundador, Marinetti, había «compuesto un opúsculo titulado *Al margen del comunismo*, en el que desarrolla sus doctrinas políticas, si es que puede darse genéricamente ese nombre a las fantasías de este personaje, a veces ingenioso, y siempre notable».[27] Como ha escrito Renzo de Felice, en el futurismo «más que una ideología, tenemos que buscar una actitud hacia la vida», y es esta condición, más que las formas cambiantes e incluso contradictorias en que se expresó a lo largo de los años, la que lo empareja con el fascismo. Ambos hundían sus raíces en una atmósfera de inquietud (psicológica, social, moral y cultural) que confluía con el hastío hacia la sociedad que lo ocasionaba. Aunque la creación de ese clima fue previo a la Gran Guerra –y según Sternhell no tenía ninguna relación con ella–, ésta no hizo sino intensificarlo y conferirle nuevos trasfondos políticos. Con anterioridad a la Guerra del 14, la inquietud y el hastío estaban limitados a círculos de la izquierda, como el anarquismo y el sindicalismo revolucionario, mas después «las nuevas formas de oposición política instauradas durante la guerra tendían a influenciar y a tomar la dirección de estos movimientos, dándoles una nueva base social más amplia, una nueva ética y nuevos valores culturales, bajo la forma de mitos. Estos valores tenían relación con los valores antiguos pero de modo general revolucionaban el carácter de la oposición de la izquierda, introduciendo elementos pertenecientes tradicionalmente a la cultura de derechas y también nuevos temas aparecidos o convertidos en importantes durante la guerra.»[28]

El desprecio de la doctrina de que hacían gala los futuristas y su correlativa exaltación de la improvisación y el temperamento, ciertamente les colocaban sobre una base conceptual poco rigurosa;[29] pero aun así es posible detectar los reflejos de la concepción del mundo de Marinetti en Giménez Caballero y su influencia en la elaboración de las percepciones políticas del escritor español.

En primer lugar, partiremos de este hecho: el influjo es más sustancial en tanto que vanguardia artística (con sus connotaciones políticas, por supuesto) que en cuanto programa político futurista, tal como se formula a partir de fe-

---

[27] Carta a Trotski de 8 de septiembre de 1922, en A. Gramsci, *Antología*, México, Siglo XXI, 1977, 3ª ed., p. 126.

[28] R. de Felice, «Futurismo político», *Cuadernos del Norte*, 39 (noviembre 1986), pp. 10-11; Z. Sternhell, *El nacimiento de la ideología fascista*. Madrid, Siglo XXI, 1994, p. 40.

[29] Seguimos fundamentalmente los estudios de E. Gentile, *Le origini dell'ideologia fascista (1918-1925)*, Bari, Laterza, 1975, pp. 109-128; y «La politica di Marinetti», en *Il mito dello Stato Nuovo dall'antigiolittismo al fascismo*. Bari, Laterza, 1982, pp. 135-165; y E. Santarelli, «Il movimento politico futurista», en *Fascismo e neofascismo*. Roma, Ed. Riuniti, 1974, pp. 3-50.

brero de 1918. En Giménez Caballero están ausentes elementos concretos tan radicales como la abolición del militarismo, la confiscación de capitales, el ruidoso anticlericalismo o la consideración del matrimonio como *prostitución legalizada*. Por el contrario, la influencia directa de Marinetti se plasma en cuanto el futurismo supuso de *revolución cultural*, especificada en motivos –estéticos las más de las veces– como la fascinación de la ciudad moderna, transformada por la técnica y la industria, con el espectáculo de las masas; de la velocidad como símbolo de la modernidad mecánica; en un ambiguo antitradicionalismo (que en nuestro autor cohabitará con la tendencia inversa, para diluirse muy pronto); y sobre todo, como recalcamos al detenernos en el comentario de su libro *Hércules jugando a los dados*, por su concepto aristocratizante y antiburgués de la sociedad y su organización política. Sin duda, en este último punto, Marinetti es un actualizador de Nietzsche, y el influjo sobre Giménez opera sobre la base elitista, de raíz orteguiana, de nuestro personaje. El aristocraticismo de Marinetti no impedía a nadie la posibilidad de emerger desde las circunstancias concretas de su origen social, pero era opuesto a todo régimen democrático de masas, por suponer éste el ahogo de las cualidades del individuo en la rutina del conformismo. En este sentido es antiburgués Giménez Caballero: deslindando el concepto de burguesía del de clase social vinculada al desarrollo del capitalismo para identificarlo con democracia y circunscribirlo a una serie de rasgos conformadores del concepto vulgar de *lo burgués* (comodidad, sedentarismo, ausencia de ideales, mediocridad, etc.)[30]

Pero si en *Circuito imperial* hay alguna significación que pudiera emparentarse con el futurismo –como, por no citar sino la más visible, el criterio que determina su diferente posición ante Milán y Florencia, según recalcamos–, es posible considerarla como una pervivencia de la culminación de su actitud vanguardista estricta. La aceptación de la violencia, la percepción de Mussolini como genial arribista o la confrontación entre una Italia dinámica y una España estática, son otros tantos rasgos que ponen de manifiesto la raigambre marinettiana de sus ideas. Pero en el terreno de los contenidos políticos es mucho más perceptible un giro desde este punto de partida vagamente futurista, que lo acerca –y mucho– a Curzio Malaparte.

En el viaje por Italia trató a los ministros Giovanni Gentile y Bottai y a los escritores Bontempelli, Marinetti, con su esposa Benedetta, Ferrarin, Boselli y Zuani, entre otros. De los españoles, coincidió con el «barroco y fervoroso Sánchez Mazas, atiborrado de lecturas, de ocios poemáticos y de ideas agudas co-

---

[30] «Salid a la calle –escribe Giménez Caballero en *Circuito imperial*–, a la vida social en Alemania y encontraréis la antiaristocracia: la vida más burguesa, gruesa y grosera imaginable. Cuando el ingenuo meridional que llega por vez primera a Alemania, con la cabeza llena de feudalismo, mitología escandinava y sentido heroico de la historia busca en su torno casos concretos de perduración de esos sublimes valores tradicionales se queda atónito al observar todo lo contrario: democratismo, colectivismo, vulgaridad.» (*Op. cit.*, p. 82).

mo dagas. Con su gran perfil entre clerical, florentino y marinero.» Aunque, sin duda, fue Curzio Suckert el contacto que reviste mayor interés; un Malaparte descrito con admiración como «el caso ejemplar del joven fascista italiano, apto para la espada, la bala y la pluma. Duelista, guerrero, polemista, poeta y director del mejor grupo editorial italiano.»[31]

Siguiendo la aguda distinción de Sánchez Rivero, podemos decir que si Marinetti es paradigma del *escritor fascista*, Malaparte lo es del *fascista escritor*, cosa no del todo equivalente. Marinetti confluye desde la vanguardia en el movimiento fascista para seguirlo, e incluso contribuye a crearlo; mientras «en Curzio Malaparte el estado de alma fascista es el centro mismo de su personalidad de escritor».[32] Malaparte acompañó a Giménez Caballero en su viaje por Italia; como escribe éste con alusión dantesca, «fue mi Virgilio en esta visita italiana», y en las impresiones que dio a estampa en *La Gaceta Literaria* nada más regresar del «circuito imperial», anunció su intención de traducirlo y publicar próximamente un extenso estudio sobre él.[33] Este estudio sería la «Carta a un compañero de la Joven España», que serviría de prólogo al libro *En torno al casticismo de Italia*, título unamuniano bajo el cual recogía una antología de escritos, traducidos por él, entresacados de las siguientes obras de Malaparte: *La rivolta dei santi maladetti*, *L'Europa vivente*, *Italia barbara* y *Cantate*.

La «Carta a un compañero de la Joven España»

Publicada en *La Gaceta Literaria* el 15 de febrero de 1929, la «Carta a un compañero de la Joven España» es, formalmente, la extensa contestación, con caracteres de manifiesto, escrita por Giménez Caballero ante la misiva de un lector de español de la Universidad de Göteborg, mientras se encuentra corrigiendo las pruebas de la traducción de Malaparte.[34] La carta enviada desde la ciudad escandinava, tal como la transcibe su receptor, dice así:

---

[31] *Ibíd.*, p. 51. Se refiere al grupo editorial de *La Voce*. «El caso Malaparte –escribe a propósito Chabás– sólo sirve para deslumbramiento de extranjeros. En Italia su osadía no pasa de ser un superficial fenómeno de la época. Y cuando Giménez Caballero en España o algún otro escritor en Francia lo exaltan a los primeros rangos geniales del ensayismo, los intelectuales italianos, aun los que frente a Mussolini tuvieron desde el principio una actitud filofascista, no pasan de sonreír con una descreída y benévola sorpresa.» (Chabás, *op. cit.*, p. 154).

[32] Sánchez Rivero, *op. cit.*, pp. 129-130.

[33] EGC, *Circuito...*, p. 51.

[34] Para la traducción contó con la ayuda de César M. Arconada, entonces muy próximo a su persona, aunque posteriormente derivase a posiciones de izquierda extrema. Un error recurrente en la literatura sobre el tema consiste en atribuir a Giménez la traducción de la obra de Malaparte *Técnica del golpe de Estado*. (*Vid.*, a título de ejemplo, Velarde, *op. cit.*, p. 47; y C. M. Rama, «El Estado en la ideología fascista española», en *Fascismo y anarquismo en la España contemporánea*. Barcelona, Bruguera, 1979, p. 28). La *Técnica...*, por el contrario, apareció en 1931, publicada por Ediciones Ulises, en traducción de Julio Gómez de la Serna.

«Estoy atravesando la crisis del lector, españolizándome y sintiéndome cada vez más desinteresado de lo que no es español. Está aquí de lector de italiano Ercole Reggio, discípulo de Giovanni Gentile, con no sé qué cargo en el Instituto que le invitó a usted a conferenciar en Roma. Me está saturando de fascismo de buena ley. ¿No puede LA GACETA LITERARIA empujar en este movimiento de Sur contra Norte? Conviene llamar la atención de la gente hacia Italia. ¿Por qué no publicar en las ediciones de LA GACETA una traducción de *Italia contra Europa*, de Malaparte? Yo podría hacerla, y ponerla un prólogo. También convendría poner en español algunos estudios cortos de G. Volpe, el historiador: buenos ejemplos de Historia en marcha, llena de vida. En España estamos perdidos. No interesa la historia ni la política. Yo fui de los que dijeron "no" en una encuesta de usted sobre política, hace un año. Y hoy diría "sí". No a lo presente, claro, sino a lo que vendrá si nosotros sembramos... ¿Cuándo tendremos nosotros una España contra Europa?»[35]

El autor del incitante texto era un joven gallego de veintitrés años llamado Ramón Iglesia Parga,[36] quien de esta forma daba pie a Giménez Caballero para un primer desarrollo de sus ideas en torno a una asimilación del ejemplo italiano por España, valiéndose de la aportación ideológica de Malaparte. Si en la etapa italiana del «circuito imperial» había hecho una personal profesión de fe

---

[35] EGC, «Carta a un compañero de la Joven España», *GLit*, 52 (15.II.1929), pp. 1 y 5.

[36] Este enigmático personaje había nacido en Santiago de Compostela el 3 de julio de 1905 y era hijo –según Juan Aparicio– de un bibliotecario de ideas conservadoras. En Santiago empezó sus estudios, que después prosiguió en Madrid. «Hay noticia –escribe Alvaro Matute– de que sus primeros trabajos de carácter formativo los realizó al lado de maestros como Dámaso Alonso, con quien colaboró en una edición del *Enchiridión*, de Erasmo, y con don Antonio Ballesteros y Beretta, quien indudablemente le orientó hacia el Nuevo Mundo, cuando le yudó en la investigación sobre don Juan Miralles y la intervención de España en la independencia de los Estados Unidos». (Introducción a Ramón Iglesia, *El hombre Colón y otros ensayos*, México, FCE, 1986, p. 7). Enseñó en cursos de Verano del Centro de Estudios Históricos, fue lector de español en la Universidad de Göteborg y viajó por el norte de Europa. Es entonces cuando le escribe a Giménez Caballero, suscitando el manifiesto que comentamos, y colabora episódicamente en *La Gaceta Literaria* y la *Revista de Occidente* (donde publica su ensayo sobre «El hombre Colón»). En 1931 será uno de los firmantes del Manifiesto de *La Conquista del Estado*. Aparicio lo recordaba voceando «como un desaforado» el nuevo semanario fascista, con un megáfono por las calles de Madrid; y un años después, tras una fulminante evolución ideológica a la izquierda, como uno de los reventadores de la conferencia de Ledesma en el Ateneo. Según la misma fuente sus compañeros lo llamaban, humorísticamente, R.I.P. (Entrevista a Juan Aparicio, Madrid, 8.III.1986). Los acontecimientos de 1936 interrumpirían sus investigaciones sobre Bernal Díaz del Castillo; tras su participación en la guerra civil, marcharía al exilio en México. Allí –becado por la Casa de España en México– su dedicación se orientó por la enseñanza (en el Colegio de México y en la Universidad Nacional Autónoma), la traducción (para la editorial FCE) y la investigación. Después de su estancia mexicana, marchó a Berkeley, California, y finalmente a Madison, Wisconsin, donde se suicidó el 5 de mayo de 1948; Giménez Caballero, preguntado por el autor, sólo recordaba esta circunstancia, así como que lo

fascista, la «Carta» que ahora escribe es un incitante llamamiento a los intelectuales para que lo siguieran por ese camino. Todo ello mediante una búsqueda de analogías y paralelismos entre la historia y la cultura de los dos países, en ocasiones no poco forzados; pero habría que insistir en que lo más importante no es la racionalidad de la argumentación, sino la vivacidad literaria del estilo, que lo empareja también a Curzio Suckert. En síntesis, estos paralelismos se articulan sobre dos ejes, afrontados por Malaparte en su vertiente italiana: el carácter de *rebelión contra la modernidad* representado tanto por Italia como por España en los últimos tres siglos y que viene a actualizar el fascismo; y la comparación del *risorgimento* cultural italiano –preludio del fascismo– con el deseable resurgir español anunciado en la renovación intelectual operada desde el cambio de siglo.

Para Malaparte, el fascismo había surgido de una previa revolución nacional, producto, a su vez, de la entrada del pueblo italiano en el crisol de la Gran Guerra.[37] Un pueblo sano, arraigado a la tierra y rico en virtudes, aunque ineducado desde el punto de vista político y ausente, por siglos, de una activa intervención en la historia. Esta revolución nacional, originada por la conversión de la infantería –el pueblo italiano en las trincheras– «en una clase social con mentalidad propia, netamente antiburguesa y antirretórica», como escribe en *La rivolta dei santi maladetti*, constituía un fenómeno paralelo a la revolución bolchevique, si bien animado por un distinto espíritu. Mientras la revolución soviética era un fiel reflejo del alma colectivista rusa, la fascista surgía del espíritu individualista de la raza latina. Fascismo y bolchevismo, para Malaparte, eran expresiones de un mismo sentido de reacción contra el ideal de modernidad, entendiendo por tal el desarrollo histórico (capitalismo, liberalismo, democracia individualista) predominante en Europa desde la Reforma protestante (con su sentido antirromano) y que había restringido, de forma absoluta, el concepto de civilización a los países nórdicos, quebrando de esta forma las posibilidades históricas de las naciones latinas y de Rusia. Sin embargo, la revolución italiana, por su carácter constructivo –ya que frente al espíritu de la modernidad ofrecía la tradición católica– era superior a la rusa, meramente destructiva como emanación del alma eslava, y ambas estaban llamadas a chocar algún día: «Es fatal que la Antirreforma se continúe en Antirrusia; o mejor en una lucha entre la civilización clásica, latina, católica, más propiamente italiana, naturalmente antigua y política, y la civilización natural, instintiva e intuitiva, antipolítica del mundo eslavo, ortodoxo, más propiamente ruso. El cual

---

hiciera arrojándose por una ventana. Lo más sustancioso de su producción historiográfica fue recogido en 1986 en el libro antes mencionado, en cuya introducción –de donde proceden la mayor parte de estos datos– nada se dice sobre su trágico final ni, por supuesto, de sus veleidades fascistas. Ramón J. Sender nos ha dejado una poética imagen sobre su vida y su abrupto y desgraciado fin en *Nocturno de los 14*. Barcelona, Destino, 1983, pp. 192-202.

[37] Seguimos básicamente la exposición de Gentile, *Le origini...*, pp. 276-291.

en su aversión al espíritu europeo, tiende a combatir también el nuestro, que constituye una grandísima parte de la civilización europea.»[38]

Italia, en suma, volverá a conquistar el dominio europeo el día en que recuse por completo la modernidad surgida de la Reforma y recupere la vigencia de un orden social –nuevo y viejo a la vez– basado en la tradición católica enraizada milenariamente en su pueblo. Los males de los tres últimos siglos italianos eran atribuidos por Malaparte al repetido intento, siempre inútil, de asimilar el espíritu moderno europeo, contrario al italiano.

A este cuadro político-cultural contrarreformista, el fascismo malapartiano unía motivos revolucionarios provenientes del sindicalismo. En su concepción, el fascismo era heredero de la corriente popular del *Risorgimento*; precisamente de aquella que, entre Cavour, en la época de la unificación, y Giolitti, tras la guerra del 14, habían intentado sofocar. Y como tal, expresaba políticamente la sublevación de los medios emergentes de la burguesía urbana y sobre todo rural frente a la gran burguesía y a un proletariado campesino instrumentalizado por el socialismo. Aunque adoptaba el mito de la violencia del sindicalismo de Sorel, de indudable raíz clasista, difería de éste al advertir que la función del sindicalismo fascista no era la de preparar una nueva civilización proletaria sobre las ruinas de la burguesa, sino la guerra revolucionaria por la que Italia alcanzaría su auténtica unidad, combatiendo los enemigos exteriores e interiores. De este combate saldría una *única clase nacional*, adivinada por Malaparte en los grupos escuadristas.

Pertrechado de estas ideas, Giménez Caballero acomete la confrontación entre la España del novecientos, la del «sueño gris, con despertadores iluminados y subitáneos, que se apagan y realumbran breves momentos», y la Italia prefascista, caracterizada como «un hervidero de ansias, de fascios, de haces, de minorías y de estados, de tendencias unitarias, nunca bien conseguidas: un hervidero de *risorgimento*. Un *risorgimento* preparado por intelectuales, profesores, estudiantes, viejos republicanos, facciosos y garibaldinos». Es decir: aquellos estratos de la sociedad italiana que contemplaron cómo se truncaba la verdadera unificación nacional de Italia, resuelta finalmente en una mera componenda. En España, Giménez comprueba la existencia de un movimiento cultural similar, intercambiable; aquel que, surgido a la sombra y desde la periferia de otra componenda, la Restauración canovista, ha levantado en los años que van

---

[38] *Apud ibídem.* Traducimos del original en italiano. Esta consideración de la revolución bolchevique como fenómeno que expresa el espíritu ruso no es exclusivamente una apreciación fascista; está, por el contrario, muy extendida también entre los intelectuales liberales. *Vid.*, por ejemplo, lo que escribe Luis de Zulueta por las mismas fechas: «Allá, muy en la raíz no cabe duda de que el bolchevismo es una creación genuinamente rusa. En lo más profundo del colectivo sentir de aquel pueblo late un último impulso esencialmente revolucionario, formado, como expone Berdiajev, de extremismo apocalíptico y de extremismo nihilista, los dos polos de su conciencia.» (L. de Zulueta, «El enigma de Rusia», *Revista de Occidente*, 9, XXVII (septiembre 1925), pp. 275-276).

de siglo una nueva forma de ver lo español y plantear su regeneración. No obstante, lo característico del grupo de personalidades que lo integran es su obstinación en mantenerse al margen de una intervención política unitaria y decidida. Al llegar a este punto y citar esos nombres, la capacidad manipuladora de Giménez se dispara hasta el extremo:

> «Sustituyamos nombres –escribe– y veremos que frente a Rajna o D'Ovidio, hay un Menéndez Pidal, creador de nuestra *épica nacionalista*; frente a Croce o Missiroli, hay un Ortega, creador de nuestra *Idea nazionale*; un D'Ors, amante de la Unidad; frente a D'Annunzio, Marinetti y Bontempelli, un Gómez de la Serna, creador del sentido latino y modernísimo de España, "stracittadino" y "strapaesano" a un tiempo; frente a Pirandello, un Baroja, un "Azorín", regionalistas como punto de partida en su obra y elevadores del conocimiento nacional de una tierra, creadores de anchos espejos; frente a Gentile, un Luzuriaga, en posibilidad de experimentos enérgicos, de instrucción... Frente a tantos otros, ilustres hacedores de nuestra Italia, un Maeztu o un Araquistain, un Marañón, un Zulueta, un Sangróniz, un Castro, un Salaverría, etc. Y frente a Malaparte... Pero ¿por qué frente a Malaparte? Malaparte detrás de él, siguiéndolo con respeto en muchas de sus afirmaciones. Delante de Malaparte, Miguel de Unamuno.»

Con anterioridad a la publicación de la «Carta», Giménez había anunciado públicamente un insólito paralelismo entre dos realidades que ahora desarrollará: la identidad funcional entre el fascismo italiano como hecho capital de la nueva vida y el papel desempeñado por Unamuno en la cultura española. Ya desde la etapa alemana del circuito de 1928 le había escrito al pensador vasco: «Me he encontrado con Vd. en Roma. Me he vuelto a encontrar en Berlín. Le espera a usted la sorpresa –¿Sorpresa?– de una vuelta hacia Vd. de quien quiera seguirme. Tenía Vd. razón. Hablo de su esencia antimoderna, de su fascismo.»[39] Ahora, en 1929, se apoya en el filósofo alemán de origen báltico Hermann Keyserling, para confirmar esta tesis que viene proponiendo desde meses atrás «en medio todavía de la más triste y baja de las incomprensiones y desconfianzas».[40] Según Keyserling –citado por nuestro autor–, «España tiene importancia sobre todo como ejemplo de lo sustancial para Europa, tan amiga de cambios. No en vano comenzó su nueva ascensión –pues indudablemente asciende– al cerrarse la época del progreso.»[41] Esta afirmación del alemán está

---

[39] Carta de EGC a M. de Unamuno. (Berlín, 5.VI.1928. Archivo Casa-Museo Unamuno. Salamanca).

[40] EGC, «Europa de Keyserling», *GLit*, 50 (15.I.1929), pp. 1-2.

[41] *Apud* EGC, «Carta...» La cita de Keyserling no coincide literalmente con lo publicado unos años antes en su artículo «España y Europa», *Revista de Occidente*, 12, XXXV (mayo 1926), p. 144,

en íntima consonancia con el antieuropeísmo paradójico de Unamuno; y de ambos se valdrá Giménez para resaltar el espíritu de antimodernidad del fascismo y las posibilidades que un resurgimiento de tal espíritu en Europa –en otra Europa que la moderna– pueden reservar a España.

Sin embargo, lo que Unamuno enuncia mediante paradojas y con vacilaciones, en Italia el fascista Malaparte lo convierte en afirmaciones de una agresiva rotundidad. La tarea por hacer es bien clara: desterrar sin contemplaciones el *espíritu de la Reforma*, tras el cual se esconden las naciones vencedoras en los últimos tres siglos de España e Italia: Francia, Gran Bretaña y Alemania.

> «¿Cómo es –se pregunta Giménez siguiendo al escritor italiano– [...] que España e Italia, estos dos países civilizados hasta la Reforma, son, a partir de la Reforma, los países *bárbaros*, los trogloditas, y los otros, los auténticamente bárbaros, pasan a ser los civilizadísimos? [...]
>
> Nada de europeizaciones de Italia y de España. Italia, como España y como Rusia, son ineptas, por naturaleza, para asimilar el espíritu nórdico y occidental, se traicionarían, se perderían irremisiblemente. Nada de pasar por la vergüenza de una Reforma, de un liberalismo, de una Democracia: formas nórdicas y occidentales que repugnan a nuestra íntima constitución.
>
> Italia, contra Europa. España, contra Europa. Rusia, contra Europa. Y en eso están sus funciones *esencialmente europeas.*»

A idéntica conclusión había llegado ya Giménez Caballero en *Circuito imperial* cuando atribuía a Italia el haber revelado la evidencia de que «el único internacionalismo útil, el único servicio grande al resto del mundo es el de ser fielmente nacionalistas, el de hacer producir a un territorio dado desde siglos y para siempre su máximo rendimiento».[42] Y ahora, en la «Carta», cita a Unamuno para basamentar sus teorías: «El regionalismo y el cosmopolitismo, son dos aspectos de una misma idea, y los sostenes del verdadero patriotismo: que todo cuerpo se sostiene del juego de la presión externa con la tensión interna.» En España, por tanto, hay que huir del miedo tanto a la corriente *cosmopolita* de Moscú como a la *casticista* de Roma; «ninguna de las dos nos arrancarán nuestro yo. Sino que lo fortificarán.» Este conflicto entre nacionalismo terruñero e

---

pero el sentido es el mismo. El filósofo alemán –muy presente en cuanto desarrolla Giménez en estos textos–, refiriéndose a Unamuno escribe: «Unamuno no causaría en Alemania una tan profunda impresión si su esencia no fuese tan absolutamente inalemana.» (*Ibíd.*, p. 139). Y un poco más adelante, lo considera «el español, para Europa, más importante que vive, y seguramente el español más significativo en general desde Goya», al proclamar, «desde la integridad del hombre primitivo, las pocas pero profundas cosas que ha comprendido y que sabe: la importancia de la fe, de la sangre, de lo trágico, del porte, de Don Quijote como símbolo supremo del hombre.» (*Ibíd.*, p. 140).

[42] EGC, *Circuito...*, pp. 53-54.

internacionalismo tiene su correlación en el plano de la cultura de la Italia del novecientos, en la pugna de las tendencias del *strapaese* y la *stracittà*. La primera, defendida por los semanarios *Il Selvaggio* y *L'Italiano*, representa una dirección tradicionalista y casticista, mientras que la segunda, encarnada en la revista de Bontempelli *900*, tiene una significación rigurosamente opuesta. «¿Pero –como se interroga Guillermo de Torre– acaso una y otra corriente no eran, en el fondo, las dos caras de una misma medalla: el imperialismo fascista?»[43]

No puede faltar en la «Carta» una irreprimible nota imperialista, presentada al término de la propia unidad nacional, como su culminación. En este punto, no sólo se apoya en Unamuno, sino también en el magisterio orteguiano, aunque como en el caso del anterior, derivándolo a posiciones que van mucho más allá de las sustentadas por ambos: «Desde luego tiene razón Ortega y Gasset, al soñar que son precisas todas las divergencias previas, todos los regionalismos preliminares, todos los separatismos –sin asustarnos de esta palabra– para poder tener un verdadero día el *nodo* central, un motivo de hacinamiento, de fascismo hispánico.»[44] Desde esta perspectiva, es lógico que exalte el reinado de los Reyes Católicos, «sin mezclas de Austrias ni Borbones, de Alemanias, Inglaterras, ni Francias»,[45] como cima de la experiencia histórica española; y a los comuneros, como a los primeros fascistas hispanos, «seguidores de reyes españoles auténticos, de reyes naturales», entroncando así con el capítulo final de *Hércules jugando a los dados* y llenándolo de contenido, dándole concreción.

Conseguida la unidad mediante el enderezamiento de una trayectoria histórica torcida –la de los últimos tres siglos–, es posible tomar en consideración otra vez el papel de una España antaño dominadora. Con todo, el imperialismo reflejado por la «Carta» oscila entre el meramente lingüístico o cultural y el francamente político. ¿Cómo interpretar, si no, sus alusiones a la América hispana, a Portugal, Gibraltar y África? «Mientras nosotros –afirma– estemos pendientes del "espíritu de la Reforma", como diría Malaparte (de Francia, Inglaterra, Alemania), ¿cómo vamos a pretender que los suramericanos, descen-

---

[43] G. de Torre, *Historia de las literaturas...*, t. I, p. 153. Y a continuación cita a Crémieux: «*Strapaese* señala el orgulloso repliegue sobre sí mismo de un pueblo que en adelante quiere hacerlo todo "da se". *Stracittà* marca un paso más en la vía del imperialismo, una tentativa para hacer resonar en el mundo la voz de la Italia literaria, aunque sea por medio de un idioma no nacional.» (La revista *900* aparecía en francés).

[44] En un artículo de 1927 había escrito: «Ortega en ese prólogo [al libro de V. García Martí, *Una punta de Europa*] acentúa sus primeras conclusiones experimentales: "La Península no será rica hasta que no se enriquezcan sus heterogéneos componentes." "No habrá unión hasta que no haya suficiente desunión." "No habrá ideal colectivo hasta que no se intensifiquen los parciales y privados." "A la unidad por la disgregación".» EGC: «Paisaje de materia gris», *El Sol* (3.VIII.1927). Este párrafo desaparecerá al integrar un capítulo de su libro *Julepe de menta*.

[45] Idea que revisará, como veremos, en su obra posterior. La «Carta» contiene la propuesta del emblema de los Reyes Católicos, el yugo y las flechas, recogida después por el movimiento fascista español.

dientes nuestros, estén pendientes de nosotros y no de Norteamérica […]? A una España que sólo cree en la cultura nórdica, ¿cómo va a responder sinceramente una América que crea en una cultura del Sur, en una cultura española?» Mientras España no potencie su propia vía fascista, trabando en una unidad las dos direcciones –la casticista y la universalista– en el sentido apuntado, será vano «pretender que Portugal nos mire con respeto, y que Gibraltar deje de ser un quiste». El imperialismo es muy explícito cuando dirige su mirada al continente africano: «Mientras nosotros –los colonizadores de América– estemos pendientes de los métodos colonialistas de Liautey, ¿cómo vamos a resolver con grandeza el problema de Marruecos, de África?»[46]

De la misma forma que había hecho con su proclama nacionalista del final de *Notas marruecas*, a este primer manifiesto del fascismo español quiso imprimirle las características de un llamamiento a la juventud. Sobre todo a la juventud intelectual, ante la *deserción* de sus mayores. La «Carta» empezaba por señalar la identidad generacional y vivencial entre su autor y el lejano lector de Göteborg[47] que la había suscitado, y terminaba proclamando su sincronía con Malaparte. Reconocía expresamente que sus afirmaciones iban a causar escándalo entre el público a que iban dirigidas e incluso lo extemporáneo de su propuesta, que resultaría forzada, y más ante la «reacción liberalizante» que preveía al finalizar la Dictadura. Por eso, confiaba la labor proselitista a una minoría intelectual y joven que actuase como avanzadilla en un medio presumiblemente hostil.

REPERCUSIONES DE LA PUBLICACIÓN DE LA «CARTA»

Todo apunta a que la labor proselitista, en un primer momento, fue asumida por el propio Giménez Caballero. Disponemos para ello del significativo testimonio de José María de Areilza, quien conoció a nuestro personaje por esas fechas, cuando éste se desplazó a Bilbao para dar una conferencia. Lo recuerda en sus memorias como «un intelectual madrileño que tenía creciente nombradía por sus ensayos y su incesante actividad»; antes de producirse el encuentro personal, Pedro Eguillor, persona muy conocida en los medios intelectuales de la capital vasca, le había entregado un ejemplar de *La Gaceta Literaria*. «Me interesó mucho– sigue diciendo– su lectura; su original alarde tipográfico y el gran número de novedades y noticias intelectuales que contenía.» Cuando finalmente se produjo el conocimiento directo, el joven bilbaíno lo vio «muy in-

---

[46] *Ibídem.*

[47] «[…] un muchacho español como yo, que ha sido estudiante de letras como yo, embebido de tradición germanizante y occidental como yo, soldado como yo, lector universitario en una región nórdica de Europa como yo, y que se ha encontrado de pronto –en la vuelta fatal de nuestra generación– a Italia: como yo.»

fluido por la literatura italiana, por el fascismo y el marinetismo»; apenas hablaron de política española, pero tanto a Areilza como al grupo de amigos congregado en torno a él, les leyó la «Carta a un compañero de la Joven España», documento «que era en realidad un llamamiento fascista a la juventud». «En la sobremesa –continúa diciendo– profetizó en forma extraña, fascinante y segura, sobre la nueva edad que sobrevenía en el mundo y sobre el ocaso de las democracias liberales y burguesas. Auguró la caída de la dictadura y la proclamación de una República. Y el advenimiento de una larga lucha entre las juventudes nacionalistas y comunistas de los distintos pueblos de Europa.»[48]

Es interesante este contacto con el grupo bilbaíno, que le había ayudado en la financiación de *La Gaceta Literaria* y que apoyará después a los primeros grupos fascistas españoles. El hecho proselitista se repetirá en Valencia, en julio del mismo año, con motivo de otra conferencia de tema artístico, aprovechada también, como veremos, para difundir sus posiciones políticas. Pero al margen de estos intentos de conseguir secuaces llevados a cabo personalmente por el autor de la «Carta», debemos empezar por fijarnos en las repercusiones inmediatas de la aparición del texto.

Desconocemos el verdadero alcance de las «discrepancias de hecho y de alboroto»[49] suscitadas por la impresión del escrito en *La Gaceta Literaria*. Lo cierto es que ésta, al igual que había ocurrido dos años antes cuando la entrevista con Ramiro de Maeztu,[50] se vio obligada a reaccionar con la publicación de una serie de precisiones en un editorial. En el escrito empezaba por reafirmar su condición exclusivamente literaria y por deslindar las opiniones políticas personales expresadas por su director de las de *La Gaceta*, que no suscribía ninguna. «Las permite suscribir a cuanta pluma objetiva, desinteresada y con cierto crédito literario honre sus columnas.» Por otra parte, se subrayaba que la «Carta» era un prólogo a un libro recién salido, y fuera de las ediciones de la propia *Gaceta* (de hecho, *En torno al casticismo de Italia* había sido publicado por Caro Raggio); y como tal libro se le hacía propaganda, teniendo en cuenta, además, «que, de no aprovecharse tal oportunidad, hubiera sido difícil que la crítica ac-

---

[48] J. Mª. de Areilza, *A lo largo del siglo. 1909-1991*. Barcelona, Planeta, 1992, p. 39; y «"Memorias de un dictador", de Ernesto Giménez Caballero», *Anthropos*, 84 (mayo 1988) p. 38. En este último texto Areilza sitúa el encuentro en el verano de 1929. Pero si el motivo del viaje de Giménez a Bilbao fue una conferencia, debió de tratarse de la pronunciada en el Ateneo bilbaíno el 9 de febrero de 1929; es decir, una semana antes de la aparición de la «Carta» en *La Gaceta*; *vid.* «En el Ateneo. "Conferencia articulada" de Jiménez [*sic*] Caballero», *El Pueblo Vasco* (10.II.1929).

[49] «Precisiones. Exclusividad literaria», *GLit*, 55 (1.IV.1929), p. 1.

[50] Era una entrevista realizada por Giménez al modo de sus «visitas literarias» de *El Sol*, en la cual Maeztu, entre otras cosas, declaraba: «El liberalismo ha desaparecido, y quien lo ostenta es sin darse cuenta que no ostenta nada. El socialismo, derrotado, es un bolchevismo ignorante de sí mismo. No hay más que esto: de un lado, los salvadores de los principios de la civilización. De otro, los bolcheviques. Y el principio de función rigiendo las cosas.» (EGC, «Conversación con una camisa negra», *GLit*, 4, 15.II.1927, p. 1). El texto fue criticado por *El Socialista*.

tual de periódicos y revistas españolas dedicaran el menor comentario a la literatura del Sr. Giménez Caballero, como ha sucedido con el libro inmediato a éste ("Yo, inspector de alcantarillas".)»

Además de esta queja sobre el silencio crítico en torno a su obra, el editorial –debido, sin duda, a la pluma del director de *La Gaceta*– terminaba con estas palabras que serán características de la justificación de sus nuevas posiciones político-culturales ante un medio intelectual cada vez más hostil:

> «En el caso de ese *Prólogo*, el Sr. Giménez Caballero era un colaborador más que aportaba honestamente sus puntos de vista a ciertos problemas y cuestiones relacionados con la juventud y el porvenir de España. Pues el *Ensayo* sobre política histórica fue un género que nunca terminó, precisamente, en acta de diputado, como puede terminar la *actitud rígida y austera* de los que ya no quieren inquietarse, perder las protecciones, aventurarse en las cosas. La *Comodidad*: género burgués. Pero no literario. No aventurero.
>
> Aceptar lo dado por los Padres –eclesiásticos o seglares–, nunca fue un síntoma de vigor juvenil, de heterodoxia auténtica.
>
> Quien haya hoy prestado –entre los jóvenes españoles– más asiduos servicios, más férvidas atenciones a la causa del Libro (del Arte, del Cinema), de una cultura *koiné*, peninsular, que se adelante y ofrezca sus obras –como, orgullosamente, ofrece las suyas LA GACETA LITERARIA, bien alta la mirada–, y después de ofrecerlas, que hable de amor a la cultura, de *emoción liberal* por la cultura, de laicidad, de religiosidad, de república o imperio, de lo que guste.
>
> Las obras han sido siempre los amores. Nunca las discretas razones.»

Parece ser que a consecuencia de estas discrepancias por el tono que Giménez imprimía de forma cada vez más patente a su publicación, abandonó la revista Antonio Espina, quien meses después figurará entre los animadores de *Nueva España*. Se pasaba así a la línea de escritores como Díaz Fernández, Arderíus, Balbontín, Giménez Siles, Andrade, Venegas y otros que se habían atrincherado en la revista de izquierda *Post-Guerra*, hasta que fue yugulada por la censura dictatorial en 1928. Esta separación de Espina no es en absoluto desdeñable, sobre todo por cuanto tiene de anticipadora de una situación que un año después empezará a estar mucho más clarificada; pero en ningún caso puede hablarse de una desbandada de colaboradores. En *La Gaceta Literaria* siguieron colaborando Alberti, Arconada, Pérez Ferrero, Juan Chabás, Francisco Ayala, Juan Piqueras y otros muchos. El incidente de la publicación de la «Carta a un compañero de la Joven España» fue el preámbulo y el signo más evidente de la primera crisis de fondo de *La Gaceta*, pero no se puede decir que la provocara. Por entonces la revista debía atravesar ya serias dificultades económicas. Se había terminado la amplia aceptación de que gozara desde su salida, que sorprendió incluso a sus promotores, y que se prolongó a lo largo de los años 1927 y 1928.[51]

Con independencia de las repulsas, la «Carta» consiguió dos adhesiones, de las cuales dependió en buena parte la continuidad ideológica iniciada por su autor. Al mes de su aparición, *La Gaceta* reproducía la adhesión expresa del valenciano José Francisco Pastor,[52] a la sazón lector de español en la misma Universidad donde Giménez Caballero había desempeñado ese puesto unos años antes, Estrasburgo. Curiosamente, entre lectores de español en Universidades europeas andaba el juego: suscitador (Iglesia Parga), autor (Giménez Caballero) y primer adherido (José Francisco Pastor) habían pasado o estaban pasando por esa experiencia profesoral, y sus formaciones académicas eran casi idénticas. Un mismo entorno de edades, procedencia social generalmente inscrita en las capas medias, a veces con escasos medios económicos, pero que de cualquier forma no les habían impedido cursar sus carreras universitarias de Letras, vinculación con el Centro de Estudios Históricos, pensionados al extranjero por la Junta para Ampliación de Estudios...

---

[51] Cfr. M. A. Hernando, *La Gaceta Literaria (1927-1932)...*, pp. 16 y 20.

[52] Poco sabemos de José Francisco Pastor. Giménez Caballero no lo recordaba en absoluto al final de su vida. No obstante, dejó escrita en 1931 una semblanza que ilumina muchos aspectos de la personalidad del ensayista valenciano malogrado. Cuando publica esta «Carta abierta» en *La Gaceta*, ya se contaba entre los colaboradores de la revista; también publicaría alguna recensión libresca en la *Revista de Filología Española* y en la *Revista de Occidente*. «Descubrí en él –escribe Giménez– lo que nadie se había tomado aún la molestia de descubrirle: un fuego central de místico. Una voracidad sangrienta y magnífica de cultura. Un torbellino de ideas y discursos, que –al precipitarse un día en el fondo de la copa– daría un mineral exquisito de precio.» Le ofreció colaborar en su periódico de las letras, donde sus ensayos le granjearon "las primeras imprescindibles hostilidades de los mediocres, de los pedantes.» «Américo Castro llegó a tener verdadera obsesión indignada por este gran Pastor. Con esa indignación buena de Américo, que es la del conductor que se le descarría el ganado, la del padre cuyos hijos le salen gallos y ranas.» Después estuvo en Estrasburgo, donde «se moría de hambre», al gastarse «lo que ganaba –nunca mucho– en libros y en mujeres». Más adelante, «se marchó con los alemanes, se entusiasmó con la política italiana, y abrazó a una rusa en delirio. Su cuerpo flaco parecía un violín en astillas. Se le veía saltar por las ideas, las corrientes intelectuales, las pasiones, las lecturas, las tesis políticas y la carne de mujer –como el equilibrista de Nietzsche, a riesgo de estrellarse contra las estrellas del vacío.» Desde allí le envía un libro «valiente e impertinente», directamente publicado en alemán, *Welt Anschauung und geistige Leben in Spanien* y le comunica su última preocupación por la economía, «los problemas concretos del mundo». «Pero más que este libro –continúa Giménez– me gusta el inédito que tengo compuesto y ajustado en los cuadernos de LA GACETA LITERARIA, titulado *Mitos y Héroes*. Pero éste, así como otro cuaderno de Ledesma Ramos, no hay modo de hacerlos parir a la querida Ciap.» (EGC, «Robinsones y libros robinsones», *RLE*, 2, p. 14, *GLit*, 115, 1.X.1931). Por Aparicio sabemos que el inestable valenciano, de familia humilde, terminó derivando a posiciones de izquierda, por influjo de un catedrático, y que murió muy joven, antes de la guerra civil. (Entrevista a Juan Aparicio. Madrid, 8.III.1986). El catedrático señalado por Aparicio debió de tratarse del hispanista holandés G. S. Geers, con quien Pastor publicó en Amsterdam una *Antología de la poesía moderna española desde Rubén Darío a Rafael Alberti* (1936), según recoge J. M. Bonet, *Diccionario...*, p. 467. A partir de aquí le perdemos la pista.

En su «Carta abierta», Pastor demuestra no sólo haber captado el mensaje del texto de *Gecé*, sino haber seguido muy de cerca su obra publicada hasta ese momento. Como éste y el lejano lector de Göteborg, reconoce haber salido de España en busca de «fermento» nacional, siguiendo los mandatos europeístas que Costa había insuflado a sus compatriotas. Y que esta misión –social, más que particular o íntima– se había visto frustrada en la Europa central por su condición de extranjero. El nacionalismo, concebido como mirada retrospectiva al pasado imperial hispano, se presenta, pues, como un refugio de la necesidad de «más vida» –en expresión nietzscheana– negada a los españoles de su generación por sus padres, y buscada, sin resultados, en el ejemplo europeo:

> «En esa carta, usted piensa –como en un ejemplo– en nuestro siglo XV. Siglo de Comuneros. De torneos y aventuras. De almas imperiales: motoras. Venteadoras de fortalezas. Había una juventud –el brazo fuerte– que sabía esgrimir y agruparse en los colegios. Eso le enseñamos a esta Europa. Ese estudiante centroeuropeo que pasa de una Universidad a otra durante la primavera –paréntesis entre dos semestres– y recorre a pie los caminos para embriagarse de topología cultural, ¿no recuerda nuestro estudiante renacentista o medieval andariego y pleno de inquietudes? Mire usted –querido amigo– hacia el pasado. Alguien –de la masa beocia– le llamará reaccionario. Sigamos adelante. Como ha dicho Unamuno, quien ensueña pasados crea futuros.»[53]

Junto a la reivindicación de un pasado considerado glorioso, el aprovechamiento de los elementos intelectuales –los mismos señalados por Giménez, de quien no sólo se impregna de las ideas, sino que escribe con la misma factura– que abren horizontes vitalistas al porvenir:

> «Enriquezcamos nuestras formas de vitalidad. No sé si la juventud española –los menos de treinta años– conocerán que existe actualmente en España un filósofo a quien llaman en Alemania el filósofo del vitalismo. Su obra última es una exaltación de la vida, y a ese deseo ha dedicado sus análisis más profundos. Es Ortega y Gasset. ¡Si esa juventud supiera los horizontes que se esconden en las ideologías de Ortega, de Unamuno, de Gómez de la Serna –puros impulsos!»

Y tras reconocerle a Giménez Caballero el puesto de continuador de esos intelectuales, se solidariza plenamente con las conclusiones políticas extraídas de la «Carta a un compañero de la Joven España»:

---

[53] J. F. Pastor, «Carta abierta. Desde Estrasburgo», *GLit*, 54 (15.III.1929), p. 5.

«En cuanto a los otros fantasmas europeos o anglosajones –parlamento, mayorías... No creo en ellos. Me asusta pensar en España bajo su dominio, y... ninguno de los dos me daría más felicidad.

Minorías –querido amigo–; puras minorías, y cuanto más selectas, mejor. Minorías que –como en Rusia o Italia– renueven el espíritu de nuestra sociedad. Ese espíritu archiburgués que siempre me ha parecido lo contrario de lo archiespañol. Désenos –otra vez– la vida para que abramos el sepulcro del Cid. Quijoticémonos y creemos la ilusión vital. Luchemos contra Europa y retornaremos a la iniciativa histórica...»

Un mes después, a propósito de *Hércules jugando a los dados*, vuelve sobre el mismo tema. Para José Francisco Pastor, la juventud española debe olvidar el estilo de los siglos XVIII y XIX, cuando «España quiso ser Europa y pordioseó Cultura». Con la excepción de Unamuno, que se salva por haber roto esos moldes, hasta Giménez Caballero y la aparición de su *Hércules* no se reanuda el *ethos* interrumpido a partir de Gracián:

«*Hércules jugando a los dados* es el libro más cardinal y salvador de la post–guerra española, ya que, según Tilgher –el crítico italiano–, lo característico de la post-guerra es el anti-historicismo. Remontar corrientes.

Y el mito de Giménez Caballero significa el retorno a las fuentes. Olvido de dos siglos –anécdotas.

Olvido de una prosa que podrían definirla Feijóo, Moratín, Campoamor y Valera... [...]

El Ethos de este ensayo es el nuestro. El futuro.

Un ethos estilístico resultante de las coordenadas de lo joven y divino y cesáreo.

De lo Heroico.»[54]

La misma base vitalista, entre nietzscheana y orteguiana, sobre la que opera el mensaje de *Gecé*, la volvemos a encontrar en otro eco, algo más lejano e indirecto, pero de mayor trascendencia. Nos referimos a Ramiro Ledesma Ramos, el comentarista filosófico y científico de *La Gaceta Literaria* (colaborador también de la *Revista de Occidente*). En agosto de 1929, valorando la obra de nuestro autor *Hércules jugando a los dados*, no vacila al mostrar su adhesión a lo que piensa que representa Giménez Caballero en la cultura española del momento. Para Ledesma, Giménez aporta a ésta un «pigmento desconocido», el universitario, «del que aquí se prescindía con zafia repulsa»: «Nunca se le perdonará un descubrimiento así, tan del gusto y preferencia de la nueva época, y menos que no espolvoree su secreto entre las turbas. Que haya defendido su

---

[54] J. F. Pastor, «Perspectivas históricas», *GLit*, 56 (15.IV.1929), p. 2.

derecho a una patente. En España, eran vírgenes esos valores, otorgados a Giménez Caballero con providez inusitada. La lectura de este libro es una delicia para la juventud culta, universitaria, que advierte en él con más intensidad que nadie la justeza magnífica de todos los recursos.»[55] Se refiere Ledesma después al «amigo Pastor», cuya valoración elogiosa del libro dice suscribir en su integridad. Y tras definir a Giménez como hombre «providencial en esta hora de España», quien, ante la «ola absurda de improperios a su gallardía», había tenido que «acallar las voces mostrando enérgicamente su filiación exacta», relaciona las connotaciones políticas de su obra de vanguardia con las conclusiones de la «Carta», por las que no sólo confiesa su simpatía, sino la necesidad de socializarlas entre la juventud:

> «¿Cómo renunciar a estas perspectivas nuevas y destruir sus posibilidades al primer choque desagradable que nos causen? Aludo aquí con clara simpatía a esa última inquietud de Giménez Caballero, cristalizada en el apéndice de este libro hercúleo que comento, donde hay un intento poemático –finísimos parpadeos– de explicar las actuales tiranías europeas. [...] Debe enlazarse esta insinuación con aquel otro prólogo famoso, que nadie quiso entender y comprender, aunque sí atacar, donde iban disueltas algunas sugestiones que no conviene olvidar del todo. ¡Alerta jóvenes!
> Giménez Caballero es flor rara en las culturas. Hombres así suelen tener asignados en honra a su vigor los puestos más difíciles. Recíprocamente, también le corresponden las mejores victorias.»

De esta forma rompía Ledesma su silencio político. En el período que va desde esta adhesión entusiasta al lanzamiento de *La Conquista del Estado* a comienzos de 1931, la colaboración entre Ledesma y Giménez será constante y la influencia de éste sobre el primero de capital importancia. Este hecho ha permitido escribir a un historiador que «a la sombra de Ernesto Giménez Caballero, y un poco como su hermano menor espiritual, se formó el fascista español por excelencia: Ramiro Ledesma Ramos».[56] La incorporación de Ledesma es decisiva, no sólo porque llegará a ser el teórico más riguroso y radical del fascismo español, sino porque garantizará la continuidad entre la primera difusión ideológica del fascismo entre los medios intelectuales y los grupos activos originarios.

Con ser tardía, la comentada posición de Ledesma tenía el valor añadido de producirse cuando arreciaban nuevamente los ataques desde el flanco iz-

---

[55] R. Ledesma, «3 libros, 3 perfiles. Giménez Caballero y su Hércules», *GLit*, 63 (1.VIII.1929), p. 2.

[56] R. de la Cierva, *Historia de la guerra civil española. Tomo I: Perspectivas y antecedentes. 1898-1936.* Madrid, Librería Ed. San Martín, 1969, p. 518.

quierdo. La ocasión vino a facilitarla la coincidencia de dos hechos: las desave-
nencias en los ambientes intelectuales madrileños y la apertura de una galería
de arte en Valencia –la Sala Blava–, a cuya inauguración fue llamado *Gecé* para
dar una conferencia titulada «Articulaciones sobre lo violento. Solana en Valencia».[57] El acto, sin otra finalidad aparente que la de presentar una exposición de Gutiérrez Solana, tuvo lugar el 6 de julio de 1929 y dejó una estela de
comentarios adversos en la prensa.

Nuestro personaje se propuso relacionar el hecho artístico concreto –la presentación del áspero pintor castellano en tierras mediterráneas– con su imagen
de Valencia y extraer consecuencias políticas. Una imagen, en principio, adivinada desde la distancia, a través de las postales, y bastante negativa: un río casi
seco, casas petulantes, de lujo cursi, un pueblo de trágicas ignorancias y des-
denes y donde brillaba por su ausencia casi absoluta el sentido de lo colectivo...
Las personalidades valencianas conocidas por él, tampoco mejoraban demasiado sus intuiciones de lo valenciano. Un Blasco Ibáñez, en el que «había un
demagogo enérgico, frustrado por la literatura», un García Sanchiz, un Roberto
Castrovido, un Benlliure y Tuero... Quizá Sorolla, como el propio Blasco (con
su «sentido cesarista»), abominados por el arte nuevo, necesitasen «una revisión y una justicia».

Si sus contemporáneos le decían tan poco, debía, por tanto, remontarse al
lejano pasado para encontrar personajes admirados. Ante todo dos: en el Renacimiento, César Borgia, «maravilloso superhombre», «ante quien Gobineau,
Stendhal, Nietzsche y Sorel quedaban estupefactos, y al que hoy malamente imita Mussolini»; y en el Medievo, San Vicente Ferrer, «ese verbo arrebatador, que
derrotaba a todos los capitalistas del tiempo haciendo conversiones de judíos a
la social democracia cristiana, con más éxito que hoy la III Internacional». Después de estas aproximaciones, *Gecé* se atrevía a dar su definición de *lo valenciano
profundo*; precisamente aquello que no dejaban entrever las tarjetas postales:

> «Valencia –ciudad de guerra con fondo de molicie, cruce de Orien-
> te y Occidente, tierra moruna con sangre algo eslava que tiene arranques
> de dominación y señorío absoluto– vio su camino claro cuando apeló a
> su fuego, a la violencia, a su virtud genital, imperial. El sentido imperia-
> lista de Valencia. Y no su sentido democrático. Su sentido ecuménico y
> no su sentido regional: ésa es la lección difícil, dura, delicada de Valen-
> cia, la que dictan dos de sus mejores hombres –Borgia y Ferrer–. Alma
> en donde lo violento y arrebatado vibra en su más eléctrico y tenso chis-

---

[57] Sobre el texto de la conferencia, *vid.*, EGC, «Articulaciones sobre Valencia», *GLit*, 62
(15.VII.1929), p. 1 (donde aparece de forma muy sintética); «Articulaciones sobre lo violento», *Síntesis*, 32 (enero 1930), pp. 153-161; y el capítulo titulado «Itinerario de lo violento: VALENCIA», en
Trabalenguas sobre España, Madrid, CIAP, 1931, pp. 55-73, que suponemos el texto completo, y de
donde hacemos las siguientes citas.

pazo. Así como Zaratustra (y luego Montherlant) vieron el *Paraíso a la sombra de las espadas* [...], así el genio valenciano debe considerar siempre su salvación a la sombra de lo violento.»

Ése es el mensaje que un madrileño como él va a proclamar a Valencia, y mejor que él, otro castellano, el pintor Solana, cuyos cuadros quedan tan bien en Valencia, al colocarse en la descendencia de Ribera o Ribalta, «a la sombra del negro y del pardo, del ascetismo, de la fuerza, del pus y de la sangre». Justamente en un momento de triunfo de la violencia en la historia; cuando Valencia se puede reafirmar «frente a otras regiones industriosas, pacíficas y beatas de la Península».

Otra vez la voluntad proselitista, pero acaso nunca tan desatinada. Que no se había tratado de una inocente conferencia artística lo demuestra, no sólo el contenido de lo vertido en ella, sino el hecho de que, una vez pronunciada, en amistoso ágape en Las Arenas con los elementos más significativos de la intelectualidad valenciana, Giménez Caballero hablase «en tono menor del carácter que se ha dado en llamar apolítico, del movimiento» capitaneado por él en *La Gaceta Literaria*.[58] La reacción periodística fue inmediata; tanto desde el diario *El Pueblo* como desde *El Mercantil Valenciano* surgieron sin tardar las voces discrepantes. En este último, López Corts denunciaba que Giménez había llegado a Valencia con «un prejuicio de tarjeta postal. Y se vuelve con él a su Castilla.» Por sugestivas que pudiesen resultar las imágenes del director de *La Gaceta*, su inteligencia se había estrellado ante la «verdadera idiosincrasia del pueblo de San Vicente Ferrer, de Borja, de Luis Vives»; figuras universalistas que no responden al impulso violento atribuido por Giménez a Valencia, sino al «de la fuerza expansiva, exhuberantemente vital de esta tierra que nutre de sensualidades cuerpos y espíritus. Porque la sensualidad tiene un fondo de tristeza misantrópica, quizá haya un punto de contacto en lo que Jiménez [*sic*] Caballero estima fondo racial de Valencia y lo que en realidad es; pero por lo demás...»[59] En el periódico blasquista, Adolfo Pizcueta –en la misma línea pero con más contundencia– rechazaba la atribución a los valencianos de «unas cualidades raciales que nosotros no creemos exactas y que además nos repugnan. La viveza, la exaltación, el impulso no deben confundirse con la violencia, hecha leyenda de criminología y matonismo.» En cuanto al venerado patriarca Blasco Ibáñez, rebatía la opinión de Giménez por «excesivamente literaria; demasiado profesional. ¿La literatura frustró la demagogia de Blasco? Ni una cosa ni otra. Blasco triunfó como demagogo y como literato. Las dos cosas.» Y ante el desconcierto provocado por la conferencia, anunciaba unas manifestaciones de

---

[58] E. Fornet, «Postal de Valencia. Castilla en la Sala Blava», *GLit*, 62 (15.VII.1929), p. 5.
[59] López Corts, «Ayer tarde en la "Sala Blava". Solana, Valencia y Jiménez Caballero», *El Mercantil Valenciano* (7.VII.1929).

carácter literario y político prometidas por el vanguardista para los lectores de su diario.[60]

Mientras llegaban éstas, *El Pueblo* traía a los desorientados cenáculos intelectuales de Valencia los ecos de un enfrentamiento entre *Gecé* y José Díaz Fernández. Pleito muy clarificador, a fin de cuentas, porque ilumina la bifurcación que se está produciendo en el mundo intelectual y con él llegamos al término de las repercusiones de la publicación de la «Carta a un compañero de la Joven España». Ambos escritores arrastraban una enemistad antigua,[61] profundizada desde la ya comentada salida de Antonio Espina de la órbita de *La Gaceta Literaria*. Desde esta publicación Giménez arremetía contra Díaz Fernández por haber publicado en el semanario lisboeta *Seara Nova* un artículo en el cual hablaba de la existencia de dos juventudes intelectuales: «una, monárquica, tradicionalista y apolítica. Y otra, republicana, no tradicionalista y política»; esta última, «representada por José Ortega y Gasset, y como en subdelegación, por Díaz Fernández, en torno a quien se agrupan Fernando Vela, Pedro Salinas, Jarnés y Espina». En su opinión, sería más veraz y objetivo hablar de una juventud «que *hace* y otra que *deshace*»; «una que ama la literatura y otra que la quiere malbaratar. Una generosa y otra rencorosa. Una que no espera nada personal de la política y otra que lo espera todo.» Un reciente banquete a Antonio

---

[60] A. P[izcueta], «En la "Sala Blava". Conferencia de Giménez Caballero», *El Pueblo* (7.VII.1929). Las declaraciones de Giménez se publicarían cinco días después: «Literatura y política. Lo que dice el señor Jiménez Caballero», *El Pueblo* (12.VII.1929).

[61] A los frecuentes ataques dirigidos contra *Gecé* y su *Gaceta* por la revista *Post-Guerra*, donde colaboraba Díaz Fernández, debe añadirse el comentario de aquél sobre *El blocao*, obra antibelicista de Díaz: «Los libros buenos sobre la guerra –hoy, justamente, hoy– serán los que tengan un sentido afirmativo de ella. Por eso el deporte vibra en las mejores conciencias. Y las mejores naciones son las que de Deporte y Guerra han hecho una ecuación magnánima.» («Un libro de banquete», *GLit*, 39, 1.VIII.1928, p. 2). Por esta actitud ante el banquete ofrecido a Díaz Fernández, Giménez fue excluido de la editorial Historia Nueva por Venegas, y en carta abierta a éste, protestaba: «Desde el momento en que usted me demuestre que comunismo y cubierto de 17 pesetas son términos equivalentes, yo estoy dispuesto a abjurar de la simpatía que siento hacia el hecho dictatorial ruso.» Y más adelante: «mi entusiasmo por el mundo nuevo de trabajo, deporte y máquina, me da cierta solidez para mantener mis preferencias sin ningún equívoco. Y mi otro sentido, el ibérico, el moro (el de Unamuno), el de "agonía contra Occidente", también me da cierto derecho a que cuando llegue una era comunista en España no se me borre de la verdadera lista. ¿Pero llegará esa era? Por lo menos, inmediatamente, no. Con "Historia Nueva", no.» (EGC, «Carta abierta a un editor. ¿Comunidad o masonería?», *GLit*, 41, 1.IX.1928, p. 2). Venegas le replicaba: «"Historia Nueva", querido Giménez Caballero, no tiene ningunas simpatías ni por la Italia fascista ni por la Rusia soviética. Esas simpatías de usted –que yo, personalmente, no "Historia Nueva", comparto cuando menos teniendo para el fascio el mismo afecto que usted tiene para el soviet– no están en el programa de "Historia Nueva". Hemos dicho en cartas, impresos, anuncios, que nuestro propósito era servir aspiraciones liberales y democráticas de los países de habla hispánica. [...] Para mí y para "Historia Nueva" es lamentable que su nombre no figure en nuestras listas de colaboración. Pero es usted quien lo ha suprimido.» (J. Venegas, «Historia Nueva. Respuesta de un editor», *GLit*, 42, 15.IX.1928, p. 8).

Espina había dado ocasión para divulgar la infamia consistente en asociar al homenajeado autor de *Luna de copas* con el espíritu liberal, mientras dejaban para Giménez Caballero la poco honrosa representación de lo reaccionario. Pero al realizarse el banquete, «no hubo más liberal que el compañero troglodita»; el director de *La Gaceta Literaria* tuvo que ofrecerlo «porque no tuvo Espina un solo amigo valiente, responsable, que se lo ofreciera. (Allí faltaban comensales, faltaban nombres, sobraban prudencias, tristes inhibiciones.) El ofrecimiento fue muy sencillo: la literatura desinteresada rescataba una amistad a punto de perderse por malos venenos.»[62]

A los pocos días, y desde la tribuna del *Heraldo de Madrid*, contestaba Díaz Fernández con una carta abierta del mayor interés. Al escritor asturiano empezaba por parecerle una insidia dar a entender que había llevado a una publicación extranjera enfrentamientos internos entre jóvenes intelectuales de España. «Mi artículo fue publicado en "El Sol" y recogido por "Seara Nova"», sin duda por considerarlo «lo suficientemente certero para reproducirlo». Y añadía sarcásticamente: «Yo no estoy todavía en el caso del Sr. Jiménez [*sic*] Caballero, conferenciante polilingüe, que, según su propio y único testimonio, ha hecho oír su voz en toda Europa con motivo de un "raid" literario de no sé cuántos miles de kilómetros.» La mención de Ortega como orientador político de ese grupo, se debía a la Redacción de la revista portuguesa; aunque, por otra parte, no debía sorprender, «no sólo porque toda la obra del Sr. Ortega y Gasset transpira preocupación política, sino porque acababa de aparecer un manifiesto político de aquellos escritores, los cuales aparecían espontáneamente a su lado para afirmar una actitud política». A su juicio, Giménez sufría «una represión freudiana, la del banquete que no le han dado», exteriorizada con sus desaforados afanes polémicos. (Y recordaba en este punto el comentario del director de *La Gaceta*, cuando habían celebrado con un ágape el éxito de su libro *El blocao*). «Él se siente incluido en el grupo de jóvenes tradicionalistas que yo combatía en mi artículo. Por mi parte, no tengo ningún inconveniente en clasificarlo así. Es más: *hace tiempo que deseaba esclarecer el carácter fascista del Sr. Jiménez Caballero como un escritor de tendencia derechista, reaccionaria, que en el prólogo del libro del fascista Malaparte pide la creación de un "hacismo" español.*»[63] A continuación pedía a Giménez que abandonase los subterfugios y se declarase, sin ambages, «partidario en España del movimiento paralelo al italiano. Porque no vale jugar con la palabra "liberal" para vivir mezclado con los liberales españoles, siempre demasiado tolerantes, y hacer propaganda antiliberal con una mentalidad típicamente fascista que preconiza la acción y la fuerza en oposición a los valores de la inteligencia y el espíritu.» Y finalizaba su escrito con esta ase-

---

[62] EGC, «Libros y márgenes», *GLit*, 61 (1.VII.1929), p. 3.
[63] J. Díaz Fernández, «Carta abierta. El Sr. Jiménez Caballero, "La Gaceta Literaria", etc., etc.», *Heraldo de Madrid* (9.VII.1929). La cursiva es nuestra.

veración: «Estoy seguro de que la mayor parte de los jóvenes españoles repudian el "hacismo" del Sr. Jiménez Caballero y están dispuestos a combatirlo, como yo lo combato, por antiespañol y antieuropeo.»

El Pueblo reprodujo parcialmente el escrito de Díaz Fernández, calificándolo de «magnífico comentario» y mostrando su decidida adhesión a las ideas vertidas en él. Para el diario blasquista, las actitudes de Giménez Caballero resultaban equívocas y sospechosas, fundamentalmente su tendencia a escudarse «en una posición de arte para rehuir sus deberes civiles»; en cualquier caso, las características intuidas por Giménez en Valencia nunca llevarían a los valencianos a crear un movimiento fascista, sino a todo lo contrario.[64] Ahí quedaban –de momento– las huellas del paso fugaz del director *La Gaceta Literaria* por la calurosa Valencia en el verano de 1929. Pero con el contundente rechazo suscitado se sentaba un precedente, con repercusiones en los años 1930 y 1931, ante sus también polémicos planteamientos de un problema mucho más ambicioso: el de Cataluña. A la vista de esas reacciones se comprende que, cuando el 18 de mayo de 1930 se inaugurara el Cineclub Valencia (dependiente del Cineclub Español de *La Gaceta*), Giménez Caballero no hiciese acto de presencia y la organización quedase en manos de Juan Piqueras. Y eso que en el programa de la primera sesión –proyectada en el cine Suizo, en la entonces llamada plaza de Castelar– figurase el documental de *Gecé* «Noticiario del Cineclub», junto a «Un perro andaluz», de Buñuel y Dalí.[65]

La crisis de *La Gaceta Literaria* y la crisis de la vanguardia

La caída de Primo de Rivera en enero de 1930 abre un periodo de interinidad en la situación política española que sólo será cerrado con la proclamación de la República en la primavera del año siguiente. La consigna del nuevo gobierno, encabezado por el general Berenguer, será la *vuelta a la normalidad*; pero no tardará en demostrarse que ésta no podía ser un retorno a la situación predictatorial. En cualquier caso, la vuelta a la normalidad debía hacerse «rápida, urgentemente», como pedía el diario *El Sol*, para lo cual el gobierno recién formado debía de «conspirar desde el primer día por su propia desaparición».[66] Pronto habría de verse que la relativa restauración de las libertades no pasaba de ser una primera instancia para, desde ella, pugnar por la destrucción del simulacro canovista, asentado en vicios políticos casi seculares y en unas

---

[64] «Notas y comentarios», *El Pueblo* (12.VII.1929).

[65] Cfr. J. M. Llopis, *Juan Piqueras: el «Delluc» español*. Valencia, Filmoteca, 1988, I, pp. 68-77. Somos conscientes de que la conflictiva relación de Giménez Caballero y la joven intelectualidad valenciana, a partir de la inauguración de la Sala Blava en 1929, merece un estudio monográfico en profundidad.

[66] *El Sol* (30.I.1930).

fuerzas oligárquicas incapaces de mantener su hegemonía sobre el conjunto de la sociedad. La imposibilidad de reconstruir la maquinaria de movilización de la vieja política, desmontada por la Dictadura, y una fuerte presión popular (movimiento obrero, clases medias) en un clima de agitación social y política, marcan esta coyuntura de transición. Por no extraer sino la consecuencia que más interesa al objeto de nuestro trabajo, esta coyuntura va a elevar al estamento intelectual al protagonismo político y, al mismo tiempo, va a forzar apresuradamente su toma de posición ante los problemas del país. 1930 ha podido ser calificado como el año «utópico» de los intelectuales,[67] en el sentido en que marca el clímax de su influencia como grupo sobre la sociedad española.

A la altura de 1930 *había que definirse*, fue un tópico puesto de moda por la coyuntura. Pero *La Gaceta Literaria* –descontados los escarceos fascistas de su director el año anterior– intentó sustraerse a una toma de posición política precisa y reafirmar, contra toda evidencia, su carácter exclusivamente literario. «Quizá dentro de poco –se decía en un editorial– sea nuestro periódico el único estrictamente literario del mundo hispánico.»[68] Lo cierto es que el paulatino cambio de orientación experimentado por el mundo intelectual y dificultades de índole material –no ajenas, en cualquier caso, a una pérdida importante de su público habitual en los comienzos–, hicieron inviable la continuidad de su independencia financiera. *La Gaceta* hubo de ser traspasada, para garantizar la regularidad de su salida al mercado –en sus dos años largos de vida nunca había faltado a su cita quincenal con los lectores–, a la Compañía Ibero–Americana de Publicaciones.

La CIAP había nacido de la confluencia entre Manuel L. Ortega, escritor y pequeño editor que había vivido en el Marruecos español y publicado varios trabajos de tema sefardí, y el apoyo económico del financiero de origen hebreo Ignacio Bauer, representante en España de los intereses de la banca Rothschild. Al obeso catedrático de Bibliología de la Universidad Central, empedernido noctámbulo y experto en literatura mística, Pedro Sainz Rodríguez, de quien tuvimos ocasión de ocuparnos al hablar de los años universitarios de nuestro personaje y de la fundación de *La Gaceta*, le fue ofrecido el puesto de director literario. La CIAP desarrolló en unos años una importante tarea de expansión editorial, con la incorporación de pequeñas casas editoras como Renacimiento, Mundo Latino, la librería Fernando Fe y, «como órgano informativo que siguiera cuidadosamente el movimiento literario universal moderno», *La Gaceta Literaria*.[69]

---

[67] Bécarud y López Campillo, *op. cit.*, p. 35. *Vid.* también el estudio sobre las actitudes intelectuales en el periodo de transición a la República, en J. Tusell y G. G. Queipo de Llano, *Los intelectuales y la República*. Madrid, Nerea, 1990.

[68] «Editorial», *GLit*, 75 (1.II.1930), p. 1.

[69] Sáinz, *Testimonio...*, p. 126. Sobre la C.I.A.P., *ibíd.*, pp. 124-125; y Mainer, *La Edad...*, p. 77.

Por de pronto, Giménez Caballero tuvo que aceptar como codirector de *La Gaceta* a Sainz Rodríguez, su antiguo compañero de las aulas universitarias, aunque, de hecho, siguió siendo él quien llevara el peso de la dirección.[70] Las cantidades aportadas inicialmente por los accionistas les fueron devueltas y la cabecera del quincenario reflejó el cambio de propietarios en el tránsito del número 64 (15 de agosto de 1929) al 65 (1 de septiembre); sin embargo, los cambios más sustanciales no operaron hasta la entrada de 1930. Desde el punto de vista material, redujo el formato y duplicó el número de páginas; en cuanto a los contenidos, fueron entrando en ella «firmas que de vanguardistas no tenían más que la ilusión de parecerlo».[71] *La Gaceta* comenzaba a abandonar el papel de órgano de la vanguardia española en crisis para ir convirtiéndose, progresivamente, en el boletín informativo de una potente editorial.

La incorporación de *La Gaceta Literaria* a un consorcio editor con fuerte presencia de intereses judíos, viene a coincidir –y no parece una simple casualidad– con la profundización de un tema que figuraba al frente de los propósitos iniciales del periódico en su vasto programa de expansión cultural: el de los sefardíes. Precisamente en septiembre de 1929, cuando se materializa el cambio de propiedad, *Gecé* emprende un viaje de dos meses por el área de los Balcanes,[72] subvencionado con seis mil pesetas a cargo de la Secretaría de Asuntos Exteriores y a propuesta de la Junta de Relaciones Culturales. «Me propongo cumplimentar lo más exacta y nutridamente posible –contesta antes de partir a la entrevista de Juan Piqueras– el encargo honrosísimo que me ha hecho nuestra Junta de Relaciones Culturales. Y en especial mi querido amigo y maestro don Ramón Menéndez Pidal. Se trata de levantar un plano de posibilidades en la expansión cultural española cerca de nuestros antiguos compatriotas que tras cuatro siglos de apartamiento casi absoluto mantienen heroicamente nuestro idioma.»[73] De resultas de este viaje, redacta una memoria donde recoge sus contactos con todo «elemento aprovechable» y realiza un censo aproximado de las comunidades israelitas de origen español de estos países. Y sobre la base de esos datos, propone un plan escalonado de expansión hispánica en el Próximo Oriente, dividido en unos objetivos inmediatos (presupuestados en 50.000 pesetas) y otros de mayor alcance (con el cálculo de una partida de 161.500 pesetas). Entre las acciones propuestas figuran la creación de puestos de profesores de es-

---

[70] Entrevista con Pedro Sainz Rodríguez (Madrid, 8.X.1982).

[71] EGC, *Memorias...*, p. 64.

[72] Visita Yugoslavia (Belgrado, Zagrev, Sarajevo, Uskub), Grecia (Salónica, Atenas), Bulgaria (Sofía), Turquía (Constantinopla) y Rumanía (Bucarest, Cluj). *Los sefardíes del Próximo Oriente*. (Memoria del viaje de expansión cultural realizado durante los meses de septiembre y octubre de 1929 por D. Ernesto Giménez Caballero, enviado por la Junta de Relaciones Culturales). Ejemplar mecanografiado del Archivo Giménez Caballero. Consta de 68 páginas sin numeración correlativa. Un resumen del mismo, así como del viaje que repetirá con el mismo fin en 1931, en A. Marquina Barrio y G. Inés Ospina, *España y los judíos en el siglo XX*. Madrid, Espasa-Calpe, pp. 49-53.

[73] J. P[iqueras], «Giménez Caballero parte al mundo sefardí», *GLit*, 65 (1.IX.1929), p. 1.

pañol, nombramiento de cónsules, subvenciones a la prensa sefardí y envío de publicaciones y conferenciantes españoles, la creación de una Escuela de Arqueología en Atenas y una Oficina de asuntos sefardíes en el Centro de Estudios Históricos de Madrid, etc.[74]

«Sólo con el viaje de Giménez Caballero –comentará un colaborador de *La Gaceta*– llega a ser una realidad la política sefardí en el Próximo Oriente. [...] Gracias a [sus gestiones] se han enviado lectores de español a cinco Universidades balkánicas y se ha establecido una línea de vapores entre España, Yugoeslavia y otros [países] balkánicos.» Pero, además, existe el propósito de «utilizar a los hebreos con fines comerciales», evitando así «el error inicial de aquel hispanoamericamnismo –ya en decadencia– que todo lo basaba en estrechar lazos.»[75]

Ya hemos señalado la atención por los judíos de origen español como una de las preocupaciones fundacionales de *La Gaceta Literaria*. En su primer número, Américo Castro publicaba un artículo titulado «Judíos». Y poco después, el director se planteaba el problema del antisemitismo en España, en una divertida entrevista con Baroja, dentro de la serie «Manías de los escritores». En nuestro país –reconocía– el problema judaico carecía del «sentido vital, disyuntivo, batallador» que pudiese tener en lugares como Alemania, Noruega o Nueva York; aquí, donde nobleza, clero y pueblo «están tizonados de manchas semíticas», no pasaría de ser una cuestión gratuita y superflua. Sin embargo, eran visibles «pervivencias curiosas de intolerancia antisemita», de las que excluía expresamente los casos teóricos y sentimentales como el de su admirado Baroja. En su opinión, el antijudaísmo hispano no iba más allá de la utilización popular del término *judío* en forma de condena, en la línea de la «tradición católica y medieval, o bien en un significado generalmente peyorativo, aplicado a ciertas cualidades molestas de una persona».[76]

Ahora, casi tres años después, de vuelta a España tras su viaje balcánico, Giménez Caballero retomaba el tema judío para romper el silencio político mantenido en su publicación desde la aparición de la «Carta a un compañero» en febrero de 1929 y expresar su renovado nacionalismo:

«Lo que más ha movido mi conciencia ante los judíos españoles –escribe en el último número de este año– es la aclaración absoluta de lo que significa *patria*. Es curioso cómo al acercarse uno al judío, queriendo ver el tipo humano que no necesita de la patria –de ese atadero biológico a una tierra dada–, lo primero que se encuentra uno (lo único que se encuentra uno) es el tipo que más postula un solar de origen. [...] Los judíos sefardíes siguen hablando español y seguirán, no por amor a España, ni siquiera por recuerdo de España, sino por voluntad de patria,

---

[74] Cfr. el documento, citado anteriormente, *Los sefardíes del Próximo Oriente*.
[75] R. Gil, «El año sefardí. 1930», *GLit*, 97 (1.I.1931), p. 19.
[76] EGC, «Manías de los escritores. La de Pío Baroja (Los judíos)», *GLit*, 17 (1.IX.1927), p. 1.

de tierra de origen, de asidero en el cosmos, de dignidad sobre la geografía, por tenerse en pie sobre cualquier suelo inamovible.»

Mas no se queda ahí; vincula este renovado nacionalismo con el hecho de la violencia, sin la que ningún pueblo puede «lograr su grandeza».[77] De la mano de estas dos ideas –nacionalismo y violencia– arremete contra el ambiente vanguardista español que encuentra a su regreso por respirar «una beatitud de charco muerto»: «Cuando se piensa en las batallas del escritor francés, italiano, ruso, por determinados credos y se ve aquí lo que eso llamado "vanguardismo" ha hecho, hasta ahora, da pena.» Se sorprende de la indignación de algunos ante la «conferencia que el poeta Alberti dio a varias damas». «Pero, ¿qué hazaña esa frente a las antiguas bofetadas de los futuristas o las agresiones brutales de los surrealistas?» Recurriendo a uno de sus tópicos preferidos refuerza su idea de la vanguardia como etapa a superar: la disciplina sólo puede venir después de la revolución; la unidad –como había explicado en la «Carta a un compañero»–, tras las divergencias: «Por eso yo creo –continúa– que en España tenemos aún mucho que *progresar en barbarie* si queremos un día disciplinarla. Si queremos un día liberar con fuerza y gracia lo que hay que liberar.» Y pone como ejemplo de auténtico camino para seguir en el futuro la reciente película de Buñuel y Dalí *El perro andaluz*: «¡Tan universal y con tanta esencia de violencia taurina!»

Que la vida literaria no discurría precisamente en un clima de placidez lo iba a demostrar muy pronto el incidente ocurrido en el banquete que le tributó Ramón Gómez de la Serna en Pombo el 8 de enero de 1930.[78] Asistieron casi un centenar de comensales, entre ellos Sangróniz, Sainz Rodríguez, Jarnés, Salinas, Pastor, Revész, Sánchez Mazas, Bergamín, Vela, Solana, Montes, Salazar Alonso y, destacadamente, el comediógrafo experimental italiano Anton Giulio Bragaglia.[79] Para empezar, Alberti –quien el primer día de ese año había fechado su «Elegía cívica»– aprovechó la oportunidad para repartir un panfleto contra la *Revista de*

---

[77] EGC, «Mi regreso a España», *GLit*, 72 (15.XII.1929), p. 1. Esta idea la suscribiría el Spengler de *La decadencia de Occidente*, cuando escribe: «La guerra es la creadora de todas las cosas grandes. Todo lo importante y significativo en el torrente de la vida nació de la victoria y de la derrota.» (Spengler, *La decadencia...*, IV, p. 50). Y asimismo el Ortega de *España invertebrada*.

[78] La simple consulta hemerográfica no deja lugar a dudas sobre la fecha; *El Sol* anunció el banquete repetidamente para ese día, y dio cuenta de él al día siguiente, así como *ABC*. El mismo 8 de enero *Gecé* publicaba una carta abierta al director de *El Sol*, donde atacaba los banquetes literarios y hacía constar que si lo aceptaba era con la condición de transferir el «crédito momentáneo» de que gozaba –por el éxito de su reciente viaje a los Balcanes– «al amigo Ramón y a su Cripta». (EGC, «Transferencia de crédito. A propósito de un banquete», *El Sol*, 8.I.1930).

[79] Unos días después, el escenógrafo italiano se reunía con un grupo de personas ligadas a la literatura y al arte en casa de *Gecé*. Entre estos, Eugenio d'Ors, Sánchez Mazas, Ballesteros, Sánchez Mejías, Alberti, Montes, Maruja Mallo, Lafuente, Rosa Chacel, Concha Albornoz,... («Una conversación con Bragaglia», *ABC*, 16.I.1930).

Occidente, donde «aparecía de "damo" Antonio Marichalar acompañando siempre a las musas de Ortega, una Condesa y una Duquesa». Y a los postres, se entabló una agria discusión sobre el porvenir político y por la presencia en el acto de Bragaglia, entre Antonio Espina, Ledesma y el homenajeado. Se ha fantaseado mucho sobre el enfrentamiento. Es posible que Espina, en sus palabras, atacase la dictadura de Primo de Rivera y auspiciase «una España liberal y republicana».[80] Pero como ha escrito uno de los asistentes, Juan Aparicio, no es cierto que Ledesma esgrimiese una pistola, cuando se levantó para hablar en la sobremesa y anunció repentinamente su disposición «a dedicarse a una política renovadora y desconectada de cuantas ofertas, promesas, conciliábulos y conjuras surgían y pronto se apagaban en el hispano ambiente contemporáneo. Su breve discurso, impertinente, casi metálico, no impresionó al auditorio.» Por el contrario, «la emoción del acto», presidido por RAMÓN en su sanctasanctórum, «consistió en el ingenioso parlamento del director de *La Gaceta Literaria*, donde había comenzado la escisión tendenciosa de sus colaboradores, al referirse a Antonio Espina, también presente en el convivio, en son de paz, ofreciéndole, a modo de símbolo de la renovada alianza amistosa, el apócrifo pistolón del bandido Luis Candelas.»[81] Se tratase del pistolón del bandido o del arma con que se suicidó Larra, como pretende *Gecé*, y saliéndonos del terreno de lo anecdótico, lo realmente significativo es el choque de las dos tendencias que se estaban formando en el seno del ámbito intelectual. Una tendencia fascista (Ledesma parecía hablar en nombre de un grupo de jóvenes), aunque todavía no se atreviese a llamarse así, y otra tendencia volcada, de forma inmediata, al cambio del régimen, aglutinante de la izquierda en términos genéricos.

Al informar sobre el banquete, *La Gaceta Literaria* pasó por encima del altercado con este comentario irónico: «El brillante acto acabó en la mayor cordialidad, ensayándose los primeros fogonazos del nuevo magnesio sin humo.»[82]

---

[80] EGC, *Memorias...*, p. 67.

[81] J. Aparicio, «G.C.», *El Alcázar* (17.III.1979), suplemento «Fin de semana», pp. 13-14. El mismo Aparicio nos confirmó personalmente esta versión en entrevista (Madrid, 8.III.1986) y desautorizó las versiones de Guillén Salaya y del propio Giménez. El primero escribía en plena guerra civil, en un texto con todas las trazas de una reconstrucción falsificada: «Un joven se había puesto en pie [ante las palabras pronunciadas por Espina] y gritaba enardecido dando vivas a Italia y a España. Hecho el silencio, aquel joven sacó una pistola auténtica, signo de la violencia, y dijo que los nuevos jóvenes, que amaban la gloriosa tradición imperial y cristiana de nuestros abuelos, salvarían a España con las justas razones de aquellas pistolas verdaderas. Y en medio del sobresalto de los comensales [...] gritó, saludando a la romana: "¡Arriba los valores hispánicos!"» (Guillén Salaya, *Anecdotario de las JONS*, San Sebastián, Yugos y Flechas, 1938, pp. 11-12). D. Jato (*La rebelión de los estudiantes*. 2ª ed., Madrid, [s. e.], 1967, p. 95) retrasa el banquete a «febrero de 1931, vísperas republicanas», y sigue puntualmente, sin citarla, la versión de Guillén Salaya. Por su parte, Giménez, tan amigo de las exageraciones, vería en el acto nada menos que el origen simbólico de la guerra civil. (*Memorias...*, p. 67).

[82] «Gaceta de Pombo. Banquete a Giménez Caballero», *GLit*, 74 (15.I.1930), p. 3. Reproducía numerosas adhesiones en forma de carta: de Ortega, Américo Castro, José Gaos, Julián Zugazagoitia, etc.

Algo más explícita resultó la nota de *ABC* cuando decía: «El Sr. Gómez de la Serna ofreció el banquete en palabras breves, a las que el festejado contestó, emocionado, haciendo un llamamiento a la unión. A continuación se desarrolló una pequeña discusión política, en que intervinieron Ledesma Ramos, Antonio Espina y Giménez Caballero.»[83] Pero el *Heraldo de Madrid*, en un editorial sin firma a propósito de la estancia en España de Bragaglia, comentaba la frecuente disparidad en los medios intelectuales «entre su actitud política y su significación artística». Al parecer del editorialista era frecuente «el caso de intelectuales de vanguardia que en política se suman a las ideologías conservadoras, y mejor aún, reaccionarias. Enemigos de lo tradicional en arte, anhelan en política la restauración de formas arqueológicas.» Ilustraba el caso con el ejemplo de Barrès o Maurras en Francia, donde acaso como minorías resultasen un «revulsivo necesario»; pero, añadía, el fenómeno podía resultar especialmente peligroso en países como España «donde el liberalismo y la democracia son aún ideales a conquistar».[84]

Dándose por aludido, Ledesma Ramos replicaba en estos términos en carta abierta al *Heraldo de Madrid*:

> «Es bien triste que en estos momentos en que llueven por las planas de los periódicos opiniones juveniles y se espera como nunca que la generación recién llegada aclare la bruma política nacional sean desvirtuados y falsificados unos propósitos rotundamente nuevos lanzados por un grupo de jóvenes. Aunque sólo fuera por la seria tarea intelectual a que los nombres de estos jóvenes permanecen adscritos, deberían merecer un poco más de respeto y atención.
>
> No somos fascistas. Esta fácil etiqueta con que se nos quiere presentar en la vía pública es totalmente arbitraria. Si los elementos seudoliberales –los "restauradores", que viene a ser lo mismo, no refiriéndonos a otros aquí– quieren combatirnos, y bien justificado está que lo hagan, tengan primero con nosotros la bondad elemental de enterarse de cuáles son nuestros propósitos y qué cosas queremos y propugnamos.»

Al igual que hacía Giménez Caballero en sus justificaciones, Ledesma se amparaba en la prestigiosa autoridad de Ortega y Gasset, en cuyos libros «se hallará casi íntegra» la posición teórica adoptada; lo que no estaba en Ortega –podría haber añadido–, se lo había suministrado el director de *La Gaceta Literaria*.

> «En todo caso –continuaba Ledesma, aportando la más clara explicación de lo que hemos dado en llamar «vía estética» al fascismo en Es-

---

[83] «Banquete en honor de Giménez Caballero», *ABC* (9.I.1930).
[84] «Política y literatura. Fondo viejo en formas nuevas», *Heraldo de Madrid* (16.I.1930).

paña– nuestra actitud no consiste sino en el lanzamiento de una idea nacional, a la que hemos de adherirnos con todo tesón. Esa idea será por nosotros elaborada, justificándose en motivaciones que creemos indubitables. Resulta grotesco, por tanto, que por el solo hecho de poner ante la enseña liberal, a la que creemos envejecida y caduca, un signo de indiferencia y de desdén se nos crea en relación con ideologías reaccionarias, tradicionalismo carlista y demás carroña histórica. Nuestras reservas al liberalismo residen en nuestro afán de superarlo briosamente.»[85]

Se abría paso, pues, la idea del compromiso político-social de los intelectuales, frente a la anterior asepsia, manifestada en el turrieburnismo o en productos de un formalismo exacerbado cuando no hueco, tanto si nos referimos a hombres de pensamiento como a los creadores artísticos. La evolución hacia el *engagement* del artista asumió, en franca contestación a las teorizaciones orteguianas, los caracteres de una *rehumanización*. Una vuelta a las palpitaciones de lo humano que conducirá, en el contexto de las tensiones sociales y políticas de la época republicana, a la interacción creciente con las luchas de la izquierda revolucionaria, donde se enrolará una nutrida nómina de escritores de la promoción vanguardista, mientras en el campo opuesto, otro sector hará de su oposición al nuevo régimen la clave básica de su compromiso político. Sin embargo, por el momento, los campos todavía no están tan claramente definidos. La alternativa inmediata de la joven intelectualidad es, o bien la suma de esfuerzos por traer la República o bien la construcción, desde una oposición declarada a los principios liberales, de una alternativa fascista elaborada desde supuestos fundamentalmente teóricos.

La exposición más clara y contundente de la nueva actitud frente a la deshumanización la encontramos en el ensayo de Díaz Fernández *El nuevo romanticismo*, publicado en este año de 1930, primero como artículos en la revista *Nueva España* y después en forma de libro. La línea ideológica representada por el ensayo y por la revista había sido anticipada –como señalamos– por la revista *Post–Guerra* y por las editoriales de izquierda que proliferaron desde los años agónicos de la Dictadura: Historia Nueva, Cénit, Ediciones Oriente, etc., surgidas, por paradójico que pueda resultar, con el ánimo de escapar a la censura previa a que estaban sometidas las publicaciones periódicas.[86] Desde estas casas editoras se favoreció una amplia difusión de la narrativa extranjera centrada en los autores norteamericanos de la «generación inconformista» (Hemingway, Dos Passos, Steinbeck), la novela antibelicista alemana (Remarque, Gleser) y la narrativa del realismo socialista, exaltadora del sentimiento revolucionario so-

---

[85] «Las migajas politicoliterarias del banquete en Pombo a Giménez Caballero. Ledesma Ramos y sus amigos no son fascistas», *Heraldo de Madrid* (21.I.1930).

[86] *Vid.* G. Santonja, *Del lápiz rojo al lápiz libre*. Barcelona, Anthropos, 1986.

viético (Gladkov, Leonev).[87] Con *El nuevo romanticismo*, Díaz Fernández pretendía dar coherencia teórica al cambio de orientación intelectual y explicitar con
rigor sus concepciones sobre la literatura y el compromiso político, en el sentido –ya comentado– de su intervención en la encuesta de *La Gaceta Literaria*,
donde su voz –apenas dos años antes– había quedado como una excepción.

Este nuevo romanticismo poco tendría que ver con el decimonónico. «Yo
no quiero –advierte– hacer una defensa del romanticismo, al que acuso de hin-
chazón retórica, de borrachera pasional, de gesticulación excesiva y ociosa. Pero no puedo menos de apreciar en aquella generación arrebatada y triste el anhelo ideal que les ha faltado a las posteriores.»[88] La nueva concepción estética
deberá exaltar más lo humano y lo social que la individualidad, y ello sin renunciar a las innovaciones estilísticas conseguidas por la vanguardia. En definitiva, el vanguardismo si quiere recuperar su perdido prestigio debe reorien-
tarse por un camino social, sumergirse de lleno en el problema humano
considerado en su globalidad.

La descalificación radical de las tesis deshumanizadoras orteguianas, tenía,
además, el mérito de contener un intento de análisis sociológico desde la contemplación del proceso histórico vivido desde 1918. En opinión de Díaz Fernández, la Gran Guerra habría dado lugar a un periodo de escepticismo y su-
perficialidad, que a su vez habría desatado un insaciable apetito vitalista. La
pasión por el deporte y el baile no era otra cosa que la válvula de escape de una
burguesía cansada por la experiencia sufrida en los frentes; evasión, por supuesto, vedada a las masas obreras, obligadas a permanecer al lado de la máquina y a sentir que la justicia no había llegado aún hasta ellas. «El desarrollo
de la técnica y del capitalismo industrial colocó en el centro mismo de la vida
una clase para quien la justicia seguía siendo sólo una palabra.» Mientras en el
terreno social se afirmaba esa clase obrera con ansias liberadoras, en el político, la postración en que dejó sumidos la Guerra del 14 a los países beligeran-
tes, llevó a la crisis del Estado liberal clásico: así surge el «sarampión nacionalista», del cual son buenos ejemplos el fascismo italiano y el «laborismo imperialista
y burocrático» inglés. Contra esos ejemplos, el escritor asturiano opone la voluntad de transformar la democracia «de una concepción irreal de los juristas»,
en «una obra concreta de producción social, un elemento dinámico de las sociedades organizadas». Es decir, en *colectivismo*.

De entre todos los movimientos vanguardistas, el futurismo se le aparece
como el más serio y fecundo, pues el arte no puede avanzar sin un imprescindible y previo ímpetu destructor. No es extraño que adquiriese su mayor fuerza en los dos países más aptos para las transgresiones artísticas: Italia y Rusia.
En el primero por la enormidad de su pasado. En Rusia, «porque presentaba

---

[87] Cfr. L. Boetsch, *José Díaz Fernández y la otra generación del 27*. Madrid, Pliegos, 1985, pp. 40-41.
[88] J. Díaz Fernández, *El nuevo romanticismo*. Madrid, Zeus, 1930, p. 22.

un medio social propicio a la siembra de toda idea extraña y radical, y porque, además, poseía una tradición literaria de gran porte». Pero así como en Italia Marinetti vino a confluir inevitablemente con el fascismo –futurismo y fascismo tienen en común «el superindividualismo de Nietzsche»–, en Rusia, con Maiakowski, se afilió con rapidez en las filas revolucionarias, aun sin contar con la simpatía de Lenin. Desde esta perspectiva, la revolución rusa, erigida en paradigma, marca el camino de lo que debe caracterizar una verdadera «literatura de avanzada».

Frente a aquélla, los experimentos formalistas de los últimos años, creyéndose ilusoriamente las matrices del futuro, han devenido «en la prueba más convincente de la liquidación de un sistema social. Las presuntuosas literaturas de vanguardia no han tenido otra misión en la historia de nuestro tiempo que anunciar el último vagido del siglo XIX». La llamada vanguardia literaria «no era sino la postrera etapa de una sensibilidad en liquidación» y por eso su actual desprestigio. Porque, en sentido estricto, escritor de vanguardia es el que va por delante, indisolublemente, en pensamiento y en estética, y sin embargo, se había llegado a la perversión de compaginar la novedad estética con el reaccionarismo político. En conclusión, sólo tendrá sentido en cuanto vanguardia verdadera «aquella que ajuste sus formas nuevas de expresión a las nuevas inquietudes del pensamiento. Saludemos al nuevo romanticismo del hombre y la máquina que harán un arte para la vida y no una vida para el arte.»[89]

Las posiciones teóricas fijadas por Díaz Fernández van a encontrar amplio reflejo en las publicaciones aparecidas en 1930, sintomáticas del cambio de sensibilidad operado en la vida política e intelectual. Revistas como *Nueva España*, *Nosotros* o *Política* dan testimonio fehaciente de esa coyuntura, aglutinando –ciertamente de una forma transitoria– posiciones que van desde el entorno marxista hasta el radicalismo republicano, mientras la *Revista de Occidente* –a pesar de la decantación personal y progresiva de Ortega– intenta mantenerse al margen de la marejada política, y *La Gaceta Literaria* capea como puede el temporal, rota la cohesión de sus miembros iniciales y escorada, por influjo de su director, hacia posiciones fascistizantes. Como «réplica a la derechización»[90] de *La Gaceta Literaria*, *Nueva España* –en cuyo comité directivo, además de Díaz Fer-

---

[89] *Ibíd.*, pp. 25-50.

[90] M. Tuñón de Lara, «La revista "Nueva España": una propuesta de intelectuales de izquierda en vísperas de la República», en J. L. García Delgado (ed.). *La crisis de la Restauración. España entre la primera guerra mundial y la II República*, Madrid, Siglo XXI, 1986, p. 405. Este autor señala la proclividad de *Nueva España* hacia el Partido Republicano Radical Socialista, por lo menos hasta el momento del Pacto de San Sebastián, y una radicalización posterior. En cualquier caso, no había homogeneidad ideológica; antes al contrario, «una integración de una extrema izquierda marxista cuyas fronteras con el republicanismo de izquierda no estaban bien delimitadas.» (*Ibíd.*, p. 406). Y concluye: «*Nueva España* fue una propuesta sentimental de jóvenes escritores, periodistas y profesionales originarios de la pequeña burguesía que, fundamentalmente, no pasó de ser una opción jacobina. Pero en 1930 –por muy atrasada que estuviese España– resultaba anacrónica.» (*Ibíd.*, p. 413).

nández están Espina y Arderíus (después de la dimisión de Adolfo Salazar, por el contenido excesivamente radical de la revista)– hará blanco frecuente de sus dardos a la publicación de Giménez Caballero y la CIAP desde su sección «Ri-fi-Rafe», con textos como el siguiente:

> «Jiménez Caballero, siempre tan pintoresco.
> Odia el liberalismo, el fascismo (según dice ahora; ahora que no habla ni en broma de su viejo invento el *hacismo*), el bolchevismo, la autocracia y la democracia.
> Pero, por otra parte, ama la democracia, la autocracia, el bolchevismo, el fascismo (pero no habla ni en broma de su viejo invento: el *hacismo*) y el liberalismo.
> Jiménez Caballero es una cosa muy rara. El no se define, porque definirse es cosa de gerontes. De viejos. Gerontes son, pues, esos muchachos que a diario se definen ¡cuán terminantemente!, en la encuesta de *El Sol*.
> Jiménez Caballero vive en la nebulosa ollendorf de lo incongruo.»[91]

El atacado no se quedaba corto al contestar en una entrevista en la prensa:

> «Formada casi toda con segmentos, los más adultos, de "La Gaceta Literaria", claro es que su primera reacción tenía que ser contra la casa de donde salían. Contra "La Gaceta" y contra mí, como cabeza visible. Pero "Nueva España" trae, como la nueva España en que ha nacido –el Ministerio Berenguer–, una misión concreta: dar suelta a los antiguos reservistas de la vieja política, introduciendo algún elemento nuevo. Su papel de revisión y fiscalización terminará en cuanto la auténtica España nueva y joven se alce con plan constructor, dando por terminados –con unas cuantas propinejas– los servicios de fregado y barrido…»[92]

En el número siguiente, el autor de estas líneas vuelve a ser blanco de los ataques de *Nueva España*:

> «Este señor ["Gecé el heraclida"], que de seguir en el plan que está va a convertirse en el "Silvela" de la intelectualidad española, se permite decir unas cuantas patochadas a NUEVA ESPAÑA. El hombre, resentido por sus continuos fracasos, se revuelve contra nosostros. Pero a nosotros, ¿qué culpa nos incumbe de que él haya tenido que vender *La Gaceta* por-

---

[91] «Rifi-Rafe», *Nueva España*, 2 (15.II.1930), p. 11. Se refiere al artículo de EGC «Sobre la encuesta de "El Sol". Mito de nuestra juventud», *El Sol* (24.I.1930).

[92] J. L. Salado, «Los nuevos. Giménez Caballero dice que las masas jerarquizadas son la única democracia». *Heraldo de Madrid* (20.II.1930).

que nadie compraba sus números, y que traspasar "La Galería" (donde tantas reuniones burguesas se celebraron), y que ocultar su Cine Club en el Ritz, en espera de tenerlo que retirar muy pronto a cualquier rinconcillo de casa de Molinero, etcétera, etc.?»[93]

Cuando no es Giménez el objetivo de estos sarcasmos, lo es el codirector de *La Gaceta* y representante de la CIAP, Pedro Sainz Rodríguez, acusado de tránsfuga trepador: «El Sr. Sainz Rodríguez empezó siendo ossorista y demócrata. Luego, se pasó con armas y bagajes a la dictadura, pues no otra cosa significa aceptar el cargo de asambleísta. Hace poco se mostraba acérrimo partidario de Berenguer. Y pide a grandes voces la depuración de responsabilidades de la Dictadura y el retorno de la normalidad constitucional…» Con esos antecedentes políticos, la especie lanzada sobre su posible designación para el ministerio de Instrucción Pública sólo puede ser obra de personas bromistas «o de intención aviesa».[94]

En otra ocasión, *La Gaceta Literaria* reacciona indignada por lo que considera un irrespetuoso ataque a «personalidad tan eminente como la de D. Ramón Menéndez Pidal» de «cierta revistilla, que pretende circular por la izquierda, y cuyo único acierto ha sido el de considerarse a sí misma como la España nueva invertida». A lo que *Nueva España* responde: «miente *La Gaceta Literaria* de la C.I.A.P. y miente el humilde lacayo del judío Baüer que haya redactado el suelto».[95]

No vamos a insistir en este cruce de envenenados ataques. Si lo hemos traído a colación es porque pone de manifiesto muy plásticamente la agresividad entre las fracciones en que se estaba dividiendo el núcleo juvenil de la literatura española y el lugar cada vez más marginal ocupado por *La Gaceta Literaria*, cuando en un principio había logrado encabezar un frente intelectual, con muy pocas exclusiones. Lo importante es señalar que ambos grupos coincidían en un mismo objetivo: declarar liquidada la experiencia vanguardista, por lo menos de la forma en que ésta se había producido hasta entonces en España. A dónde llevase esta liquidación es otro problema; y lógicamente, en este punto, las preferencias o los intereses de cada cual divergían. Esta cuestión va a cobrar toda su relevancia con la encuesta sobre la vanguardia organizada por Pérez Ferrero en *La Gaceta Literaria* a mediados de 1930. Como se ha subrayado, los mismos términos en que estaban planteadas las preguntas conducían a dos observaciones: «la posibilidad de considerar la vanguardia como algo *pasado* [y] la petición de una opinión *política* sobre la actuación de la vanguardia».[96]

---

[93] «Rifi-Rafe», *Nueva España*, 3 (1.III.1930), p. 12.

[94] *Ibídem.*

[95] «El torpedo en la pista», *GLit*, 80 (15.IV.1930), p. 14. «Rifi-Rafe», *Nueva España*, 7 (1.V.1930), p. 12.

[96] Soria, *op. cit.*, p. 285. Un amplio resumen de la encuesta en pp. 284-297.

De las más de treinta respuestas publicadas, sólo la de Gómez de la Serna mantenía incólume sus posiciones de siempre, entonando un canto arrebatado y entusiasta, finalizado con estas palabras: «puede lincharme la multitud si quiere; pero por último tengo que dar un viva que me brote del corazón y que merece las palabras indiscutibles: ¡Viva la vanguardia! ¡Viva el vanguardismo!»[97] Pero la tónica dominante no la marcaba el siempre genial RAMÓN, ni el profundamente analítico Guillermo de Torre, sino intelectuales como Arconada, Giménez o Ledesma, cuyas sintomáticas contestaciones merecen ser contempladas con cierto detenimiento.

Para César M. Arconada, la vanguardia literaria había cumplido su papel de «quebrar lo exquisito» y preparar al público para la recepción de la nueva sensibilidad. «Hoy no nos damos cuenta, pero en aquel momento ser vanguardista era un heroísmo.» Ahora bien, la vanguardia presuponía el enemigo y, al desaparecer éste por desplazamiento a otros frentes, perdía su sentido y desfallecía: «Desde el momento en que el vanguardismo es un honor que todos desean, la vanguardia deja de existir. La vanguardia lleva consigo la hostilidad, no el honor. Existe mientras está frente a algo, en lucha, en combate, en oposición.» De ahí que la juventud querenciosa de lucha estuviese trasladando su campo de batalla de la estética a la política:

> «Por eso el joven que todavía sigue siendo vanguardista –acometedor– se interesa por otros aspectos, por otros objetivos menos logrados: por la política. Es un ejército que cambia de frente. Conquistado un sector, se decide emprender la conquista del otro. En ese momento sobreviene la guerra civil: cada uno se va por un lado. Y el antiguo ejército está en pelea.»[98]

Parecidas ideas había expresado Giménez Caballero al romper fuego en esta encuesta con una declaración terminante. En su opinión, la hora de la vanguardia artística y literaria había pasado y a ésta no le dejaba otro ámbito de actuación que el político; si bien él, en la disyuntiva política apuntada por Arconada, se alistaba en el ejército contrario. Para apoyar su aseveración, remitía a su ya conocida explicación histórica, actualizándola con nuevos ingredientes y apuntando la dirección política hacia el concreto movimiento universitario:

> «… la *vanguardia* fue un término bélico nacido de la gran guerra. Primero adoptó un aire subvertedor, irracional, libertario (Dadaísmo, futurismo, maximalismo, cubismo… Todos los ismos.) Después, un aire

---

[97] Respuesta de R. Gómez de la Serna, «Una encuesta sensacional. ¿Qué es la vanguardia?», *GLit*, 85 (1.VII.1930), p. 3.

[98] Respuesta de C. M. Arconada, *GLit*, 84 (15.VI.1930), p. 3. Recogido en *De Astudillo a...*, pp. 236-238.

constructor, ordenador. (Tomismo, clasicismo, bolchevismo, fascismo, gongorismo… Todos los demás ismos.)

Hoy: lo literario del primer grupo fecunda el movimiento llamado *superrealista*, príncipe heredero de la vanguardia demoledora.

En política, la vanguardia del grupo segundo (el disciplinador) se injerta en el fenómeno juvenil de "lo universitario", de "lo estudiante". *Misticismo irracional*, por un lado. *Disciplina federada*, por otro. Estos dos cabos son el fin de "la vanguardia" y el principio de un nuevo movimiento de "adelantados". Todo lo demás, basura. *Reservismo*. Jóvenes españoles: ojo con todos los reservistas del país. ¡Alerta a todas las madureces emplastadas!»[99]

En la misma sintonía se expresaba Ramiro Ledesma. No dudaba en proclamar de nuevo su proximidad a quien por entonces ejercía de mentor suyo y en valorar su significado en la vida intelectual:

«Hizo muy bien Giménez Caballero –contestaba análogamente a como había escrito, según vimos, al comentar el *Hércules* un año antes– hace unos meses en declarar liquidada la vanguardia. Eran huestes de nacimiento fracasadas e invaliosas. Giménez Caballero queda al margen de las derrotas, clarividente y magnífico. Siempre he dicho que su labor literaria es en la España de los últimos diez años una de las cosas mejores. Éste, sí, auténtico vanguardista.»[100]

Los demás, para Ledesma, no habían pasado de jóvenes frívolos, que por toda revolución moral habían concebido la exaltación del deporte «y aceptar en el traje las preferencias yanquis». Le negaba al vanguardismo hasta la más mínima aportación de interés: «No hay en la vanguardia solidez para ninguna cosa. No significó para la vida española la llegada de una juventud bien dotada y animosa, que guerrease en todos los frentes. No dio a España una idea nueva ni logró recoger y atrapar las insinuaciones europeas más prometedoras.» En la hora de acalorada politización que se vivía, la mayoría de los que habían militado en las filas vanguardistas estaban optando por el liberalismo y la democracia –«doctrinas políticas del más viejo ochocientos»–, por la prosecución

---

[99] Respuesta de EGC, *GLit*, 83 (1.VI.1930), p. 1.

[100] Respuesta de R. Ledesma, *GLit*, 85 (1.VII.1930), p. 4. Cuando habla de la liquidación de la vanguardia por Giménez «hace unos meses» se refiere a un artículo de septiembre de 1929 publicado en *Cosmópolis*, donde, entre otras cosas, podía leerse: «Hay que ir al grupo unánime. […] Para ir a ese grupo no es menester que alguien dé el primer paso. Hay ya muchos pasos dados. Es cuestión de cierta estrategia, de retiradas aparentes; de una coyuntura y de un ataque en línea general. Y de suprimir la palabra *vanguardia*. (Esta será la contraseña.)» (EGC, «La vanguardia en España», *Cosmópolis*, septiembre 1929, p. 167).

del inhibicionismo purista, o por la adhesión a la monarquía y el catolicismo. «Desde luego –sentenciaba Ledesma– [...] a todos se les escapa el secreto de la España actual, afirmadora de sí misma, nacionalista y con "voluntad de poderío".» En definitiva, la opción fascista, tendencialmente republicana, laica, juvenil y novedosa, que él estaba preparando y no tardaría en hacerla pública.

En la respuesta de Giménez Caballero, el surrealismo era señalado como el «príncipe heredero de la vanguardia demoledora»; esto es, como la facción vanguardista manos dócil al poder disciplinador que nuestro autor veía representado por el fascismo. Por eso hará del surrealismo el objeto predilecto de sus críticas quien, sólo dos años antes, había dado a las prensas en España la primera incursión narrativa por los fondos abisales del subconsciente.

Pero *Gecé* se había acercado al surrealismo en plena efervescencia creativa y experimental, sobre todo por lo que posibilitaba la valoración de lo onírico como materia artística. Fruto de este contacto, pero sobre todo, como indicamos en su monento, de sus lecturas freudianas, había sido *Yo, inspector de alcantarillas*. Sin embargo, a la altura de 1930 su preocupación por el surrealismo está mediatizada por sus posiciones políticas y morales y no por un afán experimentalista. En primer lugar, el surrealismo supone un retorno de *lo romántico*, con todo lo negativo que, en su visión de la cultura, este concepto arrastra:

> «El superrealismo se apoya –escribe en su última colaboración en *Revista de Occidente*– en dos esencias románticas: "le peu de realité" y "l'esprit de révolution". "Le peu de realité" acepta todo lo vago, vagoroso, nebular, inconsistente y haloídico del mundo: el sueño, los pasos perdidos, los campos magnéticos, el claro de tierra, el subsuelo, las alcantarillas, las cenizas vivientes, los arúspices, la baja del franco, los escritores pornográficos [...], las cárceles, los paravientos, el adulterio, los judíos, el folklor ritual, el Bosco, los pájaros sin ojos, las maternidades sin sentido, los cementerios, la crueldad, la noche, el desnudo en inversión, los textos alógicos, el alma cósmica, lo inacional...
> "L'esprit de révolution", exalta cadenas de nombres subvertedores.»[101]

Como ha resaltado un estudioso, en la crítica de Giménez Caballero se dan cita todos los ingredientes de su actitud fascista.[102] El surrealismo es concebido como un movimiento extranjero (o peor aún, *inacional*, según el texto citado), y por añadidura vinculado políticamente al comunismo. Como tal, ataca los pilares en que se sustenta la sociedad burguesa (la familia, el Estado, la religión),

---

[101] EGC, «San José. (Contribución para una simbología hispánica)», *Revista de Occidente*, 28, LXXXIII (mayo 1930), p. 171.

[102] J. García Gallego, *La recepción del surrealismo en España (1924-1931)*. Granada, Antonio Ubago Ed., pp. 92-106.

aunque no por ello deje de ser una creación de la burguesía, quizá de una burguesía irresponsable, a través del capital judío que lo controla. Los surrealistas devienen, así, en meros instrumentos, en «inocentes víctimas de un cabaret ideológico, de un paraíso artificial, de una edad de oro que no soñáis en el fondo, porque si la soñáseis estaríais en el arroyo de París, muertos de hambre y de frío, ensuciándoos en la vida con todos vuestos espasmos intestinales», como le espeta a Salvador Dalí en uno de sus característicos artículos-entrevista.

Frente al surrealismo –al que llegará responsabilizar de las quemas de iglesias del período republicano, en virtud del principio según el cual «la vida imita al arte» y no al revés–, considera que la violencia ejercida por los extremistas de derecha, en el episodio del estreno de *L'Age d'Or* en París, está justificada. «Tu relato de la agresión me hace admirar fuertemente a los camelots du Roi. Os han montado. Han sido más superrealistas que vosotros y han practicado de veras la acción, la subversión, la violencia, el revólver, el puñetazo», continúa diciéndole a Dalí, con palabras que nos transportan a las exaltaciones de la violencia del futurismo marinettiano.

El surrealismo, por último, moralmente representa una degradación que altera la relación normal entre los sexos, extrayendo a la mujer del binomio reproductor, para convertirla en sublimación de deseos impotentes y estériles. Y concluye su sorprendente entrevista con Dalí con estas palabras, acaso premonitorias: «un surrealista puede empezar en surrealista, y terminar en camelot, o como decimos en España, en camelo».[103]

EL MOVIMIENTO ESTUDIANTIL Y EL HORIZONTE CATALÁN

Desde los supuestos a partir de los que se difundió originariamente la ideología fascista en España, era inevitable un intento de instrumentalización del pujante movimiento estudiantil vertebrado por la F.U.E. Retrospectivamente, y en un plano puramente informativo, *La Gaceta Literaria* dio cuenta de los avatares de ese proceso de estructuración desde los accidentados cursos académicos del final de la Dictadura y el período berenguerista.[104] Pero sobre todo –y pese a su pretendida e insincera voluntad de mantenerse al margen de la politización reinante–, bosquejó y trató de hacer efectivo un plan de atracción, donde los intereses corporativos de los estudiantes se insertaban en un difuso programa de actuación política. Ya hemos visto cómo Giménez Caballero, en su contestación a la encuesta

---

[103] EGC, «El escándalo de L'Age d'Or en París. Palabras con Salvador Dalí», GLit, 96 (15.XII.1930), p. 3; «Más orígenes literarios de los sucesos actuales y subversivos de España, relatados sin añadir un solo punto a la cosa, y dando relativa importancia a la mujer visible de Salvador Dalí, y dedicando estas líneas a don Dámaso Alonso, su autor E. Giménez Caballero», GLit, 106 (15.V.1931), p. 1; y «Valor social del superrealismo», RLE, 2, p. 8 (*GLit*, 115, 1.X.1931).

[104] *Vid.* J. Salamanca, «Vida universitaria en 1930», GLit, 97 (1.I.1931), p. 22.

sobre la vanguardia, señalaba este sector como el campo apropiado para el avance de una vanguardia literaria declarada extinta. «Yo miro con verdadera pasión –añadía en otra encuesta de las mismas fechas– el movimiento nuestro "universitario". He sido uno de los que más han propulsado esta expresión de lo *nuevo* a través de la *Universidad*. Es decir, el acercamiento de "selectos" y "masas" en España, corrigiendo así actitudes de anteriores generaciones.»[105] Y no creía que el fondo de estos universitarios cristalizase «en la panacea idílica y mediocre que proponen los viejos asnos de la cansina reata de siempre», refiriéndose a la orientación liberal y democrática. No es difícil reconocer en este intento de fascistizar desde *La Gaceta Literaria* el empuje "fueístico", la asistencia, siempre eficaz y complementaria, de su segundo de a bordo en estos momentos: Ledesma Ramos.

Tambièn hemos visto a Ledesma resaltando la significación universitaria de Giménez Caballero en la cultura coetánea. Al expresarse así, pretendía colocarlo a la cabeza de esa nueva juventud que había reclamado la introducción de la inquietud en los valores culturales superiores; función, a su entender, que radicaba en la Universidad. La existencia en las aulas universitarias de un tipo medio de joven antes desconocido, garantizaba la fertilidad del asociacionismo estudiantil. Ahora bien: éste debía responder a una objetivación del problema universitario, sin confundirlo en ningún caso con elementos ajenos a su ámbito. Por esta circunstancia, Ledesma se declaraba partidario de la F.U.E, y, por lo mismo, consideraba inadecuadas para representar al estudiantado como realidad corporativa a las asociaciones estudiantiles confesionales.[106]

Este lazo tendido por Ledesma a la Federación Universitaria fue el preámbulo de la actuación personal de Giménez Caballero. Nuestro personaje no se contentó con un reconocimiento del carácter corporativo y laico del movimiento universitario; extrajo, además, las consecuencias políticas que, desde su particular perspectiva, iban implícitas en su desarrollo. Así se explica su acercamiento a Sbert y su protagonismo junto a él en la Universidad madrileña con ocasión de la visita en olor de multitudes del dirigente de la F.U.E. al poco tiempo de caer Primo de Rivera.

El movimiento universitario –«agresivo, juvenil, violento y renovador», como era calificado en el editorial del monográfico de *La Gaceta*– era la única realidad que podía dar continuidad legítima a la vanguardia, extenuada ya en sus vertientes artística y literaria. Como antiguo universitario y director de la publicación que había hecho posible la extensión del vanguardismo, Giménez se consideraba acreedor como nadie al puesto de orientador de la nueva juventud estudiantil.[107]

---

[105] J. de Almanzora, «¿Qué es el vanguardismo? Lo que nos dice el señor Giménez Caballero», *Crónica* (31.VIII.1930).

[106] Cfr. R. Ledesma Ramos, «El curso universitario», *GLit*, 68 (15.X.1929), p. 4; y «Las asociaciones de estudiantes», *GLit*, 69 (1.XI.1929), p. 3.

[107] Del intervencionismo de Giménez Caballero en el movimiento de los estudiantes constitu-

En palabras dirigidas a los estudiantes, calificaba la cultura española de *intelectualista*. El intelectualismo era la resultante de un tipo humano entregado a las tareas de la alta cultura y por ello mismo radicalmente separado de la sociedad; de esta forma degeneraba indefectiblemente en dos especímenes a cual más antisocial y antivital: el chiflado o el selecto. La posibilidad de acercamiento de la Universidad al pueblo quedaba restringida al periódico y al Ateneo. Ambos instrumentos habían marcado con su impronta la cultura del siglo XIX pero a la altura de los tiempos resultaban totalmente inadecuados para llegar a «las raíces profundas, humildes, intrahistóricas» de un país como España mayoritariamente campesino y antiurbano. Por esta razón, el término intelectual tiene un sesgo peyorativo y se ha convertido en un estigma. Desde esa creencia, Giménez imagina la salvación del *intelectual* a través de su transformación en *universitario*: «al "hombre que sabe cosas aisladamente y arbitrariamente" en el "hombre que las sabe por disciplina y vocación; al ente greñudo y anárquico que toma café, habla de lo divino y de lo no divino y se limpia las botas en un diván de peluche y con un plumero" en el "hombre que regula su vida deportivamente, que habla de lo que debe hablar oportuna e intensamente y que el cuidado del polvo en las botas no le preocupa extraordinariamente porque lleva los pies limpios al bañarse todos los días"».[108]

La misión del universitario concebido de esta forma es bien clara: *salvar* al pueblo, actuando como jerarca y conductor de las masas sociales. «Las revoluciones de todo el mundo las han hecho estos equipos de "lo universitario".» No se engaña cuando identifica a la juventud universitaria con la burguesía, «porque como clase somos y sois burgueses»; aunque inmediatamente introduce la perspectiva interclasista al confesar su aspiración a «superar esta clase histórica» con la colaboración «del joven proletario que también intente superar su determinismo histórico».[109] Jiménez Campo lo ha visto con acierto: el nexo mediante el cual es posible establecer teóricamente un puente entre los dos grupos antagónicos de la sociedad es la juventud, al operar «como instancia desvinculada de los intereses de clase en conflicto, como punto de referencia de una acción política que se ve a sí misma por encima de las "banderías" en que

---

ye una buena muestra la carta que dirige a la revista *Filosofía y Letras*, en su nueva época, publicada en la temprana fecha de febrero de 1929: «Yo no les incito –les escribe– a que reiteren demasiado las colaboraciones de peso grávido en la FILOSOFIA Y LETRAS de 1929 [...] Si FILOSOFIA Y LETRAS ha de tornar a convertirse en algo serio, habrá de ser a condición de sacrificar la seriedad [...] Verso y Deporte. Sí, pero también y sobre todo: "TESIS" útiles. Investigaciones audaces y heroicas. Y sentido corporativo de la vida universitaria.» (*Apud* Alted, *op. cit.*, p. 107). En abril de 1930, *La Gaceta* anunciaba la creación del «Premio Universitario Giménez Caballero», dotado con 300 pesetas y la publicación del trabajo en «Los cuadernos de La Gaceta Literaria»; premio destinado a aquellas notas universitarias que más certeramente reflejasen «la vida y conciencia del estudiante español actual.» (*GLit*, 79, 1.IV.1930, p. 1).

[108] EGC, «Cineclub en la Universidad», *GLit*, 82 (15.V.1930), p. 7.

[109] EGC, «Sbert en Madrid. Alocución universitaria», *GLit*, 77 (1.III.1930), p. 1.

cristalizan las tensiones sociales».[110] Para acercarse a las masas, los nuevos universitarios deberán contar con los medios que ofrece la modernidad técnica; y en primer lugar con el «cinema social», concebido como un «enorme instrumento evangélico revolucionario, superador de la etapa burguesa y liberal del Libro y del Periódico»,[111] cuyo pleno rendimiento sólo se alcanzará cuando sea puesto al servicio de la tarea salvadora asignada a esas minorías universitarias.

Como ha puesto de manifiesto Foard con toda justeza, junto a la voluntad capciosa hacia el mundo estudiantil, Cataluña era la otra realidad potencialmente revolucionaria del horizonte de 1930 que intentó ser encauzada desde *La Gaceta Literaria*.[112] No faltaban, tampoco en este caso, hechos que facilitaran el intervencionismo. En primer lugar, desde sus inicios y por voluntad expresa de su director, *La Gaceta* había dedicado atención a la vida cultural catalana y defendido tenazmente –aunque con intensidad variable– el ideal de la comprensión intelectual castellana hacia Cataluña. Buena muestra de ello fue la Exposición del Libro Catalán en Madrid, a finales de 1927, con gran resonancia en la prensa periódica de todas las tendencias, o el ofrecimiento de sus páginas a la colaboración en la propia lengua. Se sumaba a este factor la circunstancia de que Sainz Rodríguez, había sido el redactor y primer firmante del «Manifiesto en defensa de la lengua catalana», elevado por lo más significativo de la intelectualidad castellana al general Primo de Rivera en 1924 para protestar contra las medidas adoptadas por el Directorio militar. A estos precedentes se puede añadir una anticipación en pequeñísima escala de la apoteósica recepción de marzo de 1930: el viaje a Barcelona –¡en avión!– en enero de 1928 con motivo de la apertura de la exposición de los «Carteles literarios» de *Gecé*. En este caso, el director de *La Gaceta* se desplazó a la ciudad condal acompañado de significados colaboradores de la publicación como Espina, Jarnés, Chabás, Arconada y Ayala. Considerados sospechosos por las autoridades, fueron sometidos a estrecha vigilancia policial y el acto que pretendía estrechar los lazos de las dos comunidades culturales peninsulares –y poner en contacto los movimientos de vanguardia castellano y catalán–, hubo de verse reducido a «pequeños saludos particulares y a la recepción privada del intercambio comprensivo».[113]

Cuando los riesgos del poder despótico se habían atenuado, Giménez Caballero, en representación de *La Gaceta Literaria*, y Estelrich, por parte de la intelectualidad catalana, organizaron una resonante expedición a Barcelona, también muy comentada en la prensa. Sobre una aparente unidad programática, lo que primero llama la atención es la enorme heterogeneidad ideológica de

[110] J. Jiménez Campo, *El fascismo en la crisis de la segunda República española*. Madrid, CIS, 1979, p. 145.

[111] Almanzora, *op. cit.*

[112] Foard, *op. cit.*, p. 162.

[113] «Castilla a Cataluña. Un raid de "La Gaceta Literaria"». *GLit*, 26 (15.I.1928), p. 1.

quienes tomaron parte en ella.[114] Podemos, sin embargo, intentar una triple agrupación de los integrantes de esa nómina que reflejaría diversas lecturas del *problema catalán* en aquella coyuntura.

En primer lugar, tendríamos a un sector de la intelectualidad castellana liberal –en muchos casos todavía no explícitamente republicana– que quiso hacer constar con el viaje su oposición a cuanto había significado la fenecida Dictadura y que no logró transformar sus buenos propósitos de entendimiento entre Cataluña y el centro peninsular en unas orientaciones políticas coherentes y diáfanas. Se explica así que tanto discurso enfático y conmemorativo deviniese, al plantearse políticamente el hecho catalán durante la II República, en actitudes tibias, cuando no hostiles, ante la resolución entonces adoptada. Los casos de Ortega y Gasset y Américo Castro serían buenos ejemplos de esta actitud.

Más allá tendríamos el grupo donde despuntó el todavía desconocido fuera de los ámbitos ateneístas Manuel Azaña, quien se sirvió del viaje a Barcelona como circunstancia propiciatoria para estrechar lazos entre republicanos y socialistas catalanes y del resto de España. Que este acercamiento discurrió al margen de los actos oficiales, lo demuestra el hecho de que Giménez Caballero, en su biografía-ensayo sobre Azaña, pudiese escribir: «en los quintales de discursos que se pronunciaron entonces», su voz «no sonó, como si nada tuviese que decir». Muy al contrario, Azaña pronunciaría un importante discurso en una comida presidida por el socialista Serra i Moret, organizada en exclusiva por «las izquierdas» en el restaurante *Pàtria*; sus palabras, en opinión de Amadeu Hurtado, revelaron su personalidad en Cataluña y constituyeron «todo un programa de acción inmediata contra la monarquía».[115]

¿Qué dijo Azaña? El intelectual republicano madrileño planteó la equivalencia de la libertad de Cataluña y la de España, como «unión libre de iguales con el mismo rango», a partir de la creación de un nuevo Estado surgido de una revolución: «Hemos de hacer saltar –proclamó con la seguridad de su oratoria acerada y precisa– la clave del arco en el cual se cifran todos los estigmas de la sífilis histórica que la estructura oficial española padece. El Estado ha de

---

[114] Entre otros, Menéndez Pidal (presidente de la Real Academia), Ortega, Marañón, Araquistáin, Giménez Caballero, Sánchez-Albornoz, Díez Canedo, Ballesteros, Azaña, Urgoiti, Pérez de Ayala, Arconada, Ledesma, Montes, Bergamín, Salinas, Pittaluga, Jarnés, Sainz Rodríguez, Alvaro de Albornoz, Bagaría, Ossorio y Gallardo, Américo Castro y Fernando de los Ríos. El desarrollo de los actos puede seguirse en *GLit*, 80 (15.IV.1930), y en el libro de J. Ventalló, *Los intelectuales castellanos y Cataluña* (Barcelons, Gualba Eds., 1976, pp. 86 y ss). El mismo año Giménez Caballero publicó su libro *Cataluña ante España* (Madrid, La Gaceta Literaria, 1930), donde se daba cumplida cuenta de la expedición intelectual, así como de sus antecedentes a través de la labor desarrollada por *La Gaceta* desde 1927.

[115] EGC, *Manuel Azaña (Profecías españolas)* [1932]. 2ª ed., Madrid, Turner, 1975, p. 43. M. Azaña, *Memorias políticas y de guerra*, Barcelona. Crítica, 1978, vol.I, p. 348. A. Hurtado, *Quaranta anys d'advocat*. Barcelona, Ariel, 1964, t. II, p. 278. Traducimos la cita del original en catalán.

salir de la voluntad popular y ha de ser la garantía de la libertad. A esto se llama República. Y si hemos de vivir juntos, catalanes y castellanos, respetándonos mutuamente, ha de ser en virtud de la federación y no en virtud del corrompido prestigio de instituciones extenuadas.» La intervención de Azaña es particularmente importante por la relevancia que habría de alcanzar poco después de un año en el gobierno republicano y por ser él, en buena medida, el valedor de la solución estatutaria adoptada en 1932. Aunque esa defensa del federalismo fuese «tan poco congruente con sus ideas políticas», al decir de Manuel Aragón, quien añade: «Cuando la República es una realidad y él accede a su gobierno, desaparece, de manera radical, esta postura federalista para afirmarse, de modo reiterado e indudable, su oposición a cualquier solución distinta de la del Estado unitario.»[116]

En el otro extremo del arco político están, en fin, las posiciones sustentadas por Giménez Caballero, secundado por otros intelectuales. La contraposición entre Madrid y Barcelona puede servirnos de punto de partida para ilustrar estas ideas: «Mientras el Madrid intelectual de hoy –escribe Giménez– busca de pulverizar cuanto sea afirmativo, imperial y noble, Barcelona va formando su haz poderoso, que un día fulgirá sobre los pobres y atónitos parásitos de la calle de Alcalá.»[117]

«Imperial», «haz poderoso» son decantaciones léxicas que convienen al ideal defendido en este momento por Giménez Caballero: una Cataluña fuerte como acicate para despertar al centro peninsular de su modorra.[118] «Mi posición ante la acogida de Cataluña –declarará en *La Gaceta*– no es ninguna sorpresa. He sido acogido en Barcelona, durante cuatro años, de la misma manera, o sea con el entusiasmo de una masa civil que se interesa por toda aventura intelectual noble.» Y más adelante: «Lo de estos días es una confirmación espléndida de que Cataluña no hace a los hombres y los gasta –como Castilla–, sino que los utiliza y los ensalza.»[119] Pero sólo un objetivo imperialista puede

---

[116] Discurso recogido en M. Azaña, *Obras completas*. México, Oasis, 1967, t. III, pp. 573-576. M. Aragón, «Manuel Azaña y su idea de la República», en VV. AA., *Azaña*. Madrid, Edascal, 1980, p. 244.

[117] EGC, «La Universa Quincena», *GLit*, 73 (1.I.1930), p. 3.

[118] En idéntico sentido se expresa Eugenio Montes cuando da su opinión sobre la visita a Barcelona: «Creo que debo decir realmente que Cataluña ha de realizar la *marcha sobre el Madrid oficial*.» (*GLit*, 80, 15.IV.1930, p. 6). Un grupo de jóvenes intelectuales de Galicia (Rafael Dieste, Carlos Maside, Rof Carballo y Domingo G. Sabell) protestaba en carta a la revista *Nueva España*, del hecho de que Eugenio Montes hablase en los actos catalanes «en nombre de una juventud galaica.» «Porque nuestra actuación –seguía diciendo–, nuestra ideología, están alargadamente distanciadas de las del Sr. Montes.» (*Nueva España*, 5, 1.IV.1930, p. 15). Por su parte, Max Aub calificaba, en la misma revista y en carta a Juan Chabás, de «manifestación híbrida» los actos de Barcelona, pues a su entender, el «problema de Cataluña [...] no debe resolverse en un estado de cosas como el actual, sino únicamente en una República federal, federalismo que por amplio que sea, nunca me asustará.» (*Ibíd.*, pp. 14-15).

[119] *GLit*, 80 (15.IV.1930), p. 6.

realizar la unificación ibérica, de la forma en que, culturalmente –el pretexto para este comentario se lo da una revista occitana– está dando su ejemplo el ámbito catalán al agrupar «en un solo haz» los territorios de Auvernia, Gascuña, Linguadoc, Lemosín, Provenza, Cataluña, Valencia y Baleares. «Y sin embargo –termina confesando– […] hay que creer en Madrid. En un Madrid libre de pirraquería, de blandura, de mediocridad y de polillas. Hay que creer en un futuro grande, intenso, de Madrid y sus dintornos. Pero ese Madrid –queridos ausentes de Madrid– hay que seguirlo trabajando, creando, en silencio, en la hostilidad, en noches oscuras de fervor y de desprecio.»[120]

La política de acercamiento intelectual a Cataluña sustentada por *La Gaceta Literaria*, en opinión de su director, ha creado las bases de una nueva forma de relación dinámica entre Castilla y Cataluña. Esta postura sería compartida por un sector de la joven intelectualidad catalana, entre quienes se contaría el mallorquín Joan Estelrich, el muy joven Guillermo Díaz–Plaja y, como ha resaltado Enric Ucelay, el influyente tándem J. V. Foix y Josep Carbonell, representantes en el ambiente de la *intelligentsia* de Barcelona de «núcleos que aspiraban a mezclar una apreciación más o menos global de los vanguardismos literarios o plásticos con una proyección internacional de la efervescencia barcelonesa, en especial hacia el Mediterráneo italiano y francés».[121] Para Díaz–Plaja, «en las nuevas promociones catalanas han encontrado los jóvenes intelectuales madrileños el cable de amarre comprensivo y cordial que merecían»; a esta labor de entendimiento adelantada desde el plano de la cultura, habría que incorporar las masas, previamente despojadas de los «asfixiantes nacionalismos insociables». El mito de la juventud, la idea de la vanguardia y un vago sentimiento imperialista pan-hispánico se funden cuando pide: «Inteligencia como sino –como signo– imperial. Mutuo. Como elemento cohesionante del pelotón de cabeza que integramos nosotros –jóvenes de Cataluña y de Castilla– en esta trascendental marcha hispánica.»[122]

La contraposición básica entre una *capital abstracta* (Madrid) y un *pueblo concreto* (el catalán) que le sugiere a Giménez Caballero la visita a Barcelona, irá

---

[120] EGC, «La Universa…»

[121] E. Ucelay da Cal, «Vanguardia, fascismo y la interacción entre nacionalismo español y catalán: el proyecto catalán de Ernesto Giménez Caballero y algunas ideas corrientes en círculos intelectuales de Barcelona, 1927-1933», en J. G. Beramendi y R. Máiz (comps.), *Los nacionalismos en la España de la II República*. Madrid, Siglo XXI, 1991, pp. 39-95, (la cita en pp. 41-42). Para este autor, «hay buenas razones para sospechar que las ideas de "Gecé" son una adaptación de argumentos puestos en circulación unos cuantos años antes en el debete entre los partidarios de la política de la Lliga Regionalista representada por Cambó, pero defendida por Joan Estelrich, y puede que algún otro intelectual menos "orgánico" como Francesc Pujols, contra las posturas críticas del especial grupo de presión intelectual "Monitor", compuesto casi de dos personas que eran el poeta J.V. Foix y su amigo Josep Carbonell, entonces asociado al proyecto nacionalista encarnado en Acció Catalana.» (p. 73).

[122] G. Díaz-Plaja, «Cataluña-Castilla. Labor de avanzada», *GLit*, 80 (15.IV.1930), p. 9.

dejando paso progresivamente –al compás de la politización creciente y del desvanecimiento del sueño de la unidad peninsular apoyada en la avanzada de las minorías intelectuales– a una interpretación decididamente imperialista de la superación del problema español, y, dentro de él, del catalán. «Es indudable –escribe en diciembre de 1930– que la solución del problema castellano-catalán, como el de todos los problemas históricos, se encuentra, exactamente, en un acto volitivo: en una *gana* de un *querer*.» Es casi una transcripción literal de los argumentos vertidos por Ortega en *España invertebrada*, pero llevados a sus últimas consecuencias: «Mi parecer –sigue diciendo– es que tal acuerdo no llegará nunca mientras Castilla o Cataluña no se decidan a asumir la única actitud decisiva y recíproca: la *promesa vital*: el programa incitador, compensador, por el que valga la pena de entenderse.»

Que nuestro autor apunta a una expansión exterior no ofrece la menor duda cuando se remonta al pasado imperial y explicita:

> «Si España *tolera* que exista problema catalán, no se debe a otras razones que a una regresión depresiva en su carácter, en lo que se refiere a la iniciativa y a la empresa.
>
> Mientras Castilla y Cataluña, cada cual por su banda, durante la Edad Media luchan por una expansión en territorios *no españoles* –Cataluña en el Mediterráneo oriental, Castilla en el Islam–, no hay *problema peninsular*. Tampoco lo hay cuando Castilla y Cataluña, en el siglo XV, cumplidas sus políticas exteriores y medievales, deciden asociarse para otra *política exterior* de mayor envergadura: América, Europa, el Mediterráneo turco, África.»[123]

El término *tolerar* expresa muy adecuadamente su actitud ante una Cataluña donde, a lo largo de toda esta transición de la Dictadura a la República, va reafirmando su poder el catalanismo populista de la izquierda pequeño-burguesa, suplantando la anterior hegemonía del regionalismo conservador y burgués de la Lliga. Este artículo va dedicado, precisamente, a Cambó, el político catalán que tan interesado se había mostrado por el fenómeno del fascismo en Italia y con quien mantiene contactos en estos momentos, cuyo alcance real nos es imposible descifrar.[124] Pero la estrella política del líder de la Lliga declinaba inexorablemente; Giménez Caballero –tan sensible siempre a las oscilaciones del poder– no tardará en cambiar su admiración por el nuevo astro,

---

[123] EGC, «Mensaje a Cataluña. La concordia, en la aventura», *GLit*, 96 (15.XII.1930), pp. 1-2.

[124] En carta escrita a Fernando Vela desde Roma, tres días antes de ser recibido en audiencia privada por Mussolini, Giménez Caballero le dice: «estaba comiendo en un hotel con Cambó cuando recibí su carta. Me hablaba nuestro catalán de la falta de entusiasmo de nuestra vida española. Le enseñé su carta, donde usted me acusaba de tener ese feo vicio.» (Carta de EGC a Fernando Vela. Roma, 19.X.1930. Archivo de la Fundación Ortega y Gasset. Madrid).

Francesc Macià, cuando la llegada de la República vuelva a reavivarle la catala-
nofilia. Por el momento, sin embargo, se planteará el dilema «abrazo o fusil»,
y sólo optará por el primer término de la alternativa si Cataluña renuncia, como contrapartida, a la exclusiva satisfacción de sus aspiraciones particulares para convertirse en el primer estadio del «planteamiento y la solución de los otros
problemas peninsulares: Portugal, Gibraltar, territorios d'Oc, Marruecos, política mediterránea y balkánica, minorías étnicas como los judíos de patria española, política hispanoamericana».[125] Ya no se trata de meras evocaciones históricas más o menos fantasiosas, sino de objetivos actuales y precisos, con los que
el imperialismo hasta entonces difuso de Giménez Caballero cobra visibilidad
y concreción.

LEDESMA Y LA GESTACIÓN DE *LA CONQUISTA DEL ESTADO*

Ni el intento de atracción del movimiento universitario, ni la pretensión de
capitalizar la vuelta de Unamuno del destierro (con un número monográfico
sensacional, donde vuelven a colaborar en *La Gaceta Literaria* firmas de primer
orden), ni la voluntad de intervenir en el replanteamiento del hecho catalán,
al caer la Dictadura, pudieron galvanizar una revista que –en flagrante contradicción con todo lo anterior– seguía declarando contra viento y marea su in-
equívoco apoliticismo. El abandono de escritores alineados a la izquierda, o
simplemente liberales, es patente ya desde finales de 1929 y a lo largo de todo
el año 1930, cuando el signo de los tiempos viene marcado por la revista *Nueva España*, acerba detractora, como vimos, de *La Gaceta*. Poco antes del advenimiento de la República, Giménez Caballero polemiza agriamente con el doctor Marañón, antiguo mecenas de su periódico, a propósito de un intento –no
realizado al fin– de homenaje a Picasso.[126] Por último, el único sector afín ideológicamente a *Gecé* se excluye también de *La Gaceta Literaria* para alumbrar la
experiencia política de *La Conquista del Estado*. Este hecho nos lleva a retomar
la siempre enigmática figura de Ledesma Ramos.

Seis años más joven que *Gecé*, cuando empieza a colaborar en *La Gaceta*, Ramiro Ledesma era un estudiante de Filosofía y Ciencias Exactas. Había nacido
en un pequeño pueblo zamorano, Alfaraz, en 1905 y se ganaba la vida en el Madrid primorriverista como modesto funcionario del cuerpo de Correos. Lo introdujo en aquella publicación César M. Arconada, su vecino en el barrio de

---

[125] EGC, *Trabalenguas...*, pp. 102-104. El texto procede, con algunos retoques, de un artículo
publicado un año antes: «Notas al margen de un viaje. Castellanos y catalanes», *Política* (marzo
1930), pp. 72-73.

[126] *Vid.* EGC, «Fama póstuma. Ante el traslado a Madrid de los restos de Pablo Picasso», *GLit*,
100 (1.III.1931), pp. 1-2; y «La iniciativa de Cosmópolis. Picasso en España. Una carta de Marañón
y otra de Giménez Caballero», *GLit*, 101-102 (15.III.1931), p. 1.

Cuatro Caminos; Ledesma –al decir de Giménez– portaba una carta de reco-
mendación de Ortega.[127] Por entonces había dejado atrás sus preocupaciones
estrictamente literarias, materializadas, antes de cumplir la veintena, en una novela –*El sello de la muerte*–, un largo ensayo inédito –*Don Quijote y nuestro tiempo*–
y algunos cuentos. Profundamente influido por Nietzsche, sus primeros escritos exhiben «un tono duro y arisco»[128] y son expresiones vehementes de la rebeldía, social y psicológica, de su autor. Esta fase marcada por una vocación literaria frustrada dejará paso, en razón del fuerte impacto causado por el magisterio
de Ortega en sus años universitarios, a la de comentarista filosófico y científico, primero en *La Gaceta Literaria* –donde sus primeras colaboraciones, firma-
das con una escueta «R», son una reseña de una obra de Croce y el recuerdo a
un joven escritor amigo suicidado, tema que enlaza con sus juveniles escarceos
literarios– y posteriormente en la *Revista de Occidente*.[129] En estos campos logrará Ledesma con no poco esfuerzo «un amplio caudal científico, una de las más
eficaces y vastas culturas logradas en su generación», según Montero Díaz. Además de la presencia constante de filósofos como Hegel, Fichte o Nietzsche, sus
preferencias filosóficas oscilarán entre un lejano influjo del neokantismo de
Marburgo, la ontología y la ética de Hartmann, el vitalismo de Ortega y la metafísica de Heidegger, sobre quien publica uno de sus primeros comentarios ex-
tensos en España.[130] Un buen conocedor de su obra considera a Sorel como el
pensador que más influyó en Ledesma en el plano político, mientras Heidegger y Nietzsche lo serían, sobre todo, en el personal.[131]

   Los tres años escasos dedicados por Ledesma a las tareas de crítico y re-
censionista, se quiebran bruscamente al despuntar 1930 con el altércado del
banquete a *Gecé* en Pombo. Ya hemos visto cómo rechazaba las imputaciones
de reaccionario que se le hicieron con ese motivo, así como que en su actitud
estuviese asistido por un grupo de jóvenes, para el cual reclamaba respeto y
atención. Esta postura de ampararse en lo colectivo nos induce a pensar que ya
entonces, y siguiendo muy de cerca la evolución ideológico-política de Giménez, abrigase el proyecto de lanzar la primera agrupación fascista española; aunque no haya trascendido la identidad de estos jóvenes, con toda probabilidad
universitarios de escaso relieve.

   Los artículos en *La Gaceta Literaria* dan testimonio, a la altura de 1928, de

[127] EGC, *Retratos...*, p. 177.
[128] S. Montero Díaz, «Estudio preliminar» a R. Ledesma Ramos, *La filosofía, disciplina imperial*,
Madrid, Tecnos, 1983, p. XIII.
[129] En *La Gaceta Literaria* publica cuarenta y una colaboraciones entre marzo de 1927 y enero
de 1931. En *Revista de Occidente*, ocho escritos entre mayo de 1929 y diciembre de 1930.
[130] Montero, *op. cit.*, p. XVI. R. Ledesma Ramos, «Notas sobre Heidegger. ¿Qué es metafísica?»,
GLit, 75 (1.II.1930), p. 11; 76 (15.II.1930), p. 13; y 79 (1.IV.1930), p. 14. Recogido en *La filosofía,
disciplina...*, pp. 15-34.
[131] Cfr. J. Cuadrado Costa, *Ramiro Ledesma Ramos. Un romanticismo de acero*. Madrid, Eds. Barbarroja, 1990, pp. 17-28.

su interés por fundar una Sociedad de estudios filosóficos, proyecto rechazado más tarde, cuya finalidad estribase en «conseguir la posible eficacia de las nuevas vocaciones españolas.» Y prefigurando el título del ensayo con que se despedirá de su labor filosófica –«La filosofía, disciplina imperial»– se lamentará de la situación de España, único gran pueblo europeo que aún «no ha proyectado sobre el mundo una dictadura intelectual»,[132] dirá con frase rotunda y de sabor orteguiano. Esta preocupación nacionalista e incluso culturalmente imperialista y un radical elitismo son las notas más sobresalientes del Ledesma de estos momentos. Éste es su pronunciamiento inapelable contra la democratización y socialización de la alta cultura: «¡Cuándo aprenderemos que la autenticidad de los saberes reside en círculos estrechos y minúsculos que realizan su tarea a una distancia sideral de las masas! No hay que envenenar a las masas poniéndolas en contacto con las tenues atmósferas de la filosofía. No hay tampoco que pervertir a los filósofos llevándolos a explicar sus obtenciones a las masas.» En la entrevista algo impertinente con Keyserling a que pertenecen estas palabras, revela su intención inmediata de ir a Alemania, a proseguir sus estudios con Hartmann (en Colonia) o con Heidegger (en Freiburg o Berlín), pero como un breve paréntesis: «Y lo antes posible –concluye– el retorno a España. Por varios motivos: tiene también sus límites la filosofía alemana. *En España radica mi destino*. De otra parte, hay aquí algún maestro de filosofía que justificaría más bien el viaje opuesto. De Alemania a Madrid.»[133]

¿Vaciló Ledesma por algún tiempo entre su deseo de intervención política y su vocación universitaria por la filosofía? ¿Estuvo en la base de su final decantamiento político una frustración de sus expectativas intelectuales, que le hubiesen permitido abandonar su oscuro puesto burocrático? Nos limitamos a apuntar esa posibilidad, a falta de confirmaciones más sólidas que las sugeridas por los textos citados. La verdad es que si en junio de 1930, cuando escribe las palabras anteriores, todavía pensaba en la ampliación de sus estudios filosóficos en Alemania, pocos meses después demuestra haber incorporado a su pensamiento una realidad que trasciende el campo de la filosofía donde hasta entonces se ha estado moviendo con tanta soltura. Nos referimos a la necesidad de contar con el hecho inesquivable de la incorporación de las masas al protagonismo político. Su ensayo sobre «El concepto católico de la vida» es, a nuestro parecer, el testimonio más directo para datar el punto de inflexión que separa su vertiente de intelectual consagrado a la crítica filosófica y científica de la del político abocado a la formación de un grupo propio. La tesis básica de este escrito es ésta: así como es inviable la existencia de una *filosofía católica*, es plenamente posible –y aun deseable– la orientación de la humanidad según las

---

[132] R. Ledesma Ramos, «Actualidad, Filosofía, Ciencia», *GLit*, 49 (1.I.1929), p. 2.
[133] R. Ledesma Ramos, «Breve diálogo con Keyserling», *GLit*, 84 (15.VI.1930), p. 7. La cursiva es nuestra.

pautas vitales del catolicismo. Si esto es así, se debe a que en el mundo, en un proceso acentuado desde la Gran Guerra, ha triunfado una civilización mecanicista y técnica frente a la civilización anterior basada en el primado de la ciencia. La superioridad absoluta de lo científico había tenido por resultado colocar al catolicismo en una posición ancilar. «Sobre todo –escribe Ledesma–, en los siglos XVIII y XIX muy pocos hombres de ciencia, entre los más ilustres, eran católicos, y en países donde todo el mundo era católico, como España, no hubo en rigor científicos.» Esta suplantación del científico por el técnico ocurrida en el siglo XX, supone, ante todo, una diferencia radical:

«El técnico es hoy un hombre representativo que interviene en las tareas centrales del mundo actual, y es sobremanera curioso saber qué jerarquías admite voluntariamente sobre sí. Admite la del Estado, y he aquí una razón entre otras muchas de calibre altísimo para afirmar y ver en el Estado la institución suprema y radical. Admite […] la religiosa, que no admitía sin duda el hombre científico. En cuanto al tipo corriente, más inferior y general de hombre, si bien no podemos llamarlo técnico, participa también fuertemente de esa actitud del técnico ante la vida.»

Este pasaje revela hasta qué punto Ledesma se debe estilísticamente a su maestro Ortega. Pero en el plano de los contenidos ideológicos es mucho más patente la influencia de Giménez Caballero cuando escribe a continuación:

«El viraje decisivo que han efectuado las masas para su entrada en el mundo actual constituye quizá su primera intervención con signos y caracteres *positivos*. Hasta aquí, la corriente humana de estirpe inferior ha venido consagrándose bien a *negar* –por influjo demagógico– bien a *acatar* pasivamente –por influjo de pastores– las obtenciones valiosas que realizaban las minorías sobresalientes y aristocráticas. Hoy, no. Hemos entrado en un tipo de vida en el que cabe la acción positiva de la gran masa. Y véase, en la política ello supone no la exaltación de la cadaverina liberal y democrática, que descompone pueblos y destinos, sino la franca colaboración activa, jerárquica, en las empresas de alto porte que el Estado inicie. Ahí están los magníficos ejemplos de Italia y Rusia, los dos únicos pueblos cuyo régimen político es fiel reflejo de esta época. Los dos únicos pueblos que hoy *viven* una auténtica política y un auténtico destino. (Todos los demás, vejez y escombros).»

Ante la vida actual, la Iglesia católica ofrece como valores positivos su «capacidad de convivencia» y la posesión de una «organización preciosa»; pero, además, tiene la ventaja de no representar obstáculo alguno para la realización de las tendencias incorporadas por los nuevos tiempos:

«Hay, pues, en el mundo una cosa que es la Iglesia católica, cuyo concepto de la vida, en el fondo, no se opone a las realizaciones vitales a que ellos tiendan. Y, por el contrario, el deportista, el obrero, el político y el intelectual se oponen a otras cosas que también existen en el mundo, que son el Estado liberal, la indisciplina, la moral burguesa, la economía individualista, etc. E imponen la jerarquía del Estado absoluto, la economía sindical, etcétera. Este es el mundo de hoy, quiérase o no. Y el mundo tiene siempre razón.»[134]

No deja de ser significativo que un intelectual radicalmente laico como Ledesma valore la efectividad del catolicismo cuando le niega el estatuto filosófico. Ledesma ha seguido una trayectoria paralela a la de Giménez Caballero, pero lo que en éste se nos aparece como tortuoso y sembrado de contradicciones,[135] en aquél adopta una determinación clara e inflexible, seguramente achacable también a diferencias temperamentales y de ubicación social. El precedente de Giménez (en absoluto desdeñado por Ledesma como hemos tenido ocasión de ver) le permite quemar etapas intermedias. En un sentido lato, el viraje le lleva desde un deslumbramiento por los aspectos más sobresalientes de la civilización técnica,[136] como aurora de un nuevo mundo por llegar, y un exacerbado aristocratismo cultural de procedencia orteguiana, a la contemplación de la realidad de las masas y la existencia de un Estado –diferente del liberal– que las jerarquice. Esquematizando mucho, diríamos que la relación minoría-masa consagrada por la vanguardia española de los años veinte, al trasvasarse del campo de la estética al de la política, mantiene la idea básica de jerarquía, pero sustituye la separación radical por la integración, incorporando contenidos populares.

Esta evolución ideológica está en la base de su decantamiento político. Por todo lo visto anteriormente, podemos convenir con Ismael Saz «que el brusco cambio producido en la trayectoria política y existencial de Ramiro Ledesma debe bastante más a la guía de Giménez Caballero que a sus anteriores experiencias literarias y filosóficas. Lo que no implica, ni mucho menos, negar la importancia de éstas. Si las primeras demostraban la existencia de un excelente campo de cultivo, otras, como por ejemplo el contacto intelectual con Hei-

---

[134] R. Ledesma Ramos, «El concepto católico de la vida», *GLit*, 90 (15.IX.1930), p. 12; y 92 (15.X.1930), p. 7.

[135] A Southworth le resulta sorprendente el hecho de que Ledesma captase el fascismo como un todo y le diese respuesta en sólo unos meses; tiempo en que «fundó el movimiento, estableció sus bases principales, [e] inventó sus slogans más eficaces». «Quizás Giménez Caballero –añade el historiador norteamericano– comprendió también la totalidad del problema, pero demasiado ocupado en jugar con el estilo y las palabras, no pudo señalar un claro camino político.» (H. R. Southworth, *Antifalange*, París, Ruedo Ibérico, 1967, pp. 64 y 67).

[136] *Vid.* R. Ledesma Ramos, «Cinema y arte nuevo», *GLit*, 43 (1.X.1928), p. 5.

degger, le situaban en un terreno desde el que el "salto" al fascismo era, si no altamente probable, sí al menos perfectamente posible.»[137]

En los últimos meses de 1930 Ledesma trata de organizar en torno a sí el núcleo desde el cual lanzar su propia publicación política. El contacto más importante será el de Juan Aparicio, convertido a partir de entonces en su colaborador más cercano y permanente. En el origen de este acercamiento está la contestación de Aparicio a la encuesta sobre la vanguardia, donde dice: «Yo –devoción del Soviet– admiro y saludo –desde aquí, para siempre– las genialidades, genuinas, genéticas de Giménez Caballero –hacista–, al sindicalismo de Alberti, a José Francisco Pastor, Ledesma Ramos –autoritarios, jerarcas, concentrados. Lo demás... literatura. Vanguardia.»[138]

En diciembre de 1930 Ramiro Ledesma suspende su colaboración en la *Revista de Occidente*, como hará un mes después con *La Gaceta Literaria*. En su penúltimo artículo en ésta, dejará caer la siguiente anotación en un comentario sobre el profesor socialista Fernando de los Ríos: «Junto a la semblanza intelectual de D. Fernando de los Ríos, es inevitable que aparezca su semblanza política, *de la que radicalmente difiero y estoy llamado a combatir de un modo implacable y agresivo.* Creo oportuno decir esto a continuación de las líneas anteriores, de un elogio sin reservas.»[139]

El cambio de rumbo de Ledesma, correlativo a la adquisición de una cada vez más virulenta actitud antiintelectual, se plasmará finalmente con la fundación de *La Conquista del Estado*, un mes exacto antes de caer la Monarquía, precedida por la difusión de un «Manifiesto político». Para apreciar hasta qué punto el autodenominado «semanario de lucha y de información política» –que toma su título del periódico homónimo de Curzio Malaparte, por sugerencia expresa de Giménez Caballero–[140] surge de «la camaradería incierta y resuelta de *La Gaceta Literaria*»,[141] baste con apuntar dos datos. Por una parte, entre el exiguo grupo de fundadores y firmantes del manifiesto, la mitad eran o habían sido colaboradores de *La Gaceta*, verdadero aglutinante de una tendencia ideológica fascista: el propio Ledesma, Iglesia Par-

---

[137] I. Saz, «Tres acotaciones a propósito de los orígenes, desarrollo y crisis del fascismo español», *Revista de Estudios Políticos*, 50 (marzo-abril 1986), p. 193.

[138] Respuesta de J. Aparicio, GLit, 86 (15.VII.1930), p. 4. Según nos refirió Aparicio, Ledesma recordó este breve texto y lo llamó para contar con su concurso en el lanzamiento de *La Conquista de Estado*. Nacido en Guadix en 1906, Aparicio había entrado en contacto con Giménez hacia 1925, como lector de sus artículos, cuando estudiaba Derecho en la Universidad de Granada y Gecé colaboraba habitualmente en *El Sol* y no había fundado aún *La Gaceta Literaria*. Posteriormente envió algunos artículos (sobre su paisano Alarcón, sobre Maiakowski,...) a esta publicación, y conoció personalmente a Giménez cuando se estableció en Madrid para proseguir sus estudios de Letras, en 1928. (Entrevista con Juan Aparicio, Madrid, 8.III.1986).

[139] R. Ledesma Ramos, «Filosofía, 1930», GLit, 97 (1.I.1931), p. 16. La cursiva es nuestra.

[140] Según el testimonio de Aparicio en la entrevista citada.

[141] J. Aparicio, «Prólogo» a *La Conquista del Estado (Antología)*. Madrid, Ediciones FE, 1939, p. IX.

ga, Aparicio, el dibujante Francisco Mateos y, cómo no, el omnipresente Giménez Caballero.

En segundo lugar, hay una cierta continuidad entre la financiación originaria de *La Gaceta* y la de *La Conquista del Estado*. Nada consiguió Ledesma de su merodeo en torno a Cambó, a quien llegó a visitar en el Hotel Ritz, «juzgándole el ex ministro catalán como un adalid en posesión de una férrea teoría peligrosa», según las enfáticas palabras de Aparicio. Las aportaciones, por el contrario, vinieron del diplomático Sangróniz, quien puso a disposición del zamorano fondos procedentes del Patronato Nacional de Turismo e impuso como controlador a Ricardo de Jaspe,[142] cuya intervención posterior en la aventura fascista se limitó al desempeño de ese papel y a la publicación de una serie de anodinos artículos de política internacional en el semanario. Junto a la ayuda de Sangróniz, se recibieron también cantidades no especificadas de José Félix de Lequerica –a la sazón subsecretario del Ministerio de Economía–, o de amigos suyos madrileños y quizá de otros personajes pertenecientes, como él, a la oligarquía vasca no nacionalista, «posiblemente a través de la gestión llevada a cabo por José Mª de Areilza como intermediario».[143] Lequerica y Sangróniz –recordémoslo– habían colaborado ya en la financiación originaria de *La Gaceta Literaria*, y Areilza, por su parte, se había mostrado receptivo hacia las ideas expuestas por Giménez en su viaje a Bilbao de 1929. Con los años Areilza referiría en testimonio a García Venero la necesidad, en aquella coyuntura, de lograr la compatibilidad de dos «lenguajes aparentemente dispares»: uno dirigido a la burguesía del País Vasco, en su tierra, consistente en presentarle un programa en favor de la unidad española y contra la revolución; y otro, simultáneo, para el conjunto del país, basado en pedirle a esa misma burguesía ayuda financiera para «un movimiento que hablaba a los jóvenes de España un lenguaje enteramente nuevo»; es decir, el del fascismo.[144] No se olvide que por las mismas fechas tenía lugar otro acontecimiento, fruto también de oscuras y calculadas estrategias donde los designios políticos se imbrican con los poderes económicos: la maniobra para controlar el diario *El Sol* cuando éste apostó decididamente contra una Monarquía con los días contados. Significativamente,

---

[142] *Ibíd.*, p. XII y entrevista citada.

[143] Mª. J. Cava Mesa, *Los diplomáticos de Franco. J. F. de Lequerica, temple y tenacidad (1890-1963)*. Bilbao, Universidad de Deusto, 1989, p. 115. Antiguo maurista muy interesado por el fenómeno del fascismo, Lequerica es calificado como un «eficaz hombre de negocios», con intereses en empresas de los sectores de artes gráficas, navegación, seguros, siderurgia, vidriera y banca; pero «no un capitalista devoto de las labores de gestión. Aún más, se diría que instrumentalizó sus poderes de decisión económica para catapultar su vocación más decidida: el mundo de la política activa.» (*Ibíd.*, p. 97). Sobre sus posiciones políticas e intelectuales en los años veinte puede verse la antología de artículos –muchos de ellos provenientes de *El Pueblo Vasco*, de Bilbao– titulada *Soldados y políticos*, [Bilbao], Ed. Voluntad, 1928.

[144] *Apud* M. García Venero, *Falange en la guerra de España: la Unificación y Hedilla*. París, Ruedo Ibérico, 1967, pp. 33-34.

en esa operación, tanto Sangróniz como Lequerica figuran en la lista de compradores de acciones para desbancar a sus anteriores propietarios y reorientar su línea ideológica.

De esta forma podía iniciar su andadura, hasta cierto punto como hijo tardío de la agonizante *Gaceta Literaria*, el primer semanario estrictamente fascista del panorama español.

IV

LA SOLEDAD DEL ROBINSÓN

Capitán de un barco que se hunde

La implicación directa de Giménez Caballero en *La Conquista del Estado* se limitó a la publicación de cuatro artículos en los primeros números y puso de relieve, por vez primera, la dificultad de su instalación en un grupo político organizado, aunque embrionario. Las razones de su brusco apartamiento del núcleo conducido por Ledesma se resisten a cualquier intento de simplificación.

Por una parte, el cambio de régimen, sobrevenido un mes después de la salida de la publicación y acogido según Foard con una actitud «defensiva más que jubilosa»,[1] abría a Giménez nuevas perspectivas que no dudó en intentar rentabilizar. En el editorial publicado con su firma a propósito de la proclamación de la República, hacía valer los méritos de *La Gaceta Literaria* como precursora de la nueva situación: «LA GACETA LITERARIA –escribía– no pide a la República española otra cosa que una estimación justa. Más que justa: justiciera.»[2] Y aducía en apoyo de su pretensión, la serie de esfuerzos realizados desde la revista (el acercamiento cultural castellano a Cataluña, el planteamiento de la unidad peninsular, la cuestión religiosa –con la consideración del asunto judío–, el germen del joven y bullente periodismo político, la atención constante a la juventud y la Universidad, etc.) y la identidad entre los patrocinadores del periódico de las letras en 1927 y los fundadores espirituales del nuevo régimen: Marañón, Urgoiti, Ossorio y Gallardo, Luzuriaga y «el gran vidente don José Ortega y Gasset». Los argumentos de Giménez, parcialmente ciertos, pecaban de interesados y escamoteaban la realidad, no menos constatable, de aquellos otros fundadores de *La Gaceta* que habían intentado –como vimos en los casos de Lequerica y Sangróniz– apuntalar un régimen monárquico tambaleante, así como su propia evolución personal hacia el fascismo, desnaturalizadora de los propósitos iniciales de su publicación.

---

[1] Foard, *op. cit.*, p. 165.
[2] EGC, «"La Gaceta Literaria" y la República». *GLit*, 105 (1.V.1931), p. 1.

Ante la nueva coyuntura, su compromiso con una agrupación fascista tan radical como la de *La Conquista del Estado* restaba posibilidades, sin duda, a su demanda de intervenir en el nuevo curso de los sucesos españoles. No parece casual que, al poco tiempo de instaurada la República, obtuviese una nueva concesión del Ministerio de Estado, a través de la Junta de Relaciones Culturales, de medios económicos para proseguir las actividades sefardíes iniciadas en 1929. También pretendió continuar con el apoyo de los nuevos gobernantes sus actividades cinematográficas, en concreto prosiguiendo su proyecto de «cinema educativo» que la caída de la monarquía había truncado. El alejamiento de *La Conquista* habría sido, por consiguiente, buscado, o al menos facilitado, por él mismo.[3]

En la línea de lo apuntado, Ledesma Ramos no se limitó a señalar los puntos de vista «fluctuantes en presencia de los hechos» de Giménez y el sentido exclusivamente literario de sus escarceos políticos;[4] aprovechó oportunamente el distanciamiento del escritor para deslindar a su agrupación de la etiqueta de fascista que «sigue a Giménez Caballero como la sombra al cuerpo».[5] Si este último supuesto era una condición imprescindible para poder seguir desarrollando sus actividades en medio de un menor rechazo social, la explicación de Ledesma dejaba en la opacidad otros factores de discrepancia profunda. De un lado, el apartamiento del semanario del carácter absolutamente filoitaliano que tenía la percepción del fascismo realizada por Giménez; en el periódico tuvieron acogida también, y de forma destacada, informaciones procedentes del nacionalsocialismo alemán, empezando por la reproducción del propio programa del NSDAP de 1920. Desde otro ángulo, los puntos de vista de Ledesma y Giménez chocaban frontalmente ante sus respectivas consideraciones del «problema catalán» manifestado con fuerza en la recién nacida República, como tendremos ocasión de ver más adelante.[6] Finalmente, una discrepancia radical enfrentaba las concepciones de ambos ante la conflictiva relación entre los intelectuales y la política. Ledesma partía de una contraposición neta entre el hombre de pensamiento y el de acción. «Entiendo por intelectual —escribía en esas fechas— el hombre que intercepta entre su acción y el mundo una cons-

---

[3] De este parecer era Juan Aparicio, al ser entrevistado por el autor (Madrid, 8.III.1986).

[4] En el último artículo publicado por Giménez Caballero en *La Conquista del Estado* («Nosotros, los señoritos y los golfos. Valor superrealista y poético de los guardias de Seguridad», 4, 4.IV.1931, p. 4), relacionaba sucesos de actualidad política con el surrealismo. La dirección del semanario incluía una nota donde, tras reconocerle «gracia literaria», añadía severamente: «Pero bien está decir que no nos interesan nada las guerrillas de la literatura y que nos movemos en sectores donde pierden toda eficacia sus disparos. De otra parte, preferimos la acción y la rotundidad violenta a la violencia y el grosor de las palabras», en alusión a expresiones malsonantes utilizadas por Giménez en el escrito.

[5] «El señor Giménez Caballero ya no pertenece a "La Conquista del Estado"». *La Conquista del Estado*, 7 (25.IV.1931), p. 1; en R. Ledesma, *Escritos políticos. La Conquista del Estado. 1931*. Madrid, [ed. Trinidad Ledesma], 1986, p. 147.

[6] Cfr. Ucelay, *op. cit.*, pp. 43 y ss.

tante elaboración ideal, a la que, al fin y al cabo, supedita siempre sus decisiones»; frente a él, el hombre de acción «se sumerge en las realidades del mundo, en ellas mismas, y opera con el material humano tal y como éste es.» De esta disparidad de actitudes deducía una subordinación del primero al segundo: «Primero es la acción, el hecho. Después, su justificación teórica, su ropaje ideológico.»[7] Este esquema doctrinal tan rígido relegaba a segundo término y hacía muy incómoda la situación en el grupo de Giménez Caballero, intelectual por encima de todo y reacio a descender más allá de lo conveniente desde sus elucubraciones teóricas y sus atisbos literarios a la arena de una política de choque como la propugnada –con escaso éxito, todo sea dicho– por quien había sido hasta no hacía mucho su secuaz.

A la ruptura con Ledesma en abril de 1931 se vino a sumar la desbandada de colaboradores de *La Gaceta Literaria*, culminada cuando regresa de los Balcanes en julio de ese mismo año. Si ya desde el año anterior la vitalidad de la publicación languidecía a ojos vista, la llegada de la República fue el hecho determinante que le dio la puntilla. La marcha primero gradual y después abrupta de todas las plumas que habían prestigiado sus páginas, dejó a Giménez Caballero en la más estricta soledad, materializada en el esfuerzo titánico de los seis números de *El Robinsón literario de España*. Redactados íntegramente por él con pasión desbordada, vinieron a alargar artificialmente la vida de su revista entre agosto de 1931 y febrero de 1932. En conjunto, constituyen un poliédrico y paradójico documento de valor inapreciable para seguir –desde una subjetividad absoluta, teñida de ironía y humor no pocas veces amargo– los avatares políticos e intelectuales de la República en su primer año de existencia.

Paralelamente a la redacción de estas entregas, escribirá y publicará en 1932 dos libros: *Genio de España*, su obra más difundida, y *Manuel Azaña (Profecías españolas)*, compuesto en parte por una recopilación de artículos periodísticos (algunos de ellos del *Robinsón*) dedicados a la figura más descollante de la nueva situación. La suma de esta obra, realizada en el espacio cronológico de algo más de un año, define de manera precisa un período decisivo en su evolución ideológica y en su perfil como escritor, hasta el punto de poder afirmar que al término de su etapa robinsónica se sitúa el punto de no retorno, la consumación de la ruptura con las débiles amarras que le unían aún con la cultura política liberal.

EL ROBINSÓN EN SU ISLA DESIERTA

Cuando recogió en un volumen para bibliófilos las seis entregas del *Robinsón* se consideró en la obligación de medir y justificar semejante esfuerzo en una

---

[7] R. Ledesma Ramos, «Los intelectuales y la política». *La Conquista del Estado*, 5 (11.IV.1931), p. 3; en *Escritos...*, pp. 125-127.

introducción muy significativa. Nada –decía allí– de «alarde pueril e impertinente de una vanidad grafománica», pues si algo había despreciado desde siempre era el escribir por escribir. Al contrario, su *Robinsón* nacía y cobraba sentido
al brotar de dos emociones complementarias. De una parte, el hecho de constatar que de esa forma se enlazaba «a la mejor tradición española de espíritu:
esa de la abundancia, de la fecundidad, de la ilimitez, de la enormidad: la tradición seminal y multípara de España». A este argumento nacional, por sí solo
justificativo, añadía la segunda emoción circunstancial, consistente en haber superado en sí mismo y en el ambiente intelectual de su alrededor «el capcioso y
cobarde imperativo imperante del *límite*, de *lo parco*, de *lo puro*, de las *sílabas con-
tadas*, del canonjil *mester de clerecía* al uso». Su *Robinsón* estaba escrito con la materia de la pasión: «Es un temblor y una vehemencia continua desde la primera
a la última línea. Me consta que sus páginas queman, muerden y hasta sangran.»[8]
Y sin embargo, trataba de alejarse de la fórmula romántica y lírica de la confesión –a lo *Diario* de Amiel– para resolver en una simbiosis, como quizá no se había hecho desde la Edad Media, la búsqueda de la dimensión social y colectiva
a través de una sola conciencia, la suya, ansiosa de salvación personal.

Desde sus páginas iniciales *El Robinsón* planteaba ya un ataque contra la fu-
ga de los escritores desde su campo hacia el de la política, favorecido por el advenimiento de la «República de los intelectuales». En unos casos dirigía sus dardos a los antiguos amigos que lo habían abandonado o a sus enemigos más
acérrimos. «Veo que Arconada se ha hecho comunista.» «Veo a José Díaz Fernández, por fin, de diputado, descansando en paz. Se lo merecía...» «A quien
no veo es a *Nueva España*», comentaba no sin regocijo por haberla sobrevivido.
«Ledesma ya no grita.»[9] Araquistain era subsecretario en el Ministerio de Trabajo, con Largo Caballero, y José Bergamín, a quien visita intempestivamente,
Director de Acción Social Agraria e Inspector General de Seguros y Ahorros.[10]
Con todo, lo que más parece irritarle es ver a sus compañeros de oficio des-
empeñando puestos en la diplomacia, sin duda porque le hubiese gustado ser
premiado por el nuevo régimen con un puesto de esa naturaleza. Cuando visita al venerable Nicolás María de Urgoiti en la sede del diario *Crisol*, el local del
periódico le parece sumamente estrecho; pero los que van allí «saben que por
esa puertecita feliz –como en feria mágica– se sale a una Embajada, a un alto
cargo, a un bonito chapuzón en el presupuesto...»[11] Alvarez del Vayo, Mada-
riaga, Pérez de Ayala (en Londres), su admirado Américo Castro (Berlín), Ricardo Baeza (Chile)... Lamenta, sin embargo, que no se hayan acordado de Salaverría para una embajada americana:

---

[8] EGC, Introducción a la edición de bibliófilo de *El Robinsón Literario de España*, Madrid, La Gaceta Literaria, 1932.

[9] EGC, «Los anteojos». *RLE*, 1, p. 2 (*GLit*, 112, 15.VII.1931).

[10] EGC, «La literatura en la política», *ibíd.*, p. 3.

[11] EGC, «El Robinsón visita periódicos», *ibíd.*, p. 3.

«Alguien me dirá: *¡Es que Salaverría no era republicano!*
Pero, ¿quién era republicano sin ser embajador?
No. Lo que le ha fastidiado a Salaverría no es el declararse o no republicano cinco minutos antes de la cosa. Sino el enseñar la oreja demasiado crudamente en favor de la burguesía española. Esto no lo per-
dona nunca una burguesía naciente y vergonzante como la nuestra. A la
nuestra había que decirle: ¡Abajo la cochina burguesía! Y luego ametra-
llar a los obreros.»[12]

También le parece un error no haber nombrado a Baroja para la embajada en Roma. «Ha hecho novelas con la obsesión de Italia. En *César o nada* hay
una comprensión de Roma, que vaticina el ensueño del Duce.» Y una injusticia no pensar, en ese absurdo de hacer un cuerpo diplomático de intelectuales,
en Ramón Gómez de la Serna para cualquier parte del mundo, pues en su tertulia de Pombo se ha revelado como el diplomático más acertado y con más sentido de «la *mesa*», del banquete, del convivio. Su largo repaso concluye con estas palabras: «No es que me parezca absurdo que los diplomáticos sean intelectuales.
Lo que me parece inmoral es que a los intelectuales se les haga diplomáticos.»
Palabras que un día aún lejano se volverían contra él, que también sería un «embajador de los que saben escribir», aunque en una situación política muy distinta y en un país de tanta relevancia desde el punto de vista internacional...
como Paraguay.

El punto culminante del humor ácido hecho sarcasmo lo alcanza cuando, llegado desde Orihuela en diciembre de 1931, lo visita un joven pastor-
poeta desconocido que responde al nombre de Miguel Hernández. Se lo envía Concha Albornoz, hija del ministro de Justicia y compañera suya. Lo recibe
en los talleres de *La Gaceta Literaria*; lo somete a un «interrogatorio de Juzgado municipal», lee algunos de sus poemas... «Despedí a nuestro nuevo pastor poeta. Y le prometí que hablaría de él. Comprendí su angustia, su ansia,
su sueño. Simpático pastorcito caído en esta Navidad, por este nacimiento
madrileño.» A los pocos días el joven le envía una carta, desde el mismo Madrid, anunciándole que se le acaba el poco dinero que ha logrado reunir en
su pueblo natal... Giménez Caballero lanza un llamamiento a los cuatro vientos:

«Queridos camaradas literarios: ¿no tenéis unas ovejas que guardar?
Gobierno de intelectuales: ¿no tenéis algún intelectual que esté como
una cabra para que lo pastoree este muchacho? [...]
¡Hacedle aunque sea ferroviario! ¡A ver, a ver! ¡Vosotros los literatos

---

[12] EGC, «La literatura en la diplomacia. Sobre nuestros embajadores que saben escribir», *ibíd.*,
p. 4.

influyentes y mangoneadores! ¡Un premiecillo nacional para este pastor! ¡Para este poeta parado!»[13]

En última instancia, esa República ilustrada que se precia de redimir al país de la incultura se ve condenada a ser testigo de «las salvajadas magníficas de nuestros indígenas patrios». Giménez Caballero recorta maliciosamente noticias de los periódicos para elaborar su propio archivo surrealista. Noticias del siguiente tenor: «Unos campesinos andaluces, cortan las patas a reses vivas. Un individuo enlaza corredizamente el cuello de un niño a una caminoneta en marcha. Unos tales de Granada prenden fuego a un viejo.» Espectáculos ante los que se imagina a la creciente escuadra de Consejeros de Instrucción Pública «cayendo sobre el inminente delincuente indígena –agarrándole por la camisa, y propinándole un grave, sesudo, respetable consejo de instrucción pública, para que no deje mal a la decencia nacional, a la redención de las provincias, donde todo respeto debía ya tener asiento y acomodo; donde toda violencia de incultura debía estar proscrita ya a estas horas; a estas horas tan cultas e instruidas, de España».[14]

La República ha sido poco generosa con sus seguidores más veteranos e idealistas y con la juventud más combativa. Por un lado están aquellos a quienes ha querido reservar para cuando llegue el desgaste de los ocupantes de los primeros cargos; por otro, ha dejado sin ocupación a quienes, republicanos de toda la vida, han conservado los ideales «sin apolillarse del todo.» Ambos tipos –los *reservas* y los *conservas*–, de mediana o cierta edad, no recatan su descontento cuando están a solas. En tercer lugar sitúa a los *preservas*; es decir, los jóvenes «en general muy bien educados, pulidos, domesticados», con los cuales la República se salva de la acusación de no utilizar a la mocedad (como el dictador Primo de Rivera) al tiempo que se preserva de «barrabasadas impertinentes e impetuosas»[15] de una juventud más bárbara y escandalosa, apartada cuidadosamente de la cosa pública. Por eso, no parece sorprenderse mucho ante los resultados de una encuesta organizada por el semanario *Estampa* sobre el suicidio por amor. El hecho de que nadie se sienta partidario del mismo, le merece este comentario: «Los nuevos románticos de España se ríen de Werther y de Larra. ¡Matarse por amor! ¡Qué risa! ¡Si fuera matarse por un sueldo en el presupuesto! Porque, en España, los sueldos en el presupuesto llevan un nombre romántico, romántico: se les llama: *Destinos.*»[16]

---

[13] EGC, «Un nuevo poeta pastor». *RLE*, 5, pp. 10-11 (*GLit*, 121, 15.I.1932). Una versión más accesible del suceso, con retoques, en EGC, *Retratos...*, pp. 209-212. Sobre la relación entre Giménez y el poeta, *vid.* A. Sánchez Vidal, *Miguel Hernández, desamordazado y regresado*. Barcelona, Planeta, 1992, pp. 28-29 y 52–55.

[14] EGC, «Los anteojos». *RLE*, 3, p. 2 (*GLit*, 117, 1.XI.1931).

[15] EGC, «Tipos de la República. Reservas, Conservas y Preservas». *RLE*, 1, p. 16 (*GLit*, 112, 15.VIII.1931).

[16] EGC, «El suicidio por amor». *RLE*, 3, p. 6 (*GLit*, 117, 1.XI.1931).

Su desprecio por la extracción del personal político republicano se confunde con su ya vieja animadversión hacia el Parlamento. Los actuales diputados, a su juicio, han salido todos de la muy decimonónica tertulia del café; pues «toda la psicología de nuestro parlamentarismo trasciende a café con leche». Y ante esa realidad ofrece su particular sugerencia: «Sería ennoblecer *el café* español, transformarlo en ágora parlamentaria española. Mucho mejor que transformar el Parlamento en *café con limpiabotas*, como ocurre ahora.»[17]

Pero no todas las páginas del *Robinsón* discurren por esos cauces burlescos. Junto a ellas, las hay de sincero patetismo. La ironía e incluso el sarcasmo afloran a superficie como la expresión de un estado íntimo desesperado, de un rechazo profundo y radical de los fundamentos del mundo moderno, de la democracia liberal como forma de organización política, de las bases de su cultura, de la idea del progreso, de la razón como modo de acceder a su conocimiento. En el conjunto pluriforme de escritos que constituyen *El Robinsón literario de España*, los hay particularmente doloridos por la intimidad agónica que muestran al descubierto.[18] Artículos donde pone en cuestión ese mundo en que ha vivido extremada, intensa e inestablemente, hasta derivar hacia el fascismo. Y aunque la adhesión a éste fuese explícita ya en 1928, Giménez Caballero necesitaba hacer un ajuste de cuentas a su propio pasado, reorientar sus posiciones, aclararlas (y sobre todo aclarárselas), comunicarlas.

En primer lugar, con la propia vanguardia. Hacía tiempo que había decretado su caducidad, pero nunca se había pronunciado frente a ella con la condena rotunda de ahora. Al comentar un texto vanguardista americano, señala cómo va despertándose en él «un ansia feroz de desnudez, de simplicidad, de poesía directa, de asesinato de la imagen.» Toda aquella literatura, antaño reverenciada, le parece ahora una «literatura de chófer»; y frente a ella postula «quemar el automóvil, ignorarlo, ruralizarse del todo».[19] Idéntica desazón le produce la arquitectura nueva:

> «Es cierto el malestar que me va produciendo ya esta arquitectura racionalista, cubista, lecorbuseriana, que empieza a invadirnos, a aplastarnos. ¡Quién me lo hubiera dicho hace tres, hace dos, hace un año! Cuando al fundar *La Galería* y traer muebles de acero por primera vez a Madrid, y amistar con Mercadal y Aizpurúa y Domínguez y los otros arquitectos jóvenes, me parecía entrar en un terreno evangélico.»[20]

---

[17] EGC, «Parlamentarismo y café con leche», *ibíd.*, p. 2.

[18] «Los que hayan observado –escribirá en 1932– mi vida literaria o espiritual de estos últimos tiempos saben [...] que mi ánimo se levanta hoy del yermo y soledad donde hace un año se ejercita en liberarse de crisis e inquietudes, algunas de las cuales he ido transcribiendo a ésta mi obra monacal de *El Robinsón Literario de España* (testimonio respetable, al menos, por su generosa abundancia).» (EGC, *Genio de España* [1932]. 8ª ed., Barcelona, Planeta, 1983, p. 163).

[19] EGC, «¿Qué hay por Hispanoamérica?». *RLE*, 1, p. 8 (*GLit*, 112, 15.VIII.1931).

[20] EGC, «Disgusto por la "arquitectura nueva"». *RLE*, 2, p. 12 (*GLit*, 115, 1.X.1931).

El rechazo de la modernidad le lleva, por otra parte, a la búsqueda de las fuentes originarias por las que el hombre se siente radicado en la vida. Así se reencuentra con la religión, concebida en un primer contacto desde un prisma cultural, pero intuida en última instancia por su capacidad de representación del misterio, de lo más profundo y abismal del ser humano. De esta forma se explica su experiencia gozosa del judaísmo al acompañar a unos amigos sefardíes a la sinagoga madrileña, y su sentimiento de hombre al mismo tiempo *libre* y *ligado* al entrar a continuación en la iglesia de San Isidro, tan vinculada emocionalmente a su infancia. Allí, en el templo, presencia alborozado el espectáculo de la ritualidad católica que apela a toda la sensualidad humana:

«Ojos, cuadros, luces. Oídos, música y canción. Olfato, incienso y cera. Tacto, estatua y cúpula. Sabor, hostia en los labios, vino de cáliz, vino y pan. Y sentido quinético, dramático, en los movimientos sacerdotales, en las comitivas canónigas, acólitas, ministriles. Y voluptuosidad de la casulla en seda. Y el brocado, y el oro, y la llama de cirio y el herraje del altar...»

Y descubrir, de pronto, que las mismas sensaciones debieron experimentar sus amigos judíos en la sinagoga, porque, al cabo, el mundo es «una serie de madres» y hasta el más pródigo de los hijos no puede dejar de sentir «el vaho remoto de un regazo indisoluble, al reencontrarse a sí mismo, infante e indefenso, apretado a un pecho caliente, a la leche primera de su vida». Por eso rechaza con toda vehemencia el laicismo puesto en práctica por la República:

«Me puse a pensar en el crimen frío, viscoso y horrendo –en la atroz hipocresía– que significa la tesis laica de dejar al niño sin religión para *que escoja "libremente" cuando llegue a adulto*. ¡Pero si no hay religión sin niñez! ¡Si la religión es fuerza oscura, atávica, salto atrás, defensa del subconsciente, poesía de orígenes! ¡Escoger religión! ¡Pero si eso es imposible! [...]

¡Qué crimen, la tesis laica; qué brutalidad monstruosa contra el niño, como son todas las tesis humanitarias!

Se comprende –y yo la aplaudo porque la comprendo– la decisión rusa de *prescindir de toda religión en toda época y en toda edad*. Eso significa una valentía hermosa, *una nueva religión indecible*. ¡Pero permanecer sin religión hasta los treinta años y luego *escoger*, como se escoge a una mujer en un burdel para acostarse un rato con ella!»[21]

Semejante valoración de lo religioso ha de chocar por fuerza con el cleri-

---

[21] EGC, «Judaísmo, Catolicismo, Laicismo», *ibíd.*, p. 11.

calismo. Este le parece como «el caparazón de toda religión sin vida», como «la ceniza del fuego consunto.» Por eso no duda en proclamarse como el más rabioso anticlerical. Las órdenes religiosas tradicionales han perdido vitalidad y sentido trascendente de procurar a los hombres –y a las masas, refugiadas por ese motivo en el comunismo– la «solución de la Muerte y de la Vida». No tiene inconveniente, pues, en sumarse gustoso a quienes piden su expulsión o disolución; ahora bien, siempre que se trate del paso previo para fundar sobre sus escombros «la gran estructura religiosa que recupere todo. Sometamos a orden religioso la vida otra vez. Volvamos otra vez a lo internacional para poder salvar cada *nación*, cada grupo de gentes.»[22] Con esta forma de expresarse paradójica y violenta, empieza a conferir al fascismo –sin nombrarlo– un carácter religioso, un vago misticismo, la aspiración a una nueva trascendencia; y al mismo tiempo, a la religión la va concibiendo como una forma de militancia abnegada y salvadora para los hombres, en cuanto individuos y en cuanto integrantes de la masa. Fuera de esa aspiración, sólo está la «nueva moral de lo abominable que comienza a regirnos», donde «la mierda va a pasar a serlo todo: la divinidad misma. Y a toda divinidad se le debe respeto. Cuando ya el oro no vale en el mundo. Ni el héroe. Ni el amor. Ni la forma. Ni las ganas de vivir.»[23]

Desde esos supuestos, irá desgranando las cuestiones cardinales de su visión del mundo a esta altura de 1931-1932: individuos y masas, libertad y liberalismo, democracia, socialismo. «Los mismos sentimientos que me impulsan para considerarme anticlerical siento que operan en mí para alarmarme contra el socialismo.» Con el socialismo, por otra parte, ha ocurrido lo mismo que con el liberalismo: «Lo *liberal* llegó a constituir exactamente lo contrario de *lo liberador*. El origen político del liberalismo estuvo en su ansia pura y noble de liberación. Pero a fuerza de bastardear este ansia lírica y suprema del hombre, lo *liberal* llegó a ser arrollado por verdaderas *reacciones liberadoras*, que –si *reacciones* aparentes– eran mucho más liberadoras en el fondo que lo *liberal*.» De forma análoga, «el socialismo comenzó pronto a ser desleal consigo mismo, promiscuo, ecléctico, bastardo. A perder su exacta ecuación con "lo social" y a derivar a injusticia, a falsa interpretación "clasista". A transformar "lo social" en "socialista".»[24] La *reacción liberadora* contra el liberalismo y la defensa de *lo social* desde una perspectiva supraclasista, apuntan, como es bien transparente, hacia su idea del fascismo; aunque el autor, en estos momentos, se cuide mucho de referirse directamente a él. Y cuando lo haga, será desde una posición de distanciamiento calculado.[25]

En una plana de la quinta entrega del *Robinsón*, Giménez Caballero confronta con un golpe de efectismo visual los retratos de Ignacio de Loyola y Le-

---

[22] EGC, «Yo soy un rabioso anticlerical». *RLE*, 3, p. 9 (*GLit*, 117, 1.XI.1931).
[23] EGC, «Ascesis comunista. Nueva moral de lo abominable», *ibíd.*, p. 10.
[24] EGC, «Tras el santo y seña. Lo social y lo socialista». *RLE*, 4, p. 7 (*GLit*, 119, 1.XII.1931).
[25] Cfr. EGC, «El fascismo y España». *RLE*, 5, pp. 7–8 (*GLit*, 121, 15.I.1931).

nin. Y a partir de textos de Dostoievski (sobre todo «El Gran Inquisidor» de *Los hernamos Karamazov*) o del historiador austríaco Fulop Miller, establece los puntos de contacto entre el chigalevismo y el jesuitismo, para concluir: «La libertad de conciencia de los síngulos, de los individuos, el escoger entre el bien y el mal, son peligrosos para la felicidad de las masas; la única vía para obtener esa felicidad no consiste más que en la "obediencia ciega".»[26] Así enuncia, de la forma más precisa, la base perversa sobre la que se han levantado los totalitarismos de este siglo: la necesidad de una minoría que asuma abnegadamente la dirección de las masas y las moldee a partir de principios supraindividuales, liberándolas de toda responsabilidad en la toma de decisiones y proporcionándoles un paraíso uniformado donde no exista el sufrimiento.

En un artículo anterior ya había expuesto el carácter inaprensible y evanescente de la libertad y la inaccesibilidad de las masas para gozarla sin la mediación del pastor. La libertad es presentada como un problema insoluble, una esencia inefable que muy pocas almas pudieron sentir en el tiempo concreto del advenimiento del nuevo régimen. «Sólo aquellas almas capaces de soledad, en aquellos momentos, pudieron contemplar la transfiguración: aquella sonrisa etérea sobre el cielo inmóvil y vacante», cuando todo un sistema secular –la monarquía borbónica– caía roto en pedazos. Y da esta explicación –producto de las aplicaciones psicoanalíticas a la colectividad social–, ilustrada con los ejemplos de dos países que han separado radicalmente sus caminos de la democracia liberal:

> «¡La libertad! ¿Quién dice que la libertad tiene nombre de "masa"?
> La masa sólo es libre cuando alguien la esclaviza. No hay peor tormento para la masa que entregarla [*sic*] la libertad, mariposa de espuma, iris de humo, tornasol de agua.
> Yo no he visitado Rusia. Pero conozco Italia, Y he visto "la alegría de la masa", con su libertad conquistada en su tirano. La libertad política de la masa es una forma de amor que sólo se siente satisfecha, "libre", como cuando se siente libre la mujer enamorada, al ser poseída.»[27]

La democracia, en fin, es la expresión del poder del *demos* de toda ciudad europea y moderna, como va siendo Madrid. Pero lo democrático se contra-

---

[26] EGC, «España y Rusia. Loyola y Lenin», *ibíd.*, pp. 5-6.

[27] EGC, «Oda, indecible, a la libertad». *RLE*, 2, p. 8 (*GLit*, 115, 1.X.1931). «Es posible –escribía coetáneamente R. Laforgue– que la autoridad, incluso brutal y represiva, se preste en ciertas naturalezas al servicio de tendencias eróticas, de la misma manera que a la criada de Molière le gustaba ser golpeada por quien la poseía. El individuo gozaría de su servidumbre, lo que nos ayudaría a comprender cómo un hombre puede hacerse obedecer tan fácilmente por tantos otros.» («L'erotisation des relations sociales de l'homme». *Revue française de psychoanalyse*, 1930-1931; *apud* P. Flottes, *El inconsciente en la historia*. Madrid, Guadarrama, 1971, p. 28). Este tipo de análisis culminará –como veremos– al interpretar la II República y su político más relevante, Manuel Azaña.

pone a lo popular. El *demos* urbano nada tiene ya que ver «con el pueblo, con el sentido rural, pagano, genial, originario y manantiálico de un país». Con el texto siguiente –enumeración volcánica de sus desesperaciones– culmina su rechazo visceral de un mundo ante el cual sólo el catastrofismo puede sacarle de la absoluta alienación:

> «Ya sé que todo camina hacia la democracia, hacia lo mecánico; que todo conspira contra lo popular, contra el pueblo mismo; que la ciudad devora como un cáncer el agro, el paisaje, el hombre y la bestia, la primitivez de la vida. Que todo se hace máquina, deshumano, racionalizado, confortable y tal. Que vivir y morir van siendo cosas sin excesiva importancia, cosas flanqueadas de específicos, de fórmulas urbanas, de mediocridad, de grisura, de americanidad, de sensatez y de facilidades. [...]
> Gracias a que todavía en el mundo hay chinos, y rusos, y católicos locos, y kukluxklanes fanáticos, y perfidias y horrores, y catástrofes terráqueas, y guerras y epidemias y nuevas enfermedades desconocidas y tiros por las calles y hospitales llenos de gentes de pueblo, y hambre, y niños aplastados por camionetas y algún que otro suicidio [...] puede seguirse viviendo todavía un poco, y teniendo esperanzas de morir con esperanza, es decir, con temblor de futuro, con Destino diferente al destino del cemento Asland [...]»[28]

El Robinsón literario de España, por último, es la triste crónica de las sucesivas rupturas con sus antiguos compañeros de letras y amigos. Con Benjamín Jarnés, dolido porque le lanza «excomuniones solapadas» con estilo frailuno, utilizando el pretexto de citar a Ortega («el santo que le paga las misas y al que siempre será poco rezarle un padrenuestro diario»).[29] Con Domingo Barnés, a quien encuentra «evasivo» y «áspero» ante sus intentos de aproximación para llevar adelante sus proyectos de cinema educativo y de los sefardíes.[30] Pedro Salinas se molesta por la nota del *Robinsón* a propósito de la concesión del Premio Nacional de literatura a Cipriano Rivas Cherif.[31] La ruptura con Ricardo Urgoiti se produce cuando el Cineclub Español cambia su nombre por Estudios de Proa-Filmófono, al iniciar su 4ª temporada.[32] Y con Sbert, sobre el cual confiesa su desencanto: «Yo me equivoqué cuando juzgué a Sbert al salir de su cárcel y ser recibido por Madrid. Le creí un arrebatacorazones, un héroe pasional, un

---

[28] EGC, «Lo democrático y lo popular. Madrid ya es democrático». *RLE*, 4, p. 7 (*GLit*, 119, 1.XII.1931).

[29] EGC, «¿Un frailazo? ¡Ojo Heliófilo!». *RLE*, 2, p. 13 (*GLit*, 115, 1.X.1931).

[30] EGC, «Los anteojos». *RLE*, 3, p. 2 (*GLit*, 117, 1.XII.1931).

[31] EGC, «El paraguas de Pedro Salinas». *RLE*, 6, p. 6 (*GLit*, 122, 15.II.1932).

[32] EGC, «Muerte y resurrección del Cineclub». *RLE*, 5, p. 11 (*GLit*, 121, 15.I.1932).

enciendellamas. (¡Hacía tanto frío en Madrid!). Pero Sbert no era un condotiero, ni un cabecilla, ni un gran capitán. Era un ebanista chino. Un relojero suizo. Un coleccionista de cajas de cerillas.»[33]

LA ÚLTIMA REPÚBLICA HISPANOAMERICANA

Tras la aproximación entre irónica y sarcástica a la II República, Giménez Caballero ensaya un acercamiento a su significado desde una óptica histórica. Y desde ese ángulo, un año después de su advenimiento la República es presentada como el exponente postrero de la crisis española en los últimos tres siglos, cuando a partir de 1648, *el primer 98 de España*, el imperio hispánico de los Austrias empezase a decaer. Esas tres centurias vienen con el estigma de una sangría de pérdidas territoriales, hasta «el último 98», el número trece, donde prácticamente ya no quedan espacios coloniales en juego; lo que está en juego es la existencia misma de la nación. Este *«tredicésimo 98 de España»* tiene un preludio que va desde el desastre de Annual en 1921 hasta el Pacto de San Sebastián en agosto de 1930. Y un estertor final: la caída de la monarquía en 1931.

«14 de abril. La farsa –que no fue farsa– se acabó. El residuo final de España se disuelve y pulveriza dentro de la misma España. Rey, Aristocracia, Iglesia, Ejército, Lengua y Unidad. Una mesita en aquel despachito de aquella calle de San Sebastián: Círculo Republicano. El último 98: el número XIII de España. Alfonso XIII se va. El vertebrado Imperio, la integrada España, 14 de abril: un solar en derribo.»[34]

Para llegar a este apunte impresionista y conclusivo de 1932 Giménez Caballero habría de recorrer un camino de esperanzas y frustraciones, cuyas huellas debemos seguir a través de los textos publicados al compás de los mismos acontecimientos. Su actitud en el momento de la proclamación de la República consistió –ya lo hemos visto– en hacer valer sus méritos de artífice de *La Gaceta Literaria*, en cuanto precursora del nuevo estado de cosas. Más adelante –cuando el recién instaurado régimen lo deje completamente al margen y *La Gaceta* naufrague en los números de *El Robinsón*– considerará a la República, ante todo, como un «asunto catalán».

Al abordar nuevamente la cuestión catalana, Giménez Caballero se verá obligado a variar su perspectiva. En diciembre de 1930 –como señalamos en el capítulo anterior– había dedicado su artículo sobre Cataluña[35] al político Cambó; en marzo de 1931, publicará una nueva versión traducida al catalán bajo el

---

[33] EGC, «Los estudiantes. En torno al Congreso de la F.U.E.». *RLE*, 4, p. 14 (*GLit*, 119, 1.XII.1931).
[34] EGC, *Genio...*, p. 26.
[35] EGC, «Mensaje a Cataluña...»

título «L'aventura en la concòrdia».[36] Ucelay Da Cal ha resaltado las notas más destacables de ambos escritos: «"Gecé" fue directo a las contradicciones principales del catalanismo: apuntó que todo proyecto catalanista serio –o sea, con posibilidades– era por fuerza un proyecto de reorganización española, al mismo tiempo que resaltaba la dicotomía entre los sueños nacionalistas catalanes de llevar a cabo, por una parte, la construcción interna de la patria y, por la otra, separar de tal relanzamiento nacional un esfuerzo de proyección externa.» Sin pretender en este caso la provocación –contra su inveterada costumbre– e incluso animado por una intención halagadora hacia Cataluña, Giménez incurrió en dos errores básicos al proyectar sus opiniones sobre el problema. El primero fue no reparar en la «susceptibilidad extraordinaria del medio catalanista tan siquiera para la explicación de estos temas, y mucho más cuando lo hacía un forastero»; sus ideas habrían de ser juzgadas, así, como una intromisión por los sectores más radicalizados del nacionalismo. Más gravedad revistió todavía su crítica de la figura de Macià y apuntarse «a la línea general de la Lliga; por ello pagaría un alto precio político poco tiempo después.»[37]

Para poder seguir ocupándose de Cataluña, Giménez Caballero hubo de olvidarse de sus anteriores guiños a Cambó (el derrotado político de la «concordia») y transformar las críticas a Macià en alabanzas: «Macià ha sido el único héroe y el único revolucionario en esta falsa revolución republicana»; «es la única figura grande y simpática de hoy en España». Y ello porque –frente al espíritu «pancista» de Castilla, donde Gobiernos y gentes medrosas todo lo dan y todo lo rectifican «con tal de que "no haya locuras"»– se ha revelado como «el hombre con voluntad, sabiendo entrañablemente lo que quería encarnando un ideal, longevo, de todo un pueblo. Creando con su espíritu audaz y oportuno todo un sentir unánime.»[38] Esa realidad, perceptible por cualquier observador, le va a servir de basamento para establecer su nueva confrontación entre el Madrid republicano y la Barcelona populista.

La ocasión propicia se la brindará la visita de Macià a la capital española. Giménez dice contarse entre los pocos madrileños que acudieron a la estación del Mediodía para presenciar la llegada del *caudillo* catalán. «Cuando al día siguiente –comenta con mordacidad– leí en los periódicos el "indescriptible entusiasmo" del noble pueblo de Madrid por el presidente de la Generalitat me quedé estupefacto de la oficiosidad servil de la Prensa, acentuada bajo la República con más fuerza que bajo la otra Dictadura, donde al menos se leía en los sueltos oficiales un paréntesis en cursiva dignificador: (*De inserción obligato-*

---

[36] EGC, «L'aventura en la concòrdia». *Revista de Catalunya*, XIII, 67 (marzo 1931), pp. 233-240.

[37] Ucelay, *op. cit.*, p. 63. «La política catalana –escribe al respecto el profesor Ucelay– era y es especialmente protectiva de sus tabúes y de sus contradicciones, ya que la afirmación de unos valores simbólicos ofrece la única continuidad ante la falta de un Estado, productor permanente de símbolos.» (*Ibídem*).

[38] EGC, «Mi mapa ibérico de atención». *RLE*, 1, p. 7 (*GLit*, 112, 15.VIII.1931).

ria).» La observada insensibilidad manifestada por los madrileños le preocupa, por cuanto «a ratos se diría que es un envilecimiento vital, una astenia morbosa, una incapacidad de jefatura nacional».

La otra cara de esa experiencia se la va a proporcionar su viaje a Barcelona para contemplar la vuelta del político catalán. Mientras Macià volvía en tren lento, Giménez Caballero escogerá el avión: «Yo preferí preseguirle por el aire para evitar el tormento de los desiertos aragoneses, de esa frontera ebronita, donde, según los catalanes, se ejerce la *tiranía española* y donde, según los arrieros de la región, no tiranizan ni las moscas, pues no pueden vivir de soledad y de abandono.» Llegado a la capital catalana se dirigió a la plaza de San Jaume acompañado por sus amigos Gasch, Montanyà y Díaz-Plaja. Plasmará su impresión con estas palabras:

> «La plaza –a medianoche y cuarto– era ya un ser vital autónomo. Una unidad multicéfala. Agitada como un fenómeno marino, en oleadas y espumas, en hervores y estruendos. Espumas de los pañuelos. Oleadas de banderas. (¡Esas banderas catalanas *gualda y rojo*, donde se han refugiado los colores nacionales de la tradición nacional, de la tradición española!) De pronto el cuadrángulo placial se estremeció en clamor unánime, como un *alalá*, como un *evohe* antiguo.
>
> El *Avi* avanzaba en coche abierto –lentamente– por entre la piñata humana, que le acariciaba sin romperle [...]. Se oía un único grito en eco inacabable: *¡Avi! ¡Avi!*
>
> El *Avi* saludaba y sonreía, tal que un Mussolini vestido de Gandhi. (*¡Duce, Duce, Mahatma, Mahatma!*)»

El espectáculo populista le trae a la memoria, inevitablemente, la imagen de la Italia fascista. Esa «estrategia civil y entusiasta» la había visto ya en «la Piazza del Duomo milanesa, cuando Benito Mussolini, acompañado de sus "sindicalistas nacionales", aparecía en un tablado a enardecer la cohesión de todo un pueblo en marcha». Imagen que reforzarán sus amigos catalanes cuando le confiesen: «*¡Este es nuestro fascismo!... Con la condición de que nadie se entere que es fascismo... ¡Este nuestro caudillo, nuestro Duce!... Con la condición de que nadie lo compare con un Duce.*» Y él mismo cuando da por supuesta, con el triunfo de Macià, una fortificación de las «organizaciones propias y nacionales»: *Nosaltres* puede equipararse al grupo inicial italiano que respondía al grito de *A noi!*; los *palestras*, son una especie de «*balillas* catalanes –a base de esta polarización pedagógica: *doctrina nacional y ejercicios bélicos, gimnásticos*–. Todo separatista se ejercita desde años en el *tiro nacional.*»[39]

Con todas sus reticencias e ironías, la primera parte del artículo que co-

---

[39] EGC, «La República Española como asunto catalán». *RLE*, 2, pp. 6-8 (*GLit*, 115, 1.X.1931).

mentamos refleja su fascinación indudable ante el hecho del nacionalismo catalán, aunque lo perciba distorsionado por las notas esenciales de su visión del fascismo: el político enérgico y resuelto (el héroe) que interpreta y encarna el sentimiento *unánime* del pueblo. De forma significativa, la Italia fascista no será inmune a esa percepción. Con oscilaciones de intensidad pero durante varios años, mantendrá su confianza en una Cataluña que actúe como avanzada modernizadora del conjunto español en un proceso tendente al desarrollo del fascismo, pues en ningún otro territorio español se dan unas condiciones sociales, políticas y económicas tan propicias.[40] Incluso mucho después de que *Gecé* –de quien parecen tomadas en principio esas sugerencias– hubiese descartado toda esperanza en ese sentido.

Porque la fascinación se convertirá pronto en decepción amarga. No es necesario salirnos del texto comentado. En su tramo final hará explícita la imposibilidad de cohonestar el empuje popular del nacionalismo catalán y su proyecto fascista español, tras haber hecho un balance negativo de su estrategia precedente basada en acercamientos amistosos de las dos comunidades desde un prisma cultural.[41] Al recordar el viaje de los intelectuales castellanos a Barcelona de marzo de 1930 –«inspirado por un Francesc y rematado por otro Francesc»–, considerará que con él «Cataluña daba cima al "principio del fin". A los orígenes decisivos de la República española. A minar seriamente la primera contextura unitaria de "España": la del intelecto.»[42] Especialmente clarificadora para llegar a esas conclusiones le resultará la extensa réplica de Pere Màrtir Rossell i Vilar –titulada con ironía «Un amic de Catalunya»– a su artículo de marzo de 1931, en las páginas de la misma revista.[43]

«Polémica reveladora» la llamará Giménez Caballero, considerando a su contrincante un «catalán representativo del momento», aunque no pase de ser más bien un personaje marginal en el seno de Esquerra Republicana (situado en su extremo más nacionalista) y nada digamos de la política catalana en general. Que este «pintoresco agrónomo racista» –como lo califica Ucelay– apareciese poco después como portavoz del auténtico fascismo catalán (el de los *Escamots*, dirigidos por el doctor Dencàs y Miquel Badia), partidario de un independentismo sin concesiones e incompatible, a mayor abundamiento, con cualquier forma de fascismo español, explica el carácter de «diálogo de sordos, donde el uno y el otro se están diciendo las mismas cosas, pero con un reper-

---

[40] Cfr. I. Saz, *Mussolini contra la II República*. Valencia, Alfons el Magnànim, 1986, pp. 52–57. Evidentemente, en la visión de Cataluña por la Italia de Mussolini confluían, como señala este autor, no sólo consideraciones de rango político o ideológico, sino también de política exterior.

[41] «El intelectual catalán como el intelectual castellano –tras aquel famoso abrazo del Ritz– del que aún se está uno sonriendo, siguen sin entenderse, haciéndose caricias e hinchándose de arañazos.» (EGC, «Mi mapa ibérico…»).

[42] EGC, «La República Española como…»

[43] P. M. Rossell i Vilar, «Un amic de Catalunya». *Revista de Catalunya*, XIV, 72 (agosto 1931), pp. 130-149. Un amplio resumen y comentario en Ucelay, *op. cit.*, pp. 64–69.

torio de códigos y de símbolos opuestos».[44] Rossell partía de la imposibilidad para el catalanismo de buscar la concordia con España, pues ello representaría su esterilización política; a fin de cuentas, «entre Giménez Caballero, Unamuno, José Ortega y Gasset i tots els Royos Vilanovas no hi ha cap diferència essencial»: al margen de sus respectivas actitudes ante Cataluña –favorable, reticente o abiertamente hostil, como en el caso del último–, todos comparten la condición de españoles; es decir, de *opresores*. Es entonces cuando Giménez parece descubrir su equivocación de mantener la creencia en la unidad ibérica empujada por Cataluña. Y comprender el alcance real de «la táctica catalana», impuesta en el Pacto de San Sebastián y concretada en «cinco *antis* fundamentales», liquidadores de la España secular:

> «1.º *Antimonarquía* (desmembración de la unidad sostenida por *una arquía* secular). 2.º *Anticlericalismo* (fractura de la red espiritual tendida sobre las conciencias hispanas unidas). 3.º *Antimilitarismo* (disección del Ejército para «quitar poderes al toro»: esencial puyazo). 4.º *Antilatifundismo* (pulverización de la aristocracia latifundista castellano–andaluza, que sostenía desde la unidad española del cuatrocientos la cohesión territorial y propietaria del suelo). Y 5.º *Anti[i]diomatismo* (expulsión de la lengua española, derrota del "maestro nacional", germen de la cultura unitaria dentro del niño).»[45]

De forma implícita reconocía al mismo tiempo su desorientación al haber confiado en Cambó, cuyo fracaso veía natural: «Era el minimalista. Era el concesionista. Era el hombre de la "concordia". Era el hombre que pactaba con el enemigo. Era un vencido de antemano.» Después de lo escrito, el escaso hálito de esperanza de sus palabras al columbrar las posibilidades catalanas de actuación *liberadora* en el resto del país devenían en mera retórica: «El asunto catalán puede rápidamente evolucionar a un "asunto ibérico de veras, ecuménico y vasto".» Aunque inmediatamente advertía: «En esa evolución estará la salvación –más que de España– de Cataluña misma.» Ahora ya no se trataba del dilema entre *abrazo* o *fusil* planteado el año anterior. La política del abrazo se había demostrado inviable y si Cataluña carecía de voluntad y fuerza para seguir interviniendo en España –para liberar «als altres pobles ibèrics»–, era lógico suponer que terminaría por ser ésta «la que –resucitada– intervendrá en ella».[46]

---

[44] Ucelay, *op. cit.*, p. 69.

[45] EGC, «La República Española como...»

[46] *Ibídem.* Cualquier equívoco se disipará a la altura de julio de 1932, cuando escriba con esta dureza: «Ustedes nos pedían que Castilla no les *oprimiera*. Que Castilla respetase su lengua maternal, y sus costumbres, y sus folklores. Y nos lo pedían ondeando una melena romántica y sentimental, que nos hacía venir las lágrimas líricamente. Pero nos lo pedían para con ello en mano poder suprimir entre ustedes la única lengua maternal de España y América, que no es el castellano,

«Su amargura fue tal –escribe Ucelay– que "Gecé" tuvo que reinventarse su modelo de la Historia, del imperialismo, de todo, para descubrir la "visión paranoica de la Historia" de la derecha española de toda la vida.»[47] Ese paso lo dará definitivamente en *Genio de España*, libro donde su idea inicial de la República como «asunto catalán» quedará subsumida en otra más abarcadora: la de un «vasto plan» francés.

Giménez Caballero reproduce allí su conversación con el director de un diario de Madrid mientras en las Cortes se discutía el Estatuto catalán. Su argumentación invierte los términos utilizados hasta ahora, aunque algunos estuviesen prefigurados en los textos comentados. Nada de pedir ya una Cataluña interventora; la unidad de España sólo se puede identificar con una Castilla fuerte («Castilla: corazón de España»). A su vez, las armas castellanas para mantener la cohesión se han cifrado tradicionalmente en tres modalidades de unificación: la religiosa, la territorial y la lingüística; aspectos que, «mejor o peor, se sincretizaban en la Monarquía». *La Gaceta Literaria*, al ser fundada en 1927, había sucumbido con ingenuidad a la trampa del iberismo, su aspiración ideal originaria, aceptando en sus páginas textos en las distintas lenguas peninsulares y facilitanto los contactos intelectuales entre las diversas culturas del ámbito ibérico. Sin embargo, para que *lo ibérico* resultase un objetivo con capacidad de atracción hizo falta un pacto más misterioso que el de San Sebastián; un pacto con el cual encandilar a «la pobre Castilla»: el señuelo de Portugal. «Castilla –rotos sus corvejones– no era ya un peligro ni para Cataluña ni para Portugal. Portugal *podía* sacudirse ya de su yugo inglés y acercarse a la famosa y soñada Federación Ibérica. Portugal sacudiría su dictadura, que es lo que le ataba a Inglaterra.» ¿Quién movería los hilos ocultos de esa trama? ¿A quien beneficiaría en última instancia la unidad ibérica formada sobre las ruinas de una Castilla desarmada? Giménez le confiesa al director del periódico haberse despertado de ese sueño iberista con una pesadilla: «la de Francia. ¡Admirable Francia. Enemigo admirable! A Francia le interesa mucho esa *Petite Entente*, semejante a la que formó en los otros Balcanes, los de Oriente.» «–Ahora comprendo por qué detuvo usted la marcha ibérica de su *Gaceta Literaria*…», le habría apostillado

---

¡sino el santísimo idioma *español!* Y nos lo pedían ¡no para bailar la sardana ni rezar a San Jorge!, sino para destrozarnos nuestro Ejército, y nuestra Iglesia, y nuestra aristocracia, y nuestro maestro de escuela. Nos lo pedían ustedes –amigos segadores– para desvertebrarnos, para desmedularnos, para desartillarnos y reducirnos a fácil presa, a eunucos. Nos lo pedían ustedes para que cayéramos en la horrenda trampa villana, mientras ustedes preparaban sus quintos de Macià, sus fusiles, sus filólogos, sus periódicos, sus plebiscitos, sus fronteras, sus préstamos al extranjero; esto es, su separación radical de nosotros. ¡Nosaltres sols, *nosaltres sols!* –gritaban ustedes frente a nosotros, que gritábamos ingenuamente: *¡Nosotros somos vosotros!* […]. Pero la nobleza y la ingenuidad tienen un límite. Y ese límite ha llegado.» (EGC, «Nosaltres sols. El fascismo catalán». *Informaciones*, 7.VII.1932).[47] Ucelay, *op. cit.*, p. 72.

[47] Ucelay, *op. cit.*, p. 72.

el periodista. «–No la detuve. Me la detuvieron»,[48] sería la contestación de Giménez Caballero.

En *Genio de España* y en artículos de prensa publicados inmediatamente después radicalizará esas perspectivas delirantes. Tras el *vasto plan* de dominio imperialista francés sobre Europa, planea nuevamente –aunque por otros medios– la sombra de Napoleón. En primer lugar, se habría hecho necesario prescindir de Alfonso XIII, cuya sangre austriaca le salía en algunas ocasiones. «Eso sí. Ofreciéndole Fontainebleau y los *aplausos y simpatías de la France eternelle*. Es decir, preparando otro *Valençay* si el nuevo *Estatuto de Bayona* (el de San Sebastián) no daba resultado. Si el Gobierno republicano cuajado en las logias y los círculos de París no daba resultado.»[49] El objetivo final, obedeciendo al «genio galicano e immortal» de Francia, era crear una España balcanizada:

> «Hacer en España, vecina de Occidente, lo que intentó en Germania, vecina de Oriente. *Crearle nacionalidades parásitas, corredores polacos, Checoeslovaquias demócratas. Hacer de España un país lejano a su eterna rival: ROMA. Y a su otra eterna rival: AUSTRIA. Un país lejano del austríaco HITLER y del romano MUSSOLINI.*»[50]

La última imagen de la ubicación histórica de la República alumbrada por Giménez Caballero en esta etapa robinsónica, nos la proporcionará en su libro sobre Azaña. En sus páginas finales busca los reflejos de figuras de otros tiempos y países sobre el significado de su política y termina con los caudillos hispanoamericanos. «Azaña es el último libertador americano de España. En rigor –*la República española*– es la *última República suramericana hecha por España*. Viene tras la de Maceo, Martí, Gómez; la hecha en Cuba y firmada en París: 1898.» Esa fecha se inscribe en un ciclo histórico revolucionario iniciado hacia 1780 en toda la América española y concluido en 1931 cuando llega «al mismo corazón de la Metrópoli». Para nuestro autor el caudillismo hispanoamericano vendría caracterizado por estas notas, que son también, en definitiva, las de la II República en su primer año de vida: «*logias masónicas, centros humanistas, "ideales iberianos", sociedades literarias, sueños robespierrescos y napoleónicos: dogmatismo y arrogancia típicamente jacobinas…*»[51]

---

[48] EGC, *Genio…*, pp. 134-135 y 138-139.

[49] *Ibíd.*, p. 132.

[50] EGC, «El secreto del Estatuto. Una España balcanizada. Salvación y rebeldía». *Informaciones* (23.VII.1932).

[51] EGC, *Manuel Azaña…*, pp. 196-197.

UNA SALIDA DICTATORIAL IMPOSIBLE: AZAÑA

Aún ensayará Giménez Caballero otra interpretación de la República española. Un análisis «más que real» –esto es, *superrealista*–, a través de la inmersión en las profundidades del inconsciente colectivo y el valor simbólico de los mitos. Lo hace porque las explicaciones tradicionales, clásicas, le resultan insuficientes e insatisfactorias. La primera de estas explicaciones (real o histórica) consiste en pensar que la República llegó a España como una consecuencia natural de los errores de la monarquía. Si los reyes españoles no hubiesen cometido una serie de equivocaciones, República no se hubiese instaurado… Es decir, el cambio de régimen sobrevino por una fatalidad histórica. La segunda tesis (la explicación ideológica) remite a una evolución de la *sensibilidad* del pueblo, en su camino hacia la libertad, la cultura y el progreso, preparado desde el Renacimiento «por nuestros *mejores espíritus*». Y acentuado, en tiempos recientes, por los esfuerzos reformistas de un Giner de los Ríos y un Pablo Iglesias, al distribuirse «las dos clínicas u hospitales de incurables de la nación: los intelectuales y los obreros. Las minorías y las masas.»[52]

En su indagación alternativa, *Gecé* partirá de la mitología y los postulados psicoanalíticos de Freud. De la mitología tomará la fábula de los reyes naturales (bajo el signo de Orestes), enlazada con el apartado final de su *Hércules jugando a los dados* (1928), donde había tratado de explicar el resurgimiento de las tiranías contemporáneas. Según esta leyenda, junto al lago de Nemi, al pie del monte Albano, había un santuario consagrado a una divinidad femenina y salvaje. Su símbolo era un árbol, y en su torno, un hombre –espada en mano– velaba sin descanso para defender su breve república. Pero vencido por el cansancio y el sueño, otro hombre lo asesinaba y se hacía dueño de la situación, repitiéndose así cada tanto tiempo la historia. Era la «ley implacable de los reyes naturales», implantada por Orestes. El pueblo en cuanto tal se limitaba a contemplar de lejos el drama sacro, pero de él «salían aquellos candidatos a rey, a sacerdote, a mago». En esa fábula mitológica –y de ninguna manera en los principios democráticos– Giménez encuentra el «*gran misterio de los orígenes del poder*». A lo largo de la historia, ciertamente, los hombres han creado espejismos de paz y continuidad: las dinastías hereditarias, las constituciones o los turnos partidistas. Sustituyendo así «la ley férrea y natural del asesinato» por «el simulacro pacífico de "las crisis"».[53] Pero esas épocas están clausuradas. Ya no coinciden con el presente del mundo.

De la mitología, saltará a una valoración de las intuiciones populares en España: las gentes –certeramente– han atribuido la causa del advenimiento de la República, «no al *error de los reyes* ni al *progreso cultural de las minorías*, sino a un

---

[52] *Ibíd.* p. 30.
[53] *Ibíd.*, pp. 16 y 18-19.

simple nombre que lo resumía todo: *Miguel Primo de Rivera*».[54] El desaparecido dictador y no Alfonso XIII, habría sido –según su peculiar aplicación de la teoría psicoanalítica– el *Urvater* de la tribu española, un ser de sentido patriarcal que asumió la autoridad del grupo. Como había escrito en *Genio de España*, el último monarca dinástico ya no era rey cuando fue expulsado del trono: había empezado por dejar de serlo, poco a poco, muchos meses, muchos años antes del 14 de abril de 1931. «Un Rey que pronuncia aquel famoso dilema de su discurso de Zamora: *¿Monarquía, República? ¡España!*, es que ya no es Rey, sino un provocador de lo contrario de la Monarquía: la República.»[55] Frente al *Urvater* Primo de Rivera, los restantes elementos masculinos de la tribu empezaron a tramar la conjura, con una característica esencial: su sentido colectivista y hermanado del ataque. El carácter colectivo de la participación en el crimen se debió a la ausencia de «un nuevo *Mitra* que quisiese asumir por sí solo la *muerte del Toro*.» La llamada noche de San Juan, las protestas del grupo de los artilleros y finalmente, la rebelión de la *fratria* más joven, la de los estudiantes, «aprovechando que el patriarca empezaba a chochear y a soltar riendas. [...] Cuando la *fellowship* estudiantil logró con su presión hercúlea de *Federación* (F.U.E.) expulsar a París al viejo *Urvater*, la República quedó en España proclamada de hecho.»[56]

La caída de Primo de Rivera arrastró la del rey porque éste se había identificado con su tiranía. De la misma forma, Berenguer, al incorporar el tercer grado del complejo autoritario –el de *subtirano*–, concitó sobre sí la ira incontenible de la masa sometida. «Se podría hacer un esquema de "responsabilidades" en ese orden. *Primo, Rey, Berenguer*.»[57] Una vez implantada la República, como en todo sistema *pluriárquico* o *multícrata*, las fratrias se aprestaban a disputarse el poder en encarnizada lucha. Y para contrarrestar esa ferocidad, fue necesaria «la vaga instauración de un *Matriarcado*. De un signo femenino, maternal, que suavizase y enmolleciese los instintos eruptivos de los machos en libertad»:

> «El Matriarcado de nuestra República ha venido consistiendo [...] en cristalizar el poder en una *Mítica* de sexo femenino. Hablar de "la niña que se hace mujer en las Cortes". Elegir mujeres como símbolos del régimen (concursos populares). Y, sobre todo en dar beligerancia a los elementos menos virulentos del régimen: el *intelectual*, el *abogado*, el *médico*, el *socialista*, el *efebo* e incluso la misma *mujer*, con su falda, sexo y todo. Es decir, aquellos elementos de sentido que llamaría Marañón *intersexual*, que diesen un sentido humanitario, pacifista, dulce, idílico y materno de la situación. Por contra, quedaron relegados a sospecha, vi-

---

[54] *Ibíd.*, p. 35.
[55] EGC, *Genio...*, pp. 176-177.
[56] EGC, *Manuel Azaña...*, p. 35.
[57] *Ibíd.*, p. 36.

gilancia o desuetud, los elementos más netamente virófilos y agresores: *sindicalistas, militares, ingenieros, empresarios…*»[58]

La llegada de la República, en suma, no ha sido una cuestión de sensibilidad y cultura, como se dice habitualmente, sino de «sexualidad y autoritarismo». Pues la fase matriarcal no es más que una etapa transitoria tras la cual despunta en seguida la necesidad de un nuevo poder fuerte. Giménez Caballero parte del presentimiento de «la imposibilidad de una esencia republicana para España». Por sus raíces originarias, España se inscribe en los pueblos que el mitólogo suizo Bachofen llamó «solares», con «mitos de sexo masculino»; dándose la circunstancia de que, bajo los postreros tiempos de la monarquía borbónica, era «*sustancialmente* una *república,* un régimen femíneo, *sin hombres*». Por el contrario, países con régimen nominalmente republicano –como Francia, Estados Unidos y Rusia– ya no son verdaderas repúblicas. Han pasado por la época de las fratrias para entrar en la llamada por los psicoanalistas de «"obediencia póstuma" o de *sublimación teoantrópica de la autoridad*». La Francia actual, por ejemplo, sería tan monocrática bajo su República (imperio colonial, unidad interior, pueblo disciplinado) como en los mejores tiempos del rey Sol o de Napoleón.[59]

Como presidente provisional, Alcalá Zamora logró encarnar temporalmente la «emblemática del "totemismo hispano"». Su figura recordaba al desaparecido tirano, venía a llenar su hueco, pero de forma muy limitada: con la condición de tener que legalizar todo lo contrario y con el peligro de sucumbir en cuanto fuese más allá de lo establecido en su dramática farsa. No pudo pasar de ser, en consecuencia, un falso pastor, un «equívoco *Urvater*». La contradicción totémica sólo la resolvería Manuel Azaña con la paradoja aparente de arremeter contra todo principio monárquico (Ejército, Iglesia, aristocracia) desde el monarquismo renovado de su persona. Mucho mejor que don Niceto, Azaña «satisfacía la querencia subconsciente de las masas "en busca de autor, de pastor", sin contrariar la doctrina teórica en que reposaban las masas: los principios republicanos». No era difícil prever que de aquel caos originario del 14 de abril «naciera fatalmente un nuevo mito monocrático», hecho realidad por Azaña: bajo una *forma* republicana y democrática, pero con la *sustancia* monárquica e imperiosa.[60]

Bécarud tiene razón al señalar las páginas donde se desarrolla esta explicación de «sesgo freudiano o pseudofreudiano» como la parte más caduca del libro, a pesar del carácter moderno que pudieran representar cuando fueron escritas en 1931-1932. No obstante, es en ellas y no en los «apuntes de sociología literaria […] extremadamente sugestivos»,[61] donde se hace transparente su

---

[58] *Ibíd.,* pp. 36-37.
[59] *Ibíd.,* pp. 61 y 38.
[60] *Ibíd.,* pp. 56, 57 y 61.
[61] J. Bécarud, «Sobre un libro obligado: "Manuel Azaña"». *Sistema,* 6 (julio 1974); reproduci-

intencionalidad política: interpretar oblícuamente la significación de Manuel Azaña en el tablero nacional y empujarlo a adoptar unas posiciones como mínimo autoritarias acordes con las sustentadas por el propio Giménez Caballero. Un capítulo escrito en enero de 1932 marca el punto más alto de la cercanía entre el autor y su personaje:

> «Su decisión fría, su pulso firme, su política silenciosa, tajante y serena; su ley de Defensa, casi personal; su superación de obstáculos gubernamentales, su fortuna y hasta su "estilo" hace[n] que el nombre de Azaña empiece a correr por las bocas atónitas con algo ya vagamente legendario, familiar y secretamente querenciado desde hace unos años. A su lado, todas las figuras restantes de estos primeros momentos republicanos van quedando preteridas, minutas, borrosas, alejadas. En Manuel Azaña apunta sencillamente: un Hombre, un Jefe. Y tal vez un nuevo *Urvater*, si logra integrar las últimas rencillas de tribu sin inclinarse a un lado ni a otro, con justicia santa y severa. El día que venza Azaña, ciertos dragones podrá decirse que entran en un plano superior de política, y que su partido de Acción republicana podrá llamarse auténticamente de *Acción nacional*, ir a un Partido Único.»[62]

Gecé contempla al Azaña de comienzos de 1932 como la encarnación del *cirujano de hierro* costiano, susceptible de evolucionar hacia el caudillaje de un fascismo español. Un desatino, sin duda. Pero compartido en aquellos momentos por amplios sectores del país. Desde la izquierda, por las organizaciones anarcosindicalistas –duramente reprimidas por el gobierno– y los comunistas. También desde la derecha (basta con ojear las despiadadas caricaturas publicadas en un órgano humorístico de tanta circulación como *Gracia y Justicia*). Y, sobre todo, de las filas del Partido Radical, propalador de la especie de que en él apuntaba un futuro dictador como Mussolini.[63] Ahora bien: Giménez convertía en virtud lo que otros denunciaban –sin base, como demostraría la historia– como defecto; le parecía deseable aquello que producía inquietud y temor en otros estratos de la sociedad. En esa diferencia frente a los demás radicaba precisamente su condición de *Robinsón* y de profeta en su isla desierta.

Construido su esquema sobre la ineluctabilidad de la marcha de la República hacia una solución dictatorial, e impuesto por todas las evidencias Azaña como el candidato más propicio, la dificultad se le presenta al abordar las condiciones aportadas por la *revelación* del nuevo régimen. Giménez somete a su

---

do como apéndice a EGC, *Manuel Azaña....*, pp. 209-227, de donde citamos (pp. 222 y 214). Remitimos a este estudio para una visión general del libro.

[62] EGC, *Manuel Azaña...*, pp. 61-62.

[63] Cfr. S. Juliá, *Manuel Azaña, una biografía política.* Madrid, Alianza, 1990, p. 159.

personaje a un asedio desde todos los ángulos. Cuando no se deja llevar por la voluntad de encajar la personalidad de Azaña en ese previo esquema, su libro pone de manifiesto sorprendentes aciertos referidos a aspectos biográficos y páginas brillantes de periodismo político sobre el entorno de colaboradores, amigos y enemigos del jefe del gobierno. Por el contrario, cuando el autor se propone demostrar a todo trance su tesis central, el libro se despeña por el camino de las comparaciones forzadas, las analogías carentes de fundamento y, en definitiva, un desdibujamiento de la figura del Azaña real. Veamos brevemente las dos facetas.

El Manuel Azaña abocetado con trazos rápidos por Giménez Caballero se explica primordialmente en función de los tres lugares donde se va cuajando de forma indeleble su personalidad. Alcalá de Henares, su pueblo natal, estaría vinculado a su pronta orfandad, al silencio y el «sentido de lo eterno» de la vida rural. Su época de estudiante en El Escorial con los frailes prolongaría en cierto sentido esas experiencias de soledad claustrofóbica, a las que se añadirían –agravándolas– la crisis de la adolescencia y el despertar de la sexualidad. El Ateneo, por último, representaría en la vida del futuro político todo lo contrario: el «sentido de lo efímero», el compadrazgo bullanguero, febril y nervioso, la tertulia y lo periodístico. «Azaña –resume Giménez– no se comprendería sin Alcalá y sin El Escorial. Pero mucho menos sin el Ateneo. Alcalá y El Escorial le formaron el carácter. El Ateneo fue el pretexto donde ejercitarlo; la divinidad a quien ofrendarlo.» En el Ateneo no sólo se dotó de una extensa cultura, sino que se apoderó de él «como de la mejor escuela política de España», aprendiendo algo imprescindible en política: «*esperar la hora*». Esa hora llegaría en 1931, cuando la institución heredera del romanticismo había perdido su razón de ser cultural. «El Ateneo ha traído la República segunda a España. Pero el Ateneo era Manuel Azaña»,[64] sentencia *Gecé*.

Especial atractivo tiene también su instalación en el panorama generacional de su tiempo. Azaña se resiste a una inclusión tanto en la generación noventayochista como en la siguiente, porque está a caballo entre las dos; su papel es el de *enlazador*. Azaña es «un epígono del 98 que corta amarras con cuchillo propio. Y, por otro lado, es un presentidor de la generación técnica, europeísta, que vendría tras él.» Históricamente ocupa su lugar intelectual «polarizado entre Unamuno y Ortega. Entre la guerra de Cuba y la guerra europea. Entre Costa y los jóvenes de Marburgo. Entre el energumenismo de Ganivet y el reformismo neokantista. Entre el *Idearium* y la fundación de *El Sol*, en 1917. Entre los "europeizantes" y los "europeizados".» A los primeros los comprende, los critica, los supera y, en el fondo, los respeta; por los segundos –y en particular ante su figura más representativa, Ortega y Gasset– siente una particular aversión. Como siente también un distanciamiento frente a los hombres de la

---

[64] EGC, *Manuel Azaña...*, pp. 89, 91 y 51.

Institución Libre de Enseñanza, aunque en su juventud madrileña sintiera entusiasmo por Giner de los Ríos; y es que entre los seguidores de Giner y los ateneístas más conspicuos habría de producirse «la clásica escisión de las órdenes religiosas en España: Azaña y su tertulia salieron *agustinos* (francotes, liberales, campechanos). Y la Institución salió *jesuita* (capciosa, selecta, jerárquica).»[65]

Trasplantado desde la finalización de sus estudios escurialenses a la capital del Estado, el perfil de Azaña tampoco resulta plenamente comprensible sin tener en cuenta su condición castiza de funcionario madrileño, con formación en Leyes. Como tantos que pueblan la Corte, su vida antes de acceder al gobierno de la República ha oscilado entre «las dos o tres horas de oficina a altas horas de la mañana; y después el paseo, el divagar, el ocio, el café, el chiste, la murmuración, el trasnocheo, la lectura copiosa y caprichosa.» En su condición de gran tertuliano se ha revelado como un «típico español, un terne madrileño»; pues en última instancia lo que caracteriza a éste, «es su sentido anárquico, antisocial, huraño, unido a una frenética voluptuosidad por hablar unas horas al día en un corro de amigos, casi siempre enemigos». «Piénsese –añade a continuación– que la Revolución española, más que un movimiento de ideas o de estómagos, ha sido de bocas. Los veintidós millones de tertulios que tiene España se dedicaron a masticar un régimen, como los conejillos su forrajillo»; por eso, «la verdadera etimología de *Madrid* debería ser la de *País de Madrigueras*», y sus habitantes deberían llamarse «madrigueros». Para finalizar, Azaña –caso excepcional en la historia española– representa la coincidencia plena del intelectual con el político. Con su persona se vio «a una ideología de 1915, heredera del 98, realizarse a los quince años, en *la misma persona*».[66]

Pero en perfecta coherencia con sus propósitos de atribuirle lo que no era, nuestro autor no se siente atraído por las ideas de Azaña, sino por su carácter. Así se explica que al hacer un balance bastante completo de sus realizaciones en el plano político, predomine en general el tono negativo. Y aquí es donde se tuerce su interpretación de la única figura interesante que, a su parecer, ha producido la República. «No hay una sola revolución popular y de masas que no cristalice –más tarde, más temprano– en un puño conductor y heraclida», porque «los jefes son inventados por las revoluciones» y no al revés. Para Giménez Caballero, Manuel Azaña «es el *último gran fenómeno católico de España*», aunque todavía se encuentre en «la fase diabólica, pagana, soberbia: bárbara». Tras esa apariencia, le afloran datos sentimentales y subconsciencias infantiles con ecos católicos; pero no es en ellos donde radican primordialmente sus tendencias de ese signo, sino más bien en «sus reflejos voluntaristas. Catolicismo netamente español, ignaciano, ése de la voluntad y del carácter», manifestado en su «espíritu sectario» y en su «mentalidad castellana y fanática, antiliberal».[67]

---

[65] *Ibíd.*, pp. 48 y 90-91.
[66] *Ibíd.*, pp. 80, 85 y 51.
[67] *Ibíd.*, pp. 22, 24 y 47.

Da la impresión de que Giménez advierte el fondo jacobino de su personaje –hará una de sus confrontaciones históricas con Robespierre– y lo proyecta sobre su concepto cultural del catolicismo hispano. Pero como ha señalado Bécarud, de la lectura de las obras de Azaña y particularmente de sus escritos íntimos o de su inacabada novela *Fresdeval*, en todo caso podemos extraer «junto a ciertos puntos anticlericales, los trazos constantes de una sensibilidad religiosa teñida de esteticismo que está lejos del voluntarismo puesto de relieve por Giménez Caballero».[68]

La búsqueda contumaz del trasfondo católico de Azaña resulta, por muchas vueltas que le dé, frustrada. Más interés, aunque no carezca de dificultades, es la calculada confrontación con Mussolini y el fascismo. Los dos políticos parten de las situaciones históricas antagónicas de sus respectivos países: Italia con una unidad nacional en marcha; España ante un problema de disgregación. Pero el fondo social del fascismo y de la II República es el mismo: «sencillamente, la *evolución del socialismo a clase imperante y nacional*».[69] Concretando la significación de la República y de la política azañista, Santos Juliá ha señalado el objetivo central de «la apelación de las clases medias al pueblo», como «una mano tendida a las organizaciones sindicales y políticas de la clase obrera para construir juntos, o apoyados en ellas, el Estado de la nación española».[70] Giménez Caballero es perspicaz al advertir el sentido social profundo de la política adoptada por Azaña, aun cuando el sesgo general de su actuación se inscriba –«por el momento»– en una alianza con los tradicionales enemigos de España, como Francia y la masonería. Como si quisiese mantener la esperanza de un posible vuelco de la situación, sin tener en cuenta que Azaña, por muy autoritario que se mostrase en ocasiones (o como tal lo presentasen sus enemigos), nunca estuvo dispuesto a saltarse las reglas de juego de una democracia parlamentaria.

El libro sobre Azaña le habría de granjear duras críticas en un inmediato futuro. Adelantándose a quienes pudiesen considerarlo un adulador, escribió: «El mayor pecado que se nos podrá achacar es el ansia íntima, patriótica, delicada y desesperada de "buscar a través de Azaña *un héroe*", de "cuajar un héroe", de "inventar un héroe" sobre el panorama triste, desierto y cobarde de España.» Y entre la justificación y el creciente desencanto, añadió: «Prestar poesía y grandeza a un transeúnte es tarea ingenua y noble para el poeta. Si este transeúnte traiciona nuestra poesía…, tanto peor para él, para la historia y para los demás.»[71] Sin nombrarlo expresamente, una persona tan cercana en el terreno ideológico como Ledesma se referiría en 1935 a ingenuos que, «afanosos por descubrir esa perspectiva», quisieron ver en Azaña

[68] Bécarud, «Sobre un libro…», p. 217.
[69] EGC, *Manuel Azaña…*, pp. 193-194.
[70] Juliá, *op. cit.*, p. 72.
[71] EGC, *Manuel Azaña…*, p. 177.

la posibilidad de enderezar el rumbo histórico de la República. «Puro fenómeno sahárico de espejismo.»[72] Aun cuando los ataques verdaderamente peligrosos –por cuanto ponían en riesgo las aspiraciones políticas de Giménez Caballero– provendrían del campo monárquico y tendrían lugar en plena guerra. Así, Jorge Vigón en durísima carta le reprocharía haber escrito «aquel "Azaña", en el que no se sabe si lo repugnante culmina en el libro mismo o en el purulento batracio biografiado».[73] Hasta tal punto debieron llegar las invectivas que creyó necesario defenderse ante el propio Franco con estas palabras:

> «Si volviese a los tiempos de Azaña en 1932, volvería a escribir ese mismo [libro] que espero ofrecérselo a S.E. si lo encuentro.
>
> Mi deber de fascista –como el del católico con el pagano– era de intentar toda posible catequización para los fines de la causa. Ni existía José Antonio, ni Gil Robles, ni nadie en el área política.
>
> De acuerdo con la alta directiva política fascista de Italia (el embajador Guariglia, hoy en Argentina, sabe esto) –abordé la catequesis de aquel monstruo. Y algo obtuvimos a la larga. Aunque a mí me mandó meter en la cárcel de Ocaña, escapando por milagro.»[74]

Del pliego de descargos, sólo interesa retener su confesada voluntad catequizadora y el hecho de que actuara de consuno con las altas instancias italianas. Como mínimo, Giménez contribuyó a crear una imagen del político republicano entre la opinión pública y los dirigentes de la vecina península, a través de sus colaboraciones en *Gerarchia*, la revista doctrinal fundada por Mussolini, en las que traducía la síntesis de los puntos de vista expuestos.[75] Lo del encarcelamiento fallido nada tendría que ver con su libro; se trató de una redada policial sobre los jonsistas, después del asalto por éstos de la Asociación de Amigos de la Unión Soviética en el verano de 1933. En verdad, la reacción de Azaña se limitó a estampar en su diario –con su habitual tono desdeñoso–, en sendas notas de 13 de noviembre de 1931 y de 1 de julio de 1932, los calificativos de «lunáticos» y «estúpido» para caracterizar los artículos de «el tal Giménez Caballero» publicados en el *Heraldo*.[76]

A continuación o simultáneamente, Giménez pensó en Indalecio Prieto co-

---

[72] R. Ledesma, *¿Fascismo en españa? La Patria Libre. Nuestra Revolución*. Madrid, [ed. Trinidad Ledesma], 1988, p. 43.

[73] Carta de Jorge Vigón a EGC. Escala, 25.VII.1938. (Archivo EGC, Madrid).

[74] Informe de EGC al general Franco sobre la situación política, fechado en septiembre de 1937. (Archivo EGC, Madrid).

[75] *Vid.* EGC, «Ripercussioni del fascismo in Spagna», *Gerarchia* (octubre 1932), pp. 835-842; y «Manuel Azaña», *Gerarchia* (julio 1933), pp. 562-570.

[76] M. Azaña, *Memorias políticas y de guerra*. Barcelona, Crítica, 1978, t. I, pp. 284 y 515.

mo el posible líder socialista capaz de reorientar la senda de su partido, o de una fracción del mismo, por derroteros nacionalistas. Si en el caso de Azaña su temperamento supuestamente distante dificultaba la posibilidad de influirle con ideas tan peregrinas a través de un contacto personal y directo, la campechanía de Prieto y los elogios que había prodigado al joven escritor cuando publicó su primer libro, indujeron a éste a visitarlo en su despacho del Ministerio de Obras Públicas para incitarlo a adoptar *la nacionalización o españolización del socialismo*. También en este caso, las intuiciones de Giménez Caballero encontraron eco en Italia, no sólo a través de sus escritos, sino de las informaciones del embajador en Madrid.[77] En principio, y desde su particular visión, condiciones no le faltaban: «Prieto tenía sangre revolucionaria y, al mismo tiempo, conservadora. Era un socialista, un liberal, pero al mismo tiempo una mano educada en regir masas. Era tribuno. Violento y valiente. Su tendencia internacionalista estaba muy contrapunteada con un sentimiento bastante genuino y directo de lo español.»[78] Mejor candidato que el burgués Azaña, Prieto daba cuerpo a su figura ideal del caudillo fascista de extracción popular. Pero como repetiría innumerables veces para expresar su desengaño, «Prieto fue valiente pero no heroico. Inteligente pero no genial.»[79] Y de esa forma, ante la imposibilidad de una salida dictatorial generada desde el interior de la misma República, Giménez Caballero habría de entregarse sucesivamente, de mejor o peor grado, a dos personajes que hubieron de asumir un papel histórico que no les correspondía: José Antonio Primo de Rivera, primero, y Francisco Franco, finalmente; pues el fascismo «no era una revolución para aristócratas ni generales».[80]

La ruptura definitiva con Ortega

«La *España invertebrada* de Ortega –escribiría Giménez Caballero en 1932– fue el viario por donde deslicé mis energías espirituales de español hasta el presente. [...] hasta ayer constituyó para mí como un devocionario de ideas, como una intangibilidad de puntos de vista, como una especie de dogma intelectual, por mí acatado y reverenciado humildemente.»[81] Serían las últimas palabras de respeto hacia el maestro escritas por nuestro autor, justo cuando se

---

[77] Cfr. Saz, *op. cit.*, pp. 48-49.

[78] EGC, *Manuel Azaña...*, p. 100.

[79] EGC, «Prólogo a esta edición» [fechado en diciembre de 1974], *Manuel Azaña...*, p. 11. A finales de los años cuarenta polemizaría con Indalecio Prieto, quien le recordaría su ofrecimiento, situado en 1932. Cfr. EGC, «Respuesta a Indalecio Prieto», en *Relaciones de España con la Providencia*, Madrid, [Imp. E. Giménez], 1949, pp. 129-139.

[80] EGC, «Prólogo a esta edición», *Manuel Azaña...*, p. 11.

[81] EGC, *Genio...*, p. 55.

disponía a sistematizar con verdadero furor los elementos de su radical discrepancia. Ya conocemos la influencia de Ortega –y no sólo de ese libro– sobre la formación de Giménez Caballero desde sus años universitarios hasta la fundación de *La Gaceta Literaria* en 1927: como suscitador de inquietudes, como orientador de sus pasos, como referente constante de su obra. A partir de esa fecha –como para la inmensa mayoría de los intelectuales jóvenes de su época–, seguirá siendo un punto de referencia insoslayable, en ocasiones para discrepar respetuosamente de él. Pero desde su etapa robinsónica, ningún otro autor como Ortega va a ser el blanco tan fijo de sus ironías, de sus sarcasmos, de sus críticas más acerbas. ¿Qué había ocurrido entre ambos en ese lapso de tiempo para que el mito cayese, y cayese en una sima tan profunda? Para elucidarlo, debemos remontarnos a finales de 1926, cuando en la breve pero enormemente valiosa correspondencia privada conservada empiezan a aparecer los primeros síntomas de problematismo.

El último día de 1926, un *Gecé* febril de entusiasmo le envía un ejemplar de su nueva publicación con estas afectuosas palabras: «Quiero que el Año Nuevo le sorprenda ya con *La Gaceta Literaria*, en esa primacía de un día sobre los demás.» Para ese número inaugural, como sabemos, Ortega había escrito el artículo «Sobre un periódico de las letras»; Giménez le pide que fije de viva voz la cuantía del importe para pagárselo. Junto al agradecimiento, ya en esa carta hay un suave reproche hacia el proceder del filósofo con él: «Que su censura no sea grande; que se sume usted a esto que de tan corazón ha bautizado usted; que no me deje un poco abandonado, como en estos últimos tiempos ha tenido Vd a quien no ha creído merecerlo –ni indirectamente.»[82]

Pocos meses después, en marzo de 1927, cuando publica *Los toros, las castañuelas y la Virgen*, le pone esta significativa dedicatoria autógrafa: «A José Ortega y Gasset. / mi maestro / mi trascurador / mi acogedor / mi abandonador / mi incitador / mi expeledor / y mi amigo / in partibus infidelibum / Quien no le / trascura, ni abandona / ni expele ni le traiciona.»[83] Con estas palabras, Giménez volvía a plantear la existencia de una relación intelectual y humana ambivalente: de incitaciones y distanciamientos, de acogidas y abandonos. ¿Pretendió y no logró una mayor colaboración del pensador en su *Gaceta*, limitada al artículo señalado anteriormente? Es muy posible, aunque en la siguiente carta –fechada el 21 de agosto de 1927– explaye confidencialmente los motivos de su incomodidad. Ortega está entonces publicando en *El Sol* los artículos que integrarán sus *Estudios sobre el amor*, y Giménez se permitirá señalarle las insuficiencias de su visión del «calavera», con cierto alarde impertinente de erudición. Todo ello, sin embargo, parece un pretexto para revelarle sus sentimientos íntimos y sus quejas de orden personal:

---

[82] Carta de EGC a José Ortega y Gasset. Fin de año [1926]. (Toda la correspondecia citada en este epígrafe procede del Archivo de la Fundación Ortega y Gasset, Madrid).

[83] Ejemplar de la Biblioteca de la Fundación Ortega y Gasset, Madrid.

«El tema del folklor de la calavera lo he tocado en un libro de 3 ensayos que dí a usted con la esperanza con que algunos jóvenes –yo, férvidamente– se los damos a usted. Para que los lea. Y hasta –si ello es posible– los juzgue en unas breves palabras para nuestro uso particular, ya que no público.

Porque se da el caso –es el mío– que estando yo tras usted con la dependencia natural de guión a cuadro, de maestro a secuaz, pasen las cosas como si fueran al revés. Las preguntas, los tanteos, los pasos mejor, siempre salen de uno. De usted siempre el silencio. Como si desdeñase su papel de sacerdote, de confesor, de maestro de todos los días, y aspirase sólo al folletón, uno y hermético, al oráculo público de días solemnes y dominicales; para plebe y patriciado.»

Ante los mutismos orteguianos, no era difícil dejarse llevar por una pasionalidad vil –en la cual confesaba haber caído alguna vez– «al preguntarse si su táctica silenciosa tiene algo de alma poco grande, angosta y miserable». Suposición descartada de inmediato por la alta «dosis de "curiosidad trascendente"» sentida ante el maestro. Aún llevará a un terreno más tangible su resquemor:

«Usted estará pensando: Giménez Caballero sufrirá por alguna herida. Quizá por dos. Las de sus libros. Moral de resentimiento.

No del todo exacto. En parte sí, desde luego. La única revista que hay en España, la de usted, no se ha ocupado de mis libros. ¿Por malos? Se ocupa de tantos otros parecidos. Al menos estos míos tienen el crédito de la prensa extranjera –de los demás. Y aunque fueran malos. Están hechos con sustancia de usted, polarizados hacia usted.»

Le dolería que Ortega viese en esas confidencias la velada solicitud de una nota o un comentario sobre sus libros en la *Revista de Occidente*, aunque –y no parece casual–, en el número de octubre apareciese la elogiosísima reseña de *Los toros...*, debida a Ramón Gómez de la Serna. Más que una reseña: un retrato del joven autor y una valoración del significado del surgimiento de un «nuevo monstruo» en el universo de las letras españolas. En la misma carta –como vimos en su momento– le anunciaba a Ortega tener casi terminados los relatos que compondrían su libro *Yo, inspector de alcantarillas*, pero temía ofrecérselo con vistas a su publicación en la editorial de la *Revista de Occidente*: temía «su silencio, su desconfianza. Su no sin decir no.» Como sabemos también, cuando oriente sus pasos literarios y los de *La Gaceta* por el camino de la vanguardia, lo hará por un camino divergente del establecido por Ortega y su revista. Deliberadamente se saldrá del ámbito dentro del cual los breves sectores cultos de la burguesía española –la *minoría selecta* orteguiana–, podían asumir una renovación de la estética sin excesivos traumas. *Gecé* romperá los límites de ese marco para optar por los «ismos» más extremados, de modo singular por la vertiente futurista, para desde ella saltar hacia una orientación política relacionada con el fascismo. Nada de eso podía satisfacer a Ortega, partidario de experimentalismos menos desbocados.

Aún complicaría Giménez las cosas con dos iniciativas consecutivas. La primera –sin desbordar el carácter privado–, fue vincular la figura de Ortega con su descubrimiento del fascismo italiano. Desde Roma, en pleno «circuito imperial», le manda una carta con membrete de la Camera dei Deputati, mientras espera la aparición de Mussolini:

> «Me acuerdo mucho de Vd Ortega en Roma. Roma es orteguiana u Ortega es romano.
> Se ve que esto ha hecho un día España y que España un día ha rehecho esto.
> Me siento con los nervios distensos como velas. Hay demasiado viento para nuestras pacíficas embarcaciones. (¿Cómo no viene Vd, ahora a Roma?)»[84]

La segunda –esta vez publicada– fue incluirlo en la nómina de los intelectuales que debían encabezar la reorganización nacional española; es decir, del fascismo hispano en su concepción todavía muy imprecisa. Nos referimos a la «Carta a un compañero de la Joven España» de febrero de 1929. Llegada la República, al ver los nombres por él aireados «hervir públicamente», comentaría: «Aquella previsión me costó las relaciones con mucha gente. Con casi toda la que exaltaba –generosa y entusiásticamente– en tal previsión. Desde luego con Ortega.»[85]

Giménez Caballero había tratado de acercar el prestigio de su maestro hacia sus propias posiciones político-intelectuales; además de utilizar abusivamente su nombre, se le podría acusar, en todo caso, de incitarlo a embarcarse en una aventura a la que Ortega no estaba dispuesto. Pero aún no había manifestado públicamente ninguna disidencia ideológica con él. Ésta se plasmará a finales de 1929, cuando realiza una lectura desde su óptica fascista de *La rebelión de las masas*, mientras la obra aparece en *El Sol* como folletones. «La tesis –escribe– me pareció magistral. Lo que no encontré tan plenamente acogible fue la posible aplicación a España de la nostalgia demoliberal con que terminaba aquel folletón. Y no porque no me sintiese ni demócrata ni liberal (La democracia la

---

[84] Carta de EGC a José Ortega y Gasset. (Roma, 25.V.[1928]). En esta carta le anunciaba haber llevado la *Revista de Occidente* a Malaparte y a Bottai y haber conversado sobre él con Gentile. Y que el buen trato que le habían dispensado en Italia, se lo debía a *La Gaceta Literaria*, «hija generosa», «refunfuñada en Calpe y otros sitios.»

[85] EGC, «El discurso de Ortega». *RLE*, 1, p. 6 (*GLit*, 112, 15.VIII.1931).

da la cuna; el liberalismo, la cultura. Y fundamentalmente, uno es un demoliberal.)» Para precisar a continuación con palabras de resonancia soreliana:

> «En el fondo –todos tenemos aún el culto al *hombre selecto* de la eta-
> pa burguesa, y todos ansiamos ser *selectos*. Ser *distinguidos* por especial cla-
> se de distinción. Y sentimos el encogimiento pudibundo ante la violen-
> cia. El horror a la acción directa. La desconfianza ante fuerzas sociales
> en nuevas jerarquías. La incomprensión ante ese magnífico fenómeno
> del mundo social nuevo que se llama *sindicalismo*. O sea la *conquista del
> Estado por la violencia disciplinada.*»[86]

Esas diferencias no impidieron la continuidad de la relación intelectual, posiblemente muy deteriorada, entre Giménez Caballero y su maestro. Ortega se
adhirió con una breve carta al homenaje de Pombo en enero de 1930, los dos
coincidirían en el viaje de los intelectuales castellanos a Barcelona en marzo de
1930, y Giménez, entre diciembre de 1929 y mayo del año siguiente, acentuó
la frecuencia de sus colaboraciones en *Revista de Occidente*. Por esas fechas –nos
es imposible precisar más– debieron ocurrir dos episodios situados en los pro-
legómenos de la ruptura, relatados por Giménez Caballero muchos años después. Parece ser que Ortega tanteó a nuestro personaje con el objeto de obtener su concurso para la «asociación de intelectuales que preparaba.» Ortega
fue a buscarle a su casa en coche y lo llevó a pasear por el Retiro, donde le diría: «Esta gente dejará una España rica. Y esa riqueza deberemos encauzarla
nosotros.» Según este testimonio, el hecho referido ocurriría «al final del Régimen de Primo de Rivera»;[87] según otro muchísimo más cercano a los hechos,
después de la vuelta del «circuito imperial», pero lo sitúa erróneamente un año
después, en 1929.[88] Probablemente Ortega intentase también disuadirlo de sus
veleidades fascistas, reconduciéndolo por la senda liberal. «Yo le escuché –escribe Giménez al respecto– como siempre: lleno de gratitud por su atención,
embelesado por sus palabras y sintiendo que tendría que cumplir el inexorable
destino del verdadero discípulo: aquél de "al maestro cuchillada". Baroja con
su Nietzsche, y él con su "imperialidad romana" habían encendido en mí un
desafío: llevar a cabo lo que hasta ellos sólo fue un auspicio.» El segundo hecho aludido es el último contacto directo entre ambos. Tuvo lugar una noche,
en la puerta de la *Revista de Occidente,* cuando le suplicó que terminase de orien-
tarlo. Ortega, dándolo por imposible, le respondió: «A usted, Giménez Caballero, hay que dejarle ya solo.» «Y como quien bota una nave a la mar –concluye el autor–, así me lanzó a España. No volví a verle más.»[89]

---

[86] EGC, «Mi regreso a España». *GLit*, 72 (15.XII.1929), p. 1.
[87] EGC, *El procurador del pueblo y su cronicón de España.* Madrid, Umbral, 1975, pp. 71–72.
[88] EGC, «Él discurso…»
[89] Cfr. EGC, *Retratos…*, p. 130; y *Memorias…*, p. 36.

Debió ser tras este episodio cuando, en octubre de 1930, se le cerraron las páginas de la revista de Ortega. El secretario de la publicación, Fernando Vela, le vetaba una reseña de un libro de Curzio Malaparte, considerándola –al parecer– como una muestra de exceso de entusiasmo político y partidista. Giménez le contestaba desde Roma el día 19 de ese mes, combinando la protesta amarga con sus conocidas ironías y juegos de palabras:

> «Si yo se lo envié a Vd, no era para que Rev. de Occ. diera un grito por vez primera. Léalo sin prejuicio liberal que es el menos libre de todos los prejuicios. Y verá que es un *tema sobre el Occidente* dentro de la más estricta forma de nota de libros. Forma que he guardado como antiguo colaborador que soy, ante todo. Después, porque sabía que de libros políticos la Revista ha hablado en abundancia. Sin ir más lejos, sobre otro libro de C. Malaparte, comentado por el pobre Sánchez Rivero.
>
> Yo no soy ni me siento ni *fascista ni comunista*. Las imitaciones extranjeras no son de mi competencia.
>
> Si me siento algo es liberal –por casta y educación. Pero liberal que admite todos los ensayos. Incluso los negadores de la libertad.»

Se despedía formulariamente con «muchos saludos a Ortega», y es curioso que fuese éste quien guardase la carta entre sus papeles. En cuanto sus actividades se lo permitiesen le enviaría «los trabajos que desea de mí»: «Estoy metido en cosas de cine plenamente. Con entusiasmo, pero sin gritos. Y eso que el destino nos ha reservado para el cine –a los españoles– el grito. El cine hablado. Si no nos apresuramos a "pronunciarnos" en la pronunciación, no nos quedará como salvación en estas cosas ni la República. Esperemos que la República española sepa distribuir sus gritos mejor que la monarquía. Y tenerlos [*sic*] menos miedo que ésta.» Ya no volvería a aparecer ningún escrito de Giménez Caballero en la *Revista de Occidente*, donde venía colaborando con regularidad desde 1924. La desvinculación de esa empresa cultural fue otro elemento anticipador de su robinsonismo; le dejaba, además, vía franca para acometer el ataque inmisericorde contra el otrora santo de su devoción.

La llegada de la República aplazó por unos meses la acometida. Aún le dedicaría un capítulo escrito en francés –«Les courants politiques et littéraires de l'Espagne contemporaine»– de su *Trabalenguas* y le mandaría el libro con esta nota autógrafa: «A José Ortega y Gasset / no sólo un capítulo, / sino todo el libro / Como siempre leal y respetuoso / amigo / E. Giménez Caballero.» El hecho no parece de especial relevancia, ni capaz de restablecer una relación truncada; en todo caso se inscribe en su táctica de ambigua aproximación a los nuevos hombres del momento (sintomáticamente, la cubierta del libro llevaba los colores de la bandera republicana). La ocasión para desencadenar su artillería se la dio el discurso de Ortega de diciembre de 1931 sobre la «Rectificación de la República».

En su comentario –todavía, hasta cierto punto, en el terreno de lo correcto–, Giménez Caballero remarcaba sin trampas verbales las diferencias entre las posiciones sustentadas por ambos. Según Ortega, cada cual tiene una verdad que decir; eso ya de por sí revela el fondo relativista y escéptico de su concepción del mundo, no compartido por Giménez. Y no sólo eso: la declaración de Ortega es su primer error que le invalida «como político, y como ductor inmortal de almas». La España personal, particular del filósofo, «¿es la España de todos los demás españoles que no somos Ortega? ¿Puede su Dios coincidir con el Dios totalitario de nosotros, de los humildes, de los no selectos [...]?» Las verdades de los conductores de pueblos (desde Napoleón a Hitler, pasando por Lenin y Gandhi) nunca tuvieron un sentido privado; fueron ellos, por contra, los «privados y favoritos de unas verdades generales, nacionales, sociales». Fueron «grandes cuajadores de *partidos gigantes*» porque hicieron suyas «la piedad del pueblo (de lo irredento) y el amor de la vehemencia y de la rebeldía: la juventud». Ortega demostraba, más bien, las cualidades opuestas.

Al contradecir a su antiguo maestro, Giménez Caballero abdicaba de su condición de intelectual –de hombre de la minoría escogida– para disolver su individualidad en las entrañas de lo popular. Un pueblo identificado con la España «ancha, parda, rural, intrahistórica y eterna», mientras el público que escuchó al pensador en el teatro de la Opera pertenecía a «esa España de señores y señoritos de clase media madrileña, *snob* e intelectual». Como comentarían algunos al salir del selecto recinto: «el discurso fue el de un divo de la Ópera».

«¿Donde está, Ortega –mi gran Ortega, mi admirable y querido maestro Ortega– esa gran faena a que nos invita a nosotros, al pueblo de España?» No puede estar en la *Cultura*, «faena adjetiva, pero no sustancial en un pueblo». Sobre todo en el caso español, donde ese término esconde la voluntad de aplastamiento de «nuestro credo tradicional y eterno de que vivir es sobre todo morir, vivir es salvarse en la muerte, vivir es no leer sobre la vida, sino saber sobre la muerte». Tampoco puede consistir esa faena nacional en que «nos organicen nuestra *alegría*», algo más propio de países protestantes, nórdicos y sensuales.

> «Nuestro pueblo tiene su alegría organizada desde muchos siglos. La canta en su guitarra pensando en cuándo tiene que morirse. La canta en su paisaje desértico y desolado –pero con un cielo puro encima, inefablemente alegre y sereno. La canta en sus ciudades muertas donde vive una vida humana, noble y posada, como la del cielo azul y radiante que la cubre.»

«Para salirse por *alegrías* y *peteneras* ya se salió bastante nuestro flamenco Primo» –comenta sarcásticamente. De organizarse algo, que sea «nuestra melancolía racial, nuestra rabia genial, nuestra desesperación humorista y desesperanzada».[90]

La burla mordaz y sangrante sobre el maestro vendrá algo después. El indudable genio retórico de Ortega no se ha visto correspondido por la clarividencia de su actuación política. «Comenzó por equivocarse en aquello de que en el Parlamento español no debía hacerse el *jabalí*. Y [...] todos los diputados echaron colmillo y cerdas en seguida.» Aquello de «rectificar el perfil de la República» ponía de manifiesto una «pretensión de marmolista más que de político». «Los últimos discursos y artículos de Ortega fueron quedando en el vacío y en la desatención.» Su mayor creación en el campo político, la Agrupación al Servicio de la República, será acusada de oportunista y de plataforma para aprovecharse del nuevo régimen: fue fundada «como quien abre un saldo de novedades en mitad de la calle momentos antes de liquidarse todo». Aquel «partido sin partido, esa sociedad en comandita», debería haberse llamado «"La República al Servicio de una Agrupación". Pero la República acaba de prescindir de él por derribo.»[91]

Aunque publicado meses antes de las líneas anteriores, es en *Genio de España* donde la ruptura definitiva cobró su pleno relieve. Toda su segunda parte va dedicada al filósofo madrileño. Para nuestro autor, Ortega constituye la culminación del proceso iniciado por Cervantes en el siglo XVII al introducir la visión problemática de la realidad española. Ortega y Gasset no escapa a la «bastardía» que caracteriza la cultura española desde entonces, y para demostrarlo, se cierne sobre las contradicciones de *España invertebrada*, ensayo definido como «*el terror a las últimas consecuencias*»; un libro «fatalista», el «más pesimista y fatídico que se ha escrito sobre España. Su remedio es irremediable.»[92] En efecto, tras una exhaustiva crítica de sus flancos más vulnerables (la supuesta debilidad del

---

[90] EGC, «La feria de los discursos». *RLE*, 5, pp. 9-10 (*GLit*, 121, 15.I.1932).

[91] EGC, *Manuel Azaña...*, pp. 123 y 108. En *Genio de España*, junto a la crítica sistemática que veremos a continuación, desliza improperios despectivos como «filósofo perogrullesco» (p. 180), refiriéndose a Ortega sin nombrarlo; y malignidades como la siguiente: «Recuerdo que al terminar una conferencia en la Universidad de Francfort, hace tres años, y reunirme con algunos universitarios alemanes en pequeño ágape amistoso, le pregunté a un fino y notable discípulo de Max Scheler si leían mucho en Alemania la *Revista de Occidente*. Y recuerdo la sonrisa con que me respondió: *En general, conocemos los números de antemano.*» (p. 171). De peor intención, fue hacer público el parecer contrario de Ortega a la introducción, como experiencia, de la lengua catalana en *La Gaceta Literaria*; y revelar –con sentido delator– las palabras del filósofo Xirau, a quien le habría dicho Ortega que «el problema catalán habría un día que terminarlo a tiros, cauterizándolo.» (EGC, «La República Española como asunto...»).

[92] EGC, *Genio...*, pp. 56 y 69. Merecen destacarse las concomitancias de estas afirmaciones de Giménez, con las que bastantes años después sostendrá su viejo maestro Américo Castro desde el exilio. Éste ve la *España invertebrada* de Ortega «como un caso más de ese "vivir desviviéndose" que juzgo rasgo esencial de la historia hispana. Hay en este libro afirmaciones absolutas y destructivas que enlazan con una tradición de nihilismo.» (*España en su historia* [1948]. 2ª ed., Barcelona, Crítica, 1983, p. 42). Esta «inquietud respecto del propio existir» (p. 40) podemos relacionarla con los «signos extraños de desasosiego, de turbación, de desgarramiento» percibidos por Giménez en

ingrediente franco como origen de la desvertebración española, la inexistencia de una decadencia o la ausencia de minorías selectas en la historia de España) se detiene en los elementos constitutivos de la llamada «zona perspicaz» del libro, mediante la cual se «eleva a un miradero de amplias perspectivas venideras, ante las cuales el corazón de Ortega se detiene tímido de aceptar lo que los ojos le perspicúan, insistentes». Estos elementos son: la filiación española respecto de Roma, «obsesión que en vano quiere evitar»; la hora de los pueblos pequeños y bárbaros de la trasguerra, interpretada como inequívoca alusión al fascismo italiano; y la consideración orteguiana del cesarismo. Y resume así:

> «Ortega apercibió desde su miradero la nueva valoración del mundo europeo que se avecinaba; *militantismo* contra *pacifismo; jerarquía* contra *democracia; estado fuerte* contra *liberalismo; huestes ejemplares* (milicias imperiales) contra *ejércitos industrializados; amor al peligro* frente a *espíritu industrial; política internacional y ecuménica* frente a *nacionalismos de política interior; vuelta a primacías medievales* frente a *insistencia en valores individualísticos, humanistas.* Y sobre *todo capitanes máximos, responsables y cesáreos que asumiesen la tragedia heroica del Mandar,* frente a *muñecos mediocres irresponsables y parlamentarios que eludiesen constantemente la noble tarea de gobernar mundos.*»

Su conclusión es rotunda. No sin cierta dosis de grosería, aplicará al propio Ortega la metáfora, tan cara al filósofo, de «los huevos de la urraca», que en un lado da los gritos y en otro pone los huevos:

> «La misión de uno es bien sencilla; dar el grito ahora donde están los huevos. Y seguir poniendo los huevos –el acento, el coraje y el valor– donde también los gritos. Sin miedo a equívocos ya. Sin *terror a la consecuencia.* Sin importar a uno la excomunión del peor de los espíritus existentes en España desde tres siglos: el *espíritu hipócrita de la urraca.*»

Que su asalto a las tesis orteguianas respondiese a un imperativo de «deber por encima de devoción», como afirma, carece de todo fundamento. A la altura de 1932 no quedaba ni un ápice de la vieja devoción. La insurgencia abierta y descarada frente al maestro fue un acto atroz, sí; pero de una inusitada audacia intelectual, cometido tras una larga acumulación de disentimientos personales e ideológicos. Para reafirmar la solidez de su opción fascista, Giménez Caballero necesitaba –edípicamente, diríamos siguiendo sus aficiones psi-

---

la cultura española. Con una diferencia fundamental entre ambos: lo que para Giménez Caballero arranca del siglo XVII, con el inicio de la desmembración del Imperio, para Castro está presente desde el siglo XV y tiene su origen en la peculiar contextura cristiano–islámico–judaica de nuestra Edad Media. Otras analogías se podrían buscar entre ambas obras, radicalmente distintas y desiguales –no es preciso insistir en eso– en su valor historiográfico y en su intencionalidad última.

coanalíticas– desembarazarse del peso de la tradición liberal española, representada por su máxima autoridad. Así se explica que, después de perpetrar el parricidio ideológico, se sintiese «renacer a una vida pura de niño, mirando sinceramente a los ojos leales de mi madre, de mi pueblo».[93] No sólo lo *acuchilló*. Pretendería también suplantarlo.

[93] EGC, *Genio...*, pp. 59, 69, 72 y 75.

V

PRIMERA SÍNTESIS ESPAÑOLA DE UNA CULTURA FASCISTA

La exaltación como género

Al prologar su libro *Arte y Estado* (1935), Giménez Caballero hacía notar cómo, desde un tiempo, el mundo «se me aclara en sus líneas maestras y en sus rincones y menudencias». Venía a destacar, pues, que su percepción de la realidad se inscribía en un «sistema».[1] La visión sistemática del mundo arrancaría de 1932, al proyectar el «sentido íntimo y profético» sobre su patria en *Genio de España*; un año después se concretaría con *La Nueva Catolicidad*, al hacer lo propio sobre Europa. Ahora, al revisar sus concepciones estéticas en relación a la política, con *Arte y Estado*. Y al definir sus puntos de vista sobre el amor en *Exaltación del matrimonio*, originariamente una conferencia pronunciada en italiano en Florencia.

Ese conjunto de obras –junto a otra menor como *El Belén de Salzillo en Murcia* (1934), aunque obtuviese el Premio Nacional de Literatura– integrará el cuerpo teórico donde el autor irá desgranando su percepción integral, orgánica, de la cultura desde una óptica ideológicamente fascista y desde su perspectiva de español. Todos esos libros del período 1932-1935 brotan de una fuente manifiestamente irracionalista, repetida con variantes una y otra vez por el autor: «reconozco de antemano –con leal humildad– que no soy un filósofo, un profesor, un erudito, un *sabio*, un ordenador teórico y científico de la vida», escribirá en *Genio de España*; frente a esas categorías intelectuales, él reivindica la condición de profeta u oráculo, a través de quien habla –no su personal voz–, sino la Voz sagrada del genio de su pueblo, de España. «Fundamentalmente soy un místico –añadirá en *La Nueva Catolicidad*–. Sólo creo en lo que me llega por vía visceral. El intelecto, como puro instrumento que es, trabaja, modifica y conforma esa materia prima genital y amorosa de la intuición, de la mirada poética y fecunda.» Y en *El Belén de Salzillo*, dirá ser –frente al mero erudito– «un *intuidor de sentidos* en los problemas».[2]

---

[1] EGC, *Arte y Estado*, Madrid, Gráfica Universal, 1935, p. 14.

[2] EGC, *Genio...*, pp. 163 y 15; *La Nueva Catolicidad. Teoría general sobre el Fascismo en Europa: en España*, 2ª ed. Madrid, La Gaceta Literaria, 1933, p. 11; *El Belén de Salzillo en Murcia*, Madrid, La Gaceta Literaria, 1934, p. 109.

Profeta, místico, intuidor de sentidos. Aún hará gala en *Arte y Estado* de no importarle que en su libro se haya podido deslizar algún error accidental, puesto que no está escrito por un especialista ni un profesor de arte. Está compuesto por «un ignorante que no se avergüenza de serlo». «Odio al tipo de "la última novedad". Al "enterado".» Su proceder al escribir los libros es común al puesto en práctica en todas las cosas importantes de su vida: partir «de corazonadas, de arranques de fe, de miradas valientes y sin pestañear.» Y, *a posteriori*, tratar de documentar esas intuiciones originarias con la acumulación factual. «Método de místico y no de filósofo preceptista», concluye. No cabe una definición más transparente del manantial de sus ideas y de su forma de trabajar con ellas. Levantado sobre esas bases, el género de sus libros no responde a la *Meditación* o al *Ensayo* –«géneros literarios y filosóficos del liberalismo»–, sino a la *Exaltación*. En esa transición, el autor encuentra una sintonía con su tiempo histórico y su circunstancia española: «la palabra "exaltación" va sustituyendo en nuestro orbe espiritual a aquella otra de "meditación". Y [...] al tipo del joven "meditabundo" va sucediendo el de alma frenética: el "exaltado". De la razón vamos pasando a un camino mucho más nuestro, conocido, seguro y eficaz: el de la fe.»

La meditación racionalista paraliza; la exaltación fideísta induce a actuar. Al final del camino de quien parte de la razón como vía de acceso a la realidad y la lleva a su extremo (en lugar de subordinarla instrumentalmente a instancias tan elevadas como inefables), puede encontrarse la máxima ignorancia: la del «indeciso, el cobarde, el perdido». Por el contrario, tras el hombre de fe como mucho puede aparecer el *fanático*, pero éste, lejos de toda connotación peyorativa, representa el destino superior de los humanos al descubrir el secreto más profundo de la vida como «aprendizaje a saber morir» y al estar dispuesto a perderla, con alegría y coraje, por el objeto de su fe.[3]

Detrás de esta manera de presentar su obra está la voluntad –no confesada pero muy patente– de convertirla en la superación fascista del sistema liberal de Ortega. Ahí está la relación de sus libros hecha por él mismo; con cada uno pretenderá dar la réplica –desde la exaltación y no desde la meditación o el ensayo– a obras como *España invertebrada*, *La rebelión de las masas*, *La deshumanización del arte* y *Estudios sobre el amor*. Hasta un texto orteguiano como la «Meditación del Escorial» hallará su contrafigura precisa en un artículo de Giménez Caballero titulado «Exaltación del Escorial».[4] Por si sus intenciones no fueran

---

[3] EGC, *Arte y Estado*, pp. 12, 14 y 15.

[4] EGC, «Hoy. Exaltación del Escorial». *Informaciones* (10.VIII.1935). En este texto dirá entre otras cosas: «cuando Ortega escribía esas líneas meditabundas –1915– su generación acababa de traicionar al Escorial», al entregar su simpatía a los franceses y a los herejes (contra quienes se levantara el monumento). «El Escorial tenía ya –de antemano– en sus atriles bitácóricos todos los pensamientos, todas las consignas necesarias para navegar. Ortega, miope y ensimismado, no vio más que sus propias y personales meditabundeces. ¡No eran los pensares lo que a El Escorial le fal-

transparentes, el diario *Informaciones* reproducía en julio de 1934 una significativa nota aparecida en el *Neue Rundschau* berlinés. «No es una observación casual –decía el escrito–, sino un hecho objetivo, que la influencia de Ortega y Gasset sobre la juventud ha disminuído muchísimo.» En opinión discutible del periódico, Ortega habría logrado despertar la revolución con «libros fascinadores» como *La rebelión de las masas*; después se limitó a criticar la República, a negar, con ingenio, pero sin levantar nada positivo en su lugar. «Una juventud apasionada, que está bajo la influencia de la crisis económica y espiritual –continúa la nota–, quiere algo más que defensa, crítica o negación. Necesita más divisas y consignas que juicios críticos. Y esas divisas se han encontrado recientemente y con más temperamento en los dos libros del hábil literato Giménez Caballero "Genio de España" y "La nueva catolicidad".» Y terminaba con estas palabras que parecen escritas por el interesado, o cuanto menos responden con exactitud a sus visiones y propósitos: «El racionalismo liberal parece ahogarse entre el cristianismo católico y la mística anarquista. No importa que ese catolicismo acepte en las manifestaciones de su voluntad tendencias fascistas. Lo importante es que el catolicismo viva ahora, después de tres años de gobierno liberal anticlericalista, más despierto y altivo que antes. El determinará la formación de la futura España.»[5]

Lograse o no desplazar a Ortega, lo cierto es que no se puede infravalorar el influjo de la obra de *Gecé* sobre la juventud fascista militante o los sectores de la derecha situados en sus aledaños (a quienes Ledesma llamaría certeramente los «fascistizados»). Su obra anterior, mucho más compleja y contradictoria, había servido de germen para que ese fascismo pudiese abrirse un hueco, con enormes dificultades, entre las corrientes ideológicas dominantes. Pero su obra del período republicano se contará entre la escasísima bibliografía autóctona con la cual se nutrirán de pensamiento totalitario los grupos mencionados. Al lado de los libros de Giménez –con su voluntad de proporcionar un sistema político-cultural omnicomprensivo– los jóvenes lectores de la época sólo disponían del fragmentarismo inevitable y efímero de los artículos de prensa, de los discursos y conferencias de sus dirigentes políticos, de algunas traducciones de teóricos extranjeros o de epítomes divulgadores de las experiencias italiana y alemana.[6] Habrá que esperar a 1935 para tener dos libros de entidad

---

taban! ¡Era motor! *Corazón. Corazón. Furor sacro: Fe.*» (El artículo se integrará en las páginas de *Arte y Estado*, pp. 233-236 y 239).

[5] «Giménez Caballero desplaza a Ortega en la influencia sobre la juventud». *Informaciones* (7.VII.1934).

[6] Nos referimos a la actividad publicística de escritores renombrados como Sánchez Mazas y Eugenio Montes, que no supieron o no quisieron articular sus conocimientos de primera mano del fenómeno fascista en libros orgánicos y de síntesis. Junto a esa producción fragmentaria, pero de calidad intelectual, aparecieron en esos años recopilaciones como las de E. González Blanco, *El fascismo expuesto por Mussolini* (Madrid, Agencia General de Librería y Artes Gráficas, 1934) y *El nacional socialismo expuesto por Hitler* (Madrid, s.d.). Traducciones como *El fascismo*, de Mussolini (1934,

teórica comparable: el *Discurso a las juventudes* y *¿Fascismo en España?* de Ledesma Ramos. Y aun así, ambas obras no excedían del campo estricto de la política y, en consonancia con ella, de la interpretación histórica.

Sirvan tres testimonios de distinta significación intelectual y política, pero coincidentes los tres en resaltar la importancia del conjunto de esa obra o de su libro matriz: *Genio de España*. El primero pertenece a José Mª García Escudero, estudiante de Derecho en la Universidad madrileña y de la Escuela de Periodismo de *El Debate*, enrolado en Falange en la primavera de 1936 cuando no había cumplido aún los veinte años; con ocasión de la muerte de Giménez –alejado desde hacía muchos años de sus posiciones ideológicas de la mocedad– no dudó en escribir: «Fue mi fascinación de la juventud.» Y en sus recientes memorias, recuerda su lectura de la «Carta a un compañero de la Joven España», como prólogo al libro de Malaparte traducido por Giménez, donde todo le pareció caótico… «Pero de aquel caos resultaba algo vigorizante, cuyo impacto resultó definitivo cuando abrí las páginas de *Genio de España*. Aquello era fascismo puro y duro.» Impacto no sólo ideológico, sino unido inseparablemente a «la novedad del estilo» con que se presentaba y «cuya imitación me valió algún varapalo merecido de mis profesores de periodismo, y, detrás de todo ello, el atractivo del vanguardista que Giménez Caballero había sido antes de que la política llamase a su puerta y nunca dejó de ser».[7]

El segundo testimonio procede de Rafael García Serrano, uno de los mejor dotados narradores falangistas de su generación combatiente. Su descubrimiento de *Gecé* –a quien nunca recató la consideración de maestro– se produjo después de haberse decantado por el fascismo, apenas salido de la adolescencia y tras un breve paso por la F.U.E.: «*Genio de España* –escribió en su epílogo a la 8ª edición– me deslumbró, me iluminó, me encendió, me pegó fuego al chaparral, me desquició a cambio de ponerme en órbita y me fue nutriendo de razones para comprender hasta qué punto había acertado al encaminar mis pa-

---

con prólogo de J. A. de Primo de Rivera) o *El Estado corporativo* (1933), de H. E. Goad, debida al marqués de la Eliseda. O exposiciones como las de V. Gay, *Qué es el socialismo, qué es el marxismo, qué es el fascismo* y *Madre Roma* (Barcelona, Bosch, 1933 y 1935, respectivamente), que contra lo que podría sugerir el título de la última no inspiraría el libro de Giménez Caballero *Roma Madre* (Madrid, Jerarquía, 1939); más bien se podría detectar un influjo de sentido contrario. Reveladora al respecto es la lista de libros recomendados a sus lectores por el semanario jonsista valenciano *Patria Sindicalista* en enero de 1934: junto a los clásicos de la España imperial (el padre Mariana, Díaz del Castillo, Pedro de Mexía), autores más cercanos en el tiempo (Costa, Unamuno –*Vida de don Quijote y Sancho*–, Menéndez Pelayo, Maeztu, Salaverría –*La afirmación española*– y Ortega –*La rebelión de las masas*). Después, obras divulgativas sobre los movimientos fascistas extranjeros: de Feder, de Essman, el primero de los libros citados de Gay o los célebres *Coloquios con Mussolini*, de Emil Ludwig. Y en un plano más teórico, las *Reflexiones sobre la violencia* de Sorel y *Una nueva edad media* de Berdiáiev. Sólo *Genio de España* y *La Nueva Catolicidad* aparecen en esa lista entre los libros de doctrina plenamente fascista escritos desde el contexto español.

[7] J. M. García Escudero: «G.C.: todo un espectáculo». *Ya* (16.V.1988); *Mis siete vidas*. Barcelona, Planeta, 1995, p. 108.

sos hacia aquel pequeño campamento que se llamaba Falange Española. Solamente por eso debo enorme gratitud a Ernesto Giménez Caballero. Mi tiempo universitario está lleno de su nombre: el *Genio, La nueva catolicidad, Arte y Estado, Exaltación del Matrimonio*, sus artículos, sus conferencias e incluso sus incongruencias.»[8]

De no menor valor por constituir un reconocimiento proveniente del otro lado de las trincheras de 1936 es el texto del también joven escritor Arturo Serrano Plaja. A los pocos meses de iniciada la guerra, señalaba en el órgano de la Alianza de Intelectuales Antifascistas «la enorme importancia –no hay que dudarlo– que en España ha tenido el libro "Genio de España"», consistente todo él en un «fascinante y facilísimo esquema». Juzgado a través del tamiz de su ideología, lo inscribía en las siguientes coordenadas: «El capitalismo español necesitaba [...], absolutamente, alguien que le inventase la adecuada careta, ya trágica, con que dar su última batalla. Y la encontró: Giménez Caballero, el más inteligente y el más sinvergüenza de los escritores españoles reaccionarios, encontró *el genio de España*, escribió el libro que necesitaba la adolescente turbiedad mental de los estudiantes hijos de potentados para ser *heroicos* y defender la *cuenta corriente de papá*, todo de un golpe.»[9] La tonalidad insultante del comentario, propia del lenguaje beligerante del momento, no mermaba un ápice la repercusión que le atribuía.

Sobre la aprobación internacional alcanzada por sus teorías, son de destacar sus abundantes publicaciones de extractos en las revistas fascistas italianas más importantes. El mismo Giménez, con su proclividad al autobombo, se encargaría de publicitar esos reconocimientos, incluyendo el del propio Mussolini. En una cena ofrecida a los participantes en el Convegno Volta de 1932, el dictador italiano lo reconoció casi en el acto; ya lo había recibido en audiencia privada dos años antes. «En medio de un centenar de personas, que no perdía de vista, me habló, acercando su voz a mi oído, mientras disparaba su mirar como una ametralladora en abanico, por encima de mi hombro, a todos los circunstantes. Me habló de mi libro "Genio de España", que había leído, y de los capítulos que más le habían impresionado y de mis aciertos.»[10] Y Ledesma, por su parte, señalaría en 1935: «Giménez Caballero ha alcanzado [...] con sus libros *Genio de España* (1932) y *La nueva catolicidad* (1933) relieve europeo, como uno de los más profundos y sagaces interpretadores del fenómeno fascista.»[11]

---

[8] R. García Serrano, «Epílogo. El joven profeta G.C.», a EGC, *Genio...*

[9] A. Serrano Plaja, «El Genio de España (Palabras proféticas)». *El Mono Azul*, 8 (15.X.1936), p. 6.

[10] EGC, *La Nueva Catolicidad*, p. 137 y 10-11; y *Arte y Estado*, p. 10.

[11] R. Ledesma, *¿Fascismo en España?*, p. 56.

Los tres «genios»

Precisamente sobre ese «facilísimo esquema» levanta Giménez Caballero el carácter orgánico, la voluntad sistemática de su obra. Porque ésta no va a consistir en una elaboración cuidadosamente argumentada de ideas y conceptos de la teoría política; sino, justamente, en el juego simplificador de unos símbolos y mitos, cuya finalidad primaria y última es constituirse en apelación directa a la movilización. En ese carácter radicará su intrínseca debilidad, consustancial a su irracionalismo, y su fuerza, en tanto que proporciona una imagen fácilmente asequible del mundo e impulsora de la acción.

El mito basamental consiste en la existencia del *genio*, definido como «la fuerza genesíaca, creadora, vital en función inmanente. El modo específico de manifestarse la Vida, la Divinidad, en un Tiempo y Espacio determinados.»[12] O expresado en otros términos, la distinta actitud ante la realidad propia de culturas localizadas en territorios y épocas históricas diferentes, mediante la cual se puede aspirar a una realización plena en la vida. Habría, pues, tantos genios como cosmovisiones hechas suyas por las colectividades humanas diferenciadas; aunque, en rigor, esa diversidad puede agruparse en los dos genios antagónicos coincidentes con los símbolos geográficos de *Oriente* y *Occidente*. Y un tercer genio o divinidad, nacido de la «hierogamia» de los dos anteriores, que integra en una unidad superior los aspectos opuestos y por ello mismo complementarios de ambos: el *genio de Cristo*.

El genio de Oriente en esencia significa «*Dios sobre el hombre*. Dependencia del hombre con respecto a Dios.» Principio expresado en las extensiones más amplias del planeta: fundamentalmente en Asia y África. Véase el «amarillo y milenario» budismo, con «su anulación del *Ego*, la supresión de la *Libido*, la muerte del *Deseo*, que pierde al hombre y le impide llegar a su paraíso o finalidad: el *Nirvana*». Sin salirnos del territorio asiático, tendríamos la concepción sideral y astrológica de los asirios y babilonios, por la cual cada yo era adscrito a un planeta y la vida humana dependía del capricho cósmico, de la fatalidad estelar. O el «implacable, cruel, insaciable y terrible» Yahveh de los hebreos. Para llegar así a las dos manifestaciones más recientes y con voluntad expansiva del genio oriental: el fenómeno del islamismo y –ya en nuestro siglo– el bolchevismo.

Frente a la fatalidad implacable y negadora de la individualidad humana de los orientales se levanta el genio de Occidente. Occidente simboliza la actitud absolutamente opuesta: «*El Hombre sobre Dios*. Independencia del hombre respecto del todo.» Históricamente tendría su origen en las tierras indocaucásicas y nórdicas, de donde procederían *los arios*. «En sáncrito, la palabra *arya* tenía ya el significado de esencia *noble*, de algo *distinto* y *primacial, individuado*.»

---

[12] EGC, *Genio...*, p. 142.

Pero llega a su plenitud en la Grecia antigua, cuando la «*Ciencia* se inventa. La *Filosofía* se descubre. La *Dialéctica* se halla, la *Astrología* se hace matemática, ciencia del número y medida: Astronomía. La matemática, el número, se reverencia como cosa en sí. La religión se separa del puro amor al saber: de la Filosofía. La Razón, genio de Grecia.»[13]

En Roma la tradición occidental sobrevive cada vez más debilitada por las infiltraciones orientales; y después de mil años en que periclita y se apaga, el genio de Occidente está preparado para hacer «su segunda eclosión europea y espléndida», iniciada con el Renacimiento y continuada con la Ilustración enciclopedista y la Revolución francesa. Las grandes herejías, el nacimiento de la ciencia libre, la duda o la negación de la existencia de Dios, la evolución de la filosofía desde Descartes hasta Nietzsche... Y por encima de todo la afirmación de la libertad, auténtica cifra de su genio.

El genio de Occidente, sin embargo, está condenado a cumplir el mito prometeico: el hombre empieza por convertirse en «un dinámico. La dinámica desemboca en la máquina. La máquina es la liberación del hombre. Pero la máquina se va comiendo al hombre, como el cuervo a Prometeo.» De la misma forma, el principio de la Libertad de 1789 alcanza hasta Marx, y del filósofo alemán llega a su última consecuencia: Lenin. «Y Lenin se come la Libertad política del 89.» El nacionalismo –«mónada política del Renacimiento»– acaba por desintegrar en la anarquía al Estado (al multiplicarlo en muchos estadillos) y por la revuelta del hombre contra el hombre. Y así hasta la descomposición final revelada dramáticamente por la crisis capitalista de 1929, donde el grado de descomposición de *lo moderno* no deja ningún ámbito humano sin invadir: el crac de los negocios, el grito desesperado de las masas en paro, la vuelta de la moda del suicidio (exaltado por los surrealistas), la ruptura del hombre, el arte, la pintura, el verso, la filosofía, la física... «Todo es relatividad, fenomenologismo, atomística, greguería.»[14]

Frente a esos dos sentimientos del mundo antagónicos e incompletos, aparece el genio de Cristo, donde se sincretiza el doble misterio de Oriente y Occidente. A través de él llega todo lo sustantivo del genio occidental: la libertad y el reforzamiento de la personalidad humana, con la posibilidad de un progreso moral e intelectual. Y, al mismo tiempo, todo lo instintivo del genio de Oriente: la dependencia de un todo, de un Dios, identificado por su amor hacia las masas formadas por los humildes y los débiles (el esclavo, el niño, la mujer, el enfermo). No es casual que el cristianismo naciera en Jerusalén (Oriente), pasara por Atenas con san Pablo (Occidente) y se instalara definitivamente en Roma. «*Roma*: César y Dios. Libertad y Autoridad. Jerarquía y Humildad. Independencia y Dependencia. Genio de Cristo.»[15]

---

[13] *Ibíd.*, pp. 144-148 y 149.
[14] *Ibíd.*, p. 151.
[15] *Ibíd.*, p. 154.

Es san Agustín quien mejor ejemplifica la simbiosis de ambos genios para dar la síntesis definitiva y plenaria. Con su vida y su obra, el obispo de Hipona prepara el apogeo del cristianismo en la Edad Media europea, «cubierta de las espumas caladas de las catedrales, al son de campanas, queriendo vivir y sin miedo a morir, porque hay una resurrección de vida en Cristo». Aquellos fundamentos de la Edad Media habrían sido corroídos por el individualismo absoluto de la modernidad y sus secuelas: «liberalismo, democracia, parlamentarismo, contitucionalismo, formalismo jurídico, filosofía racionalista, capitalismo, industrialismo, socialismo».[16] Ahora bien, todos esos frutos de la «autoafirmación humanista», de la «primacía de la Razón», están ya en crisis cuando el mundo asiste al fin de la Gran Guerra. Con ella se ha hundido el genio de Occidente; y el renovado genio de Oriente –a partir de la revolución bolchevique– se apresta a repartirse los despojos. Es entonces cuando aparece sobre la faz política de la tierra el fascismo, la última encarnación del Genio de Cristo. Y será ahora cuando la concepción del fascismo de Giménez Caballero adquiera madurez: cuando perfile, complete y en algunos casos corrija sus puntos de vista anteriores.

En primer lugar –y en la línea de cuanto venimos refiriendo sobre su teoría de los *genios*–, empieza por conferirle unas connotaciones religiosas muy marcadas, ausentes en sus comienzos. Giménez Caballero se inscribe en términos generales en los planteamientos histórico-filosóficos apuntados por Berdiáiev en su libro *Una Nueva Edad Media*.[17] Ya vimos cómo su crítica de la modernidad era inseparable de sus primeras percepciones del fenómeno fascista, cuando lo novedoso (la derivación política de las estéticas de vanguardia, la última vanguardia posible) se confundía en los países de la periferia europea con la cultura contrarreformista. Pero en 1932, ni cree ya en proyectos adelantados por élites culturales, ni puede equiparar –ni siquiera como juego verbal– a Estados constituidos como el ruso y el italiano. Se amplifica, por contra, ese afán por recuperar un sentido trascendente de lo humano, un absoluto inédito y antiguo a la vez. Así, vemos a Mussolini, personificación del fascismo, recorrer las mismas etapas del camino cristiano: brotado ideológicamente del Oriente (del «Nuevo Jerusalén de Moscú»: el marxismo, la revolución rusa, los derechos del débil), atraviesa, como san Pablo por Atenas, los centros de Occidente (Londres, París, Berlín: el capitalismo, los derechos del fuerte), para desembocar por último en Roma, la balanza equilibradora, la tercera vía. Ahora bien: el fascismo sólo es la dimensión política de la aspiración a una inefable trascendencia:

«El fascismo no es más que un empezar, los orígenes de un movimiento aún oscuro, y que no se llamará *fascista* en el porvenir. Algo que

---

[16] *Ibíd.*, pp. 156 y 153.

[17] Cita la edición francesa: *Un Noveau Moyen Age*, publicada en París en 1930, aunque para corroborar unas líneas previamente escritas por él. La traducción española apareció en 1932, a la vez que *Genio de España*, y sería reimpresa varias veces en los años republicanos.

está –desde luego– por encima del mismo Mussolini. Mussolini fue un
marxista que quiso hacer un nacionalismo italiano. Que consideró el
fascismo como una mercancía imposible de exportar fuera de Italia. Pero el genio eterno de Roma avanzó su mano, aplastó a Mussolini, y hoy
Mussolini mismo lucha nuevamente al servicio de una universalidad.
Mussolini ya no tiene importancia fundamental para Roma. Le pueden
asesinar cuando gusten. Mussolini es un César que huele aún demasiado a "materialismo histórico", a lucha de clases, a marxismo. Le falta
santidad. Le faltan alientos para crear una nueva religión, un nuevo orden espiritual del mundo.»[18]

Y en *Genio de España* añadirá: «El fascismo toma a Mussolini como punto de
partida. Y es que a su vez era *Roma* quien tomaba –como punto de partida– al
fascismo.» Tras este momentáneo y fingido despego hacia su admirado *Duce*, se
advierte la pretensión de abrir un hueco a España en su histórica misión futura, ante la palpable evidencia de la universalización del fascismo.[19]

En segundo lugar y de no menor importancia es su comprensión del fascismo desde el prisma de las clases sociales. En 1928-1929 enfatizaba su carácter revolucionario, popular y juvenil. En 1932 insiste en la miopía de quienes
pretenden explicarlo «como un bolchevismo del revés, es decir, como una reacción antibolchevique y nada más».[20] Pero es evidente que aunque sea *algo más*,
empieza por ser una *reacción antibolchevique*, como explicitará con una lucidez
poco común en quienes han teorizado desde dentro: «el primer fundamento
del fascismo, su esencia social, es la conservación de la clase burguesa frente a
la tabla rasa que de ella hizo el comunismo ruso». Además, esa conservación la
realizó, paradójicamente, «"frente y contra la misma burguesía". Por eso se le
sometió gran parte de la clase contraria, la proletaria.» La paradoja fue posible
al superponer «un mito por encima de ambas clases históricamente hostiles. El
mito del Estado, el mito de lo Nacional. Para ello eligió como instrumento mágico el llamado sistema Corporativo. Un *Burgués* y un *Obrero*, y por encima de
ellos, un *Representante arbitral del Estado*.» La reafirmación del papel del Estado,
se basó en el «principio leniniano que informó el fascismo: *donde hay libertad no
hay Estado*»; en consecuencia, si la liberal burguesía quería escapar de su anu-

---

[18] EGC, «El fascismo y España». *RLE*, 5, pp. 7-8 (*GLit*, 121, 15.I.1932).

[19] EGC, *Genio...*, p. 159. Merece ser subrayado el diverso tratamiento de un mismo tema o un
personaje –en este caso Mussolini y el fascismo– en dos formatos diferentes pero simultáneos. En
El Robinsón, encuentra el espacio adecuado a su mordacidad, a la confesión íntima y sincera o a su
distanciamiento algo despectivo; en *Genio de España*, escrito al mismo tiempo, persigue la plasmación de sus ideas e intuiciones con voluntad de permanencia. Así se explica que tanto la imagen
de Mussolini como la idea del fascismo difieran en los dos textos, en el contenido y el tono con que
son abordados.

[20] *Ibíd.*, p. 115.

lación como grupo social, debía empezar por suprimir los fundamentos liberales sobre los cuales había desarrollado su existencia.[21]

Si en un primer análisis fascismo y bolchevismo podían coincidir en su oposición a la Europa moderna –la Europa que había marginado secularmente a los pueblos de Italia, Rusia y España–, ahora sólo son parangonables en su común oposición al sistema demoliberal. En última instancia, ambos movimientos responden a *genios* distintos. El comunismo de Lenin no se entiende como una pura y simple derivación natural de la Revolución francesa, donde Marx habría servido de eslabón necesario, sino como «una encarnación mística de oscuras fuerzas latentes y actuantes –en su subsuelo– desde centenios» en Rusia. El fascismo, por su parte, es producto de una rectificación constante de Mussolini de sus propios errores *«para llegar a ser lo que era de antemano, la lucha por el encontrarse en el genio de su tierra, de sus propias entrañas»*. Es decir, para fundirse con el significado profundo de Roma:

> «Frente a comunismo (oriente) y liberalismo (occidente); frente a la anulación del individuo (oriente) y a la supervaloración individual (occidente), Roma acababa de sintetizar, una vez más en la historia, su tradición eterna –Ciudad Eterna–; su genio de incorporación, de corporatismo, de Jerarquía y Libertad. Civilización: entre oriente y occidente: cristiana, europea: esto es, universal, católica.»[22]

Al lado de las connotaciones religiosas y de la interpretación en clave sociológica, el tercer aspecto destacable en la concepción fascista de Giménez Caballero es el papel del héroe y las masas. Por ser un punto cardinal de su visión se incrusta también en su teoría del *genio*. El conductor de masas ha de identificarse previamente con el genio de su pueblo para que éste le siga, porque siguiéndole, se sigue a sí mismo sin traicionarse. «Todo pueblo –escribe arrebatadamente– es en el fondo una querencia de amor de mujer. Cuando encuentra su hombre, se entrega. Porque en el amor es donde se encuentran los seres. Es también todo pueblo, como un raudal de viento con voluntad de música que va buscando su instrumento para resolverse en melodía triunfal. Es todo pueblo, asimismo, como una arcilla que sufre la tortura de lo informe, hasta que una mano lo salva en forma, en estatua.»[23]

Esa nueva modalidad de héroe –precisará en *La Nueva Catolicidad*– surge idealmente de la conjunción de dos pensadores interpretados como antecesores inequívocos del fascismo: Nietzsche y Sorel. El primero, al llevar a sus extremos el individualismo radical con su profecía del *superhombre* adelanta el «tipo de una especie futura, de una autocracia ideal que habría de conducir una

---

[21] EGC, «El fascismo y España».
[22] EGC, *Genio...*, pp. 112, 116 y 123.
[23] *Ibíd.*, p. 103.

vida fuerte y alegre, más allá del bien y del mal, sin otra ley que la de sus instintos depurados. Bajo esta minoría de héroes, de superhombres, las castas inferiores seguirían sometidas a las disciplinas inferiores, a la "moral del rebaño". Serían los gregarios.» El francés Sorel, por su parte, al contemplar «la moral mezquina y cobarde a que se había reducido el proletariado en su lucha con la burguesía industrial, proclama el derecho a la *violencia*, como norma de heroicidad en los humildes. La acción directa, sindical». De esa síntesis entre el superhombre nietzscheano y la masa en rebelión violenta de Sorel (otra vez la simbiosis de los genios de Occidente y Oriente), iba a emerger una inédita forma de heroismo: «Iba a surgir –su encauzador en la historia actual del mundo: Benito Mussolini.» Para Giménez, el dictador italiano ya no es sólo el «arribista genial» que le deslumbrara en 1928; cinco años después ha alcanzado el mayor grado de sublimidad a que puede aspirar un estadista: «el sentido de *Padre*». «Yo he visto –escribe– en los ojos de Italia que Italia se ha entregado a este hombre con pasión y arrobamiento de mujer, de amante, y al propio tiempo con veneración de hija. Hay un fenómeno de enamoramiento mutuo: de cuerpos enlazados en un vuelo de Destino, en un vendaval dantesco y trágico. ¿Dónde van? ¿A la muerte? ¿A estrellarse en infinitos pedazos?»[24]

Los puntos más débiles de la definición fascista de Giménez Caballero se presentarán cuando trate de encajar en su esquema el tránsito experimentado por el fascismo de doctrina inicialmente nacionalista, consolidadora de la unidad política de Italia y válida sólo para ella, a fuerza de alcance universal, adaptable a otros países. El punto de problematismo más inmediato es el previsible enfrentamiento entre el fascismo italiano y el nacionalsocialismo alemán. Tratándose éste de «un impulso de apariencia romana», puede ocultar «en el fondo un peligro de *antirromanidad*». Los movimientos encabezados por Mussolini y Hitler coinciden momentáneamente en sus negativos rasgos comunes: «su coyuntura antifrancesa y antirrusa, antiliberal y anticomunista»; pero superada esa confluencia inicial, están destinados a diverger, «a la lucha –eterna lucha de Austria contra Italia, de Lutero contra el vicario de Cristo, de Emperador contra Papado, de bárbaros contra Roma– si otra vez en la historia no asume su papel providencial conciliador y sintético: España».[25]

Todo su esquema se resiente de una concepción casi exclusivamente itálica y mussoliniana del fascismo y sus logomaquias sobre la *catolicidad* y el *catolicismo* dan la impresión de juegos de equilibrista incapaces de arrojar la suficiente claridad. Como acabamos de ver, en *Genio de España* subsumía en el concepto de fascismo y equiparaba los términos cristiano y europeo, católico y universal. Un año después, cuando la conquista del poder por Hitler es ya un hecho y no un presentimiento, en su libro de 1933 continuará esa idea pre-

---

[24] EGC, *La Nueva Catolicidad*, pp. 128-129 y 141-142.
[25] EGC, *Genio...*, pp. 105-106.

sentando el fascismo como «una *nueva Catolicidad sobre Europa, sobre el mundo*»; pero ahora catolicidad ya no implica ni supone catolicismo, por más que éste, como complejo doctrinal e histórico aspire a proyectarse sobre el conjunto del orbe. «Que el *Fascismo*, surgido en Roma, sede tradicional del *Catolicismo*, tenga con esta religión enormes puntos de contacto –hasta el de alcanzar una integración algún día– eso es otra cosa.»[26] En rigor, el catolicismo como sistema definidor de una forma de vida habría ido perdiendo en los últimos siglos voluntad de catolicidad, fuerza ecuménica, y todo apunta a que cuando Giménez utiliza el término *catolicidad* lo hace con el significado de «una religiosidad secular –como ha señalado Foard– más en armonía con la cultura del siglo XX que con la antigua Iglesia católica».[27] En una consideración de carácter universal, sería ese fascismo de contornos místicos anteriormente entrevisto el encargado de llenar la oquedad producida por un catolicismo languideciente, dejando las puertas abiertas para adoptar incluso elementos procedentes de un catolicismo puesto al día en vigor y heroísmo. Ya veremos cómo en el caso específico de España la valoración del ingrediente católico será mucho mayor. Y no sólo por la aceptación de la circunstancia de la tradición cultural del país, sino también por las necesidades de la lucha política.

Por último, Giménez Caballero rehúye delimitar el ámbito geográfico en el cual se concretaría esa tercera vía representada por el fascismo, como *genio de síntesis*. Su obra no pretende este tipo de precisiones y por tanto es vano buscarlas. Si algo podemos inducir de sus palabras es que se trata de una salvación del Occidente europeo en crisis. Una Europa acechada por dos factores exteriores de hostilidad. Si por una parte está en peligro por el ya referido «*morbo oriental* o *bolchevique*», igualmente deletérea ha de resultar la creciente amenaza de signo contrario: el «cáncer de *occidentalismo desorbitado* que es *lo americano*», entrevisto ya, a comienzos de los años treinta, con enorme perspicacia. Y junto a esos dos peligros externos, la existencia de un factor interno de descomposición, «el de *atomización nacionalista*», fenómeno de especial virulencia tras la Gran Guerra, subrayado con no menor clarividencia.[28] Indudablemente, detrás de semejantes concepciones alienta un imperialismo real enfocado hacia otros continentes o dentro de la propia Europa. Pero Giménez Caballero prescinde –también en este punto– de asignar los papeles de dominio, de subalternidad o de sometimiento a desempeñar por los distintos países (aún sin salirnos del espacio europeo) en esa supuesta *catolicidad*, reducida a un nuevo orden imperial de contenidos en principio culturalistas y espirituales y cuya primacía estaría definida por el estrechamiento de relaciones entre las potencias fascistas, incluyendo a una futura España.

[26] EGC, *La Nueva Catolicidad*, p. 108.
[27] Foard, *op. cit.*, p. 203.
[28] EGC, *La Nueva Catolicidad*, p. 51.

La reinterpretación de la historia de España

«¡Os aseguro que con este libro aprendéis la historia esencial de España!», exclamará en *Genio de España*.[29] Inevitablemente toda propuesta de nacionalismo cultural con aspiraciones sistemáticas ha de habérselas con el pasado del propio país y reinterpretarlo. Una visión donde se señalen los momentos de formación, esplendor y decadencia, se defina su esencia y hacia la que se proyecten retrospectivamente y con voluntad legitimadora, las propuestas políticas actuales. En el caso de Giménez, sus planteamientos en el libro que nos ocupa dejarán sentir su influjo en la concepción de esa historia, hecha suya por el movimiento fascista, primero; y, con posterioridad, junto con otras aportaciones más vinculadas de forma explícita al pensamiento tradicional como la *Defensa de la Hispanidad* de Maeztu o el conjunto de la obra de Víctor Pradera, por el régimen franquista.[30]

La noción mítica de *genio* se perfila de manera considerable cuando el autor pasa de una consideración mundial (como hemos visto) a referirla al ámbito español. El genio se identifica con el *alma* o la *vida espiritual* que informa las cosas todas de un país (su paisaje, sus ciudades, sus gentes) y que perdura a través del encadenamiento de las generaciones.[31] Genio, en definitiva, es sinónimo de *tradición*, pero sin entender a ésta como la acumulación de cualquier tiempo pasado e informe, sino como la destilación de aquellos valores y momentos mediante los cuales un pueblo es capaz de producir en la historia lo mejor de sí mismo. Para explicar el secreto de los nacionalismos (y por ende, el nacionalismo español) nuestro autor se remonta –como hiciera años antes *Azorín*– a la teoría de Maurice Barrès sobre «la tierra y los muertos», mitigando su determinismo geográfico. «Lo único vivo, eternamente vivo que posee una nación, son sus muertos», afirma paradójicamente; su voluntad de futuro se asienta en los anhelos y sufrimientos experimentados en el pasado:

«... cada uno de nosotros somos el resultado personal de una *cadena de muertos* de un país, que nos han dejado, al morir, lo más vivo que

---

[29] EGC, *Genio...*, pp. 182-183.

[30] En cuanto se refiere a los libros de texto del bachillerato, y por lo tanto a su poder divulgativo y socializador, ha sido excelentemente estudiada –aunque sin tomar en consideración el precedente sentado por Giménez Caballero en 1932– por R. Valls Montes, *La interpretación de la Historia de España y sus orígenes ideológicos en el bachillerato franquista (1938-1953)*. Valencia, I.C.E. de la Universidad Literaria de Valencia, 1984. Un desarrollo completo de ideas similares a las de nuestro autor en un libro dirigido al público estudiantil lo podemos encontrar en el anónimo *Manual de la Historia de España*, segundo grado ([Santander], Instituto de España, 1939).

[31] Sobre el sentido mítico y pasional, la elaboración y la utilización política de estas «teorías» en el caso español, tienen interés las reflexiones de J. Caro Baroja, «El mito del "carácter nacional" y su formación con respecto a España», en *El mito del carácter nacional. Meditaciones a contrapelo*. Madrid, Seminarios y Ediciones, 1970, pp. 71-135.

tenían, y que sigue viviendo y actuando en nosotros: desde el color de los ojos, desde el modo de hablar, desde las ganas de reír o de ser graves, hasta la manera de que nuestro corazón resuelva sus conflictos ante el mundo. ¿Qué son nuestras entrañas, nuestra raíz genital, sino la voz y el ansia viva de los que han muerto en nuestra tierra?»[32]

Sobre esta tierra española han librado su combate los dos genios antagónicos del mundo. Uno y otro, al proyectar su sombra sobre el acontecer hispano, han demostrado su incapacidad para someterla y expresarla en plenitud. La primera pretensión de Giménez Caballero será poner de manifiesto el lugar ocupado por España en su esquema tripartito de los genios. El genio de Oriente ha tenido su más radical experiencia en la historia de nuestro país con el período islámico. Los ocho siglos de dominio musulmán muestran que no hubo un sometimiento absoluto, sino más bien la lucha o agonía entre Oriente y Occidente. Nada más iniciado ese dominio, en el Norte de la península se forma un «haz de defensa»: el de los herederos del germanismo. Al mismo tiempo, una parte de la población islamizada, los mozárabes, matuvo siempre «una inquietud rebelde contra el sarraceno» y se aferró a sus cultos cristianos. La aplicación integral del genio de Occidente sobre el país acontece con los godos. Pero la realización plena de la experiencia occidental visigótica hubo de chocar ante la imposibilidad de fundirse el arrianismo con el cimiento hispanorromano católico, y de esa forma la herejía de Prisciliano no pudo prosperar.[33]

La permanente agonía entre los dos genios enfrentados puede retrotraerse a las luchas raciales de la Prehistoria y la Edad antigua. En el Paleolítico ya se da entre el capsiense iberomediterráneo y el magdaleniense francocantábrico. La posterior llegada y establecimiento de los celtas marcará una nueva frontera con lo iberoafricano, pero absorbida pronto en los celtíberos, «*primer y curioso ensamble racista de Oriente y Occidente en la España histórica*». Fenicios y griegos vuelven a ilustrar el combate de los genios sobre la península… hasta que llegan los romanos. Roma conquista a Hispania y la toma en su regazo como una madre a su infante:

«La enseña a hablar, con raíces bautismales, que estas mismas palabras que estoy escribiendo sienten aún el palpitar románico de aquella

---

[32] EGC, *Genio…*, pp. 100-101. «Los antepasados –había escrito Barrès–, de los que nosotros somos una prolongación, nos transmiten íntegra la herencia acumulada de sus almas por la permanencia de la acción terrena. Teniendo bajo nuestros ojos el mismo horizonte en que vivieron sus días felices y adversos, comprenderemos mejor lo que debemos hacer y lo que nos está prohibido. Del campo, se eleva en todo tiempo el canto de los muertos. Un vientecillo ligero lo lleva y lo dispersa como un olor. ¡Acudamos a su llamada! […]; porque los muertos hubieran hecho muy poco dándonos la vida, si la tierra que ahora los guarda, no nos diese las leyes de la vida.» (M. Barrès, «Apéndice» a *El culto del Yo. Un hombre libre*. Valencia, Sempere, s.f., p. 234).

[33] EGC, *Genio…*, p. 165-166.

maternidad lingüística. La enseña a sostener sus derechos en la paz y sus fuerzas en la guerra. La enseña a administrarse. Y abrir las tierras a un mejor cultivo. Ya llenar las sierras y las navas de calzadas hasta hoy vivas y conducentes. Puentes, teatros, acueductos, castros, templos, aras, puertos, faros, arcos triunfales, necrópolis, casas palacios, esculturas. Familia, Municipio, Provincia: Estado.»

Roma potencia el genio español y desde el momento en que España no traiciona sus orígenes genéticos, es capaz de producir seres excepcionales de valor universal: «*Césares, sabios* y *poetas* con la Roma antigua. *Capitanes, santos* y *poetas* con la Roma católica.»[34]

Situada España en su órbita genial, la preocupación subsiguiente de Giménez Caballero será describir el proceso de unificación política y cultural del país, hasta su vértice histórico o momento de clímax y su posterior caída. Un cierto concepto de unidad existe ya desde la época ibérica; y para los invasores romanos, Hispania fue algo más que una simple expresión geográfica. Aunque será con la monarquía visigótica cuando se alcance «la primera expresión unitaria y nacional». Ciertamente, la invasión musulmana casi borra el concepto de España, pero el sentido nacional no se pierde por completo: «como un anillo nibelúnguico queda entre los dedos de los cristianos godizados y refugiados en la montaña». A partir de la Reconquista iniciada por esos núcleos, se afianzará con Alfonso VII –siglo XI– al firmarse como *Imperator totius Spanie*, y sobre todo cuando es recogido por el Cid, nuestro «primer ductor». El mismo Alfonso VII ensayará un Imperio panibérico al traspasar los límites pirenaicos y producir, así, la primera expansión territorial de la idea de España. Alfonso X el Sabio convertirá a Toledo en el «meridiano cultural de Occidente» y en la *Crónica General* allí redactada reanudará el concepto hispánico. Pero serán los Reyes Católicos quienes terminen de «fajar la unidad» al terminar el proceso de la Reconquista y ensamblar los dos reinos de Castilla y Aragón, bajo el símbolo de las flechas yugadas; a ese empuje político, corresponde la conciencia culturalmente «verticilar» simbolizada por Nebrija y prolongada durante más de un siglo. «El español del Quinientos y parte del Seiscientos goza la serenidad y el orgullo de su maximalidad en el mundo.»[35]

En esa marcha ascendente, los Reyes Católicos habrían llevado a su mayor potencia la individualidad española como nación. Pero la máxima grandeza de España en la historia no reside en esa fase de apogeo *nacionalista*, sino en el salto de ésta a *supernación*, a Imperio, conseguido por Carlos V y Felipe II al ponerse al servicio de un ideal superior. El cénit histórico sólo se alcanzó cuando España fue «el instrumento nacional de una idea universa, representada en lo

---

[34] *Ibíd.*, pp. 168-169.
[35] *Ibíd.*, pp. 27-29 y 31.

temporal por un "César" y en lo espiritual por un "Dios". Esa supeditación jerárquica de lo nacional a lo cesáreo y de lo cesáreo a lo espiritual ecuménico –*Roma*– fue la clave de aquella grandeza española.»[36] Porque una vez desvanecido ese ideal, el país entró en fase de decadencia.

A partir del siglo XVII vendrán los «estupores», con los cuales se inician los sucesivos *98* de España. «El gran cuerpo de la España máxima comienza a mostrar sus muñones sangrantes ante la Historia.» Ante esa realidad, los índices espirituales en principio mantienen su disciplina y no anteponen sus «preocupaciones líricas a las genéricas y objetivas del Estado»; sin embargo, empiezan a despuntar en el horizonte conatos de divergencias entre los reformistas y los apegados a la tradición, gérmenes de crítica y rebeldía, una sentimentalidad crecientemente melancólica. Cervantes y Quevedo, cada cual a su modo, ejemplifican ese estupor de quienes se asombran ante amenazantes y oscuras potencias.

Cervantes empieza por ser un soldado imperial. Pero es también un observador agudo que analiza y confronta su entorno: «Las posadas europeas, italianas, le parecen más confortables que las españolas. El clero español quizá es un poco bárbaro, como pensara Erasmo. El varón español tal vez trata con poca liberalidad a la mujer.» Cuando alardea de excesiva ortodoxia, se le ve la ironía. Cervantes es el principal creador de la ironía, «el gran instrumento de combate frente a estupor. Su *Don Quijote* –primer "estado de ánimo de puro 98"– es la gran burla de lo estupefaciente», la «despedida de todo afán de grandeza y aventura».[37] En Quevedo no es la ironía íntima cervantina, sino su exceso de temperamento satírico y amargo lo que presagia las horas dramáticas de la nación. Sus encendidas defensas de España frente a un mundo cada vez más hostil, «muestran la amargura de un espíritu prócer al constatar que todo el esfuerzo universal y genial de su país se rompe ante la malevolencia de ocultos enemigos».

---

[36] *Ibíd.*, p. 39.

[37] *Ibíd.*, pp 33 y 35. En *El Robinsón* desarrollará ampliamente el tema cervantino: «El *Quijote* era la avanzada del "espíritu burgués" que daba su inicial y más tremenda acometida contra el "espíritu heroico, feudal y guerrero" en España. [...] Es el *primer libro burgués de España*. Es el nacimiento de la España quijotera, sensible humanitarista, liberal, pacifista, derrotista y renunciadora.» El *Quijote* es un producto del resentimiento, donde convergen vestigios raciales (sus orígenes parcialmente judíos), corrientes protestantes de la época y el desastre vital «del Cervantes encarcelado, envilecido, pobre, encanallado, con una familia prostituida e indecente, en un trágico final de *raté*, de fracasado; él, cuya juventud había sido toda ensueño, honor, heroísmo, caballerosidad, idealidad purísima.» Su influjo sobre el país ha sido nefasto y es preciso rectificarlo: «España no puede seguir decayendo en el espíritu despojado y fantástico del Quijote. España no puede ni debe permitir su vuelta si no es para enterrarlo definitivamente.» Desde Cervantes, «*sólo existen –como grandes escritores españoles– los rencorosos, los resentidos, los humoristas, los desesperados, los pesimistas, los irónicos y escépticos.*» (EGC, «Un peligro nacional. La vuelta de Don Quijote». *RLE*, 6, pp. 3-6, *GLit*, 122, 15.II.1932).

«La *ironía* de Cervantes; la *sátira* de Quevedo; la *sonrisa* de Gracián; la *prudencia* de Fajardo, la *tristeza* de Fray Luis, vienen a ser, en este "alma" de España, los boquetes por donde empieza a derramarse la sangre espiritual de la nación.» Y los síntomas apuntados en estos preclaros pensadores y artistas no es sino el reflejo del morbo terrible, consuntivo, lento, que va invadiendo a la sociedad entera:

> «Este español "nacido para mandar", que expulsa a las razas serviles del país (judíos y moriscos), se encuentra sin saber a quien mandar, como no sea a los esclavos que se traiga de América. Y de ahí nace el "pícaro". El señorito encanallado. O el canalla enseñoritado. El español de los mil trabajos por no trabajar. Con moral de señor y hechos innobles.»[38]

Enfermedad prolongada durante tres siglos, hasta llegar a la actualidad de la II República, donde se concentran intensivamente –salvo el primero, que fue la Contrarreforma tridentina– los remedios con que se intentó atajar en la tradición arbitrista aquella vertiente mórbida: la solución económica, la potenciación cultural, el remedio de la libertad y el de un nacionalismo puramente indígena. Sin fortuna, porque esa lucha agónica pervivió mientras la entidad política y espiritual hispana decaía bajo la forma de enfrentamientos de ideas y partidos, de derechas e izquierdas, bastardeados por desviarse del genio auténtico del país.

En la coyuntura republicana española se enfrentan las dos banderas que expresan políticamente el conflicto eterno de los genios de Oriente y Occidente: la democracia y el comunismo. La democracia representa el peligro más inmediato, por cuanto supone una nueva Guerra de la Independencia, anunciada ya con la separación de Cataluña... Porque Ginebra –símbolo de lo democrático en Europa, como Washington lo es en el mundo– «quiere y necesita una España rota para siempre. Dividida, cercenada, controlada, desmedulada, bastardeada, perdida, sifilítica en sus ideales patrios.»[39] En *La Nueva Catolicidad* acumulará los peores dicterios contra la simbólica ciudad suiza: «la bastarda de Erasmo, la barragana de Lutero, la viuda de Rousseau.[...] la Celestina indecible de Sión, de Londres, de Nueva York, de París. Indigna puritana. Repulsiva beata, adulada por toda una clerigalla laica, tartufesca, ávida de oro, simoníaca y enredadora del mundo.» Y es que detrás de Ginebra se enconde su inventora: la «dulce Francia», increpada con estas palabras:

> «¡Cuánto daño hiciste siempre a nuestro hogar honesto y sobrio de españoles! [...]

---

[38] EGC, *Genio...*, pp. 37-38 y 36-37.
[39] *Ibíd.*, p. 187.

Tú no eres la matrona ciclópea y ruda que es Germania, a quien se admira, se teme y se repele al fin.

Tú no eres la rigidez de Britania, impasible siempre, como en una soltería aguda y frígida.

Tú no eres la veneración entrañable de Madre que suscita Roma. Ni el exotismo borracho a que invita Eslavia.

Tú eres la amante.»[40]

Supuesta una previa derrota de Occidente, la bandera comunista supondría la vuelta de los auténticos orientales, en alianza con los «*bárbaros verticales*»; es decir, con los explotados del interior de cada país. «Moscú enviaría a España –como Damasco la otra vez con sus *omeyas*– unas minorías directrices, guerreras y de enlace.»[41]

El fascismo, la tercera bandera en conflicto, significaría ante todo la garantía de la unidad española, y en segundo lugar la «*amistad con los vecinos de su vecina*»; esto es, con Italia y Alemania, enemigos seculares de Francia. Por eso, el país galo hará cuanto esté en su mano para evitar un desarrolo del fascismo en España. Ahora bien, como español, orgullosamente reprueba que el fascismo pudiese representar «una especie de dependencia mediterránea de Mussolini» o «un nidal de espías hitlerianos en Iberia». La condición necesaria para que España pueda admitir la bandera fascista, será que ésta no se identifique de forma particularista con el *fascio* italiano, sino con la carga mítica asociada al término de *Roma*, al devenir aquél en una nueva catolicidad, que para España supusiese la repristinación del catolicismo y la posibilidad de asumir, en la mejor tradición de la historia española, junto a Italia y Alemania, otra vez su papel de «brazo diestro» en el mundo. De ahí la consigna final de *Genio de España*: «¡Sed CATÓLICOS E IMPERIALES!»[42]

Haremos, para concluir, dos breves apostillas. En primer término, en el caso de Giménez Caballero se cumple la constante señalada por el profesor Jover en cuanto a la «procedencia foránea, en cuanto a la ideología o en cuanto al modelo, de los distintos patrones "tradicionalistas" surgidos a lo largo de los dos últimos siglos» y la inequívoca «coartada política» amagada detrás de toda «apelación a *una* tradición política nacional».[43] La reinterpretación de la historia española desarrollada por Giménez es el producto de una doble proyección de sus posiciones ideológicas y políticas: hacia el pasado y hacia el futuro,

---

[40] EGC, *La Nueva Catolicidad*, pp. 100 y 171-172.

[41] EGC, *Genio...*, p. 186.

[42] EGC, *La Nueva Catolicidad*, p. 171; *Genio...*, pp. 189, 141 y 203. Con respecto al catolicismo, en 1935 será terminante: «Aquí el católico sólo puede ser –por trayectoria histórica– fascista. Y el fascista sólo puede ser –por genio nacional– católico.» («Bastardías. El miedo al Estado». *Arriba*, 18.IV.1935, p. 6).

[43] J. M. Jover, *La civilización española a mediados del siglo XIX*. Madrid, Espasa-Calpe, 1992, p. 54.

para inscribir en un discurso justificativo sus aspiraciones a modificar la realidad de su tiempo. En este sentido, Foard llega a suponer que introdujo la «idea de "una resurrección genial" en el mundo moderno para basamentar sus argumentos de reconstruir el imperio de Carlos V».[44] Una tradición inventada, un pasado convenientemente recreado se pondría al servicio de un proyecto nacional dirigido al porvenir.

En segundo lugar, la construcción de su esquema histórico se levanta ostensiblemente a la vista de las oscilaciones políticas contemporáneas del entorno europeo; y las conclusiones sobre el pasado hispano tienen su correlato preciso en su propia evolución ideológica personal. Al intentar aplicar a España por vez primera el ejemplo fascista en su «Carta a un compañero», su percepción del nuevo movimiento estaba todavía muy mediatizada por sus convicciones nacionalistas. Así, en su propuesta originaria cifró en el reinado de los Reyes Católicos la cumbre de la experiencia histórica española y exaltó a los Comuneros como los defensores genuinos de lo indígena frente a lo extranjero. Pero su nacionalismo nunca fue lo suficientemente sólido como para confiar a los recursos interiores del país una resurrección nacional, y era, por tanto, una etapa que debía ser superada. Foard lo ha subrayado con toda claridad. De forma harto significativa, los cambios operados en la realidad del Continente y en el carácter mismo del fascismo como fuerza de pretensiones universales, le hicieron retractarse de su error en una nota de 1934[45] y sustituir aquella fijación inicial por un momento más alto, representado por el Imperio de los Habsburgo. De esa manera en *Genio de España* no sólo «españolizaba» el carácter internacional del fascismo, sino que auspiciaba para su país el más alto destino posible acorde con su historia y su *tradición genial*.[46]

ARTE, PROPAGANDA, AMOR

Al tema artístico dedicará Giménez Caballero, como no podía ser menos en quien tan inmerso había estado en él desde los tiempos de *La Gaceta Literaria*, uno de los libros de más fuste de este período: *Arte y Estado*. Para un buen conocedor de la materia se trata de uno de los primeros intentos –y, sin duda, el único logrado– de «construir una teoría de la función del arte desde la perspectiva fascista.» Ensayo contradictorio como casi todos los suyos, con sus sorprendentes muestras de lucidez, en su apasionado recorrido por los problemas sustanciales del arte, «no pueden dejar de reconocerse juicios de una agudísi-

---

[44] Foard, *op. cit.*, p. 196.

[45] «No todas las tradiciones en un país son la *tradición genial* de este país. En un pueblo pueden coexistir varias tradiciones. Junto a una tradición sacra de creadores y conquistadores puede haber otra de locos, de estériles y de bandoleros.» (EGC, *Genio...*, p. 45).

[46] Cfr. Foard, *op. cit.*, pp. 193-196.

ma penetración levantados sobre el sólido conocimiento del arte contemporáneo que gravitaba sobre su autor».[47]

La altura histórica desde la que contempla la actividad artística –mediada la década de los treinta–, le proporciona dos datos que le servirán para sustentar su propuesta alternativa. El primero señala el fin de la era individualista del arte, cuya cima se lograra en la Europa liberal del siglo XIX y llegara a su agotamiento con el final de la Gran Guerra. El segundo dato consiste en el intento de sustituir, después de 1918, aquella fase mediante la imposición de su contrario: «un arte de masas, oriental y bolchevique». Los criterios para definir ambas tendencias derivan de su idea omnipresente sobre los genios del mundo, aplicados a las formas en que el artista ha abordado y expresado la realidad: un «*romanticismo occidental*», con su voluntad satánica y desafiante de recrear o reinventar un mundo a semejanza del divino; y un «*romanticismo oriental*», donde la naturaleza prodomina sobre lo humano, la fatalidad sobre la libertad y las masas sobre el individuo.[48]

Nada ejemplifica mejor la crisis del arte occidental que la desesperación a la cual ha llegado la pintura. En todo proceso artístico intervienen tres factores esenciales: el productor o artista; el producto o la obra; y el consumidor o público. Esos elementos indeslindables han entrado en crisis por tres causas conectadas con la situación histórico-económica mundial: la máquina, el purismo y la ausencia de mercado. El desarrollo de la *máquina* ha devorado en gran parte a la pintura. ¿Qué sentido puede tener ya el retrato clásico de caballete ante la reproducción fiel de la realidad proporcionada por una cámara fotográfica? ¿Cómo puede competir la pintura con las composiciones mágicas y dinámicas del cine? Los nuevos medios técnicos (el huecograbado, el fotomontaje, el tecnicolor) puestos a su servicio, han privilegiado a las artes mixtas –el cine, la radio, las artes gráficas y de propaganda (prensa ilustrada, cartel)– y han desplazado, en las apetencias del público, lo que representaran la pintura o la escultura para la burguesía decimonónica. El artista, en consecuencia, ha ido engrosando de forma dramática la masa de los parados.

El *purismo* ha supuesto el suicidio de la obra, porque, a base de destilaciones exquisitas, el arte ha llegado a trabajar en el vacío, a quedarse sin temas. A fuerza de hermetismo, ha devenido en «pura fórmula ósea, rígida; a una mueca glacial y cadavérica».

En concordancia con los factores anteriores se ha producido una paralización del mercado, un hundimiento de la demanda. La clientela mercantil y *snob*

---

[47] Brihuega, *op. cit.*, p. 357. Ángel Llorente, por su parte, se ha referido a la relevante excepción de *Gecé* en la teoría del arte del fascismo en España durante los años republicanos, de «primordial importancia» para el desarrollo de la estética posterior. Y coloca su nombre junto a los de Ortega y d'Ors como basamentos de la elaboración teórica del falangismo en el campo artístico. (*Arte e ideología en el franquismo (1936-1951)*, Madrid, Visor, 1995, pp. 17 y 39).

[48] EGC, *Arte y Estado*, pp. 24-26.

que se abastecía de aquellos productos se esfumó rápidamente con la crisis económica. «Italia estaba cerrada para tal clase de adquisiciones. Rusia, no digamos. En España, patria de Picasso, no se le conocía ni con su nombre completo: Pablo Ruiz. De Alemania fueron barridos por Hitler los principales mercantes de ese arte. En Norteamérica estalló el desbarajuste financiero. En Sudamérica se "congelaron los créditos". Inglaterra seguía sonriendo con su fría risa tradicionalista y un poco estúpida…»[49] En su desesperación, el artista se vuelve al Estado, implorante, para emplearse como profesor de segunda enseñanza, caso de España, o para pedir muros donde poder pintar, como los futuristas italianos.

Picasso constituye el mejor ejemplo de ese arte pictórico occidental en crisis. Y Giménez, creyéndolo desengañado del «arte falsamente internacionalista» con centro en París, pone sus esperanzas en la posible *salvación* del malagueño si logra escapar de él para reintegrarse a su fondo bárbaro, conceptuoso y barroco de español genuino. Aunque todavía no ha descubierto Roma, ya ha regresado de incógnito a España.[50] Ilusiones que el tiempo demostraría carentes de todo fundamento.

El estudio de la evolución de la arquitectura le sirve para mostrar la derrota del arte internacionalista, bolchevique y judaizante. El designio de imponer tras la Guerra del 14 unas construcciones estandarizadas le parece aberrante, porque el secreto último de toda arquitectura responde al «*genio climático*» de cada país. La nueva arquitectura, frígida, encristalada, sin muros, toda paisaje, sol y comunión con la naturaleza nunca podrá aclimatarse en un país como en España. Londres y Amsterdam –confiesa– le dieron siempre la impresión de «ciudades con gafas». El español jamás buscó, ni buscará, la luz y el sol en sus viviendas, de la misma forma que nunca podrá sentir el paisaje. Lo característico de las casas españolas es «la *sombra*. Frescor y umbría.» Es decir: el patio, o una intimidad aireada y luminosa. Le Corbusier –máximo representante de la nueva arquitectura– da testimonio de su fracaso con su descubrimiento de la Roma fascista. Las dos grandes inquietudes percibidas por Le Corbusier en Roma son «*salvar al hombre de la máquina, dominar la naturaleza humanamente. Encontrar la fórmula entre la masa y el individuo. Entre lo colectivo y lo personal.*»[51]

Y es que el arte no sólo evoluciona al compás de la política. La propuesta de Giménez no se limita a defender un arte comprometido. Enuncia un prin-

---

[49] *Ibíd.*, pp. 30, 33 y 40.

[50] En efecto, en el verano de 1934 Picasso, que había entrado en España de incógnito tras diecisiete años de ausencia, fue descubierto por Giménez en el Club Náutico de San Sebastián, construido por el arquitecto falangista Aizpurúa. Allí mantendría una conversación acompañado por un grupo de amigos –«todos fascistas», puntualiza– entre quienes estaba José Antonio. (Cfr. *ibíd.*, pp. 43-47).

[51] *Ibíd.*, pp. 64, 65 y 68.

cipio de aspiración universal, válido en todo tiempo y lugar: el arte es consustancialmente político, y no puede ser de otra manera. Como escribirá con palabras terminantes a propósito de una encuesta:

> «Toda obra de arte es siempre política. Toda obra de arte es siempre partidista. Nadie ha hecho más por una política aristocrática y heroica que los poemas homéricos. Ni por el genio católico que la "Divina Comedia". Ni por la Contrarreforma que los versos de Góngora. Ni por un liberalismo a la francesa que la poesía pura de Paul Valery. Ni por el bolchevismo que las novelas de Dostoyewski. Cuando Lamartine suspiraba al borde del lago, hacía política. Y peligrosísima política. Y Marinetti, con sus palabras dinámicas, preparaba el tono del fascismo.
>
> El que un artista se dé cuenta de la política que hace con su arte es otra cosa. Pero no por eso deja de hacer política, según el genio nacional o religioso donde su alma y su musa estén adscritas.
>
> Lo que es intolerable es creer que el artista está por encima o por debajo de la vida.
>
> De la vida, que es combate. La vida, que es política. Y guerra perenne. Y tránsito implacable. Y cuya única salvación –su imagen agónica– es esa del arte y de la literatura.»[52]

Desde esa perspectiva tan radical cualquier criterio clasificador basado en la combinación de los conceptos *belleza* y *utilidad* se convierte en pura falacia. La belleza de las tradicionalmente llamadas «bellas artes» no residía en su incontaminación de sentido utilitario, ni las demás artes lo eran menos por ser útiles. «Las Bellas Artes eran tan utilitarias como cualquier otra. Pero su utilidad recaía en el *individuo selecto*. Un trozo de música romántica tenía la utilidad de sacudir los nervios de unos privilegiados. Como exquisita cocaína.»[53] No existe una belleza pura e independiente; el arte siempre ha estado al servicio de un sistema, de algo, aunque sea ese «algo» el que ha variado con el paso del tiempo. Con el retorno del mundo a una nueva Edad Media, el énfasis vuelve a ponerse en lo colectivo, frente al individualismo absoluto de la etapa liberal ya superada. En consonancia con el cambio de orientación de la humanidad, las artes más valiosas serán aquellas que posean un mayor sentido instrumental. De ahí la importancia creciente de las artes mediatizadas por el desarrollo técnico y proyectadas sobre vastas masas sociales. De ahí –también– la relevancia cada vez más acentuada de lo propagandístico.

«El arte es propaganda», sentencia apodícticamente. Pero sin encerrar el término en sus connotaciones exclusivamente mercantiles. Por el contrario, do-

---

[52] *Ibíd.*, p. 186.
[53] *Ibíd.*, p. 82.

tándolo de ideales trascendentes, de carácter religioso y nacional, sacralizándolo en suma: «la idea de *lucha*, de *combate*. De *agonía*, como diría nuestro gran Unamuno.» La propaganda supone la existencia de un *plan*, concepto que va sustituyendo al arcaico, agrícola y botánico de *cultura* para quienes ven el arte como un arma suprema de combate. Y con sus agresivas exaltaciones de lo viril frente a lo femenino (la mujer convertida asimismo en medio, en instrumento) tan características de la ideología fascista, añade: «El Arte es sencillamente una técnica de conquista. Técnica guerrera. Es algo así como poseer a una mujer, tras largo deseo, y preñarla de un hijo nuestro [...] El artista es un macho. La materia, la hembra. Pero la criatura es la obra de arte.» Como en tantos otros fenómenos del mundo actual (las nuevas funciones del teatro, de la escultura, del cine), la Rusia soviética ha desempeñado el papel de iniciadora, pero, arrastrada por su genio oriental desmesurado, «ha llevado al absurdo y a la esterilidad la concepción fértil del arte como propaganda».[54] No es en el ejemplo ruso –aunque sea él quien ha señalado la ruta– donde se debe mirar el nuevo arte con genio ecuménico, sino en el cristianismo medieval. Al postular, como había hecho en *Genio de España*, la vuelta a una nueva Edad Media, en *Arte y Estado* entroncaba de forma bien visible su ideología fascista –con cuanto pudiese suponer de modernidad– con los supuestos arcaizantes del pensamiento católico tradicional español.

Sin las posibilidades ofrecidas ahora por la técnica, el Medievo resolvió tres problemas acuciantes del arte presente: la supeditación propagandística a una idea de trascendencia, la síntesis jerárquica de todas las artes en la catedral cristiana y la dicotomía entre masas y minorías. «¿Qué son los tímpanos de Vezelay, o las fachadas de Chartres, o las portadas de Reims, o el Pórtico compostelano de la Gloria, sino la máxima propaganda escultórica al mayor triunfo de lo cristiano? *El cine de relieve de la Edad Media.*» En la actualidad, el cine significa la superación del libro, y con él, de la cultura librepensadora, individualista, iniciada en la Reforma protestante para desembocar en la Revolución francesa. Con el atractivo de su «lectura cortical, imaginista, rápida y sin esfuerzo», las masas se sienten liberadas de la tiranía de las minorías ilustradas. Además, con el cine se recrean los fundamentos del templo medieval: «cada salón de "cine" constituía una nueva catedral, una parroquia. Muchos altares en el mundo, pero todos iguales. Al mismo tiempo podía ya el mundo entero contemplar el mismo "misterio", congregándose en las plurales e intercontinentales feligresías.» La Edad Media logró con la liturgia cristiana –como anteriormente el drama sacro griego– fundir en un espectáculo religioso todas las artes: la poe-

---

[54] *Ibíd.*, pp. 84, 91 y 85. Los fascistas han prolongado esa idea original soviética. Al acceder Hitler al poder –nos recuerda– creó para Goebbels el *Reichministerium für Volksaufklärung und Propaganda*; y la Italia de Mussolini acaba de hacer lo mismo en 1935. Y entre serio e irónico, exclama: «Yo os pido, fascistas de España, que seáis piadosos conmigo cuando triunfemos. ¡Dadme ese ministerio! Sólo os lo cambio por un sillón de Gran Inquisidor.» (*Ibíd.*, p. 88).

sía, la música, el color, el canto, el olor, lo escultural y lo arquitectónico. La ópera fue un intento de renacer ese arte total, pero sin conseguirlo plenamente por su sentido pagano. La misión del cine deberá consistir en poner las innovaciones técnicas al servicio de una nueva trascendencia religiosa o nacional. El teatro, género social por antonomasia, habrá de encaminarse a su esencia originaria: la de representar la vida humana como fenómeno religioso, como *Misterio*; de la misma forma que la escultura a reanimar las gestas colectivas a través de sus héroes típicos. La radio ha socializado la música al repartirla a domicilio y sólo por eso es una conquista absoluta de la humanidad. Pero su mayor grandeza no reside en haberla cristianizado, «en haberla llevado al Niño Jesús de los humildes, como el oro, la mirra y el incienso», sino en que, colectivizándola, «ha hecho posible la música para el *estricto individuo*», para su exclusivo goce.[55]

Preocupación fundamental de Giménez Caballero es relativizar la separación irreductible entre minorías y masas en el hecho artístico. Para ello se acoje al ejemplo medieval proporcionado por el *juglar*. La consideración del artista como juglar le sirve para considerar los límites individuales del artista. ¿Qué prima en el juglar, su condición de creador o de vehículo transmisor? El secreto del llamado arte popular reside en que no siendo el pueblo como tal artista, hay artistas entre el pueblo. La creación describe una trayectoria que va del círculo amplio (el tema de masas, como el romance) al círculo culto, docto (los poetas humanistas del XVI). En su fondo, toda obra considerada culta o selecta, no es sino «tradición refundida». «No hay un solo gran artista que no haya acudido, deliciosamente, a fecundar su arte en esos otros artes casi sin nombre y casi sin autor.» Todo artista –selecto o popular– se mueve entre los dos polos de la invención y la tradición, con esta fórmula: «el gran artista individual *inventa más que trasmite*. El artista popular *trasmite más que inventa.*» Si en la base de su creación el artista tiene como modelo al juglar medieval, en su relación colectiva con otros artistas lleva dentro de sí al *cofrade*. Ese femómeno es perceptible en países «regresados de lo romántico» (donde el paradigma del artista era el bohemio) como Italia, Alemania y la misma Rusia, con una «orientación hacia la *gremialidad*, a la *sindicación*, a la *cofradía*, al sentido humilde y social de lo *artesano*».[56]

Su explicación funcional del arte desde un planteamiento fascista quedaría incompleta sin la perspectiva de sus relaciones con el Estado. Para Giménez Caballero, en última instancia, «el Arte no es siempre más que una *revelación de todo Estado*, sea el que sea. Y, además, su *potenciación y su propaganda.*» Su aproximación al concepto de Estado rehúye las clásicas interpretaciones objetivas, subjetivas y jurídicas. Como se trata de definir su esencia metafísica y religiosa,

---

[55] *Ibíd.*, pp. 130, 156-157 y 147-148.
[56] *Ibíd.*, pp. 207-208 y 215.

saltará en su aproximación de la etimología (*estado* = participio pasivo del verbo *estar*) al ámbito filosófico, para resaltar, junto a su condición antidinámica, quietista, pasiva, la justamente contraria: la posibilidad de devenir, de cambio. El famoso imperativo de Nietzsche –«*¡Llega a ser lo que eres!*»– traducido al verbo *estar* equivaldría a «*¡llega al estado supremo de todos tus estados! Al* vértice de tus posibilidades, quemando todas las anteriores.»[57] El desarrollo de la potencialidad latente de un pueblo está en contruir un Estado de acuerdo con el *genio* al que esté adscrito. Y en función de ese Estado, cobran sentido instrumental todas las artes.

«Ahí está España con el símbolo de su *Estado supremo* alcanzado un día, unos años del siglo XVI: *El Escorial*. Estado hecho piedra, jeroglífico, esfinge.» En El Escorial se cifra lo que España quiso ser desde los tiempos románicos de Alfonso X el Sabio hasta los Reyes Católicos y Carlos V. El Escorial es ante todo arquitectura –«la más viril, constructiva, imperial de todas las artes»–, y junto a ella todas las demás en disciplinada jerarquía. Si el arte es reflejo y propaganda de un Estado, «*Estadista* equivale a *Artista*», pues no hay arte superior al de interpretar y *salvar*, con un poder incompartible, las querencias y las ansias inconcretas de un pueblo, como el escultor modela la materia prima informe. «Lograr un Estado es un Arte. Y un arte supremo lograr aquel Estado que encarne el genio absoluto de un pueblo, de una nación, de una cultura.»[58]

Al lado de la entidad de *Arte y Estado*, la siguiente obra de nuestro autor –*Exaltación del matrimonio*– da la impresión de una obra menor, y no sólo por su reducido volumen. Pero en rigor es una prolongación del mismo campo ideológico –con su fusión de la tradición católica española y la función del Estado fascista– al espacio del amor, a partir de una habilidosa confrontación de los dos símbolos más extremos de la forma de manifestarse la relación intersexual: Laura, la amada de Petrarca, y Don Juan, el conquistador español.

Laura es una «audaz laización» del concepto católico de la Virgen, un «ente subversivo» por atacar en su mismo centro al matrimonio y convertirse en dueña del corazón del hombre, en tirana de su destino. Laura simboliza «el máximo individualismo de la Mujer como Mujer». En ella se concentra «la tradición del genio de Occidente, del individuo en rebeldía contra toda autoridad delimitadora: la Mujer contra el sacerdote, contra el marido, sobre el hijo y hasta sobre el amante. Tradición ginecocrática de reina y cortesana del mundo.»[59]

La figura de Don Juan se engendra en el cruce de corrientes contrarias. Del genio oriental toma el predominio absoluto del varón sobre la hembra. Pero al

---

[57] *Ibíd.*, pp. 245 y 229.

[58] *Ibíd.*, pp. 233, 67, 243-244 y 245. Sobre la interpretación escurialense *vid.* A. Pérez de Tudela, «El Escorial como modelo entre la vanguardia y la posguerra: E. Giménez Caballero», en *Literatura e imagen en El Escorial* [Actas del Simposio], San Lorenzo de El Escorial, 1996, pp. 1001-1013.

[59] EGC, *Exaltación del matrimonio* [1936], 3ª ed. Madrid, Fundación Universitaria Española, 1982, p. 55.

mismo tiempo, es el máximo individualista, un fruto del Renacimiento que por sí sólo invalida las tesis de quienes han negado su existencia en España. «Don Juan es el hombre que cree en los más absolutos derechos del Hombre, como son esos de vencer y arrollar al sexo contrario cuando le sale al paso, en lucha. En él es el placer, la satisfacción de su orgullo sexual –toda su meta.» El mito de Don Juan sólo se podía dar en una sociedad «virócrata»; «en un ambiente de "mujeres libres y de honor laxo" no hubiese sido Don Juan. Hubiera sido un cortesano más. Un Periquito entre ellas. Lo que da "carácter" y "heroísmo" a Don Juan es la burla contra todas las sagradas barreras, contra las rejas, los celos y el honor.» «Don Juan –concluye– es el vengador de todos los amantes desdeñados por Laura.»

Ya las órdenes religiosas de la Contrarreforma exaltaron frente al símbolo de la amada florentina el dogma de San José y la Perfecta Casada. Y como antídoto frente al burlador sevillano, el dogma de la Inmaculada.[60] Porque ambas figuras –Laura y Don Juan– coinciden en representar la finalidad romántica, satánica y estéril. Destinos espantosos del que es preciso salvarlos. Y salvarlos con su entrega común al fruto del amor, al hijo. «Amor es ansia de maternidad y de paternidad. Amor es ansia de hijo. Amor es voluntad de fruto. Y todo lo demás es flor, retórica y promesa estéril.» Contra lo que creían los «miserables egoístas del liberalismo», el matrimonio no es el acabamiento del amor, ni una institución contra su naturaleza como pensaba Stendhal; ni el hogar algo burgués, cursi, prosaico y ridículo. El matrimonio es, por el contrario, una tensión heroica entre hombre y mujer, salvada finalmente en el hijo.

> «El Hijo es el amante y es la amada. El Hijo revive en sí lo mejor de la amada y del amante. Y esa divina esencia del amor que consiste en transportar nuestro yo en un objeto, se cumple con más vehemencia que nunca sobre la carne y el destino del Hijo. Porque el hijo que ha sido criado en la leche y la sangre de la madre, y en la fatiga y lucha del hombre por la vida del hogar, un día lo crucifican. Y ése es el misterio inenarrable de la pasión de Cristo, que es la Pasión de la Madre, la más alta pasión de una mujer en la vida: convertirse en "Pietá".»

El vínculo amoroso se establece también en función del Estado, sobre todo en los pueblos europeos de la trasguerra, salidos de la etapa maltusiana. La finalidad del matrimonio no sólo estriba en la procreación como norma moral

---

[60] *Ibíd.*, pp. 63, 64, 65 y 72. El autor ya se había ocupado extensamente del dogma de la Inmaculada y de San José en sendos estudios de 1927 y 1930: «Ave María Purísima», en *Los toros, las castañuelas y la Virgen* (pp. 101-193), y «San José (Contribución para una simbología hispánica)». *Revista de Occidente*, 28, LXXXIII (mayo 1930), pp. 169-227. La comparación de ambos textos con este acercamiento de 1935, en tres momentos sucesivos, es muy ilustrativa de lo permanente y lo cambiante de su ideología.

individualizada, sino colectiva, hecha suya por la nación y favorecida por su Estado. Porque un día ese hijo habrá de ser entregado por su madre para defender su patria. Y su sacrificio no será vano, porque resucitará «en memoria, en tradición, en continuidad nacional»: «en un pueblo en marcha y en ascensión».[61]

---

[61] EGC, *Exaltación...*, pp. 83, 90-91.

VI

LA POLÍTICA COMO TENTACIÓN

Intermedio de contrición

Reconstruir la participación de Giménez Caballero en el desarrollo organizativo del fascismo español no es tarea sencilla. A la escasez de fuentes inéditas disponibles debemos añadir la inextricable fusión de lo meramente personal con las líneas de la evolución histórica nacional y europea. Ambos elementos –la instalación vital del personaje y el devenir histórico en esos años cruciales– son ineludibles si queremos arrojar luz sobre lo que van a ser sus aparentemente contradictorias tomas de posición política ante una realidad tan cambiante. En cualquier caso, después de haber contemplado su intento de construir una síntesis de una cultura fascista, debemos retomar el hilo cronológico donde lo dejamos: al final de su etapa robinsónica, cuando en 1932 decide abandonar la soledad, más o menos forzosa, pero nunca aceptada plenamente en su fuero interno.

De esa etapa salía con dos obras de muy diversa factura: *Genio de España*, un libro muy comprometido, sobre todo por su ruptura terminante con Ortega, con afán de permanencia y ecos políticos y sociales; y *Manuel Azaña (Profecías españolas)*, obra puramente coyuntural y de nulos resultados prácticos, si este criterio, como parece, había sido determinante en su realización. Dejaba, además, las seis entregas de *El Robinsón literario de España*, con las que cancelaba dolorosamente la experiencia de cinco años de *La Gaceta*. La desaparición de ésta le llevaba a un callejón sin salida. Marginado de la vida literaria y política, se encontraba de pronto sin lugar donde ejercer su oficio de escritor y sin resolver –aunque la posición paterna fuese bastante desahogada– el problema de su subsistencia económica, precisamente cuando tiene su segunda hija. Desde mediados de 1932 entrará como colaborador constante en el diario *Informaciones* (donde publicará hasta 1936 a razón de una media de tres artículos mensuales) y trabajará como corrector de pruebas en la imprenta de su padre; por entonces comenzó sus tareas docentes como auxiliar en un Instituto y continuó sus abandonados estudios de Derecho en la Universidad de Murcia.

Todas estas circunstancias personales explican que pusiera a la venta una edición de bibliófilo de *El Robinsón*, consistente en cien ejemplares encuadernados, y que acudiese a su amigo Sainz Rodríguez en busca de posibles compradores «para esa modesta colección que he hecho».[1] Explican también, sobre todo –y el hecho es mucho más importante–, sus esfuerzos de finales de 1932 por reflotar *La Gaceta Literaria*, recurriendo en este caso a sus viejos maestros institucionistas.

La correspondencia con José Castillejo –director de la Junta para Ampliación de Estudios y uno de los compradores del volumen para bibliófilos–[2] es bien explícita al respecto y contiene todos los ingredientes de humildad aduladora, de intemperancia y acaso de simulación, en explosiva combinación tan característica del autor, pero denota al mismo tiempo estar escrita por un hombre en profunda crisis existencial. Por ella nos enteramos de su «confesión» con Manuel Bartolomé Cossío, «el viejo eremita» de la Institución, una tarde otoñal al pie de la Sierra madrileña. «Desde que salí del Colegio de Monjas, a los diez años, no había experimentado ese sublime placer del despojo personal, de sublimación. Cossío –sigue diciéndole a Castillejo el 4 de diciembre de 1932–, le lleva mucha ventaja a usted para confesor: su vejez y su desligamiento voluntario de la vida, de contemplar ya todo con reverbero de eternidad.» Y adoptando la posición de un místico –un místico que esconde «su escalofrío trágico de la vida, en una sonrisa de humor y en un perpetuo chiste»–, le señala no importarle «lo que me pase con mi libro, mi literatura, ni con mi destino mismo, si me siento seguido por ojos como los de su carta, llenos de atención y piedad». Pues al fin y al cabo, desde la infancia no ha querido otra cosa en su vida que tener maestros, sin llegar a conseguirlo: «No he tenido maestros», se lamenta. «El uno hablaba mucho de sí», en clara referencia a Unamuno; otro de los que pudo haberlo sido –posiblemente Ortega–, «despreciaba al oyente». Un tercero –¿Américo Castro?– «resbalaba sobre las almas como sobre un patinadero».

Su dolor se concentra en la contemplación de sí mismo como un torrente indomable, saturado de soberbia y soledad a fuerza de abandonos, que golpea «peñas sin saber de hacerlas daño, arrasando floraciones, sin importarle nada»; pero al mismo tiempo, el «torrente llora por un cauce, por una disciplina, por una utilidad, por una humanización. Ve su fuerza desperdiciada. Y sabe que su belleza desmelenada podría convertirse en bien infinito de los hombres y los campos, transformada en energía eléctrica, conducida por tensos cables.» En lugar de eso, todo lo que descubre en sus deseados y nunca conseguidos maestros es *miedo*. Creemos de interés señalar la autopercepción del efecto causado

---

[1] Carta de EGC a Pedro Sainz Rodríguez. Madrid, 25.VI.1932. (Archivo Sainz Rodríguez, Fundación Universitaria Española, Madrid).

[2] «Le agradezco mucho su donativo a mi isla», le escribe Giménez en carta de 29.VI.1932. (Archivo Junta para Ampliación de Estudios, Residencia de Estudiantes, Madrid). Todas las cartas citadas a continuación en este epígrafe proceden de este archivo.

en los demás, porque esa conciencia –temor, desconfianza y sentimiento de ser desaprovechado– volveremos a encontrarla en sus actuaciones políticas.

«Le veo a usted –confiesa a Castillejo– acercarse a mí como a una fuerza natural. Admirarla, acariciarla, gozarla, rodearla, comprenderla, señalarla a los turistas. Pero con terror a lo definitivo: utilizarla en bien de todos. Miedo a encargar unas tuberías enérgicas por donde la energía se encauce y deslice. Miedo a que la fuerza caiga sobre una dinamo, y el fluido azul –espíritu– corra tra[n]sformado y bendito por leguas a la redonda.» Al final de la patética carta le pide que, por no haber vacilado en hacerle esas confesiones, no vaya a convertirse, también para él, en objeto de burla. «Pruébeme, retuérzame. Pero no me abandone al estrellarse del agua en la peña. Pues ese estrellarse –le advierte un poco amenazadoramente–, es una forma de desesperación y de suicidio, cuya culpa cae fatalmente sobre quien lo tolera.»

No poseemos la contestación de Castillejo, pero la siguiente carta de Giménez Caballero –de 25 de diciembre de 1932– es suficientemente explícita sobre la posición de aquél. «Un torrente sin daños y poesía ¿qué es?», le habría preguntado el pedagogo institucionista. «Pues fuerza canalizada –abunda en la contestación Giménez–, energía eléctrica, humanización de una naturaleza. Ya se lo decía yo en mi carta. Un torrente sueña con un transformador y no con un turista; con el ingeniero y no con el curioso.» Rechaza, además, la imagen fácil que le presenta «como un alma de tipo sarcástico, escéptico y frívolamente moral»; imagen acentuada probablemente en sus escritos de *El Robinsón* y en sus conatos de intervención no siempre dignos en el campo político. «Cuando usted me dice que causo a las gentes cierto temor, "miedo", no es por lo que yo tenga de inmoral sino justamente, por todo lo contrario. Por lo que las gentes tienen de inmorales. Es el miedo al "moralista". Pero no al "moralista" engolado y doctrinal (animal inofensivo) sino al que descubre los pliegues ocultos, con lo más oculto que tiene la moral: una sonrisa.» En eso consiste, justamente, el mecanismo de la ironía. «Sin ser un enorme cándido, un enorme ingenuo, no puede uno darse el lujo de sonreír irónicamente.» «La gente –añade mostrando abiertamente la herida por la que sangra– no me teme por ser yo un inmoral. A los inmorales, en nuestra patria y en casi todos los sitios, se les admira, y se les utiliza.» Pero Giménez Caballero insiste en que no ha encontrado todavía el puesto donde canalizar sus ímpetus. Por el contrario, «usted –le sigue diciendo a Castillejo– ha tenido la fortuna de sentirse desde años, dentro de un *sistema inhibitorio de sonrisas*. Entregado a un trabajo despojador de esas espumas. Yo, hasta ahora, no. Todo mi trabajo se ha reducido a reflejar esos reflejos míos.» Nada hay más peligroso que dejar al ingenuo «*fuera del templo*». «A Voltaire, a Renan, a Azaña, les dejaron en el atrio. Y no dejaron piedra sobre piedra.»

Porque como le revela a continuación, el secreto más íntimo de su contextura es precisamente «el entusiasmo, el candor, la buena fe, la capacidad de ilu-

sionarme», sin los cuales no hubiera emprendido todas las cosas llevadas hasta
ese momento a cabo –y pensaría sobre todo en la empresa cultural de *La Gaceta*–, «para ver cómo los demás realzan luego con ellas, a la hora del fruto».

De resultas de esta buscada aproximación a Castillejo (y antes a Cossío),
surge la idea de hacerse cargo de una nueva empresa cultural, continuación de
La Gaceta Literaria, pero con sustanciales variaciones, empezando por su perio-
dicidad mensual y por su dependencia de las esferas institucionistas. Castillejo,
a petición suya, habla con Menéndez Pidal para exponerle el proyecto. «Yo creo
–le escribe a Giménez el 7 de enero de 1933– que el Sr. Menéndez Pidal ve con
simpatía el entusiasmo de usted y llevará el asunto a la Junta de relaciones culturales que es ahora el órgano para estos servicios.» A los efectos, Giménez Caballero se entrevista con Menéndez Pidal y hablan «largamente, de hondos y
conmovedores problemas nacionales», según le cuenta a Castillejo el 8 de enero. «Le veo nuevamente muy bien dispuesto hacia mí. Y aun cuando don Ramón siempre me ha estimado bastante –y ello me consta– ahora contribuyó mucho usted a reacercármelo.» En esa conversación se apuntan posibles aspiraciones
de la nueva revista, como la preocupación, compartida por ambos, por América, «donde ya no llegan nuestros libros apenas, ni apenas nuestros emigran-
tes…» Junto a ella, Giménez se compromete de forma inmediata «a cosas más
cercanas y útiles para España y la República», como «dar a Madrid un tono literario y orgánico de que carece desde hace tiempo, por causa de la política».
Entre esos proyectos de realización inmediata somete a la consideración de sus
maestros los siguientes, en los cuales es bien patente la continuidad con la experiencia de *La Gaceta Literaria*:

> «a) Agrupar periódicamente, con motivos oportunos, sectores de vi-
> da cultural. Una de las primeras comidas que organizaré será la de los
> "Redactores de planas literarias" en la Prensa, juntamente con los Edi-
> tores. Las *planas literarias* hoy populares y generalizadas en nuestra pren-
> sa, salieron todas de La Gaceta. Las postulamos y organizamos nosotros
> entre 1927 y 1928. Si la campaña americana la emprendemos en breve,
> hay que regimentar a estos redactores de diarios, que pueden prestar un
> servicio de difusión con las masas españolas.
>
> b) Otro proyecto, es poner todos los meses a discusión en local ade-
> cuado, algún libro importante. Suscitar la controversia, el análisis, la lec-
> tura múltiple, la discusión fructuosa y regulada.
>
> c) Otro, el de la creación de una "Agrupación de los Amigos del Li-
> bro en España".
>
> d) Otro, el de Premios y Concursos.
>
> e) Otro, una Biblioteca específica de Historia literaria contemporá-
> nea.»

Aun cuando dice no importarle que la nueva empresa «acabará como todas las mías en un fruto que yo no recogeré», afirma encontrarse «afilando los pertrechos de lucha y camino», en espera de la «orden de partida». A juzgar por la frustración del proyecto, esa orden de marcha no llegó nunca, desconocemos el porqué; pero en carta anterior –de 2 de enero– manifestaba sus prisas y señalaba como fecha límite –casi un ultimátum– «no más tarde del 1º de febrero». La correspondencia con Castillejo cesa abruptamente. Parece evidente que para entonces, los momentos de contrición estaban pasando y nuevos horizontes, poco o nada relacionados con las lides culturales, se abrían en un futuro inmediato.

VISTA A LA DERECHA

Los cambios en el panorama internacional y en el ámbito español abonaban nuevas incursiones en el terreno político. A finales de enero de 1933 Hitler subía al poder en Alemania, signo evidente de la *universalización* del fascismo; en España, la coalición social-azañista empezaba a perder el amplio crédito gozado en su cima a partir del fracasado golpe de Estado de Sanjurjo, y a desmoronarse, sobre todo desde los sucesos y el consiguiente escándalo de Casas Viejas. En estas circunstancias, de las que es plenamente consciente Giménez Caballero, la idea nunca abandonada de contribuir al desarrollo del fascismo hispano cobraba nuevas fuerzas. Un panorama desde luego más interesante que la idea de relanzar una publicación de las características de *La Gaceta* en un medio tan distinto a aquel en que tuviera vigencia su programa. La nueva coyuntura, por el contrario, ofrecía posibilidades muy apetecibles a quien se consideraba a sí mismo no sólo un intelectual, sino también un hombre de acción.

Sus escritos inmediatos no dejan lugar a dudas. Nada más producirse los acontecimientos de Casas Viejas, afirma taxativamente en el diario *Informaciones*: «ni en las izquierdas ni en las derechas hay solución para remediar *políticamente* lo ocurrido»; a su juicio es necesario una nueva ordenación nacional y social, más allá del orden público mantenido por procedimientos policiacos «neutros» (guardia de asalto y guardia civil) y respaldado por «parlamentarios absentistas [y] leguleyos terribles». Ese nuevo orden ha de basarse en dos virtudes religiosas y sociales –es decir: nacionales– sin régimen fijo. *Piedad*, por una parte, ante esos «anarcosindicalistas tumbados como moros tras las chumberas, en una defensa heroica y soberbia, en un ideal desesperado e incomprendido»; y *heroísmo*, por otra, como reacción civil e implacable ante ese Estado que se abstiene de concitarla, exponiéndose –como anteriormente la monarquía en sus postrimerías– «a perder definitivamente eso que se llama ahora la *calle* y que es la nación en vivo».[3] Desde su autoproclamada condición de hombre no

---

[3] EGC, «Hacia una piedad nacional (Manifiesto)», *Informaciones* (16.I.1933).

perteneciente ni a la derecha ni a la izquierda, se niega a aceptar que la recogida de ese pálpito de la calle pueda estar en manos ni de quienes aspiran a intercambiar la República por una nueva Monarquía (como ha propuesto el dirigente monárquico Goicoechea en reciente programa), ni en los socialistas, en franco retroceso no sólo en el mundo sino también en la propia España, donde *lo social* –auténtico tema obsesivo en estos momentos– se ha ido distanciando de las masas «para anquilosarse en una oligarquía burocrática, parlamentaria y vuelta de espaldas a la calle».[4]

Más adelante se hará eco del cambio de coyuntura política acaecido en España. Un cambio que invalidaba la vigencia del sistema azañista, caracterizado, precisamente, por representar una alianza entre los sectores republicanos de izquierda y los socialistas. Artilugio conceptual apoyado en los mecanismos (conservadores) de control del poder, cuya actualidad estaba pasando y al que no deja más que dos salidas, en el fondo inviables desde su particular percepción de la realidad: «O *rectificarse*, para intentar coincidir otra vez con la "vida española", o *defenderse* contra esa corriente vital que puede ahogarlo.» Esa corriente vital demandaría fundamentalmente respuesta a tres problemas apuntados por Azaña en reciente discurso, pero no resueltos: lo nuevo, lo social y lo nacional.

En cuanto al primer tópico, no deja de ser –en su opinión– una falacia progresista identificar *lo nuevo* con *lo bueno*, análoga a la de los tradicionalistas que, inversamente, ecuacionan lo bueno con lo viejo o «transido». Sólo aceptando la existencia del genio de un país, es posible concebir la coincidencia de lo nuevo con lo bueno, en tanto se vuelva a potenciar en la Historia las características de ese genio, con novedad ya experimentada en momentos de plenitud. Por su parte, *lo social* no puede consistir, como ha puesto en práctica Azaña, en favorecer a unos cuantos socialistas desde el poder, sino en «la armonización y solución de las contiendas entre las diferentes clases humanas de un país». La visión de la realidad republicana le ofrece, por el contrario, huelgas endémicas, emigración de capitales, disminución de la producción, crisis comercial, desmoralización y anarquía de las masas obreras. *Lo nacional* en el discurso de Azaña no trasciende de unas «citas líricas de nuestra literatura», cuando nación es sinónimo de unidad y el «anhelo de realizaciones universales, de expansión», siendo así que la II República se ha aliado a los enemigos de esa expansión española.[5] Parecía inesquivable esta retractación pública de Giménez Caballero de sus posiciones ante el fenómeno azañista mantenidas durante el año 1932, para poder afrontar el presente con menos lastre.

Y es en esos primeros meses del nuevo año, cuando se gesta, desde ambientes claramente situados en la derecha periodística, el lanzamiento de una nueva

---

[4] EGC, «Lo social. Sermón a las derechas españolas», *Informaciones* (7.II.1933).
[5] EGC, «Los tres tópicos de Azaña», *Informaciones* (16.II.1933).

publicación –*El Fascio*– que potencie las hasta el momento minoritarias y dispersas inciativas de ese signo, difunda con mayor amplitud la ideología fascista aprovechando la coyuntura favorable, al tiempo que sirva de plataforma personal a las ambiciones de un nuevo líder que apunta con fuerza: José Antonio Primo de Rivera. Que la iniciativa correspondiera a un periodista como Delgado Barreto –director de *La Nación*, el órgano oficioso de la Dictadura– es altamente significativo. En el germen de los acontecimientos que llevarán a la salida del único número del semanario el papel relevante de Giménez Caballero está fuera de duda, actuando en estrecho contacto con el embajador de Italia en Madrid, Raffaele Guariglia. Con razón un historiador falangista ha podido decir que *Gecé* desempeñaba «una especie de consulado intelectual del fascismo»,[6] porque será él, en buena medida, no sólo un adelantado de la idea en España, como vimos, sino también quien ponga en contacto a los interesados en la creación de los núcleos fascistas en España entre sí (para dar lugar posteriormente a un auténtico movimiento) y con las autoridades italianas.

Fue en su propia casa –en la calle Canarias, 41– donde tuvo lugar el encuentro para el diseño de la estrategia del futuro movimiento fascista. Por los informes transmitidos a Roma por Guariglia sabemos que el 23 de febrero de 1933 se encontraban en la vivienda de *Gecé*, además del embajador de Italia, el principal impulsor del proyectado semanario y director del diario *La Nación*, Manuel Delgado Barreto, los directores de *Informaciones* y de *La Época*, el diputado Alfonso García Valdecasas (dirigente del Frente Español) y un corresponsal alemán del *Telegraphen Union*. En la reunión, Delgado habría anunciado la próxima fundación de un periódico llamado *El Fascio*, en sustitución del satírico-humorístico *Bromas y Veras*, en cuyos últimos números habían salido dos artículos escritos por él, aunque inspirados por Giménez,[7] sobre la necesidad de un fascismo español. A la lista de los asistentes proporcionada por Guariglia, podemos añadir –de no haberse tratado de dos reuniones sucesivas– los nombres de José Antonio Primo de Rivera, Rafael Sánchez Mazas y los jonsistas Ramiro Ledesma y Juan Aparicio; al decir de este último, después de la estancia en la residencia de Giménez se trasladarían al chalet de Delgado Barreto en Carabanchel, conducidos en automóvil por el propio José Antonio.[8] Allí perfilarían y ultimarían los preparativos y se repartirían las resposabilidades; Delgado Barreto se haría cargo de la dirección de *El Fascio*, y el consejo de redacción

---

[6] D. Jato, *op. cit.*, p. 95. El autor se refiere a los tiempos de *La Gaceta*, pero su certera observación podemos hacerla extensiva a los años siguientes.

[7] R. Guariglia, *Primi passi in diplomazia e rapporti dall'ambasciata di Madrid (1932-1934)*. Nápoles, [s.e.], 1972, pp. 263-264. (R. 529/316. Madrid, 24.II.1933).

[8] J. Aparicio, «Estampa única», *El Alcázar* (26.X.1972). Aparicio sitúa el encuentro en el mes de marzo; o se trata de una reunión posterior a la referida por Guariglia o de un error explicable si consideramos que rememora un hecho ocurrido casi cuarenta años antes. Sobre la reunión, *vid.* también S. Ellwood, *Prietas las filas. Historia de Falange Española, 1933-1983*. Barcelona, Crítica, 1984, pp. 34-35; e I. Saz, *Mussolini contra...*, p. 106.

quedaría compuesto por Primo de Rivera, Sánchez Mazas, Giménez Caballero, Ledesma y Aparicio.

La aparición de *El Fascio* el 16 de marzo (haciéndolo coincidir expresamente con el tercer aniversario de la muerte del dictador), ponía de manifiesto la necesidad de replantear sobre nuevas bases el camino del fascismo español, hasta ese momento embarrancado en la experiencia, aleccionadora por lo limitada, de las J.O.N.S. Dos años después, Ledesma se referiría a ella despectivamente: «aquella virgolancia de *El Fascio*». Pero lo cierto es que los jonsistas –por mucho que dijeran haber prestado su concurso de «malísima gana» al advertir que aquello pudiese convertirse en una «madriguera reaccionaria»–[9] vieron en la iniciativa una posibilidad de salir de los límites estrechos (empezando por la precariedad financiera) en que hasta el momento se había desenvuelto el partido. En opinión de Sheelagh Ellwood, la base social de su militancia estaba «compuesta sobre todo por estudiantes de clase media, empleados del sector servicios en las ciudades y jornaleros y pequeños campesinos en las zonas rurales», y aunque la organización tuviese un ámbito nacional, «su presencia se concentraba fundamentalmente en Galicia, Valencia, Madrid y Valladolid».[10] En definitiva, las J.O.N.S. habían revelado la dificultad de desarrollar en España una opción autónomamente fascista, desligada de las demás fuerzas políticas de la derecha, en cuyo terreno –ante la indiferencia de amplias capas de la pequeña burguesía, cuando no la hostilidad abierta de las fuerzas obreras– estaban obligadas a competir por abrirse un espacio político propio. Este hecho explica la necesidad de los *sectores puros* de transigir con aquellos *sectores fascistizados* –empezando por el mismo José Antonio Primo de Rivera– que avalaban la iniciativa.

La contribución fundamental de Giménez Caballero al periódico fue la publicación –ocupando toda la tercera plana– de «un plan programático de bastante interés –según Ledesma–, si bien quizá demasiado severo, intelectual y seco».[11] Vale la pena detenerse en él, porque se trata de la primera –y la única vez– que sus ideas políticas hallaban reflejo en puntos concretos. En líneas generales, el manifiesto se caracteriza por su escasa originalidad y, sobre todo, por el abandono de cualquier veleidad «izquierdista»; basta compararlo con el de *La Conquista del Estado*, redactado por Ledesma, pero suscrito por él, para advertir el cambio sustancial operado en los dos años que los separan. Giménez Caballero ha comprendido con toda claridad que el intento de *nacionalizar la izquierda* –lo acabamos de comprobar en su giro antiazañista– ha concluido en el fracaso más absoluto (desde la «Carta a un compañero» de febrero de 1929, hasta su libro sobre Azaña, pasando por sus invitaciones al dirigente socialista Indalecio Prieto o el apoyo inicial a Ledesma Ramos) y que la militancia potencial está

---

[9] Ledesma, *¿Fascismo...?*, pp. 74-75.

[10] Ellwood, *op. cit.*, p. 33.

[11] Ledesma, *¿Fascismo...?*, p. 75.

en otras latitudes. Si la primera vía no ha dado resultados tangibles, de lo que ahora se trata es de dirigir su nuevo discurso (despojado al máximo de elementos demagógicos) hacia otros sectores de la sociedad española susceptibles de evolucionar, por lo general desde puntos de partida de derecha, hacia el fascismo. Se inicia así un giro en su estrategia política –la *fascistización de la derecha*– que irá dirigido tanto a la constitución del partido fascista como tal, cuanto a la difusión de la ideología entre los medios de la derecha conservadora y autoritaria para lograr la modernización de sus esquemas. El giro estratégico conocerá diversas reacomodaciones, como tendremos ocasión de comprobar en las páginas siguientes.

El primer aspecto que destaca en su programa es la recuperación de la grandeza de la nación, liquidada después de tres siglos de lenta descomposición, proyectando «sobre un porvenir –desde el presente– el secreto de un pasado genial».[12] Rehecha la unidad interior, el paso siguiente es su expansión en el mundo al servicio de ideales universales. En este punto continúa lo expuesto en *Genio de España*; es preciso seguir los ejemplos de Italia y de Alemania, pero así como estos dos pueblos habían encontrado los símbolos de su empresa imperial en motivos demasiado particularistas (el fascio lictorio en Italia) o racistas y excluyentes (como la cruz gamada alemana), España debía asumir la «cruz sencilla, síntesis cristiana de Oriente y Occidente». La misión confiada a España por la Historia, será la de asumir con el fascismo –pero «mejor que Italia y Alemania, que el fascio y que la svástica»– «el brazo diestro de este ideal humano, justiciero y universo», una *tercera vía* en suma, contra la internacional comunista (Moscú), aniquiladora de la individualidad, y la socialdemócrata o demoliberal (Ginebra), auspiciadora del «predominio de las potencias puramente capitalistas».

Para conseguir un Estado al servicio de esos principios no se trata de elegir entre las distintas formas del régimen, entre república o monarquía, sino de sustituir al Estado liberal y socialdemócrata por otro «fuerte y de masas jerarquizadas». Este nuevo Estado se alejará tanto del individualismo liberal como del sistema soviético o de «masas absolutas», pues España es un pueblo demasiado «prócer y antiguo como para no tener el sentido de la libertad». La solución que armonice esa libertad –subordinada siempre, muy mussolinianamente, a los fines últimos del Estado– con el principio de la autoridad es el corporativismo, sustanciado en la implantación de un Parlamento sindical y gremial, en vista de la producción y del trabajo.

Un Estado de esas características debe basarse en el principio de la unidad. Unidad realizada en cinco frentes: político, religioso, militar, social y cultural. En el primer aspecto, el Estado –nuevo y tradicional a la vez– no con-

---

[12] «Puntos de partida. Plan para un gran movimiento nacional», *El Fascio* (16.III.1933), sin firma. Reproducido en *La Nueva Catolicidad*, p. 173-182.

sentirá «fragmentaciones capciosas, autonomías políticas que mermen su soberanía absoluta». En cuanto a la religión, la Iglesia católica no deberá mezclarse con el Estado; la posición aconfesional es bien firme, aunque no por ello el Estado deje de propugnar «la mayor unificación de las conciencias». El ejército, en lógica derivación de los supuestos imperialistas, es concebido como un organismo capaz de garantizar la defensa, pero también desarrollar «una posible ofensiva eficaz»; además, estará penetrado de sentimientos patrióticos y abnegados. Por lo que respecta a la unidad social, el Estado se preocupará especialmente de la clase obrera y no excluirá al capitalista (obligado a «la producción intensiva de su capital»), ni al aristócrata, aunque prime las «jerarquías naturales» sobre las «aristocracias hereditarias». En cuanto a la cultura, se ocupará de la unificación lingüística, con una escuela única *pero española,* y potenciará todas las manifestaciones surgidas, siempre y cuando tengan un sentido nacional, a la vez que someterá férreamente la propaganda (prensa, radio, cine).

La táctica para llegar a esa organización estatal, en un estadio tan inicial de su desarrollo como el español, consistirá en acercarse a las masas, para predicarles y convencerlas. Giménez Caballero sigue otorgando prioridad a la propaganda ideal, puesta después en marcha por el movimiento político.[13] Sólo más adelante podrá surgir el «caudillo que las encarne y represente». Cautelosamente, como vemos, remite ese aspecto fundamental de su concepción del fascismo –el surgimiento del *héroe–* a un futuro incierto.

Mucho más inconcreto es el apartado referido a la forma de organización, donde incluye ideas personales místico-políticas adelantadas en escritos anteriores. El nuevo movimiento se articulará en la milicia (según el lema estoico y loyolesco), desdoblada en sus funciones de encuadramiento de las masas en una milicia civil y otra espiritual. La primera practicará la acción directa y seguirá una táctica sindical, pero enderezada –y aquí se descubren claramente los métodos propugnados para «convencer» a las masas a los que nos referíamos antes– a impedir «toda revolución contra el orden». En cuanto a las milicias espirituales, se dividirán en dos clases: laicas y religiosas. Las laicas no tendrán una finalidad «vagamente cultural y liberal» (y pone el ejemplo de las Misiones Pedagógicas republicanas), sino de carácter técnico y sindical: «el trabajador sólo puede atender hondamente a quien hable su lenguaje, su oficio, su pro-

---

[13] En la 2ª ed. de *La Nueva Catolicidad* añadirá una nota con un comentario al papel de los *poetas* como precursores: «Las ideas ruedan y en seguida olvidan –desagradecidas– sus orígenes filiales. [...]. La grandeza y dedicha del escritor está ahí: hacer los hijos para que sirvan a otros, a los políticos. No nos valen las ideas ni para canjearlas, un día, por bonos de pan. Ahora bien, nuestra venganza está en saber que somos nosotros los *Poetas* el elemento macho de la vida de un pueblo. Y el *Político,* el elemento femenino.» (*Op. cit.,* pp. 181-182). Estas ideas las recogerá y desarrollará en su capítulo sobre san Juan Bautista de *Arte y Estado* (1935), cuando, marginado del falangismo, su papel de iniciador se haya visto aún más relegado.

fesión y se lo potencie». En cuanto a la milicia religiosa deberá tener como aspiración «renovar y reformar una Religión que había perdido su carácter militante, su sentido de salvación de prójimo». La complementariedad de ambas milicias queda bien clara: «Piedad y fiesta deberán dar [las milicias religiosas] a las masas, a quienes ya las milicias civiles hayan asegurado la paz. Y las milicias técnicas hayan proporcionado el pan y el trabajo.»

Es bien sabido que *El Fascio* no pudo pasar de su primer número al ser secuestrado por orden gubernativa. Por una carta conservada en su archivo, sabemos que Giménez Caballero hizo llegar un ejemplar a un personaje del Partido Nacional–Socialista alemán en Munich;[14] el hecho demuestra que, para entonces, sus contactos no se limitaban a los italianos, pese al acentuado cariz filorromano de su fascismo. Recogida la mayor parte de la edición, acaso lo más relevante de la operación frustrada fue el amplio espacio que le dedicaron los medios informativos, logrando una publicidad indirecta. En otro sentido, salían reforzadas las aspiraciones al liderazgo de José Antonio («uno de los más serios e inteligentes entre los nuevos elementos españoles», al decir de Guariglia[15] pocos meses después), amplificadas a partir de la resonante polémica con el director de *ABC*, Juan Ignacio Luca de Tena, en las páginas del diario monárquico.

Con todo, la experiencia había terminado en fracaso y Giménez Caballero, que debió poner mucho entusiasmo en el proyecto, salió de él muy desmoralizado. Así nos lo presenta el embajador italiano, a quien manifestó su propósito de suspender temporalmente sus actividades. Guariglia, en su papel de consejero, le advirtió que si creían los involucrados en el proyecto en la posibilidad de crear un partido fascista únicamente a base de artículos de prensa, estaban completamente equivocados. «Un movimiento de ese género –comentaba el embajador– exige tenacidad y fe, impone sacrificios incluso de sangre» y necesita «un espíritu preparado para las luchas más duras». En España, además, por la «especial psicología de este pueblo» y por el retraso con que la idea fascista se ha difundido, los problemas eran más graves. En su opinión experimentada, el naciente fascismo español debía orientar su actuación en dos sentidos:

«1) En convencer a los partidos de derecha de que la solución de sus problemas se puede realizar únicamente en una solución concorde de los espíritus, dirigida a crear, sin prejuicios de régimen o política religiosa, un Estado reconstruido sobre la base del principio de autoridad.

2) Demostrar a los elementos conservadores y de orden la utilidad práctica de las organizaciones fascistas, esto es, trabajando efectivamen-

---

[14] Carta de T. von Trothas a EGC. (Munich, 8.IV.1933. Archivo EGC, Madrid).
[15] Guariglia, *op. cit.*, p. 304. (R. 2436/1341 rr. San Sebastiano, 22.VIII.1933).

te sobre los elementos obreros y agrícolas inscritos en sindicatos socialistas y comunistas, y prestando con coraje los propios servicios en caso de huelgas u otros conflictos sociales.»[16]

Poco sabemos de las actividades políticas de Giménez durante esos tiempos de desánimo y frustración. Nada nos consta de su intervención –si es que se produjo– en las negociaciones y los contactos entre los distintos grupúsculos fascistas existentes en España: el de Primo de Rivera (el Movimiento Español Sindicalista), el Frente Español del orteguiano García Valdecasas y las mismas J.O.N.S., cuya actividad, dentro de la modestia de su volumen, se vio incrementada notablemente durante ese año.[17] De las tres agrupaciones, quizá se acercase a esta última por esas fechas, volviendo a colocarse bajo la jefatura política de un Ledesma que contemplaba reticente un proceso de convergencia considerado como inevitable y a la vez temeroso de ser engullido por él. De colocarse nuevamente en la órbita jonsista, Giménez Caballero, reacio como siempre a toda disciplina militante, seguiría conservando una relativa independencia de actuación. De momento sus artículos en *Informaciones* –pues en ausencia de una organización sólida, escribir era su única forma de contribuir a la causa– diversifican la temática y abordan los aspectos más diversos, culturales e incluso frívolos,[18] si bien siempre desde ópticas muy ideologizadas. Por lo que respecta a los de contenido netamente político, es de destacar su percepción, en fecha tan temprana como abril de 1933, del dilema ante el que se encuentra el movimiento socialista: el mantenimiento de la colaboración con los republicanos de izquierda en nombre de una República colocada bajo la advocación de la Libertad o la tendencia a «*leninizarse, bolcheviquizarse* [*sic*], *dictatorializarse*», reclamada por sus juventudes con una valentía y cinismo equiparable a la de los jóvenes que preconizan el fascismo. Pero esa tendencia a la dictadura que empiezan a manifestar los socialistas –empujados también por las masas obreras, como escribe en un artículo anterior, coincidente con la aparición de *El Fascio* y la negativa de las organizaciones proletarias a permitir su difusión–, no es sino un desesperado movimiento defensivo. Más aún, un auténtico suicidio: si se lleva a término «dejarían automáticamente de ser lo que son (*socialistas demócratas*). Y pasarían a ser lo que más detestan, lo contrario a su naturaleza polí-

---

[16] *Ibíd.*, p. 290. (R. 1364/787 r., Madrid, 12.V.1933). Cfr. Saz, *Mussolini...*, pp. 108-109.

[17] Cfr. Gibson, *En busca de José Antonio.* Barcelona, Planeta, 1980, pp. 57-64; Elorza, *La razón y la sombra*, pp. 214-224. «El año de 1933 es el verdadero año de las J.O.N.S.» escribirá Ledesma (*¿Fascismo...?*, p. 77).

[18] *Vid.*, a título de ejemplo: EGC, «Clásicos castellanos. "La Celestina", ¿es una obra judía?», *Informaciones* (15.IV.1933); «Dignidades castellanas. El grabanzo, en el descubrimiento de América», *Informaciones* (19.VI.1933); «Hacia un nuevo arte. Acción directa en poesía», *Informaciones* (8.VII.1933); «Vejamen de las "misses". No es verdad tanta belleza», *Informaciones* (30.V.1933). También su contestación a la encuesta sobre la nueva generación intelectual en *Hoja literaria* (junio–julio 1933), p. 10.

tica. *Se pasarían a su propio enemigo*. Si se inclinaban a tolerar el capital devendrían *fascistas*. Y si se inclinaban a suprimirlo, *comunistas*.»[19]

En otro sentido, más cercano a las indicaciones del embajador italiano en la línea de hacer ver al conjunto de la sociedad (y particularmente a la derecha) las ventajas de la organización fascista, se ocupa del campo español. En su opinión, la República ha tenido la virtud de despertar –tanto en campesinos proletarios como en propietarios– el sentido de la tierra, aunque carezca de los resortes apropiados para solucionarlo. Más bien, con su confusa y anárquica mezcla de individualismo y colectivismo, la República social–azañista acentúa los conflictos existentes hasta convertirlos en endémicos. Una larga cita de Mussolini –elevada por nuestro personaje casi al rango de un evangelio rural– le sirve para defender su posición integradora, de estrecha colaboración, bajo la tutela planificadora de un Estado nacional y creador. Pues como país eminentemente agrario, España no puede olvidar sus entrañas rurales, sustento de la patria o «tierra de padres, tierra de muertos que han vivido sobre esta tierra».[20] La consideración de lo agrario en España, constituye un nuevo puente tendido hacia la colaboración con la derecha desde sus posiciones fascistas.

Aplazado por el momento el problema del surgimiento del héroe o caudillo y confiado a la propia dinámica de los acontecimientos, a medida que avanza el año 1933 y supera la desmoralización inicial, sus escritos se centran en la inevitabilidad de una organización fascista de España y en otear las masas sociales que puedan reclamarla. El mejor indicio de esa tendencia lo aprecia –o lo sueña, porque muchas veces da la impresión de que los deseos se le antojan realidades– en la aparición de «chispazos de *acción directa*» de una población que no se ve representada ni defendida por el Estado demoliberal, en un «movimiento lento, sordo, implacable, irreprimible, de fondo social y misterioso»; en aquellos sectores sociales constituidos por «la masa media republicana, la masa de la pequeña burguesía medio proletarizada y la masa de proletarios medio aburguesados».[21] Clientela soñada, en suma, que en otra situación podría haber estado destinada a la socialdemocracia, aunque ésta en España se demostró incapaz de conquistarla.[22] Esas masas entusiastas y prestas al sacrificio no tardarán en surgir al primer choque defensivo serio. Si no lo han hecho, como le dice al «amigo Gil Robles» (recién vuelto de su viaje a la Alemania hitleriana) es porque la represión ejercida por el Gobierno Azaña, apoyada, más que en los guardias de asalto en las masas encuadradas por el socialismo, ha impedido la aparición en España de «la modalidad típicamente fascista de mili-

---

[19] EGC, «Socialismo y libertad», *Informaciones* (11.IV.1933) y «Posibilidades imposibles. Una dictadura socialista», *Informaciones* (14.III.1933).

[20] EGC, «Retorno a la tierra, en España», *Informaciones* (15.VI.1933).

[21] EGC, «Claridad frente a confusión. Un complot no puede ser fascista», *Informaciones* (3.VIII.1933).

[22] EGC, «Hitler visto por el Francia joven», *Informaciones* (14.VII.1933).

cias armadas, de exaltación nacional y de juventudes».[23] Pero ahora, Azaña y sus compañeros socialistas ya no están al frente de la República.

Giménez Caballero pone el punto final a sus escritos azañistas con ocasión del abandono del poder por el político alcalaíno. «Este artículo –señala– quiere ser un colofón al malogramiento de Manuel Azaña como presunto protagonista de la Revolución republicana española», lanzado por quien «ha estudiado con atención no bien comprendida ni por los amigos ni los enemigos de Azaña». Un líder que pudo serlo todo al recoger una tierra prácticamente virginal: «Tuvo a España en sus manos como una materia prima para todos los ensayos. [...] ¡Qué coyuntura única, difícil de volver!» Pero la seducción de las ideas democráticas, le impidió «tratar a la Democracia como hay que tratar a la mujer: poniéndola en su sitio y afirmando la hombría decisivamente». Aunque confiesa escribir alejado de la ironía y de la agresividad (quizá la ironía está precisamente en esa confesión), el tono adoptado no puede ser más duro al comentar «el triste, gris y pobre final de Manuel Azaña»: «Pudo ser *rey natural* del Bosque de Diana, y hoy yace en una servidumbre de olvidos y obscuridades peor que la de su antigua covachuela. Malogrado Azaña.»[24] Con esta oración fúnebre se despedía para siempre de sus viejos sueños de nacionalizar a la izquierda española.

La caída de Azaña cambiaba de raíz el panorama. Lerroux, su sucesor, no tendrá más remedio que tolerar la nueva situación, que «no será de *derechas*, sino *nacional*.» En la nueva coyuntura, *la derecha será un elemento más, pero no el único*: «Hoy –se dirige a Gil Robles, como un año antes le insinuaba a Manuel Azaña– no se puede prescindir ya de lo operario, de lo popular, de lo pequeño burgués», como las inservibles y superadas dictaduras de base militar a la yugoslava, apoyadas en la pura fuerza del ejército y desdeñosas de la adhesión pública de las masas. Por eso, frente a lo expresado por el líder católico, el fascismo está más cerca que nunca del país, porque la revolución en España está a punto de comenzar, y como antídoto, la inevitable reacción nacionalista.[25] Por otra parte –y esta vez comenta unas declaraciones de política religiosa aparecidas en *El Debate*–, carece de sentido (aunque es explicable en un diario calificado como «nuestro *Vicevaticano*») otorgar a la Iglesia la primacía de lo políti-

---

[23] EGC, «Ante algo inminente. Nación contra revolución», *Informaciones* (15.IX.1933). A propósito del viaje de Gil Robles a Alemania, Giménez comenta y rebate sus declaraciones según las cuales en España el fascismo no tiene posibilidades por no darse una situación «catastrófica, de *hambre*, en un pueblo apretado internacionalmente» y porque tampoco ve una tendencia a la necesidad de desembocar en un pueblo «las masas populares, surgiendo el caudillo, también popular.»

[24] EGC, «Colofón. Azaña, el malogrado», *Informaciones* (18.IX.1933). Muchos años después despacharía con desenfado lapidario sus antiguas ilusiones azañistas: «no era tampoco el Hombre para una Revolución trascendente en España: era demasiado burgués, oficinista y feo.» (EGC, *Memorias...*, p. 78).

[25] EGC, «Hitler visto...» y «Ante algo...»

co, puesto que desde el Pacto de Letrán de 1929 el fascismo no sólo no va contra Roma, «sino que va a salvar de nuevo a Roma [y a la Iglesia] en el mundo», eso sí, «dejándola en sus puros límites evangélicos, espirituales y extratemporales». Por consiguiente, es inútil que la derecha católica «quiera prescindir de un sentimiento primario y sublime entre los españoles: el *nacional*, el *estatal*. Tanto más que el sentimiento de "lo nacional", lleva implicado en España el sentimiento de lo católico.»[26] Semejante identificación de la nacionalidad española con el catolicismo supone, no sólo una concesión al pensamiento de abolengo tradicionalista, sino un cable tendido a la fuerza política de la derecha capaz de movilizar sectores de población más amplios, con los que el fascismo, en su calidad de *late comer*, antes o después ha de encontrar una forma adecuada de convivencia y de pacto.

Obsérvese que en estos últimos escritos el interlocutor –aunque se permita discrepar desde su irrenunciable ideología fascista– es el populismo católico de la CEDA y su líder Gil Robles. Pero nada en ellos permite adivinar su inmediata decisión política: la pretensión de concurrir a las elecciones de noviembre de 1933 en las candidaturas de la derecha por la circunscripción de Murcia. A los efectos, Giménez Caballero no hacía sino seguir un camino de recorrido inverso, pero con idéntico punto de llegada, al de fascistizados procedentes de la derecha más conspicua, como José Antonio Primo de Rivera o el marqués de la Eliseda; ambos, como es innecesario recordar, los únicos diputados de estricta observancia fascista (y el segundo por breve tiempo), llegados al Congreso como independientes en las listas de la derecha.

Ahora bien, ¿por qué Murcia? Hasta donde llegan nuestras informaciones, en principio la vinculación del escritor con la tierra levantina (llegaría a dedicarle todo un libro en 1934, *El Belén de Salzillo en Murcia*) era meramente casual o por lo menos sin ninguna relación con la política. Allí estaba continuando sus interrumpidos estudios de Derecho, como alumno matriculado por libre, en una Facultad significada en aquellos años por su bajo nivel de exigencia. En la Universidad murciana coincidiría con un joven de Orihuela conocido desde los tiempos de *La Gaceta*, Ramón Sijé, hoy recordado más por la estremecedora elegía dedicada por su amigo Miguel Hernández con motivo de su muerte (ocurrida en diciembre de 1935, cuando sólo contaba 22 años), que por una obra intelectual si prometedora apenas incoada. Hasta ese momento, Sijé se había visto muy influido por el tono literario e incluso la ideología de *Gecé*, aunque hubiese empezado a adoptar ya un giro donde es más perceptible el influjo del estilísticamente enrevesado y paradójico catolicismo de Bergamín. En estas circunstancias, el 10 de octubre Giménez le hacía saber por carta al amigo oriolano:

---

[26] EGC, «Política religiosa. Ecclesia in Respublica», *Informaciones* (4.X.1933).

«Estos días de peligro me han tenido pistola al cinto. Y ahora la noticia bomba: El bloque de derechas –Gil Robles, Goicoechea– me presenta candidato por Murcia. Quiero que sea esa Murcia intuida en mi niñez y gozada ahora (gracias a V.) el primer campo de mi predicación. ¿Me ayudarán Vds. férvidamente?»

Una semana después, y como quiera que la contestación de Sijé debía contener objeciones de principio a su inclusión en el bloque derechista, volvía a escribirle revelando sus auténticas intenciones. El paso dado no suponía modificaciones en su actitud antiparlamentaria y antidemocrática; por el contrario «se trata de vencerlos en sus propias trampas», de servirse de las instituciones republicanas para dar a su palabra –a su *predicación*– una mayor resonancia. Y le recordaba unas palabras de *Genio de España* donde había escrito que sintiendo ese genio «palpitar en las entrañas puede uno bajar a los infiernos sin mancharse». «¿Y qué más infierno –añadía– que el Parlamento?» Para conseguir eso, no «me importa aliarme con el diablo aunque tenga cara de Bloque de Derechas. Todos los medios son buenos: el fin es lo que importa. Experiencia de Maquiavelo e Ignacio (fundadores del Fascismo).»[27]

Pero en esta segunda carta ha desaparecido el tono exultante de la anterior y ve difícil su inclusión en la candidatura («dudo mucho ni siquiera que se me admita»), como al final sucedería, por circunstancias que desconocemos, quedando todo en un nuevo deseo frustrado. Proyecto, sin embargo, que ponía de manifiesto las *ambiciones políticas* de un escritor no resignado a influir *sólo por medios literarios* en su público.

No dándolo todo por perdido y dejando aún cierto margen a la satisfacción de sus aspiraciones parlamentarias, en la citada carta le recordaba a Sijé como un precedente de su futura acción política el episodio protagonizado en octubre del año anterior –1932– cuando se presentó a inaugurar un busto a Gabriel Miró en Orihuela (la Oleza del escritor alicantino), en acto organizado por un grupo de jóvenes entre quienes se contaban el propio Ramón Sijé, Miguel Hernández, Carmen Conde, Antonio Oliver Belmás, etc. El discurso pronunciado allí por Giménez Caballero «fue una deliberada y constante provocación»,[28] hasta el punto de originar un altercado ante las protestas de algunos de los asistentes.

---

[27] Cartas de EGC a Ramón Sijé. 10 y 17 de octubre de 1933. *Apud* Muñoz Garrigós, *op. cit.*, pp. 110 y 285-286.

[28] Muñoz, *op. cit.*, p. 91. Para detalles sobre el incidente, fechado el 2 de octubre de 1932, *vid.*, pp. 91-93, donde el autor recoje la versión de dos asistentes. *El Sol*, en una breve nota, reseñó los actos, pero sin hacer mención alguna del altercado. («En Orihuela. En memoria de Gabriel Miró», *El Sol*, 6.X.1932).

La difícil ubicación en el partido fascista

Fue precisamente la campaña electoral del otoño de 1933, el momento escogido para lanzar la nueva agrupación política, resultado de las gestiones realizadas entre diversos grupos y personalidades a partir del fracaso de *El Fascio*.
Una organización –sin denominación concreta todavía– presentada en el tan
mitificado posteriormente «acto de afirmación españolista» del teatro de la Comedia el 29 de octubre de 1933, donde hablaron Julio Ruiz de Alda, Alfonso
García Valdecasas y José Antonio Primo de Rivera. El carácter fascista del mitin
fue unánimemente reconocido por la prensa. Gibson ha recogido el comentario de *Il Popolo d'Italia* del 31 de octubre, bajo el titular «Il primo comizio di propaganda del movimento fascista spagnolo»; el diario madrileño *Informaciones*
encabezaba su reportaje con estas expresivas palabras: «Con el teatro lleno de
un público entusiasta se celebró ayer en la Comedia *el mitin organizado por los
elementos fascistas* que, aún sin llamarse así, aunque tendrían perfecto derecho
a hacerlo, mal que pese a los salvajes que quieren ahogar la libre expresión del
pensamiento ajeno, *sustentan ideales directamente inspirados en la organización
del Estado italiano.*»[29] El nombre de Falange Española se adoptaría días después;
más relevante es que, antes de su constitución, sus promotores habían suscrito
ya un pacto –los «Diez puntos de El Escorial»– con los monárquicos a finales
de agosto de ese año.[30] Nacía, pues, el nuevo partido muy vinculado táctica-
mente a la extrema derecha antirrepublicana e ideológicamente al régimen
mussoliniano, y con el firme propósito de encarnar definitivamente la opción
genuinamente fascista en el panorama político español.

Giménez Caballero y José Antonio Primo de Rivera habían trabado conocimiento personal en febrero de 1933 –poco antes de la reunión ya comentada para la preparación de *El Fascio*– en un banquete a Pemán, organizado por
Acción Española en el hotel Ritz. El lugar de encuentro es bien significativo de
los escenarios sociales donde comenzaba a moverse el otrora vanguardista. «Se
dirigió a mí –escribirá Giménez en sus memorias–, me abrazó y me comunicó
que estaba repartiendo muchos ejemplares de mi libro [*Genio de España*], com-
prados por él.»[31] El detalle indicaría estimación, al menos en estos momentos
iniciales, del hijo del dictador por el ideólogo fascista. Según Ximénez de Sandoval –el apasionado biógrafo de José Antonio–, entre las lecturas que ilustra-
ron la cultura política de éste, se contó destacadamente la producción de *Gecé*

[29] Gibson, *op. cit.*, p. 71. «Los señores Valdecasas, Ruiz de Alda y Primo de Rivera alzan la bandera fascista», *Informaciones* (30.X.1933). La cursiva es nuestra.

[30] Cfr. I. Saz, «Falange e Italia. Aspectos poco conocidos del fascismo español», *Estudis d'Historia Contemporània del País Valencià*, 3, [1982], pp. 247-248.

[31] EGC, *Memorias…*, p. 74. Por error sitúa el encuentro en 1932; para el banquete a Pemán,
vid. E. Vegas Latapie, *Memorias políticas. El suicidio de la Monarquía y la Segunda República*. Barcelona,
Planeta, 1983, pp. 169-170.

(citado junto a Ortega, Unanumo y Maeztu, como pensadores españoles actuales); con gran interés había seguido, no sólo *La Conquista del Estado* de Ledesma, sino la propia *Gaceta Literaria* de Giménez Caballero; un «intelectual cien por cien», en suma, «que le llenaba plenamente».[32] Es fácil, por otra parte, apreciar en la formación fascista originaria de Primo de Rivera, elementos que proceden del influjo directo de *Gecé*, muy matizados, ciertamente, por otras influencias sobre todo –pero en ningún caso únicamente– estilísticas, como el cuidado del gesto, la elaborada retórica y una sutileza intelectual donde es tan patente la huella de Ortega como, en menor medida, la de Eugenio d'Ors. La presencia de estos maestros tiende a hacer desaparecer las estridencias gimenezcaballeristas, aunque sin llegar a desvirtuar la anterior evidencia. La acentuada referencia casi exclusivamente romana de su «primer fascismo» –José Antonio visitará al *Duce* poco antes de pronunciar su discurso fundacional– o la percepción del líder italiano que informa su prólogo a la traducción española de *El Fascismo* de Mussolini (donde lo califica como el «Héroe hecho Padre»)[33] permiten advertir ese influjo, también muy explícito en textos posteriores como el siguiente: «Nos dicen que somos imitadores porque este movimiento nuestro, este movimiento de vuelta hacia las entrañas genuinas de España, es un movimiento que se ha producido antes en otros sitios. [...]. Estos países [Italia y Alemania] dieron la vuelta sobre su propia autenticidad, y al hacerlo nosotros, también la autenticidad que encontraremos será la nuestra, no será la de Alemania ni la de Italia, y, por tanto, al reproducir lo hecho por los italianos o los alemanes seremos más españoles que lo hemos sido nunca.»[34] Por otra parte, la influencia no se limitaría a aspectos únicamente ideológicos; se orientaría hacia actuaciones políticas personales, como el mentado viaje a Roma del marqués de Estella para informarse *in situ* de la organización italiana y conseguir, al tiempo, la aquiescencia de Mussolini.[35]

Con todo, mal empezaban las cosas para Giménez cuando, sin reconocerle su puesto de precursor y propagandista incansable, fue descartado en el acto de la Comedia. «Yo debía haber hablado en ese Mitin –escribiría varios años después– [...]. Pero a última hora se me sustituyó para que actuase un joven abogado que se consideraba el más ardoroso y leal de todos los falangistas.» En su opinión, el lanzamiento público de Falange Española estuvo interferido: «alguien tenía un exquisito interés en *mixtificar* las cosas». El «reconstituyente» fas-

---

[32] F. Ximénez de Sandoval, *José Antonio. (Biografía apasionada)*, 8ª ed. Madrid, Fuerza Nueva, 1980, pp. 80, 90 y 372.

[33] J. A. Primo de Rivera, *Obras*. Madrid, Delegación Nacional de la Sección Femenina del Movimiento, 7ª ed., p. 55. El texto es de octubre de 1933.

[34] Discurso en el teatro Calderón de Valladolid (4.III.1934), *ibíd.*, p. 194.

[35] R. de la Cierva atribuye a Giménez actuaciones persuasivas para convencer a un Primo de Rivera «que en principio no sentía el menor interés por establecer contactos personales con los fascismos extranjeros.» (*Op cit.*, p. 559).

cista había demostrado tales efectos en aquellos países donde se había aplicado, que debía ser administrado con precaución. «Un poquito de fascismo no sólo no molestó a los seculares administradores de España, sino que dieron ¡hasta dinero! para importarlo a medida. Pero ¿quién iba a manejar tan aventurado reconstituyente? ¡Ojo con los fanáticos! Había que *dosificar*. El Mitin de la Comedia fue ya la primera dosificación.»[36] Fue también –podemos añadir– el comienzo de una relación difícil entre el escritor y la nueva organización política, y de un modo singular, con su líder más destacado.

Dejando a un lado el inevitable dolor producido por su marginación, estas explicaciones retrospectivas pecan de inconcreción. ¿A quiénes se refería al hablar de *dosificadores* y *manejos*? En el mismo momento de los hechos se refirió sin aportar prueba alguna a una interferencia de «las izquierdas y las logias», lo cual motivó el comentario incrédulo de otro de los preteridos, Ramiro Ledesma.[37] Pero esas referencias –llegará a hablar también de los judíos– en el lenguaje de la derecha coetánea son más bien oscurecedoras. Más explícito, aunque todavía algo confuso, se mostrará en otro artículo especialmente virulento cuando debió conocer su sustitución por el joven y «ardoroso» abogado García Valdecasas. La crítica tiene interés porque constituirá a partir de entonces uno de los argumentos esgrimidos con más frecuencia contra el nuevo partido. Como autocalificado «vigilante sin fatiga», Giménez observa un trasvase sigiloso al campo fascista de «los que ayer despreciaban nuestras ideas y corazones y ponían en juego todas sus mañas para perseguirnos y silenciarnos». Hasta aquí, seguimos con el enigma; pero cuando cita palabras provenientes del fascismo italiano (quizá del propio Mussolini) el panorama se aclara. Una de esas citas apunta contra «la sangre de los filósofos y de los poetas prudentísimos, de los retóricos petulantes, de los lógicos dubitantes»; todos aquellos que al triunfar el fascismo en Italia quisieron hacer las paces con el nuevo régimen. «Pero el pueblo y nosotros –sigue citando Giménez– no sabemos qué hacer de sus argumentos, de sus sofismas, de su cultura, su sensibilidad»; los exponentes de una doctrina, a fin de cuentas, que siendo «bárbara y anticatólica» intentó luego presentarse como «tradicional y clásica». Tras citar este texto, Giménez apostillaba con sus conocidas poses irracionalistas y atrabiliarias:

---

[36] EGC, *Don Ernesto o el Procurador...*, pp. 219-221.

[37] EGC, «Las camisas de Maciá. Feixisme», *Informaciones* (28.X.1933). «El mitin de la Comedia –escribe Ledesma, (*¿Fascismo...?*, p. 96)– fue radiado a toda España, y además muy protegido por la fuerza pública. Esto originó que Giménez Caballero, hombre alerta, aunque quizá marre algunas veces la mirada, extendiese la creencia de que la masonería –entonces en el Poder– no sólo favorecería el mitin a que aludimos, sino que además, merced a una amplia intriga, se disponía a controlar el movimiento fascista que de él había de derivarse. El juicio era desde luego temerario, y en opinión nuestra desprovisto de veracidad.»

«En el fascismo se desprecia al *intelectual* como puro intelectual, como hombre de problemas que jamás resuelve, sino envenena. En el fascismo no hay más que *místicos, predicadores, profetas.* Si yo detesto la palabra *intelectual* es a condición de colocar el intelecto –instrumentalmente– al servicio de lo místico, de la intuición, de la voluntad. ¡Basta ya de gestos falsos en eso de la misión de los *intelectuales!* Si tienen misión, ¡sean *misioneros!* Y para su misión se sirvan del intelecto, de los puños, de los dientes y de toda su alma. ¡Basta de farsas!»[38]

Giménez Caballero respiraba aún por la herida de Ortega y su ámbito de influencia, hacia quienes concentra sus ataques. Le aterraba la sola idea de pensar en la construcción de un movimiento fascista con derribos intelectuales de procedencia orteguiana no superada. Más aún: le dolía que semejante influjo pesase tanto en personas consideradas *ingenuas* como el propio José Antonio Primo de Rivera, hasta el punto de que un *fanático* de la causa –él– pudiese ser sustituido por un ex-parlamentario de la Agrupación al Servicio de la República tan significado como Valdecasas. En un informe suyo al general Franco de septiembre de 1937, cuando su posición en el falangismo era duramente cuestionada, será concluyente: «Desde el primer instante yo le vi [a José Antonio] muy influido por los enemigos de su padre, y por los que a él le causarían también la muerte. Los intelectuales al servicio de la masonería franco-inglesa. Los del servicio de la república.[…]. Y toda mi misión, consistió en alejarle contra su propia terquedad y fascinación –de esas brujas que le sorbían el alma.»[39]

Todo lo expuesto no fue obstáculo para que inmediatamente después de la fundación de Falange, auspiciase la candidatura de Primo de Rivera al liderazgo del fascismo español, incluso desde su peculiar posición instalada en el jonsismo. En un capítulo adicional a la 2ª edición de *La Nueva Catolicidad* titulado «Los fascistas españoles»[40] y escrito inmediatamente después de las elecciones de noviembre, pasaba examen –con gracejo y no pocas veces perspicacia– a todos los posibles pretendientes al caudillaje. El texto constituía, también, un itinerario de las varias y sucesivas puertas a las que en algún momento de su azaroso y errático rumbo político llamará alguna vez.

Para empezar, el estrambótico doctor Albiñana había representado «la pretensión en la hora inoportuna»: «Se destacó en la hora de Berenguer, en un instante confuso, difícil y triste. Dio la sensación, más que de un jefe, de un subalterno gubernamental. Y su partido, más que partido, pareció a la gente una

---

[38] EGC, «Peligro en nuestras filas. El enemigo, ¡bien enfrente!», *Informaciones* (18.X.1933).

[39] Informe de EGC a Franco sobre la situación política. Septiembre de 1937. (Archivo EGC, Madrid). Es interesante subrayar el tono con que están escritas estas palabras, en perfecta sintonía con las ideas y las obsesiones de su destinatario.

[40] *Op. cit.*, pp. 183-211. Su traducción italiana aparecería en la revista *Gerarchia* con el título «I fascisti spagnuoli» en febrero de 1934 (pp. 111-123).

vieja partida de la porra.» Si hubiese muerto en el destierro, su figura sería recordada con un halo mítico; pero vuelto a la actividad política, ha de enfrentarse «no con enemigos del fascismo como antes, sino con *amigos* mucho más enemigos suyos que los demócratas republicanos». De entre los republicanos destacaba a dos, significativamente situados a la derecha del espectro político. Ante todo al viejo Lerroux, cuya edad le impedía cualquier veleidad de ese tipo, y, en el mejor de los casos, todo lo más que podía aspirar era a servir de puente «por donde lo mismo podía deslizarse un general a caballo, que una subversión socialista, que un posible fascismo de otro que no fuese él». Y en segundo lugar, al «impetuoso y descentrado» Miguel Maura, a quien, para tan alto cometido, «le sobra el apellido tan parlamentario y conservador que porta».

Pasaba revisión seguidamente a los generales. Sanjurjo, con su intentona fracasada del 10 de agosto, se reveló más como el «cabecilla de un pronunciamiento tradicional, a la española», que como un caudillo fascista. Otros, como Goded y Franco –«el hermano del aviador», aclaración quizá necesaria en aquella época–, se caracterizan por ser «jóvenes, ambiciosos, con algunos méritos adquiridos en nuestra modesta guerra africana. Quizá alguno de ellos es el Schleicher español, como Sanjurjo pudiera ser el Hindenburg. Pero deben darse prisa. Porque España va a olvidarse de que existen generales. Ya Primo de Rivera les hizo un flaco servicio pacificando Marruecos.»

De la derecha recogía el surgimiento de dos líderes que se equilibraban mutuamente: Gil Robles y Calvo Sotelo. El nombre del primero, ciertamente, había sonado mucho como posibilidad, pero sólo «a la gente que confunde el fascismo con el populismo, a Dom Sturzo con Mussolini, a Von Papen con Hitler y a un éxito electoral con una conquista definitiva del Poder». De esta forma, el populista Gil Robles quizá sea el enemigo más peligroso para una posibilidad auténtica de fascismo español, pues su aspiración «no reside tanto en un Estado para España como en una España para la Iglesia».[41] Calvo Sotelo, por el contrario, desde el exilio en París «ha ido cultivando la doctrina fascista en notables artículos para la Prensa española» y eclipsando progresivamente al poco atractivo Antonio Goicoechea; las derechas monárquicas «ven en esa figura un gran contrapeso –espiritual y físico– a la cada vez más republicana y transactoria de Gil Robles».

Y llegaba, por último, a los «caudillos jóvenes». Utilizando un tono algo condescendiente –que no deja de sorprender si consideramos que *era en teoría su jefe político*– empezaba por Ledesma Ramos, una criatura mostrada como surgi-

---

[41] Con todo, se permitía añadir: «Pero hará muy mal Gil Robles en seguir evitando a los fascistas. Sobre todo a los que hemos sentado el gran principio básico para un fascismo español: de que habrá de ser fundamentalmente católico. La Roma Vaticana ha visto en Mussolini un hombre providencial. ¿Por qué sus representantes en España no habrán de considerar a los fascistas españoles la providencia que algún día pueda valerles?» (*Ibíd.*, p. 202). Quizá con estas palabras aludiese a la frustración de su candidatura murciana en las recién celebradas elecciones.

da a su sombra desde los tiempos ya lejanos de *La Gaceta Literaria*; la única «que se presenta con un fondo social de izquierdas, de raíz popular», con cierto ascendiente sobre los universitarios, y ante la cual «todo vaticinio es prematuro. No vaticinios, sino alientos y coraje es lo que debemos ofrecerle hoy.» Despachado Ledesma con breves líneas, nuestro autor se detiene en el último candidato surgido en el panorama español, José Antonio, «el que más rápidamente ha ganado un ambiente de simpatía y de esperanzas románticas». El primogénito del dictador es definido en términos altamente elogiosos: además de la necesaria juventud, posee un «temperamento, cuyas características son la bondad y la valentía, y una inteligencia aguda, ironizada y sutilizada por el ejercicio de su bufete de abogado, uno de los mejores de Madrid». Pero al mismo tiempo comenta las especiales circunstancias de su irrupción pública, e intenta, de paso, borrar los efectos perjudiciales del recuerdo de sus cercanas críticas con esta explicación:

> «El hecho de haber sido este muchacho amigo de intelectuales y políticos de izquierda y estado políticamente frente a la Dictadura de su padre, le ha granjeado una cierta benevolencia en la prensa liberal. Tal vez por ello, y por no reparar demasiado en *rodearse de algunos elementos sin probada vehemencia y control fascista*, ha hecho que las derechas y *algunas otras gentes fascistas de veras*, le hayan entibiado su fervor.»[42]

Recuperado con oportunismo este fervor, Giménez Caballero asume su papel de orientador de príncipes, se lanza por el aventurado camino del augurio y se atreve a presentarle ante los ojos un «reflejo histórico de parecido obsesionante». El referente, como no podía ser de otra manera, es la historia de la Roma imperial y la coyuntura concreta, la producida a la muerte de César. Pues bien, salvando las distancias entre aquel glorioso pasado y el modesto presente de España, José Antonio puede desempeñar en el porvenir fascista hispano el papel de joven Octavio, de Augusto, nada menos. Todo dependerá de cómo juegue sus cartas frente a sus adversarios/aliados potenciales: «Marco Antonio; una especie de Calvo Sotelo imperial. Y [...] Lépido –cuya categoría podría representar aquí un Gil Robles.» Si el joven político acierta en su táctica, en España este «*Primo Segundo –Secundus Primus*», a quien los obreros consideran todavía como «un "señorito" más», podría acceder al caudillaje aun contando con el inconveniente de carecer de extracción popular como los líderes italiano y alemán.

Con su hábil e ingeniosa capacidad de maniobra literaria, Giménez volvía a colocarse en buena disposición ante el falangismo. Y el naciente partido le premiaba con la colaboración más abundante en el nuevo semanario *F.E.* Allí iría publicando desde el segundo número su larga serie sobre «España y Roma»

---

[42] *Ibíd.*, pp. 205-206. La cursiva es nuestra.

y algunos artículos sueltos de tema internacional –no siempre firmados– bajo el epígrafe «Vida fascista», así como se reproducirían artículos suyos aparecidos en otros medios periodísticos y considerados de especial interés. En la primera entrega, eran transcritas las palabras finales de su libro *La Nueva Catolicidad*, cuya lectura se recomendaba. Y aparecía un extenso escrito, bajo el rótulo «Autos de F.E.», titulado «Antifascistas en España. Don José Ortega y Gasset»[43], firmado por *El Gran Inquisidor* y que no dudamos en atribuir a su pluma, tanto por el sello inconfundible del estilo como por la sustancia de las ideas, en perfecta sintonía con las expresadas en *Genio de España*. Acaso fuese su pequeño desquite por la exclusión del mitin de la Comedia y la actitud finalmente comprensiva por parte de Primo de los puntos de vista del escritor, máxime cuando el usurpador García Valdecasas, tras hablar en el famoso acto, desaparecía como por ensalmo de la escena falangista.

De otra parte, su actividad se orientó hacia la convergencia entre la nueva organización y las J.O.N.S., donde mantenía su militancia *sui generis*. A juicio de Ximénez de Sandoval, Giménez era entonces «el más popular de los jonsistas» y fue uno de los iniciadores de la aproximación a Falange; opinión confirmada, en cuanto se refiere al primer aspecto, por el embajador alemán conde de Welczeck, al advertir un descenso real de la influencia de Ledesma Ramos sobre sus bases; «en su lugar el movimiento en Madrid se encuentra hoy fuertemente influido por Jiménez [*sic*] Caballero quien, aun no siendo su dirigente, en su calidad de escritor con una imprenta de su propiedad, marca la dirección del grupo en lo intelectual y en lo ideológico».[44] Aunque el fundador de las J.O.N.S. tuviese las lógicas reticencias, el proceso de fusión era absolutamente inevitable si no querían desaparecer del panorama político. «Ambas organizaciones tenían problemas de desarrollo y financiación, perseguían fines similares y se disputaban el mismo espacio político. La unificación parecía, en consecuencia, una necesidad insoslayable.»[45]. No cabe ninguna duda de que Giménez Caballero hizo valer su ascendiente sobre el jefe jonsista para facilitar el pacto; incluso llegó a reunir en su casa a Ledesma con Francisco Bravo, llegado expresamente de Salamanca, con la finalidad de convencerle entre ambos de la necesidad de la unificación.[46] Por otra parte, se contó entre los asistentes a la reunión del pomposamente llamado Consejo Nacional Jonsista, donde fue tratada esta cuestión y se acordó por último la fusión con Falange.

---

[43] *F.E.*, 1 (7.XII.1933), p. 12.

[44] Ximénez, *op. cit.*, pp. 151-152. Informe del embajador alemán en Madrid sobre el fascismo en España (29.I.1934); en A. Viñas, *La Alemania nazi y el 18 de julio*. Madrid, Alianza, 1977, 2ª ed., p. 410.

[45] Saz, *Mussolini...*, p. 119. Para más detalles, cfr. Ellwood, *op. cit.*, pp. 42-44.

[46] Cfr. F. Bravo, *José Antonio. El hombre, el jefe, el camarada*, 2ª ed. Madrid, Eds. Españolas, 1940, pp. 64–65. Giménez, en un artículo publicado durante la guerra escribiría: «Uno había servido de casamentero en ese lazo de unión, poniendo de acuerdo a Ledesma Ramos (el Cor[r]idoni español, hoy fusilado) con José Antonio PRIMO DE RIVERA.» («El camarada Manuel Hedilla», *Uni-*

«Las J.O.N.S. [...], al fundirse ahora con F.E., aportan algo más que sus Juntas unánimes de camaradas: un espíritu social de entraña popular y una orientación ideológica del más genuino origen»,[47] reconocía Falange Española, necesitada, no sólo de eliminar competidores en su propio campo, sino de compensar ideológica y socialmente el volumen predominantemente reaccionario de sus afiliados primerizos. Con todo, la evolución del partido unificado seguiría arrastrando notables debilidades, como pusieron de manifiesto los observadores italianos. Y en este punto es inevitable referir el contacto estrecho de éstos con *Gecé*, por lo que no podemos saber si las líneas de inducción informativa funcionaban de los italianos al escritor madrileño o viceversa. Giménez era colaborador asiduo de revistas italianas como *Critica Fascista*, *Antieuropa* o *Gerarchia*, a las que enviaba periódica información sobre los asuntos españoles. Al mismo tiempo, no sólo mantenía el contacto ya conocido con el embajador Guariglia, sino que, cuando se decidió en Italia la formación de la sección española de los *Comitati d'Azione per la Universalità di Roma* (CAUR), fue el encargado de ponerla en marcha, y se le asignó la persona de Cesare A. Gullino, corresponsal en España de la Agenzia Stefani y del *Corriere della sera*, para servir de intermediario entre él y Roma.[48] Así, no es casual que algunas de las críticas italianas al funcionamiento de Falange Española de las J.O.N.S. coincidiesen con las mostradas por nuestro personaje.

Las limitaciones percibidas por los italianos se referían fundamentalmente a dos aspectos. En primer lugar, a la falta de criterios coherentes en la práctica de la violencia –cuestión crucial en todo movimiento fascista–, para la que se sugería la creación de grupos juveniles combativos y bien encuadrados, y la debida exaltación de las «víctimas de los extremistas que perteneciendo a sectores burgueses políticamente no muy bien definidos, podrían constituir la punta de la reacción, la bandera de la batalla.» En segundo término, a la inexistencia de una definición clara de la labor proselitista; ésta debía tender a la captación de las masas y estar orientada sobre todo al reclutamiento de sectores obreros

---

dad, 4.II.1937). Más adelante escribirá en su inédita *Epístola al camarada Jaime de Foxá en la Pascua de 1940*: «Colaboré en la unión de Ramiro y José Antonio (J.O.N.S. y F.E.)»; debido a ello, Ledesma le habría querido expulsar de la organización «porque le aconsejaba unificaciones que después tuvo que aceptar.» (Archivo EGC, Madrid).

[47] «El espíritu y la decisión jonsistas», *F.E.*, 7 (22.II.1934), p. 10.

[48] Toda la información sobre este punto está tomada de Saz, *Mussolini...*, pp. 125 y ss. El CAUR español tuvo una casi nula actividad durante 1934; al celebrarse el aniversario de la conquista del poder por Mussolini, J.A. Primo de Rivera y Giménez Caballero enviaban el siguiente telegrama: «Nel 13.º anniversario della Marcia su Roma il Comitato spagnolo dei C.A.U.R. alza il braccio verso il Duce della nuova Roma universale. Madrid, 25 ottobre 1934.» (*Ibíd.*, p. 128, nota 114). En 1935, el Comité sufriría una reorganización, tendiendo «a acentuar sus características culturales, diluyendo sus connotaciones políticas», con Jacinto Benavente como presidente y Giménez –fuera ya de Falange– como secretario general. «La inexistencia de referencias posteriores parece confirmar –concluye el historiador– que tampoco en esta ocasión tal asociación llegó a tener una vida excesivamente brillante.» (*Ibíd.*, p. 130).

y agrícolas. Por el contrario, algunos de sus dirigentes ofrecían un flanco muy vulnerable a la acusación de *señoritos* e inexpertos, y Primo de Rivera, como decía el diplomático italiano en fecha más avanzada, tenía una «mentalidad escolástica y filosófica», es decir, absolutamente inadecuada para desempeñar su puesto de jefe fascista. A fin de cuentas, como ha subrayado Ismael Saz, la contradicción fundamental en que se debatía el partido oscilaba entre «la necesidad de desmarcarse de su carácter de "señoritos" buscando una aproximación a los sectores populares, y su dependencia económica de sectores poco proclives a favorecer una actuación, siquiera superficial y demagógica, en dicha dirección».[49] Dos realidades que estarán muy presentes en la crisis abierta desde el otoño de 1934 y no resuelta del todo en el resto de su historia hasta la guerra civil.

Como cualquier movimiento fascista, Falange había nacido con una clara vocación violenta, expresada por Primo de Rivera desde el mismo discurso fundacional. A sus promotores les constaba que su simple aparición iba a suscitar una respuesta contundente por parte de las organizaciones socialistas; y a sus primeros financiadores les interesaba especialmente la formación de fuerzas de choque dedicadas a ese fin. No obstante, ya fuera por el talante de José Antonio (con una concepción romántica, basada todavía en el honor y el lance personal), por no contrariar sus íntimas creencias religiosas o por una incapacidad manifiesta de asumir con todas sus consecuencias el liderazgo fascista, lo cierto es que la cuestión del ejercicio sistemático de la violencia derivó en el marasmo de la absoluta ineficacia. Con una sinceridad poco frecuente en los memorialistas, Giménez Caballero cuenta un episodio muy revelador acaecido en los primeros meses de funcionamiento del nuevo partido:

> «... momento singular fue cuando "chibiris" nos mataron a un camarada y nos reunimos, en la calle Marqués de Riscal, José Antonio, Julio Ruiz de Alda, Ramiro Ledesma Ramos, Mateos –un obrero que estaba con nosotros–, Merry del Val y alguien más que no recuerdo. Y sorteamos sobre una pistola que se puso en la mesa. Y al que le tocara debía salir a la calle y dispararla sobre el primer chibiri que encontrara. Por fortuna no me tocó a mí. Entonces insinué: *"Pero, ¿así, en frío? ¿como ellos, sin combate alguno?"* Todos comprendieron y se desistió de la represalia. José Antonio, después de esto, me llevó en su coche, que era un descapotable escarlata. Estaba pálido, angustiado y de repente me dijo: *"Ernesto, yo no he nacido para esto, yo he nacido para matemático del siglo XVIII".*»[50]

---

[49] Información del encargado de negocios de la embajada italiana en Madrid, Geisser Celesia (1.II.1934), poco antes de la fusión de F.E. con J.O.N.S., en Saz, *Mussolini...*, pp. 119-120, y p. 121.
[50] EGC, *Memorias...*, p. 74.

La posición inicial de Giménez –como la de Primo de Rivera– ante la violencia está apuntada en esas líneas. A propósito del asesinato del estudiante Matías Montero, escribe en la prensa: «Si en mi mano estuviera el contener todo el contraasesinato frente a los que cometieron los socialistas, yo lo haría.»[51] Y lo declara contra el ánimo de represalia exigido por sectores de la derecha conservadora, que le inspira franca repugnancia. «¿Qué es eso de pagar cuadrillas desde los tendidos?», se pregunta indignado. Como fascista integral, acepta y predica la violencia y el heroísmo, pero nunca profesionalizados, sino surgidos de una «reacción de la civilidad» y de un «impulso nacional y patrio». Además, en el clima de preguerra civil en que está sumida España, no cabe hablar, con propiedad, de asesinatos, porque no es ese el móvil que lleva la mano de los ejecutores; como escribirá en mayo de 1934:

> «Las víctimas que han caído no son simples asesinados: son mártires, son héroes, son almas predestinadas que han sucumbido en una lucha que los demás no se han atrevido a afrontar. Frente a la gente capciosamente "mayor" y "pacífica" […] las vidas generosas de esas flores de España son como los símbolos de todo un porvenir, de toda una España en germen, de una España que nace regada con sangre pura, inmaculada, joven, magnánima: sacra.»[52]

Esos jóvenes –y aquí sintoniza con la observación de los italianos– deben ser exaltados como hace la Italia fascista con la edición de un *Martirologio*; y hay que reconocer que en este sentido Falange siguió puntualmente el consejo. Ahora bien, personalmente, él no podía aportar a la causa de la violencia otra contribución que sus palabras sacralizadoras: «Yo soy un pobre cantor ambulante de heroísmos y de fe. No me pidáis más de lo que siempre se pidió al juglar que anima a la batalla, o al fraile que enseña la cruz y enciende el corazón a los cruzados. Dejádme con mis pecados de ver mi propia juventud que se va sin ser aprovechada por nadie.» En el lenguaje violento de la época, la confesión equivalía a un reconocimiento de pusilanimidad ante la violencia física, no condenada cuando la ponían en práctica los jóvenes de las milicias. En todo caso, se sentía impotente para proponer alguna alternativa al partido en orden al ejercicio del terror ofensivo, y no meramente defensivo o de contrarréplica.

El hecho de que los dos artículos anteriores fuesen reproducidos por el semanario falangista *F.E.* indica la buena acogida por parte de la dirección del movimiento; lo expuesto en ellos venía a confirmar sus puntos de vista o a tranquilizar sus conciencias. No lo sería un nuevo escrito del mes de junio que su-

---

[51] EGC, «Ante la temporada taurina. Se buscan cuadrillas», *Informaciones* (15.II.1934).
[52] EGC, «La España en germen. Criaturas creadoras», *Informaciones* (12.V.1934).

ponía un ataque directo contra Primo de Rivera al relacionar el tema de la violencia con la actitud autocomplaciente y de debilidad contemporizadora ante la izquierda adoptada por aquél en el Parlamento. Era la segunda vez que daba estado público en la prensa a sus discrepancias internas con el jefe. El asesinato y posterior ensañamiento sobre el cadáver de un falangista en las cercanías de El Pardo, le daba pie a lanzar su alarma sobre las bandas de «milicias rojas de proletarios en perfecta uniformación, con un perfecto espíritu de táctica y de objetivos». La descripción contiene notas de admiración y parece señalar un ejemplo digno de imitar, no ya sólo por el falangismo como punta de lanza, sino por «esa masa informe de insensatos que constituye la burguesía española», incapaz de reaccionar por sí misma, y que pide «a los fascistas que se maten para defenderles su merienda, y su "cine", y su misa de una. Como si los fascistas fueran contratistas de asesinatos, partidas de la porra, cuadrillas de mercenarios.» Y extraía unas consecuencias que no podían ser más demoledoras para el líder falangista:

> «A nuestro mártir no le han matado los *chibiris*. Ni a los mártires anteriores los socialistas. Les ha matado nuestra burguesía: el espíritu liberal, de *pacto*, de dejar *pasar* y *hacer* que rige para el resto nacional que no es *chibiri*.
>
> ¡Hay que huir del *espíritu de pacto* como de un gas asfixiante! Es nuestro peor enemigo. Y por eso las almas experimentadas, que saben esto, se alarmaron tanto por el último discurso de nuestro jefe fascista, José Antonio Primo de Rivera. José Antonio, criticando los errores de su padre, caía, con ese discurso, en el fundamental error de su padre: *el pacto con el socialista y con el intelectual.* En su padre ese error pudo tener explicación. Y por tanto, *no ser error,* sino fatalidad forzosa, fuerza mayor. Su padre, sin partido, sin una ideología ya manufacturada y justificativa, como hoy existe; solo, completamente solo, tuvo que pactar con el enemigo. Quizá con la ilusión de encerrarlo y vencerlo. Pero el vencido y encerrado fue él. [...] Comprendo el escalofrío de los que se saben esta lección horrible al oír hablar a nuestro José Antonio –una de las almas más bondadosas de España– con "espíritu de pacto". ¡Pedir cordialidad antes de que le preparasen un feroz atentado!»[53]

---

[53] EGC, «¿Pactar con el enemigo? Hay un mártir más», *Informaciones* (11.VI.1934). El 3 de junio de 1934 tenía lugar en el Parlamento un debate con Indalecio Prieto, en términos muy corteses, que terminó con un estrechamiento de manos entre el político socialista y el dirigente de Falange. Y tres días después, en el mismo ámbito, Primo de Rivera hablaba de la «buena música» de la revolución del 14 de abril, «la excelente música que se contenía, sobre todo, en aquel memorable manifiesto de Ortega y Gasset, Marañón y Pérez de Ayala. Aquel manifiesto, que estaba escrito en la mejor prosa de estos maestros de la prosa, hablaba de poner proa a toda máquina hacia nuevos rumbos, de unirnos a todos en una empresa nueva, transparente y envidiable.» Hablaba asimismo –a propósito de un discurso de Fernando de los Ríos–, de que cuando «el partido Socialis-

Terminaba Giménez su exhortación a «nuestros ingenuos fascistas» pidiendo silencio a los murmuradores descontentos y entonando de nuevo la ya conocida cantinela de la Agrupación al Servicio de la República, etc, etc. La crítica volvía a conectar con las percepciones de los italianos en orden a la inadecuación de José Antonio como caudillo del movimiento. Pero curiosamente, con mejor o peor fortuna, Primo no intentaba sino poner en práctica aquello que Giménez Caballero había intentado desde otras bases unos años antes. Si en una encrucijada de las evoluciones personales y políticas de ambos habían coincidido, a partir de ahora, cuando el hijo del dictador comenzaba a asumir en plenitud el ideario fascista, los caminos divergían fatalmente.

Fue precisamente el tema de la violencia el detonante para la apertura de la crisis y la lucha por el poder en el seno del partido, cuyo prefacio lo constituyó el alejamiento del aviador monárquico Ansaldo, encargado hasta el momento de la actuación de las milicias. No nos vamos a detener en un proceso que ha sido prolijamente descrito por todos los historiadores del fascismo español e interpretado en sus razones profundas por el profesor Saz, en breves pero concluyentes páginas.[54] Sobre la base del pacto acordado un año antes, el 20 de agosto de 1934 Primo de Rivera, en nombre de Falange, firmaba con el jefe de Renovación Española, Antonio Goicoechea, un nuevo acuerdo por el que ambas organizaciones se obligaban recíprocamente. En síntesis, la organización falangista recibía apoyo pecuniario (con una especial incidencia en la estructuración de las milicias y los sindicatos «antimarxistas») a cambio de no interferir con su propaganda las posibilidades de una futura restauración monárquica. Ahora bien, el pacto puede interpretarse también, desde la perspectiva interna del grupo fascista, como una forma de anticiparse Primo de Rivera a las iniciativas surgidas en las distintas tendencias disgregadoras aparecidas en su seno, para mantener su control y evitar que pudiesen volverse en contra suya; y, al mismo tiempo, buscar un equilibrio entre esas facciones dándoles satisfacción parcial a sus demandas.[55]

Pocos días después de alcanzar este acuerdo, y en la misma línea de procurar una salida a las dificultades internas, una reunión de significados falangistas –entre quienes está presente Giménez– decidían en San Sebastián la convocatoria del primer Consejo Nacional del partido para comienzos del mes de octubre. De ese Consejo, habría de salir la resolución orgánica del liderazgo, teniendo los consejeros que optar entre la dirección colegiada o el mando único; Giménez Caballero –lo recordará uno de los actuantes, Jesús Suevos– se inclinará, *como la mayoría de los dirigentes con ambiciones políticas personales*, por la je-

---

ta asumiera un destino nacional, como el día en que la República, que quiere ser nacional, recogiera el contenido socialista […] podéis creer que la mayoría de nosotros nos reintegraríamos pacíficamente a nuestras vocaciones.» (Primo de Rivera, *Obras*, pp. 249 y 252).

[54] Saz, «Tres acotaciones…», pp. 198 y ss.

[55] *Ibíd.*, pp. 201-202.

fatura colectiva.[56] El resultado de la votación dio el triunfo, por el escaso margen de un voto, al mando personal, asumido de forma inmediata por José Antonio, nuevo jefe nacional en sustitución del anterior triunvirato. La segunda tarea importante asignada al Consejo fue la elaboración definitiva de las normas programáticas –los célebres 27 puntos–, obra fundamental de Ledesma, asistido por la Junta política (donde también está Giménez), y modificadas después por el jefe nacional «en el sentido de hacer más abstractas las expresiones y de dulcificar, desradicalizar, algunos de los puntos».[57]

El I Consejo de F.E. de las J.O.N.S. se realizó con la música de fondo de las revueltas catalana y asturiana de octubre de 1934. Sobre esa situación, Giménez Caballero escribirá varios artículos que permiten conocer sus posiciones. En primer lugar, exaltaba al jefe del gobierno Lerroux por haber llevado a cabo con éxito el desbaratamiento insurreccional. «El viejo revolucionario desventraba la revolución»; lo lamentable era la avanzada edad en que había «cumplido su espléndido destino.» Al viejo político radical no se le podía pedir más: «La obra iniciada por don Alejandro Lerroux el "7 de octubre" sólo podrá llevarla a cabo una nueva generación de Pueblo español que esté dispuesta a llegar hasta la raíz de los males.»[58] Llegar hasta la raíz de los problemas quería decir implantar el Estado totalitario, condición indispensable de la total resurrección española. En ese proceso –segundo aspecto que nos interesa resaltar– al Ejército le está reservado un papel de gran importancia. Rehecho, tras la política azañista, por su participación represiva en los acontecimientos revolucionarios, habrá de tener como misión «tutelar la conquista del Estado por las fuerzas genuinas, civiles, tradicionales, de la nación». Y no al modo decimonónico español (Narváez), sino con el ejemplo patente de lo ocurrido en la Alemania actual (von Schleicher).[59] Pero a medida que pasa el tiempo y contempla la apatía de los supuestos vencedores –con «palabras que no encienden a nadie»– y la previsible recuperación de los revolucionarios, ha de confesar su falta de esperanzas: «Mi ánimo está lleno de una profunda crisis. La ingratitud, la frialdad, la inconsciencia que nos rodean, es algo tan amargo que empieza uno a hacer gestos de desesperación.»[60] Sin horizontes favorables a la vista, pensando en un desaprovechamiento de la excelente coyuntura, entrará en el proceso abierto de la crisis falangista.

Pretextando la contradicción del punto 25 del programa con la ortodoxia

---

[56] Entrevista a Jesús Suevos Fernández, Madrid, 20.XI.1991.

[57] Ledesma, ¿*Fascismo...*?, p. 145.

[58] EGC, «Política radical. Hasta la raíz», *Informaciones* (11.X.1934). El artículo se publicó traducido al italiano: «La situazione in Ispagna. Lerroux e il 7 ottobre», *Gerarchia* (noviembre 1934), pp. 916–919. *Vid.* sobre el mismo asunto: EGC, «Lettera dalla Spagna. La rivoluzione», *Critica Fascista* (1.XI.1934), pp. 13-15.

[59] EGC, «Visión nacional. El Ejército ante España», *Informaciones* (17.X.1934).

[60] EGC, «Tras el 7 de octubre. ¿Quiénes son los vencidos?», *Informaciones* (10.XI.1934).

católica, a finales de noviembre se apartaba de la organización el marqués de la Eliseda. La firme negativa de Primo de Rivera a integrarse en el Bloque Nacional, plataforma suprapartidista encabezada por Calvo Sotelo, aunque urdida en la sombra por el eterno conspirador Pedro Sainz Rodríguez,[61] sería la motivación concreta de la salida de Eliseda y de la afloración a la superficie del descontento larvado en aquella tendencia del partido orientada hacia el proselitismo obrerista. Por lo que respecta a esta última, la evolución de los acontecimientos había acentuado la insatisfacción de estos grupos que, después de la celebración del Consejo Nacional, habían perdido obviamente influencia en la dirección del partido. El caso de Ledesma es ejemplar, puesto que consideraba imprescindible la supeditación a los medios monárquicos –con la hipoteca de su financiación económica–, para poder llevar adelante su versión personal del proyecto fascista, netamente diferenciado del de Primo de Rivera. Si el de éste se caracterizaba por «la sistemática apelación a la razón, la búsqueda de la elegancia en pretendida oposición a la demagogia, el menosprecio sistemático de las masas y el rechazo casi visceral de la revolución en lo que tenía de ruptura del orden»,[62] el de Ledesma podía cifrarse en el llamamiento a la expansión en los núcleos proletarios de las grandes ciudades con preferencia a las zonas rurales y la consiguiente entrada en «rivalidad revolucionaria» con las organizaciones del movimiento obrero, poniendo en práctica la violencia y envolviendo el mensaje con fuertes tintes irracionalistas. Estaban planteados, pues, todos los elementos de fondo –y no exclusivamente personalistas, como ha solido acentuar la historiografía profascista– que culminarían en la escisión/expulsión de Ledesma y algunos de sus seguidores en enero de 1935.

Con un optimismo no correspondido por la realidad, en declaraciones a la prensa diría Ledesma por esos días: «Queda Falange desmantelada, pues la escisión de las Jons equivale a desprender de aquélla, de una parte, el grupo intelectual, teórico, que ha creado la doctrina, como Jiménez [sic] Caballero, Juan Aparicio, Bedoya... Y de otra, el grupo de organizadores y agitadores, Ledesma Ramos, Redondo Ortega y Alvarez de Sotomayor: es decir, los intelectuales y toda la base popular, revolucionaria, obrera del partido.»[63] En realidad, fueron muy pocos quienes siguieron a Ledesma. Onésimo Redondo, implicado en un principio en el conato escisionista, recapacitó y no llegó a abandonar la disciplina de Falange Española, que siguió apellidándose *de las J.O.N.S.* Juan Aparicio sí lo hizo, pero fue para situarse en la órbita de la Editorial Católica. En cuanto a Giménez Caballero, «cuya conducta no había sido muy clara»[64] en el

---

[61] Cfr. Sainz Rodríguez, *Testimonio...*, pp. 203 y ss. El manifiesto del Bloque Nacional lo reproduce en pp. 369-371.

[62] Saz, «Tres acotaciones...», p. 207.

[63] Criado y Romero, «El fascismo español, partido por gala en dos. Primo de Rivera y Ledesma Ramos se han colocado frente a frente», *Heraldo de Madrid* (18.I.1935).

[64] Bravo, *op. cit.*, p. 83.

episodio, siguió manteniendo la amistad personal y el contacto con Ledesma, pero no tardó en lanzarse por derroteros muy distintos a los del zamorano. Si éste consideraba vital para la resurrección de sus proyectos políticos la financiación de los acaudalados sectores monárquicos, Giménez fue mucho más lejos. No tuvo inconveniente en aparecer políticamente confundido con ellos, integrándose en el grupo de Acción Española (editor de la revista homónima), tan vinculado al Bloque Nacional, y en lanzarse sorprendentemente a su campaña de organización de los patronos.

Contra lo que pudiera pensarse de una forma apresurada, el abandono de la disciplina falangista por Giménez Caballero fue paulatino e inseguro y terminó derivando hacia una cuestión personal con el dirigente máximo.[65] En verdad, su instalación en el partido nunca había sido muy firme. Las frecuentes críticas públicas lo ponen de manifiesto, así como las realizadas en privado. En fecha tan temprana como febrero de 1934, le confesaba a su amigo Sijé: «Roñoso es el fascismo de Primo de Rivera»; y un año después, consumada ya la ruptura, le escribía a Unamuno: «Me he enterado que alguien de Falange española le ha faltado al respeto. Tengo respecto a ese grupo y su Jefe, una posición muy especial.»[66] Por su parte, Primo de Rivera temía las exaltaciones hasta el delirio de nuestro personaje, el irracionalismo absoluto de su retórica y su inestabilidad casi funambulesca; por eso nunca le permitió actuar en los mítines falangistas. Admiraba, es cierto, su «genialidad literaria» y le reservó, en gracia a su condición de precursor, el carnet número 5 de los miembros fundadores; pero, significativamente, el número 4 se lo dio a Sánchez Mazas, un intelectual menos comprometido con el fascismo en su integridad –para Ridruejo no pasaba de ser doctrinalmente un nacionalista maurrasiano, mucho más conservador que José Antonio–, de formación más clasicista, cuidadoso hasta el extremo del estilo y «cuyo barroquismo cortesa-

---

[65] No hemos podido contrastar con otros testimonios la terrible acusación vertida por Luca de Tena, en una violentísima polémica con Giménez Caballero en 1938, ni fechar con precisión el incidente: «[José Antonio] te despreciaba [...] hasta que un día te echó del partido, después de zarandearte las solapas y de llamarte traidor en el Café Universal.» (J. I. Luca de Tena, *En propia defensa. Contestación a Ernesto Giménez Caballero*, fechado en Burgos el 3.XII.1938). Agradezco a Pablo Beltrán de Heredia el envío de la copia de este documento inédito de su archivo.

Por su parte, el conde de Montarco, falangista y amigo personal de José Antonio Primo de Rivera, nos escribe que Giménez Caballero entró en contacto con el fundador de Falange «con motivo del periódico "F.E." y para proporcionar el papel necesario para la tirada del periódico. Esto duró algún tiempo que no puedo precisarle. Pero sí recuerdo bien que un día me dijo José Antonio, con gran indignación, que Ernesto nos estaba vendiendo el papel a un precio superior al del mercado sin tener en cuenta que la existencia de "F.E." no era un negocio, sino un aspecto de la ideología falangista. Este hecho originó la ruptura entre José Antonio y Ernesto.» (Carta del conde de Montarco al autor, Madrid, 18.V.1994). Tampoco nos ha sido posible contrastar este testimonio con ningún otro, pero nos parece interesante dejar constancia de él.

[66] Carta de EGC a R. Sijé, 17.II.1934. (*Apud* Muñoz, *op. cit.*, p. 120). Carta de EGC a M. de Unamuno, sin fechar pero de 1935. (Archivo Casa–Museo Unamuno, Salamanca).

nesco le complacía»; Ledesma lo despacha despectivamente llamándolo «proveedor de retórica», significando así su diferencia con quienes habían aportado la ideología y la estrategia.[67] Entre ambos –Giménez Caballero y Sánchez Mazas– se entabló una rivalidad por atraerse la atención del jefe, decantada claramente a favor del segundo. Parece congruente, por tanto, pensar que Giménez, descontento con la línea adoptada y los escasos progresos que hacía en España esa encarnación específica del fascismo, relativamente marginado al mismo tiempo de sus instancias más altas y viendo cerradas todas las puertas de su promoción política, aprovechase la situación de crisis del partido para despegarse de él.

En el momento álgido de la crisis, Giménez Caballero obtenía por oposición la Cátedra de Lengua y Literatura del Instituto Cardenal Cisneros y los de Acción Española le ofrecían un banquete de homenaje el 7 de febrero de 1935. Fue la chispa que dio estado público a la peculiaridad de su posición de fascista sin partido enfrentado a Primo de Rivera. Más de un centenar de comensales –«personalidades descollantes de panorama intelectual, de la aristocracia y la política», dice la crónica periodística–[68] presididos por los nombres más conspicuos de Acción Española: Ramiro de Maeztu, Víctor Pradera, Lequerica, Sainz Rodríguez… y Calvo Sotelo, sentado al lado del homenajeado, lo cual no podía resultar más provocativo desde la óptica del falangismo. Como nota exótica, el gigantesco conde de Keyserling ocupaba el otro flanco, y, según su costumbre, bebió más de la cuenta e interrumpió a los intervinientes. Giménez Caballero, rompiendo la norma de esperar los discursos de elogio, a los postres se levantó a hablar y pidió «encrespamiento polémico a los oradores»; según Gil Robles, censuró además «la ausencia del jefe de Falange, puesta aún más de relieve con las explicaciones que se creyó obligado a dar don Eugenio Montes». Entre los oradores se contó Ledesma Ramos, cuyas palabras sobre el carácter revolucionario del fascismo –«en su más profundo aspecto [es] el propósito de incorporar a la categoría de soporte o sustentación histórica del Estado Nacional a las capas populares más amplias»– motivaron la salida airada del local del tradicionalista Pradera;[69] su misma presencia –en sí provocadora– podía interpretarse como aquiescencia del homenajeado con la actitud escisionista culminada apenas tres semanas antes.

Por si no hubiera sido bastante, a los pocos días Giménez publicaba –siempre en su línea autopublicitaria– un artículo comentando el incidentado banquete y contraponiéndolo al no menos movido de Pombo de enero de 1930.

---

[67] Ximénez, *op. cit.*, p. 152; D. Ridruejo, *Casi unas memorias*, Barcelona, Planeta, 1976, p. 59; EGC, *Memorias…*, p. 76; Ledesma, *¿Fascismo…?*, p. 98.

[68] «Anoche se celebró el banquete en honor de don Ernesto Giménez Caballero», *Informaciones* (8.II.1935).

[69] Vegas, *op. cit.*, p. 276; J. Mª. Gil Robles, *No fue posible la paz*, Barcelona, Ariel, 1968, p. 420; «¿Qué es el fascismo?», *La Patria Libre* (16.II.1935), en Ledesma, *¿Fascismo…?*, p. 184.

Según decía, lo había aceptado a pesar de repugnarle «el avulgaramiento y banalidad con que la democracia ha hundido uno de los ritos más decisivos y fundamentales de los humanos: ese del *comer en son de fiesta*». El ágape le ofrecía la posibilidad de hacer «el *recuento de amigos*. Tanto más que este segundo banquete se me ofrecía en un plano político casi opuesto al primer banquete que, allá, hace unos seis años [*sic*], me ofreciera en Pombo, jerárquica y escogidamente, Ramón Gómez de la Serna.» Utilizando hábilmente la paradoja, afirmaba que en 1930 era considerado como un «hombre de izquierdas» y del acto «surgió la primera afirmación pública y juvenil de eso que las izquierdas consideran en España lo más derechista del mundo político: *el fascismo*». En este segundo homenaje, por el contrario, era considerado como «hombre de derechas», aunque para él «su corazón seguía su curso, normalmente, a la izquierda» (entendiendo por tal «el amor por el pueblo, por los humildes, por los débiles».) «Logrando yo así *mi más supremo ideal político: el corazón a la izquierda y la ayuda confiada, regidora, de la mano diestra. Sin la mano diestra –mano de cetro– no hay modo de hacer nada eficaz y serio por el corazón.»*[70] Lo de menos es la varia percepción política subjetiva de sí mismo en ese lapso de tiempo, falsa desde parámetros más objetivos; lo importante es esa confesión del modo de llevar adelante su ideal político, subordinándolo sin paliativos a la derecha. Confesión con la que rompía por completo con los planteamientos cada vez más autónomos de Primo de Rivera.

Aún complicaría más las cosas al entrar en polémica con Eugenio Montes, otro de los escritores –junto a Sánchez Mazas– de la preferencia de José Antonio. En el banquete, Montes le había reprochado tener «estilo directo cargado de ofensa: estilo de pistolero». Ya la palabra *estilo* –contestaba Giménez–, «hoy tan empleada por nuestros jóvenes academicoides», despertaba en él antipatía instintiva. En su opinión, un fascista debía adecuar honradamente todo su ser y su conducta «a ese ímpetu de sinceridad, de verdad y de acción directa» y renunciar a hablar o escribir «a base de flores, mermeladas y delicuescencias a la veneciana». Y haciendo gala, en efecto, de pistolerismo verbal tiraba contra Primo de Rivera, sin nombrarlo, al escribir: «Es la farsa del señorito que quiere pasar por proletario […] Es la farsa del liberal que se ve perdido y quiere vestirse de pronto y capciosamente a lo fascista y ponerse una camisa que no le tapa los faldones del frac parlamentario.»[71]

Lo curioso es que haciendo objeto de estas feroces críticas al jefe fascista y sus procedimientos, habiendo iniciado un camino propio descaradamente clasista (la campaña patronal), y aceptando de buen grado la compañía de los monárquicos enemistados con una Falange controlada al fin en exclusiva por José Antonio, pretendiese aún –en su calidad de supervisor del fascismo español–

---

[70] EGC, «Comer y ser comidos. Sobre los banquetes», *Informaciones* (18.II.1935). La cursiva es nuestra.

[71] EGC, «Contra la hipocresía española. Estilo de pistolero», *Informaciones* (21.II.1935).

colocarse *au dessus de la mêlée*. En marzo de ese año, Francisco Bravo relataba por carta a Primo de Rivera: «Le he escrito a Ernesto y sostiene que continúa dentro de la ortodoxia, aun cuando un poco al margen, según él, no por culpa suya.»[72] Y dos días después, el líder falangista contestaba al dirigente salmantino:

> «No hay ningún inconveniente en que se proyecte ahí la película "Camisas Negras", con la conferencia de Giménez Caballero. Estoy seguro de que una conversación tuya con él le apartará de todo propósito de extravagancia, y le hará ver la conveniencia de sujetarse a la buena línea. Por cierto que te has distraído un poco al no revisar el anuncio de la conferencia redactada por el Sindicato de Estudiantes. ¿Qué es eso de que Giménez Caballero es "líder de la juventud española"? ¿A qué viene la cita del texto alemán –escrito por el propio Ernesto– parangonando su influencia en la juventud con la de Ortega y Gasset? ¿Y el infeliz recuerdo de sus artículos sobre los patronos?»[73]

Con todo, la imagen más plástica de la opinión del jefe de Falange sobre *Gecé* en 1935, nos la proporcionó Ridruejo en sus inconclusos recuerdos. En conversación con Primo, el entonces muy joven Dionisio Ridruejo trajo a colación el libro *Genio de España*, cuya lectura le había fascinado. «"Sí, está bien –me dijo [Primo de Rivera]–, pero, ¿no encuentras que todo parece allí demasiado simple? Por otra parte se percibe correr por el libro una vena presuntuosa de aparecer como un Führer, lo que es algo ridículo." Yo conocía entonces mal las intimidades del falangismo, pero tomé buena nota de que el antiguo vanguardista Giménez Caballero no estaba ya en los altares, si es que lo había estado alguna vez.»[74]

«¡PATRONOS DE TODA ESPAÑA, UNÍOS!»

En la nueva orientación política parecen primar sus propios y concretos intereses económicos a partir de un momento en que, conocedor de la grave enfermedad que llevará a su padre a la muerte en el verano de 1935,[75] se siente hijo mayor y responsable de los negocios familiares. Además de intelectual, Giménez Caballero es –como ha escrito Elorza– «un pequeño patrono, del sector de Artes Gráficas, especialmente sensible a la presión que el proletariado

---

[72] Carta de F. Bravo a J. A. Primo de Rivera. (Salamanca, 11.III.1935); en *José Antonio...*, p. 228.
[73] Carta de J. A. Primo de Rivera a F. Bravo. (Madrid, 13.III.1935); *ibid.*, p. 230. Reproducida en *José Antonio íntimo. Textos biográficos y epistolario*. Madrid, Eds. del Movimiento, 1964, p. 603.
[74] Ridruejo, *op. cit.*, p. 54.
[75] Su padre morirá víctima de un cáncer el 5 de agosto, a los 63 años de edad. *Vid.* «Necrología. D. Ernesto Giménez Moreno», *Labor*, 106 (10.VIII.1935), p. 14.

ejerce sobre esos propietarios en crisis del Madrid de la República»; en esas condiciones, «la conciencia de clase prevalece y se lanza al proyecto de organización de esas *clases medias* amenazadas».[76] Parecía el tributo tardío del joven díscolo que había contrariado las aspiraciones paternas al manifestar inflexiblemente su vocación literaria. Y, a la vez, la expresión de su convencimiento de que el discurso fascista, tal como se había articulado hasta el momento en España, resultaba difícilmente compatible con las necesidades perentorias de unas burguesías asustadas por la virulencia del conflicto sociopolítico republicano.[77]

El primer hito de la campaña patronal es su voz de alarma proclamada desde el diario *Informaciones* el 30 de enero de 1935 y recogida con celeridad y toda clase de parabienes por el órgano de la Federación Patronal madrileña *Labor*. Se trata de un artículo de un acusado reaccionarismo social, que mereció el elogio del jefe del Bloque Nacional, Calvo Sotelo,[78] y la recusación –ya señalada– de un J. A. Primo de Rivera embarcado cada vez con mayor coherencia en su proyecto de fascismo interclasista. Giménez Caballero pretende hacer aparecer a los patronos como las grandes víctimas de la injusticia que supone concitar sobre ellos la incomprensión, el ataque y la difamación tanto de la derecha como de la izquierda. En el caso de los proletarios, la revuelta contra el origen económico de su sustento es comprensible y hasta perdonable en razón de tratarse de «los débiles de la vida». Lo incomprensible e imperdonable es que coincidan en esa inquina quienes sin ser «asalariados ni débiles» vienen a proporcionar justificaciones al rencor de los obreros, interpretado por Giménez en términos de inequívoca procedencia nietzscheana: «Porque muchos obreros esconden, con esa creencia rencorosa, su propia impotencia vital para la lucha viril e individual donde de veras se debate el patrón.» Frente a esa situación no cabe sino levantar una nueva moral de la responsabilidad, desconocida no ya por el proletariado sino también por «aquellos burgueses de clase media liberal [...] que forman el gremio de los políticos y de los burócratas», los auténticos irresponsables y parásitos, quienes azuzan al proletariado contra los patronos, con la esperanza de convertirse finalmente ellos mismos en los nuevos patronos, a través del «aparato monstruoso de una burocracia tentacular».

El rearme moral que solicita no puede presentarse con un cariz más descarnado: ha de consistir en predicar con valentía al obrero –como se hace ya en aquellos regímenes «donde no reina la mentira»– que en muchos casos es él, y no el patrón, «el "explotador", y el "egoísta", y el "vago", y el que "ha perdido" (claro que no por culpa suya) "el sentido heroico del Trabajo"». Con pa-

---

[76] A. Elorza, «Caballeros y fascistas», *Historia 16*, 91 (noviembre 1983), p. 37.

[77] Jiménez Campo, *op. cit.*, p. 320.

[78] En el comentado homenaje, Calvo Sotelo resaltó «como ejemplo de comprensión y estilo, el artículo en defensa del patrón publicado por el escritor.» («Anoche se celebró...»).

labras que, como las anteriores, sólo se nos ocurre calificar de demagogia invertida, se permite preguntar acusadoramente:

> «¿Sabe ese obrero de la lucha encarnizada con los competidores en el mercado, de los apremios de los Bancos, de los clientes fallidos y quebrados, de la amortización de maquinaria, del crédito industrial, de las contribuciones implacables y exhaustivas, de las noches de insomnio, llena de números la cabeza; de las malas digestiones y de los sobresaltos espantosos? ¿Es que sabe ese obrero lo que significa en la vida la palabra "responsabilidad"?»

Pero el autor no sólo se expresa como patrono, aunque sea esa condición la que le dicta el discurso. Tiene la vista puesta en un Estado que conseguirá ser digno y eficaz si llega a estimar y realzar al patrono en su función de «creador de trabajo» –y no sólo «dador de trabajo» como es llamado de forma algo confusa en la Italia fascista– y de productor de riqueza, «para que esa riqueza sea trabajada y gozada por las masas humildes»,[79] colocadas en un plano de radical subordinación. Un Estado, pues, supeditado a los intereses prioritarios de la burguesía y abiertamente legitimador de la desigualdad clasista, sin eufemismos ni velos de humo.

«Las clases patronales españolas –decía entre otras cosas la nota antepuesta a la reproducción del artículo en la revista *Labor*– tienen, desde hoy, una deuda de gratitud para quien tan espontáneamente ha tomado la defensa de aquéllas. El homenaje que se le rinda debe tener toda la importancia que merece este caballero de las letras.» La concreción de esos planes sería recogida por el empresario José Sánchez Castillo, consejero gerente de la Asociación Nacional de Contratistas de Obras Públicas, al publicar –también desde las páginas del diario de Juan March– un artículo donde proponía «en homenaje al ilustre escritor señor Giménez Caballero» la celebración de un banquete en Madrid, con asistencia de representaciones patronales de todo el país.[80] La confluencia entre la iniciativa de Sánchez Castillo, las adhesiones espontáneas al escritor de numerosas organizaciones patronales y algunos significados apoyos periodísticos como los de *La Nación* e *Informaciones*, harán posible un homenaje de las enormes proporciones como el tributado a Giménez en el Hotel Palace el 15 de mayo de 1935, con la presencia de cerca de dos mil patronos, en representación de numerosísimas entidades sumadas expresamente al acto.[81]

---

[79] EGC, «¡Basta! Defensa del patrono», *Informaciones* (30.I.1935); reproducido en *Labor*, 79 (2.II.1935), pp. 3-4.

[80] J. Sánchez Castillo, «Iniciativa. La insensibilidad de las clases patronales y económicas de España», *Informaciones* (21.II.1935).

[81] Reseñas en: «Hacia la unión nacional de patronos. Homenaje a Ernesto Giménez Caballe-

De los numerosos oradores participantes en el homenaje destacamos a los directores de los diarios *ABC*, Juan Ignacio Luca de Tena, e *Informaciones*, Juan Pujol; Mariano Matesanz (presidente del Círculo Mercantil de Madrid y de la Asociación General de Agricultores), el citado Sánchez Castillo, y cerrando el banquete, un Giménez Caballero pletórico de satisfacción. Nos centramos en las dos últimas intervenciones porque son las de mayor contenido político y proyección en los acontecimientos subsiguientes.

Sánchez Castillo, después de trazar un panorama catastrófico de los resultados de la política social del primer bienio republicano para la patronal, se refería a las esperanzas defraudadas tras el triunfo derechista en noviembre de 1933. «Al año y medio de gobierno de derechas, ahí tenéis en pie y subsistiendo toda esa gama legislativa social íntegra, sin que ningún Gobierno y sin que ningún partido se haya atrevido a tocar de ella lo más mínimo.» De esa forma, persisten los jurados mixtos, el contrato de trabajo hecho por Largo Caballero, el derecho a la huelga –«que debió ser suprimido de un plumazo por lo menos el 7 de octubre último»–, la imposibilidad del patrono de despedir «al obrero que no es útil a la prosperidad de su empresa»… Consecuencia de la situación lamentable del país, con un millón de parados, es la inhibición política *culpable* del patrono, atrapado entre dos fuegos igualmente adversos, por acción o por omisión: «Las izquierdas nos atacan. Las derechas con su social cristianismo nos dejan hundirnos.» Aún así, los patronos se afilian y dan su voto a los partidos existentes; cuando desde un planteamiento más realista deberían seguir el ejemplo de los obreros y constituir agrupaciones para la defensa *política* de sus fines.[82]

Giménez Caballero, por su parte, resumía en su intervención la serie de escritos anteriores donde había intentado dar consistencia orgánica a sus propuestas dirigidas a los patronos.[83] Como autoproclamado heredero de los antiguos profetas y augures, cumplía con su deber vocacional al haber descubierto en los patronos «¡una conciencia de clase! Y en España, ¡una hora justiciera para el patrono!» En su opinión, la historia reciente de España ponía de manifiesto el acceso inmediato al poder de los grupos anteriormente perseguidos: el régimen de Primo de Rivera era el resultado del vejamen de la sacrificada «clase militar» en los desastres de la guerra de Marruecos; el bienio azañista no suponía otra cosa que la reivindicación culminada del «intelectualista», el «obrerista» y el «catalanista», combatidos por los militares detentadores del Estado

---

ro por un artículo publicado en "Informaciones"», *Informaciones* (16.V.1935); «Homenaje a Giménez Caballero», *Labor*, 94 (18.V.1935), pp. 10-16.

   [82] El discurso de Sánchez Castillo, en «Homenaje a Giménez…», pp. 12-14.

   [83] *Vid.* EGC, «¿Voz en desierto? ¡Patronos de toda España, uníos!», *Labor*, 86 (23.III.1935), p. 16; «Capital y trabajo. Parábola del automóvil», *Labor*, 88 (6.IV.1935), p. 3; «Conciencia de clase. Hacia la solidaridad patronal», *Informaciones* (16.IV.1935); «La clase media o patronal», *Labor*, 91 (27.IV.1935), p. 5; «Organizaciones sindicales. Empresarios, artistas y artesanos», *Labor*, 93 (11.V.1935), p. 5.

durante la Dictadura; las quemas de edificios religiosos en 1931 y la política anticlerical de los dos primeros años republicanos, trajeron en breve plazo el triunfo del «partido eclesiástico», alzado hasta con el ministerio de la Guerra. Por la misma lógica había llegado la hora del patrono: «¿qué no tendrá España que dar a una clase que año tras año, día tras día viene siendo explotada por todas esas clases sociales, viene siendo despojada, despreciada y asesinada?»

Con la *parábola del automóvil* explicaba en clave metafórica el funcionamiento de la economía nacional. Un vehículo sólo puede marchar por la combinación básica de la gasolina y el motor; lo demás es mera carrocería y transmisión. De los tres elementos, el primordial es la gasolina. «*Primero es el patrono. Primero es el creador de trabajo.* Por algo la gasolina es una *esencia*. Algo fundamental [...] Y mientras no se reconozca esta jerarquía, la vida española será una mentira y un desastre.» Después viene el motor representado por el obrero, transformador de la fuerza creadora y genial, al que han hecho creer ilusamente que desempeña un protagonismo exclusivo en el proceso económico. «Y esa ilusión y esa falsedad se la insinúan los que van tan ricamente sentados en la carrocería, en la burocracia tentacular de toda clase (militar, sacerdotal y funcionaria), apoyada en las transmisiones de las clases liberales.»

Una defensa tan explícita de los intereses de una clase determinada había de chocar por fuerza con quien hasta ese momento se había significado en la vida política por sus posiciones fascistas. Consciente de la objeción que se le puede hacer, se adelanta a ella: «¡Pero cómo! ¡Otra *clase* social más al poder! ¡Otro partido de clase! ¡Pues no decía usted que era *fascista*!, ¡que era *corporativista*!, ¡que era amigo de la conciliación del Capital y del Trabajo! ¡Un partido de clase es algo marxista! ¡Usted es un inconsecuente!» Ahora bien, para llegar a esa conciliación efectiva –objetivo último irrenunciable, aunque aplazado por mor de la situación–, es preciso que antes, y siguiendo el ejemplo de los sindicatos y partidos obreros, se organicen los patronos «en instrumento de clase del modo férreo como lo estáis vosotros», recalca dirigiéndose... a los atónitos camareros que le escuchan en los suntuosos locales del Palace y a los obreros que puedan seguir su intervención por la radio. Sólo en un futuro no muy lejano,[84] podrá llegar la solución integradora y el verdadero fascismo, en vez de esos «fascismos burocráticos, retóricos y falsos, de imitación, basados en la sangre inocente y generosa de unos cuantos hijos de burgueses asesinados y de unos cuantos obreros muertos de desesperación».

---

[84] Debemos resaltar que su incursión patronal en ningún momento supone un abandono de la ideología fascista; sólo hace concesiones tácticas, aplaza la solución anhelada en vista de la coyuntura sociopolítica. Desde su punto de vista, la Gran Guerra supuso un doble fracaso: el del capitalismo liberal del XIX y la ruina de la revolución soviética. Surgió entonces «la hora de la clase media», que «con un sentido histórico y nacional que perdieran los dirigentes capitalistas de otrora [...] supo crear una doctrina de "conciliación clasista"»; volver, en definitiva, «al sentido "corporativo, gremial, ordenador" de la vida. El corporativismo –fórmula salvadora de la Europa de

Su discurso terminaba con un llamamiento a la agrupación de los patronos, de cuya salvación dependía la de los obreros y en última instancia de la nación en su conjunto. Esta unión habrá de salir de una asamblea nacional y culminar en un partido que defienda el «exclusivo interés de clase» de sus afiliados. Y como no podía faltar la nota cómico-grotesca, confesaba su imposibilidad de «ser el Carlos Marx de los patronos españoles porque ni soy judío ni tengo barba», aunque había trazado el camino a seguir, para acabar –parafraseando el final del *Manifiesto Comunista*– con el grito de «*¡Patronos de toda España, uníos!*»[85]

Antes de que se apagasen los entusiasmos despertados por el homenaje, una comisión se puso a trabajar por la formación del partido político patronal. Sin embargo, no existía unanimidad en las organizaciones empresariales a la hora de decidirse por su forma de actuación. Una primera tendencia se sustentaba en la primacía de la organización sindical, a la cual debían dedicarse los mayores esfuerzos, agrupando a los elementos que hasta entonces venían actuando sin criterios unitarios. La segunda se adhería a lo defendido por Giménez y Sánchez Castillo, en la línea de priorizar la constitución de un partido de clase con marcado matiz político. La Federación Patronal madrileña no ocultaba sus prevenciones ante esta segunda tendencia: sin atreverse a calificarla de descabellada, señalaba el inconveniente de partida de no poder asentarse sobre una base social compacta; y «lamentablemente reconocemos que por su falta de unión, por su apatía y por su abandono la clase patronal está disgregada». Puesta a «elegir entre la fuerza política y la fuerza sindical», optaba francamente por la segunda. «Si los esfuerzos empleados en la constitución del partido restan eficacia a la obra de las organizaciones, no vacilamos en calificar esas actuaciones de absolutamente perjudiciales.» Y volvía del revés los argumentos esgrimidos por el homenajeado y Sánchez Castillo al tomar como ejemplo las organizaciones proletarias:

> «Un gran sector de la masa obrera ha formado un bloque potentísimo en la U.G.T., institución fundamentalmente sindical adherida a un Partido, el socialista, eminentemente político. ¿Cuál de las dos organizaciones representa la máxima fortaleza? La sindical, indiscutiblemente. El Partido Socialista lo ha conseguido todo impulsado por esa gran fuerza que lleva consigo, su predominio obedeció siempre a la influencia de los sindicatos. [...] a pesar de su táctica desastrosa para el país es necesario que reconozcamos su magnífica organización.»[86]

----

hoy– ha sido la gran invención liberadora de la "clase media".» Aunque España no ha pasado la experiencia de la Gran Guerra, lleva «cuatro años de contienda interna». «Todo hace presentir –concluye– que España se acerca a la solución integradora.» (EGC, «La clase media...»).

[85] El discurso en «Homenaje a Giménez...», pp. 14-16.

[86] «Dos tendencias. Y una sola realidad», *Labor*, 95 (25.V.1935), pp. 3-4. *Vid.* M. Cabrera, *La patronal ante la II República. Organizaciones y estrategia (1931-1936)*. Madrid, Siglo XXI, 1983, pp. 245-246 y 261-263.

Mientras las entidades empresariales debatían sus alternativas, Giménez Caballero ocultaba su protagonismo por unos meses. Un tiempo que debió llenarlo sobre todo con su dedicación a la cátedra recién ganada del Instituto Cardenal Cisneros y su colaboración en la sociedad cultural y la revista *Acción Española*. Respecto de la cátedra, conocemos sus impresiones por las cartas dirigidas a Unamuno, responsable en última instancia, como presidente del tribunal, de su éxito en las oposiciones.[87] «Apenas salió mi nombramiento –le escribe a don Miguel– me puse a dar clase. No he abandonado sin embargo el Instituto Cervantes donde estaba como auxiliar o encargado de Curso. En las horas libres que me deja Cisneros, voy allá, requerido por los chicos que me quieren mucho y me atienden dándome con ello la mejor satisfacción de mi vida de espíritu. Naturalmente, que ese doble servicio al Estado, lo hago gratis. No puede uno predicar el servir al Estado español y luego cobrar por vía doble, *servirse* del Estado.» Le habla asimismo de la «pedagogía como *inspiración*», consistente en atraer la atención de los jóvenes hacia «una pura vibración armónica», e indica ya su preocupación por los libros de enseñanza,[88] génesis de lo que será su extensa e innovadora obra pedagógica, aplazada en su realización por los años de la inminente guerra civil.

En *Acción Española* venía publicando desde febrero de 1935 su serie sobre el arte y el Estado y, en dos entregas, su exaltación del matrimonio pronunciada como «sermón de amores» en Florencia. Y se dejaba caer intermitentemente por su sede social, situada en el mismo edificio donde vivían sus padres, en la Plaza de las Cortes, 9. Parece que no gozaba de excesivas simpatías en ese ambiente; pero el lugar le ofrecía la posibilidad de relacionarse de una forma cotidiana con la plana mayor del monarquismo. El factótum de la sociedad cultural, Vegas Latapie lo recordaría como el «versátil Ernesto Giménez Caballero, situado entonces en la extrema derecha, por quien llegué a sentir una gran estimación, antes de conocer su historial ideológico. Hablaba muy poco en la tertulia. Con Maeztu mantenía una curiosa actitud de admiración y de respetuoso distanciamiento.»[89] Más hiriente sería el juicio de Jorge Vigón –otro de los puntales del grupo– al referirse a la «no disimulada contrariedad de Maeztu» siempre que aparecía Giménez por la tertulia y la frecuente «tímida alarma de la caja»,[90] pues el antiguo director de *La Gaceta Literaria* debía poner no poco empeño en cobrar sus colaboraciones. Aunque su participación en la revista fuese tardía y los temas de sus escritos básicamente culturales, su nombre será citado por don Juan de Borbón entre quienes habían contribuido a su formación intelectual y moral, al

---

[87] EGC, *Memorias...*, p. 76.
[88] Carta de EGC a M. de Unamuno. Madrid, 9.III.1935. (Archivo Casa-Museo Unamuno, Salamanca).
[89] Vegas, *op. cit.*, p. 272.
[90] Carta de J. Vigón a EGC. Escala, 25.VII.1938. (Archivo EGC, Madrid).

mostrar «cómo la sagrada tradición de España se coordina con las más modernas doctrinas.»[91]

Pasado un tiempo, y como quiera que el proyecto patronal no acababa de emerger por las discrepancias estratégicas internas, en septiembre Giménez Caballero salía de su consciente mutismo para volver a insistir en su idea de la urgencia de la creación del partido. «Pero si salgo de mi silencio –subrayaba–, no es ya para defender al patrono contra la sociedad española, como antes hiciera. Sino para defenderle de sí mismo. De su peor enemigo: el mismo patrono.» Y ello es así porque la situación española no está todavía madura para aceptar «el Estado totalitario, la negación absoluta de la lucha de clases»; por el contrario, la realidad impone la «formación de un partido de patronos que defienda a los patronos. Como el partido de los obreros defiende a los obreros.»[92] De este impulso definitivo cuajará la creación del Partido Económico Patronal Español (P.E.P.E.), constituido a finales de 1935, del que Giménez Caballero formará parte de su Comité Nacional, como patrono de Artes Gráficas y publicista. Mientras la organización va tomando cuerpo, desde su habitual colaboración en el diario *Informaciones* irá desgranando su campaña patronal, comenzando por el sector de hostelería; la serie de escritos empresariales, de escaso interés, nos privará de conocer sus impresiones sobre la Alemania nacionalsocialista, apenas iniciadas en dos artículos sin continuidad donde compara el viaje recién realizado[93] con el de 1928 descrito en su libro *Circuito imperial.*

El P.E.P.E. nacía en plena crisis del bienio radical-cedista y con el horizonte de una inmediata confrontación electoral. Ante ésta, el partido no tenía otra opción posible que integrarse en el bloque de la derecha: «Iremos en el frente contrarrevolucionario a los efectos electorales nada más, para recobrar después nuestra propia fisonomía política y desarrollar nuestro programa.»[94] El programa constituía una síntesis de las aspiraciones más radicales de la patronal en materia de reglamentación del trabajo, una supeditación absoluta del proceso productivo a las necesidades del capital y determinadas notas políticas marcadamente autoritarias y corporativas, aliviadas de todo contenido demagógico. La reproducción de sus aspectos centrales no puede ser más expresiva:

---

[91] Carta a J. Mª. Pemán, presidente de Acción Española. 11.X.1935; en Vegas, *op. cit.*, pp. 246-247.

[92] EGC, «Urgencia de organización. ¡No sabéis defenderos, patronos!», *Informaciones* (11.IX.1935); *Labor,* 112 (21.IX.1935), p. 9.

[93] EGC, «Notas de amistad. Alemania», *Informaciones* (25.X y 2.XI. 1935). Fue invitado por el Instituto Ibero Americano de Berlín, presidido por el general Faupel –futuro embajador alemán en la España nacionalista– para dar unas conferencias con motivo del tricentenario de Lope de Vega. («Cordialidad hispanoalemana. Giménez Caballero, en Alemania», *Informaciones,* 22.X.1935).

[94] J. Sánchez Castillo, «Sinceridad política. El partido Económico Patronal Español», *Informaciones* (9.I.1936).

«Como puntos esenciales de nuestro programa, vamos a la abolición de las huelgas y "lock-outs", de los partidos revolucionarios y de las organizaciones que propugnan como medio la violencia. *Iremos a la revisión de todas las bases de trabajo de España* para ajustarlas a la posibilidad económica de las industrias. Aspiramos a que la soberanía legislativa del país radique en una Cámara Corporativa. Facilitaremos al obrero trabajo digno y remunerado hasta donde cada industria permita. Somos nosotros los que resolveremos la crisis de trabajo, no a costa del erario público, sino dando garantías al capital y al patrono. Restableceremos el imperio inflexible de la autoridad *acabando con los asesinatos y atracos.* Vamos a la sindicación obligatoria de todos los gremios. A la protección de las industrias. A la reforma agraria realizada por los mismos propietarios de la tierra. A la libertad de la venta de los productos del trabajo. Vamos al reconocimiento del patrimonio mercantil e industrial y a la libertad de contratación de los alquileres. Queremos la libertad del patrono para contratar y despedir sin otro riesgo a los obreros. *Y, en general, vamos a la revisión de toda la legislación social, para discutirla en un estado de inmaculada equidad, pero dentro de la realidad económica de nuestro país sin espejismos exóticos.»* [95]

No tenemos constancia de la presencia del P.E.P.E. como tal partido en la contienda electoral, ni de su integración en coaliciones fuera del ámbito madrileño y aun así a título personal. Ése fue el caso de Giménez Caballero, quien lograría entrar como independiente en la candidatura del Frente Nacional Contrarrevolucionario por la circunscripción de Madrid capital, encabezada por el líder de la C.E.D.A. y compuesta por el amplio espectro de las fuerzas derechistas. Según Gil Robles no tuvo más remedio que transigir ante la imposición de Goicoechea y Calvo Sotelo (adulado con oportunismo en esas precisas fechas) [96] «por hallarse entonces el brillante ensayista en relación muy estrecha con el grupo cultural monárquico de *Acción Española*». La aceptación del patrono-escritor le pareció «un verdadero desatino» al muñidor de las listas electorales por varios motivos. Primero, por el recuerdo de sus antecedentes ideológicos: Giménez Caballero «gozaba de una notoriedad escandalosa, adquirida en los cenáculos de vanguardia de *La Gaceta Literaria* y el *Cineclub Español*, en el que se hicieron tumultuosas proyecciones de cine soviético, entre ellas la de *El acorazado Potemkin*, el 9 de mayo de 1931. Tampoco dejaría de sorprender a mu-

---

[95] «Un manifiesto. El Partido Económico Patronal Español», *Informaciones* (22.I.1936).

[96] «Yo no creí que pudiera nunca leer con la pasión de que se leen novelas románticas un ensayo sobre finanzas. Pocas lecturas –últimamente– me han producido la emoción dramática que he experimentado leyendo el ensayo titulado "El capitalismo contemporáneo y su evolución", de don José Calvo Sotelo.» (EGC, «Problemas con solución. El capitalismo en España», *Informaciones*, 22.I.1936).

chos la inclusión [...] de quien había sido antes autor de un libro incalificable, titulado *Los toros, las castañuelas y la Virgen*, además de fervoroso panegirista del señor Azaña y detractor del Ejército y de los generales, a los que llegó a calificar de "gañanes con estrellas".» En segundo lugar, porque su nombre era «uno de los que más podía molestar, en aquellos momentos, a José Antonio Primo de Rivera».[97] Como es sabido, las negociaciones entre el dirigente cedista y el jefe de Falange, concluyeron sin resultados y este último partido hubo de concurrir en solitario a las elecciones de febrero de 1936.

Con la mediación de Juan Ignacio Luca de Tena, Gil Robles intentó que Giménez abandonara su puesto para dar entrada en las listas al falangista Ruiz de Alda y facilitar de esa manera la delicada situación. «Pero Ernesto –le recordaría aviesamente el director de *ABC* en 1938– se negaba indignado. En presencia de Lequerica, Rafael Sánchez Mazas y otros amigos sostuve con él una conversación telefónica de lo más pintoresca. Giménez Caballero protestaba, se resistía con tesón. ¡Ese Gil Robles! Y luego, las tozudeces de José Antonio. ¡Él era más falangista que José Antonio! ¡Que no y que no! Acabó diciéndome, muy enfadado, que yo hiciese lo que quisiera, *que sólo yo tenía autoridad para imponerle semejante sacrificio*, pero que él no accedía a nada y que en todo caso consideraría que le expulsaban de la Coalición.»[98]

Más importancia tiene el hecho de que la suma económica para sufragar los gastos electorales fuese aportada desinteresadamente –si puede hablarse así– por Juan March. Giménez debía referirse a él, entre otros, cuando hablaba de «las generosas ayudas –inolvidables– que en estos días he recibido de gentes a las que ni sabía tener por amigas, cuánto más por valedoras».[99] Esta realidad y el sostenido apoyo del diario *Informaciones* a la campaña patronal, nos coloca en la suposición de que el financiero mallorquín no fuese ajeno durante todo este tiempo a las andanzas políticas de nuestro personaje.

A los falangistas la participación electoral en esas condiciones del escritor no pudo causarles peor impresión. El semanario *Arriba*, empero, guardó absoluto silencio. Pero un fervoroso admirador suyo como Rafael García Serrano recuerda haber tachado como castigo su nombre de la papeleta de su padre –pues él no tenía aún edad de votar– para incluir los de los falangistas; «presentarse con el PEPE en la candidatura reaccionaria me parecía un crimen. (Y eso que entonces no sabía que don Juan March le había pagado los miles de duros que se exigían para alcanzar semejante honor, lo cual me hubiera puesto a mucho más de cien.)»[100] Añádase a la reveladora anécdota, la actitud del grupo de falangistas que intentaron reventar el mitin electoral de Giménez en

[97] Gil Robles, *op. cit.*, pp. 419-420.

[98] Luca de Tena, *En propia defensa...*

[99] EGC, «Ante la lucha. Acción Patronal», *Informaciones* (11.II.1936). Sobre el apoyo de March, cfr. EGC, *El dinero y España*. Madrid, Afrodisio Aguado, 1964, pp. 33-34; y *Memorias...*, p. 76.

[100] R García Serrano, *La gran esperanza*. Barcelona, Planeta, 1983, pp. 71-72.

el teatro de la Comedia, arrojando desde las localidades altas octavillas impresas con el claro propósito de desacreditarlo, hasta ser expulsados por los guardias de seguridad.[101]

A la postre, todos los esfuerzos, presiones e intrigas resultaron baldíos y las esperanzas de acceder al Parlamento defraudadas. La candidatura contrarrevolucionaria de Madrid fue arrollada por la frentepopulista, alcanzando sólo los puestos de minoría. Giménez Caballero, con 183.694 sufragios,[102] quedó el penúltimo de la lista y, obviamente, sin el tan ansiado escaño desde el cual proseguir sus prédicas patronales.

LA GUERRA Y LA UNIFICACIÓN

El fracaso electoral provocó la disolución del P.E.P.E. como un azucarillo. El partido de tan cómicas siglas no había logrado un consenso sustancial entre las diversas estrategias patronales y su programa en la España del Frente Popular resultaba tan inviable como temerario. A Giménez la derrota lo sumió en el mutismo político, únicamente roto en sus colaboraciones italianas en *Critica Fascista*; pero se trata de artículos de comentario de la actualidad política española sin rumbo ni norte claros. La nueva referencia a Azaña como «el único hombre capaz de resolver la situación dramática» del país, si plantea la batalla al socialismo «con las mismas fuerzas nacionales de las que Gil Robles no supo hacer uso», se inscribe más en el temor generalizado de la derecha en esos momentos, que en su vano intento por presentarla como un cumplimiento –si llegara a darse– de la profecía lanzada por su libro de 1932. Lo mismo podemos decir de sus especulaciones unos meses después en torno a Indalecio Prieto en la política del Frente Popular y a su improbable encabezamiento del movimiento fascista.[103]

En la prensa española se limitará a publicar en *Informaciones* la conmemoración del mítico natalicio de Roma del 21 de abril y de la victoria imperialista de Mussolini en Abisinia.[104] Por otra parte, seguirá en contacto con Acción Española, donde pronunciará algunas conferencias. La evidente desmoralización política se compensa con su dedicación entusiasta a la cátedra. «En estos instantes dramáticos y absurdos que vivimos –le escribe a Unamuno a finales de

---

[101] «En el teatro de la Comedia. Los candidatos Giménez Caballero y Royo Villanova hablan a sus electores», *Informaciones* (15.II.1936). P. Beltrán de Heredia, como asistente al mitin, nos confirmó la veracidad de lo publicado por el diario madrileño. (Entrevista a Pablo Beltrán de Heredia, San Lorenzo del Escorial, 2.VIII.1993).

[102] Datos proporcionados por *Informaciones* (20.II.1936).

[103] EGC, «Lettera dalla Spagna. Una situazione drammatica», *Critica Fascista* (1.III.1936), pp. 141-142; «Lettera dalla Spagna. Prieto e il Fronte popolare», *Critica Fascista* (1.VII.1936), pp. 268-269.

[104] EGC, «Hoy, 21 de abril. Triunfo y resurrección de Roma», *Informaciones* (21.IV.1936).

marzo– me he encerrado en las lecciones, como en un éxtasis para olvidar lo que se empeña en no ser olvidado: el rencor frenético de una España convulsa.» La labor profesoral parece convertirse en el centro de su vida. «El adoctrinar adultos, hombres –desde periódicos y libros es ingrato y duro. Sólo se recogen tempestades, infamias y amarguras»; por el contrario, con los muchachos «se recogen bendiciones, cariños y alegrías purísimas. Toda fe puesta en ellos resulta fértil».[105] Por último, en cuanto a su labor intelectual se refiere, compondrá con un puzzle de escritos previos el libro *Roma Madre*, «resumen orgánico y sistematizado de una labor de diez años para hacer ver la resurrección de Roma»,[106] obra destinada a concursar por el premio internacional de San Remo.

La situación política española, con todo, le obligaba a recomponer su propia ubicación en el panorama nacional. Si el populismo gilrroblista le había parecido el verano anterior –con sus multitudinarios mítines como el de Mestalla en Valencia– la «más amplia "fascistización" de masas españolas», los actos «"más fascistas" que hasta ahora se han dado en España», incluso «contra la voluntad teórica de sus mismos organizadores»; ahora, con el fracaso electoral de la derecha, se desmontaban sus ilusiones puestas en esa línea de evolución posibilista hacia un fascismo de contornos imprecisos. También se había hundido –y de una forma estrepitosa– su potenciación de lo patronal como modo de «corregir los errores tácticos de eso que se llama "fascismo en España"».[107] En este contexto tendrá lugar su nuevo acercamiento a J. A. Primo de Rivera poco antes del traslado de éste a la prisión de Alicante, sin llegar a comportar un reingreso en Falange.

La reconciliación con el líder falangista se hizo posible por su arrepentimiento de pasadas desafecciones y se resolvió en una escena entre lacrimógena y de confesionario. La contaría en un escrito inédito de 1940: «Recibí [de José Antonio] sus represalias y disgustos. Yo tuve a veces la que yo entonces calificaba de *gallardía* de responder. Y hoy califico de *vanidad* y de *petulancia*, por los que le pedí perdón infinito, en la cárcel de Madrid.» Desde la reja carcelaria, «no sólo me absolvió. Me abrazó. Y me confió ante testigos: Raimundo [Fernández Cuesta], Gregorio Sánchez Puerta, Miguel Primo de Rivera y creo que Alfaro –la publicación de una revista con el pensamiento de Falange para el "mes de Octubre" –éstas fueron sus palabras, su testamento para mí, y fue José Antonio quien dio, allí mismo, el título para esa revista que me confiaba: "Unidad"».[108]

---

[105] Carta de EGC a M. de Unamuno. Madrid, 28.III.1936. (Archivo Casa-Museo Unamuno, Salamanca).

[106] EGC, *Roma Madre*, Madrid, Jerarquía, 1939, p. 2.

[107] EGC, «Medina y Valencia. El misterio de Gil Robles», *Informaciones* (5.VII.1935); «Problemas con solución…»

[108] EGC, *Epístola al camarada Jaime de Foxá…*

A comienzos de julio, le dedicaba a Primo de Rivera su serie de artículos bajo el título general «El anarquismo y España»,[109] reproducción de un texto publicado cuatro años antes en *El Robinsón literario*, y le enviaba por diferentes conductos dos cartas que no han sido publicadas ni hemos logrado encontrar. El jefe de Falange le contestaba con una misiva desde la cárcel de Alicante el 12 de julio, guardada cuidadosamente por su destinatario para hacerla valer contra quienes pusieran en duda la sellada reconciliación. En ella le agradecía su «confianza y disciplina» manifestada por entonces y le señalaba ilusamente «que sin la Falange no se podría hacer nada en este momento, como no fuera un ciempiés sin salida». El núcleo central del escrito merece reproducirse porque puede iluminar en parte las posibles coincidencias y discrepancias de ambos en vísperas del estallido de la guerra:

«… me horroriza el temor de que la ocasión grave y magnífica que estamos viviendo aborte una vez más, o, lo que es peor, dé a luz un monstruo. Si eso pasa, no será por culpa mía.

Una de las cosas temibles sería la "dictadura nacional republicana". Estoy conforme contigo al ver en su defensa un síntoma de reconocimiento de nuestras posiciones. Hasta ahí bien. Lo malo sería la experiencia Maura-Prieto, con una excitación artificial de los negocios, las obras públicas, etc., para fingir una prosperidad económica sin levantar nada sobre fundamentos hondos. Al final del ciclo de febril bienestar sobrevendría una gran crisis económica sobre un pueblo espiritualmente desmantelado para resistir el último y decisivo ataque comunista (lo nuestro en un período de calma burguesa, no es donde alcanza su mejor cultivo). Otra experiencia falsa que temo es la de la implantación por vía violenta de un falso fascismo conservador, sin valentía revolucionaria ni sangre joven. Claro que esto no puede conquistar el Poder; pero, ¿y si se lo dan?»[110]

Las primeras noticias de la sublevación militar en Marruecos sorprenderán a *Gecé* en la redacción de la revista *Acción Española* la noche del 17 de julio, junto a un Ramiro de Maeztu abandonado por sus correligionarios, y al discípulo de éste, Vázquez Dodero.[111] La extensión a la Península del levantamiento con-

---

[109] EGC, «El anarquismo y España», *Informaciones* (2,3,4,6 y 7.VII.1936).

[110] Carta de J. A. Primo de Rivera a EGC. Cárcel de Alicante, 12.VII.1936; en *José Antonio íntimo…*, pp. 644-645.

[111] «Maeztu y yo […] *fuimos los últimos que abandonamos "Acción Española", el 17 de julio, a las 10 de la noche. Con un abrazo inolvidable, ante Dodero que escondió a Maeztu en su casa, y yo me escondí en la de Peter Justris.* Vosotros ya estábais a salvo. Ni a Maeztu ni a mí nos habíais tendido el cable piadoso que vosotros teníais ya cojido en secreto. *¡Nos han dejado en la ratonera, Giménez Caballero,* fueron las últimas palabras que le oí, *Dios nos coja confesados!*» (EGC, *Documento a Jorge Vigón. Sobre España y la Monarquía*, texto inédito de 1938. Archivo EGC, Madrid). El propio Vázquez Dodero nos confirmó por escrito la veracidad del hecho. (Carta de J. L. Vázquez Dodero al autor. Madrid, 23.II.1987).

tra la República, su fracaso y el inicio subsiguiente de la guerra civil, le dejarán indefenso en un Madrid cargado de peligros. Se refugiará en las casas de varios amigos, hasta que no lo puedan tener más tiempo; pasará una temporada en un pabellón de la Embajada alemana y dos semanas en el Instituto Francés.[112] Mientras trata así de escapar, su casa es saqueada. Según la prensa de comienzos de septiembre, de resultas de un registro practicado por la brigada de investigación del distrito del Hospicio se encontrará en ella un fichero de elementos pertenecientes al Círculo de la Unión Mercantil, circulares de la patronal y «otros documentos de bastante interés».[113] Y una publicación como *El Mono Azul*, órgano de la Alianza de Intelectuales Antifascistas, donde militaban tantos ex-colaboradores de *La Gaceta Literaria*, en sección titulada increíblemente «A paseo», le dedicaba lindezas del siguiente tenor:

> «Giménez Caballero, el hijo del lío, de sus líos, de la confusión, de la mixtificación de todos los tópicos españolistas; mercachifle, orgulloso de serlo; degenerado hasta la exaltación histérica de las más viles explotaciones de empresa; el que llevaba su adulación a todos los poderes constituidos a términos de indignidad humana, de bajeza, jamás conocidos (recuérdense sus adulaciones personales a Azaña). Giménez Caballero, el famoso "chulo azteca", ¿dónde está? Giménez Caballero, "inspector de alcantarillas", cloaco máximo, coco mínimo, estará en los vertederos, en los pozos negros de sus generales atacados por la disentería del miedo.»[114]

Tras no pocas vicisitudes, mediado el mes de octubre logrará salir de Madrid en una avioneta con la identidad falsa de un tal *monsieur* Bonafoux, de profesión periodista, ayudado por unos amigos alsacianos. Al llegar a suelo francés, parte en tren hacia Milán, donde le esperan su mujer y sus dos hijas. Después de una corta estancia con su familia italiana en Oggiono, en la Brianza, consigue entrar en contacto con el ministro de las Corporaciones Bottai y con Curzio Malaparte, quienes le consiguen rápidamente una audiencia privada con Mussolini, y con ese fin se desplaza a Roma. La entrevista tendrá lugar en el Palazzo Venezia, donde ya lo había recibido por vez primera en octubre de 1930.

> «Le referí lo mejor que pude –recordará Giménez en sus memorias– mis experiencias en el Madrid cautivo, mi ignorancia de lo que pasara en España, la de Franco. Por eso, cuando me preguntó sobre Franco, le

---

[112] EGC, *Memorias...*, p. 82.
[113] «En torno al Círculo de la Unión Mercantil», *Fragua Social* (9.IX.1936). «Jiménez Caballero –termina cínicamente la nota– no se encontraba en su domicilio.»
[114] «A paseo», *El Mono Azul*, 2 (3.IX.1936), p. 7. El escrito proseguía: «El intelectual director de Falange [Rafael Sánchez Mazas] –cargo que arrebató, tras de maquiavélicas luchas, al cretino de Giménez Caballero...»

rogué que considerara el barroquismo de España hasta en sus jefaturas políticas.

–Cosa voglia dire?

–¿Que qué quiero decir? Muy sencillo. Que allí no ha salido un conductor como aquí con S. E. y en Alemania con Hitler y en Rusia con Lenin y en Francia con Napoleón. Es un Movimiento en espiral. Las ideas que yo lancé por 1929 las recogió Ledesma Ramos, ascendidas, espirálicamente, luego a José Antonio y hoy retomadas por Franco si es que quiere seguirlas en lo que pueda para que su acción no resulte un Pronunciamiento más a lo siglo XIX.»[115]

De confiar en la veracidad de sus recuerdos, al mismo tiempo le hablaría al *Duce* del carácter internacional adquirido por la guerra y de la necesidad de la ayuda italiana. En cualquier caso, parece muy congruente con su actuación posterior el hecho de considerar al general Franco, incluso antes de pisar la zona nacionalista, como la opción merecedora de todo su apoyo, por encima de volcarse en las posibilidades del partido fascista en franco crecimiento. Su decantación tenía, además, la ventaja de coincidir con los intereses políticos exteriores de la Italia mussoliniana: no tanto la consecución de una España plenamente fascista con la hegemonía de un movimiento de ese signo, cuanto «una dictadura de partido único que diese por liquidados los "sagrados principios del 89" y una estructuración vagamente corporativa del Estado que diera al régimen una apariencia de base social y popular».[116] Por eso, parece menos creíble que, nada más llegar a la España nacionalista, al presentarse inmediatamente a Manuel Hedilla en Burgos con la voluntad de alistarse, fuese el jefe de la Junta de Mando provisional de Falange quien lo encaminase al Cuartel General de Franco, en Salamanca.[117] Ese destino estaba ya claramente inscrito en sus propósitos.

La llegada a Salamanca se produce el 4 de noviembre de 1936, y tres días después consigue –previas gestiones de Sangróniz– ser recibido por Franco en el Palacio del obispo donde había instalado su residencia y el embrión administrativo del nuevo Estado. «Creí encontrarme –nos referirá como alucinado en sus memorias– más que ante un militar a la española, con una figura legendaria y bíblica: *¡un rey David!* Breve de estatura pero con una cabeza entre el guerrero y el artista.» El general parece ser que le hizo un elogio de *Genio de Es-*

[115] EGC, *Memorias...*, pp. 82 y 84.

[116] Saz, *Mussolini...*, p. 234.

[117] EGC, *Memorias...*, p. 85. Cuenta Giménez que en ese encuentro, ambos rememoraron tiempos pasados, recordándole el jefe falangista que había sido el escritor quien le presentara a Primo de Rivera en Santander. «Y sabía muy bien que las discrepancias que hubo en Madrid entre José Antonio y yo no fueron sino intrigas de otro escritor rival mío. Pero que todo se había aclarado y aquél tornaba a estimarme igual que antes, pues me reconocía siempre como Precursor.» (*Ibídem*).

paña y en esa línea le planteó la posibilidad de volver a tomar la bandera internacional del catolicismo. A lo cual Giménez Caballero, sin duda halagado, apostillaría que ese catolicismo en ningún caso debía ser «el que ha venido ondeando la C.E.D.A., las derechas autónomas y vaticanistas. Sino una fe más heroica y mística.»[118] El general le encargó de los rudimentarios servicios de prensa y propaganda del Cuartel General, a las órdenes de Millán Astray, en unas condiciones materiales muy precarias.

En ese puesto estaba cuando se produjo la muerte de Unamuno, cuyo enfrentamiento en el paraninfo de la Universidad el pasado mes de octubre con el general mutilado bajo cuyo mando estaba, colocó a Giménez en una comprometida situación. Para no contrariar el ánimo atrabiliario de su superior, no se atrevió a visitar al viejo escritor del 98, a quien tanto debía. No obstante, ocurrido su fallecimiento, por orden de Millán Astray escribió en la prensa nacionalista un artículo, que resulta elogioso en su contexto, sobre el pensador y poeta vasco desaparecido el último día de 1936: «Por eso ha parecido simbólica esta desaparición del "abuelo" –crítico y agónico– frente a la irrupción de los "nietos" constructores, sin agonía, y ya sin temor a la muerte.» El escrito concluía con palabras apropiadas: «Y por ese servicio al nombre espiritual de España en el mundo –debemos hoy levantar la mano ante su tumba de férreo combatiente, exclamando: Don Miguel de Unamuno–, ahora que lo mejor de tu alma está "Presente" en España, ¡descansa en paz!»[119]

Ya es muy ilustrativo el hecho de que Giménez Caballero se integrase en esa organización de la propaganda del nuevo Estado y no en la mucho mejor dotada en todos los sentidos de Falange. A su agudo olfato para detectar el poder real allí donde se encontrase, se sumaba la evidencia de su todavía no resuelta readmisión en el partido. Ésta se consumó, al decir de García Venero, por la mediación insistente de Francisco Bravo «y a través de jeremiacas manifestaciones de arrepentimiento».[120] No debió ser éste muy profundo, a pesar de lo gesticulante, cuando poco después incurriría en falta disciplinaria, al hablar en un acto falangista sin despojarse de la guerrera ni del guante izquierdo, por deferencia ante la esposa de Franco, presente en el teatro. «Pero aquello no era un acto diplomático sino de guerra civil y se me criticó tanto, que Hedilla, el bueno y querido Hedilla, hubo de mandarme al calabozo de Falange.»[121] La anécdota revela, sobre todo, la actitud colectiva hostil y renuente de los falangistas de la primera hora ante el perdón otorgado al escritor; como apunta Ridruejo, Giménez sufría en aquellos momentos las consecuencias de la ruptura con Primo de Rivera producida antes de la guerra. «Para entonces se había mitificado ya la figura de José Antonio, sus textos se habían convertido en sen-

---

[118] *Ibíd.*, p. 89.
[119] EGC, «En la muerte de D. Miguel de Unamuno», *La Gaceta Regional* (2.I.1937).
[120] García Venero, *op. cit.*, p. 199 y 353.
[121] EGC, *Memorias...*, p. 93.

tencias sacras e indiscutibles y sus afectos y querencias –cuando eran conocidos– decidían el destino de las personas. Nadie fustigaría a quien José Antonio hubiera mostrado amistad. Nadie exaltaría a quien hubiera recusado.»[122]

La concesión del premio internacional del fascismo por su obra *Roma Madre*,[123] con un jurado presidido por el hispanista de la Academia italiana Arturo Farinelli, vino a sacarlo por unas semanas del poco grato ambiente salmantino. Marchará de España para recoger el galardón –con autorización de Franco y Hedilla, recalca– el 10 de enero de 1937.[124] La prolongada estancia en Italia le da ocasión para desenvolver una campaña propagandística con el fin de «presentar por vez primera ante el noble pueblo italiano la verdadera faz de nuestra causa nacional», como relataría a su regreso en entrevista con Martín Almagro; pronuncia numerosas conferencias y alocuciones en Arezzo, Florencia, Milán, Turín, Génova, Nápoles, Roma y Bolonia, organizadas por los CAUR y presentadas por «ilustres personalidades como Farinacci, Bottai, Farinelli, Coselstzi [*sic*], Maresca y otros». Y el 22 de enero es recibido nuevamente por el *Duce*, la séptima vez en diez años. Con Mussolini hablaría inevitablemente de la situación política en el territorio sublevado y es presumible que el dictador le urgiese sobre la conveniencia de llegar cuanto antes a una unificación de las distintas fuerzas partidistas que actuaban a sus anchas en la zona dominada militarmente por Franco. En opinión de Giménez, «el actual Movimiento Nacional se percibe bajo la visión de una España nueva con la unidad de Mando del generalísimo Franco y a su lado como cosa constructiva que da fuerza y hace firme el Movimiento Nacional el espíritu de la Falange en la que todo el mundo ve el futuro de España».[125] Una anticipación bien explícita de lo que será el franquismo: el general de poderes omnímodos, primero; y, arropándolo, un partido único de sustancia básicamente falangista, después.

En cuanto a la dirección de Falange, su opinión era de una benevolencia no sin recámaras ante el sucesor de José Antonio: la falta de éste «se siente en todas partes», aunque «últimamente el actual Jefe Manuel Hedilla se ha crea-

---

[122] Ridruejo, *op. cit.*, p. 157. Las memorias de Ridruejo nos dan una de las imágenes más certeras y penetrantes del *Gecé* de la guerra civil. Por el campo de lo esperpéntico se deslizan A. Trapiello (*Las armas y las letras*, Barcelona, Planeta, 1994, pp. 48-52), F. Umbral (*Leyenda del César Visionario*, Barcelona, Seix–Barral, 1991, *passim*) y C. Rojas (*¡Muera la inteligencia! ¡Viva la muerte! Salamanca, 1936. Unamuno y Millán Astray frente a frente*, Barcelona, Planeta, 1995, *passim*).

[123] La obra se publicó traducida al italiano por el hispanista Carlo Bosselli con el título de *Roma risorta nel mondo* (Milán, U. Hoepli, 1938). En el archivo de Giménez se conserva la correspondencia del traductor, muy curiosa por los tropiezos ante la dificultad de trasladar a la lengua italiana el lenguaje no siempre académico de nuestro autor.

[124] EGC, *Memorias...*, p. 94.

[125] M. Almagro, «Habla Jiménez Caballero», *Unidad* (9.III.1937). En este viaje italiano hablaría también por la radio y se serviría de fotografías y películas en su campaña de propaganda. («Anoche, ante el micrófono de Radio Milán, pronunció una alocución Giménez Caballero», *La Gaceta Regional*, 6.II.1937).

do un gran nombre internacional [...] respetado y querido por todos los círculos que he tratado en el extranjero».[126] Para entonces, ya había publicado su
habitual escrito laudatorio al jefe provisional, elegido para tal puesto, a su entender, por representar ante todo «la disciplina, la firmeza y la sencillez en el
cumplimiento del deber». «Callado, frío, firme en las decisiones –nos lo des-
cribirá–, habla poco, escribe poco. Como el timonel de un buque en días de
tormenta y en ausencia del capitán. Difícil, tensa misión. Rudos oleajes azotan
el barco. El va sorteándolos y mirando a un puerto lejano, ideal, seguro.»[127]

Siguiendo con Hedilla, anunciaría en un artículo del 1 de abril el comentario de un discurso pronunciado el 14 de marzo.[128] Pero en esas dos semanas
las circunstancias habían variado lo suficiente en cuanto al proceso de unificación se refiere como para que la glosa nunca llegara a ser desarrollada. Todo un síntoma. El 30 de marzo Giménez Caballero había sido recibido por
Franco,[129] quien desde el mes anterior contaba con el asesoramiento de su cuñado, Serrano Suñer, verdadero cerebro político al servicio de sus aspiraciones a la dictadura sin límites temporales. En esa ocasión o en otra del mismo
entorno de fechas, el escritor sería puesto al corriente –a espaldas del partido– de los planes unificadores de ejecución inminente y se le encargaría la redacción del discurso que habría de pronunciar Franco como preámbulo ex-
plicativo al decreto por el cual el conjunto de fuerzas en liza se integrarían en
un organismo único, con evidente predominio falangista y bajo la jefatura personal de Franco.[130]

Por eso, cuando en el seno de Falange se desata la lucha de banderías por
controlar el partido, carece de sentido la afirmación de García Venero en orden a la colaboración en potencia –aunque deseando guardar sigilo– de Giménez con el grupo conjurado contra Hedilla. Prueba de ello es que en el último y turbulento Consejo Nacional de Falange, la facción antihedillista culpara
a éste de convocar entre otros a Giménez Caballero, «traidor varias veces a la

---

[126] Almagro, «Habla Jiménez...»
[127] EGC, «El camarada Manuel Hedilla», *Unidad* (4.II.1936). Pasados los años, escribirá con absoluta sinceridad: «Hedilla era el hombre honrado, claro, tímido, y consciente de ocupar un puesto que no era el suyo para evitar los ambiciosos. Pero no un revolucionario y menos hasta el mar-
tirio.» (EGC, *Memorias...*, p. 98).
[128] EGC, «Exaltaciones a un discurso. ¿Qué ha dicho a España el camarada Hedilla?», *Unidad*
(1.IV.1937).
[129] J. Tusell, *Franco en la guerra civil. Una biografía política*. Barcelona, Tusquets, 1992, p. 123.
[130] Sobre el encargo y la autoría del discurso, cfr. R. Serrano Suñer, *Entre el silencio y la propaganda, la historia como fue. Memorias*. Barcelona, Planeta, 1977, p. 186; y EGC, *Memorias...*, p. 100. No
obstante, Tusell, en un capítulo de su importante libro para el conocimiento de todo el proceso,
niega la veracidad de los autores –y protagonistas– anteriores: «Contra lo que ha solido afirmarse,
el discurso lo escribió el mismo Franco: se conserva una copia manuscrita que debe ser la original.» (*Op. cit.*, p. 128). Poseemos el borrador autógrafo escrito por Giménez; en su versión definitiva, sufrió modificaciones y añadidos de los que se hace responsable Serrano Suñer, redactor a su
vez del decreto.

Falange antes del 18 de Julio, detractor personal y encarnizado de José Antonio y contumaz traidor en la actualidad contra nuestra Organización, la cual desfigura constantemente, hasta el punto de haberse tomado el acuerdo, en una reunión de la Junta de Mando celebrada en marzo de este año, de prohibirle hablar en público sin conocimiento expreso de la propia Junta.» Muy al contrario, nuestro personaje estaba actuando arteramente siguiendo los designios del Cuartel General, desde donde, según la afortunada expresión de Ridruejo, se preparaba un auténtico «golpe de Estado a la inversa»; una operación por la cual, al revés de lo ocurrido en Italia o Alemania, «no era un partido mesiánico el que se había apoderado del Estado sino el Estado –su jefe– el que se había apoderado de los partidos fundiéndolos para acomodarlos a sus propósitos».[131]

Aunque una referencia explícita a Mussolini había sido suprimida del discurso preparado por Giménez Caballero, al consumarse la Unificación éste se apresuró a escribirle al dictador italiano, dando por realizado algún extremo planteado en la entrevista de ambos del 22 de enero. A los tres meses exactos le enviaba estas líneas: «Duce! Quella missione che mi avete consegnato il 22 gennaio alle ore 7 pomeridiane non é stato datto al Generale Franco per me: é stato *fatto*. Legette il discorso e decreto e troverete al vostro fedele colaboratore di *Gerarchia*, che lavora con febbre, senza sosta, con piena fiducia nel trionfo totale del Fascismo.»[132] Extrañamente, en las exclamaciones rituales del final –«¡Arriba España! ¡W il Duce! ¡W l'Italia!»– no figuraba Franco, principal beneficiario de la operación, ni ésta suponía desde luego el «triunfo total del fascismo». Antes al contrario, tenía el carácter de aceptación interesada de una realidad sólo en parte fascistizada.

Tanto en el discurso de la Unificación –pronunciado por Franco la tarde del 18 de abril de 1937– como en un largo escrito posterior ampliamente difundido en la prensa, Giménez trazaba las líneas de evolución histórica hasta llegar a la situación actual. Según el discurso, el Movimiento conducido por Franco, alejado de lo «inorgánico, fugaz [y] pasajero», había atravesado tres fases. Una primera ideal o normativa, desde la Reconquista española hasta los momentos de plenitud alcanzados con los Reyes Católicos y el Imperio de Carlos V y Felipe II. La segunda etapa sería la histórica, representada por el carlismo como fuerza centenaria de oposición al liberalismo extranjerizante. Por último la contemporánea, que arrancando de la dictadura de Primo de Rivera –momento puente entre el pronunciamiento decimonónico y los movimientos fascistas–, llegaba hasta Falange Española de las J.O.N.S., con «la figura nacio-

---

[131] García Venero, *op. cit.*, p. 353; el alegato contra Hedilla, en V. de Cadenas y Vicent, *Actas del último Consejo Nacional de Falange Española de las J.O.N.S.*, Madrid, 1975, p. 94; Ridruejo, *op. cit.*, p. 106.

[132] Carta de EGC a Mussolini. Salamanca, 22.IV.1937; en I. Saz Campos, *Relaciones España–Italia (1931-1936)*, tesis doctoral inédita, Universidad de Valencia, p. 659.

nal de José Antonio Primo de Rivera», e influía «en otros grupos más o menos afines de católicos y de monárquicos».[133]

La Falange de preguerra, por tanto, no era sino *una etapa más* de esa evolución, culminada en la coyuntura bélica, la cual le permitía proyectar con fuerza su irradiación ideológica y su capacidad movilizadora, alcanzando a *los sectores fascistizados de la derecha*, y todo ello *bajo la égida del Ejército*. A la cabeza del nuevo organismo, «no ya un estudiante [Ledesma], no ya un joven jefe civil [José Antonio], sino el hombre con la categoría que hubiese tenido el José Antonio de "hoy": con categoría de "General", de "Caudillo". De adalid de una guerra universal que va a salvar al mundo.»[134] Ahora, sí: Falange superaba sus etapas de adolescencia y de juventud, *se hacía hombre* y conquistaba el Estado al encarnarse en la figura «viril y paterna» de Franco.

Al desmitificar de esa forma la historia falangista, Giménez Caballero demostraba haber comprendido por encima del resto de sus camaradas –quizá más idealistas o ingenuos, pero no más sagaces– que, cerrada desde sus inicios la vía hacia la realización de su *desideratum*, la única posibilidad española de fascismo, siquiera fuera por un proceso de mimetización creciente desde las bases de masas aportadas sustancialmente por la derecha conservadora, suponía subordinar todo el proceso a la jefatura de un militar. Era el resultado final de un camino lleno de obstáculos transitado en los años republicanos. Por añadidura, la realidad impuesta tenía para él la ventaja de permitirle reiniciar, al amparo del general Franco, su carrera pública. A pesar de su precariedad en el partido y del rechazo de los falangistas pretendidamente *auténticos*, circunstancias de las que era plenamente consciente,[135] sus servicios a la causa unificadora serían recompensados con uno de los diez puestos de la nueva Junta Política. Desde entonces aduló sin medida al nuevo jefe, llevando su estilo a límites inverosímiles, se convirtió –no sin riesgos, incluso físicos– en el propagandista incansable del nuevo *falangismo tradicionalista*, y pensó que la unificación «podía ser, tenía que ser su gran momento político».[136] El tiempo se encargaría de sacarlo de su engaño.

---

[133] «El Generalísimo decide la unificación de las milicias», *La Gaceta Regional* (20.IV.1937).

[134] EGC, «La conquista del Estado. La Falange se ha hecho hombre», *La Gaceta Regional* (25.IV.1937); reproducido –sin firma– en *Unidad* (26.IV.1937), y firmado, ocupando toda la primera plana, un día después. Asimismo, sería editado en folleto en Salamanca con el título *La Falange –hecha hombre– conquista el Estado*.

[135] En informe a Franco de 29 de abril de 1937, planteaba el problema de los detenidos como consecuencia del decreto y proponía su inmediata liberación... pero como medida puesta en práctica por él: «necesito ser yo mismo, quien por encargo de S.E. libere a los aprisionados. Para ganarme otra vez su amor. Y vean que yo no he traicionado a la Falange»; una solución alternativa era enviarlos después al frente, también con él a la cabeza. (Archivo EGC, Madrid).

[136] P. Laín Entralgo, *Descargo de conciencia*, 2ª ed., Madrid, Alianza, 1989, p. 223.

RECAPITULACIÓN. Y EPÍLOGO:
SOBRE EL DESTINO DEL PROFETA DE UN FASCISMO IMPOSIBLE

«Ciertamente que mi querida patria no ha sido muy generosa conmigo. Pero lo digo sin amargura alguna. Y también sin asombro.»

Ernesto Giménez Caballero [1947]

Centrado en una trayectoria individual inconclusa, el presente estudio aspira a proyectarse sobre una panorámica general y abarcadora y arrojar claridad y sentido en torno a ella. Por eso, frente a las conclusiones más o menos canónicas preferimos poner término a este estudio ensayando una recapitulación, atando cabos que pudieran haber quedado sueltos entre la prolijidad de lo expuesto. Y, al tiempo, aventar perspectivas pendientes, objeto de tratamiento futuro, ajeno o propio.

El trayecto ideológico de Giménez Caballero atraviesa con rapidez una sucesión enrevesada de etapas. En sus primeros escritos –*Notas marruecas de un soldado*, el manuscrito perdido de *El fermento* o sus artículos europeos del periódico *La Libertad*– se reflejarían los temas y el tratamiento en que se debatía la cultura española desde el regeneracionismo de Costa a planteamientos de los hombres del 98 y del 14, centrados básicamente en el dilema europeísmo/casticismo, como asideros para sacar al país de su secular atraso. El Giménez Caballero de esta primera fase es un epígono del movimiento regeneracionista, variante ideológica que permea toda la cultura político-intelectual desde la crisis finisecular hasta el momento. Desde la inmersión en esa polémica y a partir de su experiencia vital en la guerra marroquí, logrará desembarazarse del mito europeísta bebido en la fuente de muchos de sus maestros para arribar a una inalterable convicción nacionalista.

A partir de 1924-1925 se introduce plenamente en el círculo intelectual de la *Revista de Occidente* y *El Sol*. Será allí donde el tema de las minorías selectas planteado con tanta fuerza por Ortega –su más caracterizado guía en esos momentos– se convierta en su preocupación fundamental. El ambiente cosmopolita que se respira en las redacciones y tertulias de ambas publicaciones y el contacto con Guillermo de Torre (al que conoce en 1925, cuando acaba de publicar una obra decisiva: *Literaturas europeas de vanguardia*) le hacen orientar su dinamismo hacia la órbita vanguardista, siendo así que en sus comienzos había estado completamente al margen de los balbuceos de esa orientación artística en nuestro país. Obras de crítica como *Carteles*, de ensayos como *Los toros, las castañuelas y la Virgen* o sus «Visitas literarias» de *El Sol* reflejan esa evolución en una nueva fase de tránsito que podríamos calificar como prevanguardista.

Ahora bien: lo peculiar de su vanguardismo es que junto a los elementos de ruptura estética incorporados de los «ismos» europeos, va a subsistir la preocupación nacionalista. Un vanguardismo aceptado –según sus palabras– con reticencia y una preocupación constante por lo español, marcarán la nueva etapa. *La Gaceta Literaria*, su gran fundación cultural de 1927, será el punto de encuentro de ambas inquietudes. Ese solapamiento de la temática nacionalista en el experimentalismo literario se va a expresar en la oposición modernidad/contramodernidad que surca toda su obra de esta fase vanguardista, tan breve en el tiempo como febrilmente fecunda. Ya en su libro *Carteles* coloca esta dedicatoria: «A la era industrial del Mundo. Nada menos.» Y en muchos de sus textos de este preciso instante encontramos la exaltación futurista de la máquina, el «capitán de empresa», la velocidad, los deportes, el juego... en una actitud antirromántica que le llevará a exaltar, también, las tiranías políticas contemporáneas, como signos de la nueva época. Si en *Notas marruecas de un soldado* (1923), su primer libro, había respondido con un manifiesto militante a las advertencias de su admirado Ortega y Gasset sobre la realidad y los peligros de una «desvertebración» española, en el capítulo final de *Hércules jugando a los dados* (1928) no dudará en extraer las conclusiones políticas derivadas de los planteamientos orteguianos en su análisis sociológico sobre la «deshumanización» del arte. La vanguardia le acerca, pues, al fascismo. Algunos han querido ver en él erróneamente al D'Annunzio español.[1] En verdad está mucho más cerca de Marinetti, bajo cuyo estro cantará los modestos –como modesta será, en definitiva, la propia vanguardia española– reflejos del progreso del capitalismo en la España de la década de los veinte. El futurismo marinettiano y la utilización sesgada de Nietzsche serán el cauce a través del cual discurre esta evolución de Giménez Caballero dentro de la vanguardia; pero el salto cualitativo se producirá cuando, en el mismo año de 1928, de la mano de Curzio Malaparte y conocedor de la Italia de Mussolini, a la defensa de los regímenes autoritarios y de las minorías que encuadran –o «disciplinan»– a las masas, se unan contenidos populistas y la valoración de lo «campesino y elemental», todo ello en un marco cultural contrarreformista y declaradamente antimoderno. Las contradicciones se resolverán con su adhesión plena al fascismo. Una adhesión que intentará presentar –con arrobamiento místico y notas freudianas (las mismas que habían inspirado sus narraciones surrealistas de *Yo, inspector de alcantarillas*)– como una «conversión», donde Malaparte habría

---

[1] Por ejemplo, E. J. Hughes, *Report from Spain*. Nueva York, Henry Holt & Company, 1947, p. 22; *apud* Foard, *op. cit.*, p. 11.

acompañado su particular camino de Damasco. No obstante, en sus actitudes y escritos anteriores estaba implícito, al menos en parte, ese punto de llegada; sin desdeñar el influjo que sobre él ejerciese la italiana de Prato –plenamente identificada con el régimen de su país– con quien contrajera matrimonio en 1925. El proceso concluirá de forma irreversible con la publicación en 1932 de su obra más ambiciosa: *Genio de España*, una suerte de breviario para nuevos catecúmenos, por el cual volverá a entroncar su literatura –ya decidida y exclusivamente política– con sus orígenes ideológicos regeneracionistas. Pero el fascismo tal y como lo asume –conviene subrayarlo– es al mismo tiempo continuidad y superación de las tesis regeneracionistas.

Este proceso de definición política se adelantó, en términos generales, a la toma de posición de la intelectualidad joven de su época. La elaboración de la ideología en Giménez Caballero fue un caso más en la evolución del esteticismo al compromiso político-social del artista y para ello hacía falta declarar conclusa la vigencia del vanguardismo al modo como se había entendido hasta entonces. Nada de ello le arredró, ni siquiera la perspectiva de quedarse solo en *La Gaceta Literaria* hasta convertirla, en su tramo final, en una publicación unipersonal y desesperada. Con un ímpetu amargo que tiene mucho de larresco, escribió *El Robinsón literario de España*, rúbrica bajo la cual aparecieron seis de las últimas entregas de su revista. Fue éste el espacio de confrontación donde se enfrentó a los fantasmas liberales que luchaban aún en zonas profundas de su mente. Perdió los camaradas literarios, hubo de renunciar a sus sueños de liderazgo intelectual, dilapidó buena parte de sus talentos como escritor y se quedó sin maestros. Particularmente dolorosa –y de enorme trascendencia para su obra– debió ser la drástica ruptura con Ortega.

El reverso de su evolución ideológica como escritor lo constituye su vertiente de hombre de acción, con una clara voluntad de intervencionismo político. Ambos extremos son indeslindables en su personalidad. *La Gaceta Literaria* –recordémoslo– evitó ser una revista más al uso. En el entorno de una empresa cultural tan sugestiva proliferó un conjunto de realizaciones e iniciativas proyectadas sobre el cine, la nueva arquitectura, el mobiliario metálico y en general las últimas manifestaciones del arte. Ahí están el Cineclub Español, La Galería, sus propias películas... Parecía inevitable que, frustradas todas esas aspiraciones al producirse una polarización del mundo intelectual, especialmente a partir de 1930 y sobre todo con la llegada de la II República, sus deseos de seguir influyendo desde sus convicciones políticas fascistas sobre la realidad encontrasen el campo donde aplicarse. Un juicio superficial o basado en las meras apariencias nos descubre únicamente contradicciones, piruetas, malabarismos e incluso un sentido funambulesco de sabor circense. Pero aun siendo ciertas todas las notas de esa percepción, podemos encontrar el hilo conductor que dé coherencia a sus variadas propuestas políticas e intelectuales.

Desde fecha tan temprana como 1928 –ya lo hemos señalado– descubrió el fascismo italiano y, sobre todo, a Mussolini. No sólo lo descubrió; hizo profesión pública de su nueva fe en un medio que, si en principio indiferente, no tardó en convertirse en hostil. Y se aplicó con todo el entusiasmo de que era capaz –sin duda mucho– a encontrar desesperadamente en España un equivalente a la evolución italiana. En un primer momento puso todo su ardor en la *nacionalización de la izquierda*, incitando a sus maestros y compañeros de letras (como después a Indalecio Prieto y al mismo presidente del gobierno republicano Manuel Azaña) a seguir una vía que estaba dando sus frutos en Europa. Tan ambicioso arranque –concretado en la «Carta a un compañero de la Joven España» de febrero de 1929– se saldó con un fracaso estrepitoso; la comunidad intelectual hispana en términos globales se decantaba hacia posiciones liberales o socialistas y no estaba dispuesta, como es lógico, a dar el salto mortal que les pedía el intrépido escritor con tanta capacidad manipuladora como inoportunidad, pues la dictadura de Primo de Rivera estaba aún en el poder. El fracaso, con todo, no fue absoluto. Algunos intelectuales y estudiantes de escaso relieve público inciaron la formación núcleos de acción política fascista. A partir de ellos empezaron a desarrollarse en España movimientos autóctonos de significación marginal. Giménez Caballero los apoyó con fuerza, aunque no tardó en desilusionarse. La experiencia de Ledesma Ramos –además de ser mucho menos filoitaliana– la juzgó pronto inviable al no lograr atraerse más que a reducidos grupos estudiantiles de las grandes ciudades.

Tampoco le pudo satisfacer, con posterioridad, el proyecto falangista de José Antonio Primo de Rivera. Sin llegar a modificar sustancialmente los resultados anteriores, pensaba que un líder político en aquellas circunstancias de enconados enfrentamientos políticos y sociales debía surgir de la base del pueblo –como Mussolini, como Hitler– y no de la aristocracia. Y aunque juzgó la evolución personal experimentada por Primo de Rivera admirable por muchos conceptos (en su creciente aceptación integral de los presupuestos fascistas), siempre lo consideró –y no le faltaba parte de razón– incapaz de atraerse a las masas. Le desagradaron también las pretensiones de elegancia retórica del falangismo, al margen de que su propia ubicación en el partido se viese obstaculizada tanto por sus actitudes personales inestables, como por la rivalidad ante el jefe representada por escritores como Eugenio Montes o Rafael Sánchez Mazas, cuyos estilos relamidos y preciosistas estaban, desde luego, mucho más cerca de las preferencias joseantonianas.

Frustrada la vía de una nacionalización de la izquierda, estancado el desarrollo de un movimiento fascista autóctono, optó, al final, por la alternativa de apoyar una *fascistización de la derecha*. Rehuyendo toda perspectiva de determinismo mecanicista, detrás de esa evolución intelectual y política percibimos las modificaciones de su instalación en la sociedad. Sus orígenes populares, su frecuentación infantil de los escenarios y las tradiciones castizas del Madrid de comienzos de siglo se transparentan en la tonalidad achulapada de casi todos sus escritos. Pero ese elemento invariable se sobrepone a su propia toma de conciencia ante una realidad personal y social en cambio constante. El rápido enriquecimiento paterno en el campo de las artes gráficas y, sobre todo, el momento en que, como hijo mayor, hubo de hacerso cargo, siquiera fuese nominalmente, de la herencia dejada por su progenitor, condicionaron sus tomas de posición. Ahí están sus acercamientos a *Acción Española* (donde tampoco fue muy bien visto), la creación de un partido patronal o la integración en la candidatura derechista madrileña en las elecciones de febrero de 1936 (ya lo había intentado en las de 1933 por la circunscripción de Murcia)... Al final comprendió que no quedaba otro camino que la aceptación del protagonismo militar apoyado por la ancha base de la derecha; y trató de evitar que la sublevación de julio de 1936 terminara en un pronunciamiento más a lo siglo XIX.

La formulación de su discurso político-cultural en los años republicanos deja traslucir una evolución congruente con cuanto hemos apuntado, porque estando construida desde una convicción invariablemente fascista se abre de una forma gradual a formas de connivencia con determinados aspectos del pensamiento de la derecha tradicional española. No obstante, la clave última de su obra del período 1932-1936 consistirá en dar una respuesta específicamente totalitaria a las tesis propuestas en la década anterior por su repudiado maestro Ortega. *Genio de España* lo será de la *España invertebrada*; *La nueva catolicidad* aspirará a contestar las concepciones europeístas del filósofo madrileño; *Arte y Estado*, de *La deshumanización del arte*; *Exaltación del matrimonio*, de los *Estudios sobre el amor* orteguianos. En todos esos escritos sustituirá la «meditación», inspiradora de duda, reflexión y actitud analítica ante la realidad contemplada, por la «exaltación», como género donde el irracionalismo del discurso ha de aceptarse acríticamente. Si en la obra de Ortega la orientación racionalizadora estaba oscurecida por «sombras» –como ha señalado Elorza–,[2] la de Giménez Caballero se moverá en la pura tiniebla levantada sobre el terreno de las afirmaciones incontrastables, con apelaciones constantes a la movilización basada por encima de todo en el instinto.

Ese conjunto de escritos tendrá dos notas dignas de resaltar: la pretensión de construir una primera síntesis cultural en consonancia con la visión del mundo fascista y la voluntad expresa de desplazar el magisterio orteguiano sobre los sectores juveniles por el suyo propio. Poco importa la diferencia de altura intelectual entre los dos escritores, el valor sustantivo o la capacidad de permanencia de sus respectivas obras. Lo innegable es que esa voluntad existió y que sus escritos encontraron eco sobre todo entre una juventud –seducida en muchos casos por el atractivo del estilo– dispuesta a dar el salto hacia el nuevo terreno ideológico. Después vendrían las síntesis de un Ledesma Ramos (con sus

---

[2] Elorza, *La razón y la sombra*....

importantes ensayos de 1935) o los discursos y escritos de José Antonio Primo de Rivera; pero en ambos casos, se trataba de interpretaciones o elaboraciones doctrinales exclusivamente políticas, incapaces por sí solas de configurar una auténtica *Weltanschauung* acorde con la nueva orientación preconizada. Esa obra intelectual, por otra parte, se salió de los estrechos límites partidistas y pudo ser asumida también por los sectores *fascistizados*, y no exclusivamente fascistas, de aquella parte de la derecha española que se armaba ideológicamente para afrontar tiempos de combate. El discurso de la Unificación que le escribió al general Franco en abril de 1937 culmina esta evolución y, al tiempo, está prefigurado en el conjunto de sus textos políticos antecedentes.

Si tomamos como paradigmas de la conquista del poder los casos italiano y alemán, la distancia con la realidad española es bien notoria. Es cierto que en ninguno de ellos fue el partido fascista el protagonista único del proceso. En todas las situaciones, los movimientos de este signo hubieron de pactar con otras fuerzas políticas, distantes de sus planteamientos originarios, de la misma forma que buscaban apoyos económicos y sociales, mientras se iban desdibujando los contornos radicales con los cuales se habían presentado en un principio en busca del apoyo de las masas. El historiador italiano Renzo de Felice ha planteado con pertinencia las diferencias entre el fascismo como *movimiento* y como *régimen*, señalando la fractura que separa a ambos. Pero en el caso de España la situación subalterna de la Falange de preguerra frente a otras fuerzas de la derecha y el hecho del indiscutido protagonismo militar en su implantación hacen especialmente espinoso el problema de la naturaleza del régimen salido de la guerra civil. Añádase la extraordinaria duración de ese régimen y su carácter camaleónico, en función de las distintas coyunturas por las cuales atravesó en sus casi cuarenta años de vigencia, para poder explicar que el debate historiográfico y polítológico sobre la definición del franquismo diste mucho de haberse cerrado, a pesar de los ríos de tinta que ha hecho correr. Entre la profusa bibliografía existente, contamos con los notables libros de Javier Jiménez Campo o de Ricardo Chueca, sobre el desarrollo del fascismo en los tiempos de la II República o sobre la configuración política del primer franquismo, respectivamente; el de José Ramón Montero sobre la organización del catolicismo político; los de Stanley G. Payne y Sheelagh Ellwood sobre el falangismo antes y después de la guerra civil; los de Raúl Morodo y Pedro Carlos González Cuevas sobre la confluencia de las variantes del pensamiento contrarrevolucionario y fascista en las páginas de la revista *Acción Española*, como crisol ideológico del franquismo; el estudio comparativo de Javier Tusell con regímenes coetáneos de carácter autoritario o totalitario, o sobre el proceso de conquista del poder por Franco. Y por último, la monumental biografía del general Franco debida a Paul Preston.[3]

---

[3] *Vid.* la bibliografía.

Con toda la riqueza que suponen las aportaciones señaladas, el trabajo histórico sobre la implantación del fascismo en España está todavía en gran parte por hacer. Ese análisis habrá de tomar en consideración la debilidad intrínseca del nacionalismo español, contrastada además por la pujanza de los nacionalismos periféricos; la situación de atraso comparativo del capitalismo hispano y la perduración de estructuras arcaicas en amplias regiones geográficas del país; el peso absoluto de las concepciones católicas sobre extensas capas de la sociedad española, reflejado en organizaciones políticas y sociales sustitutivas de un auténtico partido fascista constitutivamente débil; y la combatividad de las organizaciones proletarias socialistas, anarquistas o comunistas, refractarias a dejarse atraer por el discurso populista de la derecha y, en concreto, del propio fascismo. Por paradójico que pueda parecer, un estudio sobre el fascismo español debe comenzar por el análisis histórico de las condiciones –sociales, económicas, políticas y culturales– que lo hicieron inviable; o por lo menos, que le dieron ese cariz tan peculiar.

La misma marginación política de Giménez Caballero en la España franquista resulta muy ilustrativa. El punto culminante lo alcanzó en abril de 1937, cuando, tras haber contribuido solapadamente a la operación unificadora de las fuerzas sublevadas, el nuevo jefe del partido único, Franco, lo nombró miembro de la Junta Política. A partir de entonces inició su declive y vio cómo sus aspiraciones de mando naufragaban entre su propia incapacidad para el ejercicio de la política cotidiana y la contestación de los pretendidos falangistas «auténticos» que conocían las turbulencias de su reciente pasado. Cuando en 1938 escribió el prólogo de la 3ª edición de *Genio de España*, con exageración evidente, pero no sin base real, afirmó que en esa obra precursora «está en germen casi todo el *Material de guerra terminológica y conceptual de nuestro Movimiento*. Hasta el punto de haber sido considerado este libro –dentro y fuera de España– como la *justificación espiritual de nuestra Causa*.»[4] El tono vindicativo de esas palabras revelaba su autoconciencia de «profeta» preterido. En realidad, Giménez Caballero nunca pudo identificarse plenamente con una situación española de *fascismo incompleto*, porque tenía como referente el ejemplo italiano; lo que sí que hizo fue ponerse al servicio incondicional del poder indiscutido, es decir, con la figura del general Franco, a quien aduló sin medida en sus escritos. En esa actitud confluían su instinto por la fuerza real, donde quiera que ésta se encontrase, y su propia voluntad de supervivencia política. La contumacia de esa postura le llevó a soportar las descalificaciones, a veces agresivas, de sus presuntos correligionarios y verse envuelto en violentas polémicas cuando la guerra civil se acercaba a su fin con personajes monárquicos –Jorge Vigón, Juan Ignacio Luca de Tena–, con el decidido propósito de cerrar el paso a toda iniciativa, por tímida que fuese, de un cambio político que mermase o desplazase el poder del *Caudillo*.

---

[4] EGC, «Nota para la tercera edición» [1938] de *Genio de España*, p. 9.

Cuando se presentó la coyuntura de la segunda guerra mundial, fue un partidario ardiente de la intervención directa en el conflicto; sendos escritos de 1940, uno inédito posiblemente dirigido al propio Franco y el prólogo a su traducción del libro de Sangiorgi *Imperialismos en lucha mundial*, así lo atestiguan.[5] En eso, su actitud era perfectamente coherente con sus premisas ideológicas, como lo era también que su filoitalianismo se fuese desplazando, al compás del desarrollo de la guerra, hacia la admiración creciente por el nacionalsocialismo alemán. Ante el avance imparable de los ejércitos hitlerianos, cobra sentido su excentricidad más celebrada: las gestiones realizadas en Alemania ante Magda Goebbels (y por su mediación con el ministro de Propaganda del Reich), en el otoño e invierno de 1941, para lograr casar a Hitler con Pilar Primo de Rivera (desconocedora por completo del montaje), posibilitando, así, la «*renovación de una nueva Dinastía hispano-austríaca*», nada menos. Más difícil de seguirlo es en su afirmación de que tamaño dislate fuese comprendido en El Pardo, al informar sobre el mismo de regreso en España; e incluso en la Roma Vaticana «donde interesó mucho aquello de que "había que catolizar a Hitler"».[6]

Con la caída de los fascismos en 1945, sorprendentemente ni se produjo una modificación sustancial de su pensamiento –mantenido hasta el fin de sus días– ni se debilitó su adhesión personal a un Franco en constante readapción política a las nuevas circunstancias. Las tomas de posición de Giménez Caballero ante los acontecimientos reflejaron fielmente esos cambios; pero, por aquellas calendas, era ya un personaje absolutamente marginado en la vida cultural y política española. Un joven intelectual valenciano en ciernes, Joan Fuster, a comienzos de los años 50 le escribía a un amigo residente en México: «Les giragonses polítiques d'aquest senyor [Ernesto Giménez Caballero] són molt cèlebres. Publicà un llibre ditiràmbic sobre Azaña; després es féu falangista; després se'n passà a les dretes; en els primers anys de postguerra fou l'intel.lectual oficiós del règim; ara ja ningú no li fa cas, ni els falangistes.»[7] Nunca pudo ver realizado su propósito de ser ministro de Franco, «que los tuvo realmente increíbles», como comentó, no sin crueldad, Haro Tecglen con ocasión de su muerte.[8] Y por toda recompensa de sus servicios al nuevo régimen, al finalizar la década de los 50 hubo de marchar como representante diplomático en una embajada tan irrelevante como la de Paraguay. Allí encontraría el consuelo de la amistad con otro dictador, Alfredo Stroessner, a quien debían divertirle las

---

[5] *Documento sobre la situación actual de España (febrero de 1940)*, ejemplar mecanografiado del archivo Giménez Caballero; «Prólogo» a G. M. Sangiorgi, *Imperialismos en lucha mundial.* Madrid, Ibero Itálica Ed., 1940, pp. 7-25.

[6] EGC, *Memorias...*, p. 151.

[7] Carta de Joan Fuster de 17.II.1951, en *Epistolari Joan Fuster - Vicenç Riera Llorca.* Barcelona, Curial, 1993, p. 107.

[8] E. Haro Tecglen, «Lo que no fue Giménez Caballero». *El País* (16.V.1988).

ocurrencias del antiguo vanguardista, y la América hispana como nuevo tema donde explayar sus inextinguibles afanes literarios.

Para entonces, hacía muchos años que su obra literaria había dejado de ser reconocida por la sociedad cultural. El prometedor literato de los años veinte fue devorado por el intelectual político de los años treinta, para encontrarse, a la postre, en la más completa de las frustraciones. El escritor evolucionado al fascismo devino en el fascista que sabía escribir; pero sus escritos eran puros disparos de francotirador, en ocasiones a un blanco sólo entrevisto por su imaginación excéntrica, cuando no delirante. Un importante crítico literario de la época, Dámaso Santos, lo consideraba a comienzos de los años sesenta como «un perecido en la vanguardia» y escribía en tono de epitafio: «Dio demasiado al tiempo y con el tiempo cayeron, como hojas del otoño, sus gesticulantes exaltaciones. Pero un escritor de su riqueza, de su cultura, de su fuerza poética no se da todos los días.» Para añadir a renglón seguido: «Como documento histórico y como entrega fervorosa de un escritor –como rastro incluso de cosas que no deben perderse– creo que no haya obra más interesante en toda la literatura española en el presente siglo.»[9]

De su abundante producción de la postguerra destacaríamos –por su ambición y por su voluntad renovadora de la docencia– *Lengua y literatura de la Hispanidad* (como se tituló finalmente), monumental obra para estudiantes de bachillerato, acompañada de toda una serie de publicaciones pedagógicas complementarias, merecedora de un estudio monográfico. Menor interés tiene el resto de sus libros y la multitud de sus artículos en prensa y revistas. Casi todos ellos están henchidos de una retórica enfática, inspirada casi siempre por el propósito de ensalzar las grandezas de un mitificado pasado hispánico y de entonar loas al régimen franquista. Pero aun en esa ganga de textos, aflora de cuando en cuando la veta del hallazgo intuitivo y la síntesis expresiva de indudable genialidad.

Al desaparecer el franquismo, con el designio de rescatar la historia anterior a la guerra civil, Giménez Caballero, convertido ya en parodia de sí mismo, fue sacado del olvido casi absoluto en que se encontraba. Se empezaron a reeditar sus obras inencontrables, se reimprimió en facsímil *La Gaceta Literaria* y publicó sus *Memorias de un dictador...* Todo apunta a un intento de recuperación –sobre todo desde sectores culturales de izquierda– basándose en sus actividades creativas y de animador vanguardista, y tratando de soslayar su pasado fascista o perdonándoselo en gracia a su lado pintoresco y al purgatorio de la marginación. Pero el mismo Giménez Caballero, con su irrefrenable afición unamuniana a darse en espectáculo, a sorprender e inquietar los ambientes, se encargó de hacer imposible todo intento de acomodación de su figura al nuevo contexto democrático español. «A mí –declaraba con jactancia... ¡en 1979!– sigue sin intimidarme el haber sido fascista e intentado españolizar esa nueva

---

[9] D. Santos, *Generaciones juntas.* Madrid, Ed. Bullón, 1962, p. 149.

salvación romana de nuestro genio.»[10] Frente a tantos intelectuales evolucionados –con sinceridad o con oportunismo– en el sentido de los nuevos vientos de la historia, él, ni renunciaba a su ideología fascista (adivinada obsesivamente en las encarnaciones más variopintas) ni a los modales provocadores de la vanguardia. En esa contumacia, entre trágica e impostada, hay algo también de grandeza. La desmesura delirante y sin freno lo vincula al fenómeno de las vanguardias de su tiempo, vividas con especial intensidad. Pero lo incluye también, por derecho propio, en una tradición muy española de almas apasionadas y paradójicas: violentamente sensuales y ascéticas, intemperantes y sensibles, generosas y mezquinas, todo a la vez. Hasta el punto de que caeríamos en el más empobrecedor reduccionismo si pensásemos que su contundente adscripción ideológica lo encierra o lo agota.

Por todo ello, nada tiene de extraño que en el último tramo de su vida manifestara a veces su deseo de una muerte violenta, consciente del desfase que mediaba entre su lejana defunción intelectual, sus frustraciones políticas y su prolongada supervivencia física. Pese a sus desplantes de sabor vanguardista y a su capacidad siempre renovada de entusiasmo ante las cosas, le debía resultar insoportable la transigencia con las miserias de un mundo tan alejado de sus ensueños heroicos. Patético destino el de Ernesto Giménez Caballero.

---

[10] EGC, *Memorias…*, p. 68.

APÉNDICE

¡En el nombre sagrado de España! y en el nombre de cuantos han muerto — desde siglos, por una España grande, única, libre y universal — me dirijo a nuestro pueblo para decirle esto: estamos ante una guerra que reviste, cada día más, el carácter de cruzada, de grandiosidad histórica y de lucha trascendental de pueblos y civilizaciones. Una guerra que ha elegido a España otra vez, en la historia, como campo de tragedias y de honor, para resolverse; y traer la paz al mundo, envenecido hoy por el demonio rojo.

Lo que empezó el 18 de julio, como una contienda nuestra y civil es hoy una llamarada que iluminará el porvenir por centenios. Y por tanto — los procedimientos de lucha con que tal contienda empezamos — (grupos sueltos, milicias varias y aportaciones individuales) no pueden ya valer para afrontar, de modo decisivo y victorioso, la magnitud presente. Tanto más, que el enemigo, percatado de estas circunstancias, pretende utilizarlas cada día más en contra nuestra, mientras, a su vez, procura (aunque, inútilmente) unificarse en mandos únicos y en órganos eficaces.

Con la conciencia clara y el sentimiento firme de mi misión ante España en estos momentos, pido y exijo a los combatientes españoles una sola cosa: unificación. ¡Unificación, para ganar la guerra! Porque ganada la guerra la paz quedará ganada.

* * *

Esta unificación que yo exijo en nombre de España y en el sagrado nombre de los caídos por ella — no quiere

TEXTO AUTÓGRAFO DEL DISCURSO DE LA UNIFICACIÓN
(ABRIL DE 1937)

¡En el nombre sagrado de España: y en el nombre de cuantos han muerto desde siglos, por una España grande, única, libre y universal –me dirijo a nuestro pueblo para decirle esto: estamos ante una guerra que reviste, cada día más, el carácter de cruzada, de grandiosidad histórica y de lucha trascendental de pueblos y civilizaciones. Una guerra, que ha elegido a España otra vez en la historia, como campo de tragedia y de honor, para resolverse; y traer la paz al mundo, enloquecido hoy por el demonio rojo.

Lo que empezó el 18 de julio, como una contienda nuestra y civil es hoy una llamarada que iluminará el porvenir por centenios. Y por tanto –los instrumentos de lucha con que empezamos tal contienda (grupos sueltos, milicias varias y aportaciones individuales) no pueden ya valer para afrontar, de modo decisivo y victorioso, la magnitud presente. Tanto más, que el enemigo, percatado de estas circunstancias, pretende utilizarlas cada día más en contra nuestra, mientras, a su vez, nuestro enemigo procura, aunque inútilmente, unificarse en mandos únicos y en órganos eficaces.

Con la conciencia clara y el sentimiento firme de mi misión ante España en estos momentos, pido y exijo a los combatientes españoles una sola cosa: *unificación.* ¡Unificación para ganar la guerra! Porque ganada la guerra la paz quedará ganada.

* * *

Esta unificación que yo exijo en nombre de España y en el sagrado nombre de los caídos por ella –no quiere decir ni *conglomerado* de fuerzas ni *concentraciones* gubernamentales, ni *uniones* más o menos patrióticas y sagradas. ¡Nada de inorgánico, ni de fugaz ni de pasajero –es lo que yo pido!

Pido unificación en la marcha hacia un objetivo común. Tanto en lo interno como en lo externo. Tanto en la fe y la doctrina como en sus formas de manifestarlas ante el mundo y ante nosotros mismos.

295

Para esta unificación sacra e imprescindible –¡ineludible!– bastaría con invocar el peligro enemigo, como acabo de hacerlo.

Pero es que también existen razones profundas e históricas para ello en la marcha de nuestro movimiento nacional.

En este instante –que Dios ha confiado la vida de nuestra patria a nuestras manos para regirla– nosotros recogemos una larga cadena de esfuerzos, de sangre derramada y de sacrificios, que necesitamos *incorporar* para que sean fecundos, y para que no puedan perderse en esterilidades cantonales o en rebeldías egoístas y soberbias –que nos llevarían a un terrible desastre, digno sólo de malditos traidores, y de infamia en quienes lo provocaran.

El movimiento que hoy nosotros conducimos es justamente: un *movimiento* más que un programa. Como dijo Mussolini en cierto momento decisivo: «Nuestro programa está en elaboración y en transformación constante; sujeto a un trabajo de incesante revisión, único medio para hacer de él un elemento de vida y no un conjunto de cascotes y puntos muertos». Es algo que está en marcha. Y que como movimiento tiene, por tanto, diferentes etapas.

Podríamos llamar *ideal* o *básica y constitutiva* la primera de esas etapas. Nos referimos a todos los esfuerzos seculares de la Reconquista española durante ocho siglos, para cuajarse en la España unificada e imperial de los Reyes Católicos, de Carlos V y de Felipe II. Aquella España dos veces secular unida para defender y extender por el mundo una idea universa y católica –un imperio cristiano– es la España que dio la norma a cuantas otras etapas posteriores se hicieron para recobrar ese momento sublime y perfecto de nuestra historia.

La segunda etapa la llamaríamos *histórica* o *tradicionalista*. O sea: cuantos sacrificios se intentaron a lo largo de los siglos XVIII, XIX y XX para recuperar el bien perdido, sobre las vías que nos señalaba la *tradición* imperial y católica de los siglos XV al XVII. La mayor fatiga por restaurar aquel momento genial de España, se dio en el siglo pasado con las guerras civiles. Cuya mejor explicación la vemos hoy en la lucha de aquella *España ideal* representada entonces por los llamados circunstanciales «carlistas» contra la España bastarda, afrancesada y europeizada de los liberales. Esa etapa quedó localizada y latente en las breñas de Navarra, como embalsando en un dique todo el tesoro espiritual de la España del XVI.

Y la tercera etapa es aquella que denominaremos *presente o contemporánea*. Y que tiene, a su vez, diferentes esfuerzos sagrados y heroicos, al final de los cuales está el nuestro, integrador.

Primer momento de esta tercera etapa, fue el régimen de Don Miguel Primo de Rivera. Momento–puente entre: el *Pronunciamiento* a lo siglo XIX y la concepción orgánica o nacionalista de esos movimientos que en el mundo actual se han llamado «fascistas».

El segundo momento, fugaz, breve y dramático, fue representado en la situación Berenguer por el nacionalismo albiñanista.

Tercer instante –fecundísimo porque arranca de una juventud que abría los ojos puramente a nuestro mejor pasado apoyándose en la atmósfera espiritual del tiempo presente fue la formación del grupo romántico llamado las J.O.N.S. (Juntas de Ofensiva Nacional-Sindicalista). El cual fue pronto ampliado e integrado con la aportación de Falange Española. Y todo él, asumido por la gran figura nacional de José Antonio Primo de Rivera, que continuaba así, dándole dimensión contemporánea, el noble esfuerzo de su padre. E influyendo en otros grupos más o menos afines de católicos y de monárquicos, que permanecieron hasta el 18 de julio, y aun hasta hoy, en agrupaciones por todos conocidas y clasificadas.

Ésta era la situación de nuestro *movimiento* en la tradición sagrada de España, al estallar el 18 de julio.

Instante –ya histórico y fundamental– en que todas esas etapas, momentos y personas, afluyeron para la lucha común.

Falange Española de las J.O.N.S., con un martirologio no por reciente menos sagrado y potente que los mártires antiguos e históricos, aportaba masas juveniles, propagandas recientes, que traían un estilo nuevo, una forma política y heroica del tiempo presente y una promesa de plenitud española.

Navarra –desbordó el embalse acumulado heroicamente durante dos siglos, de aquella *tradición española*, tradición que no representaba carácter alguno local ni regional, antes al contrario, universalista, hispánico e imperial. Y que se había conservado entre aquellas peñas inexpugnables esperando el momento oportuno y decisivo para intervenir y derramarse: aportando una fe inquebrantable en Dios; una lealtad maravillosa en el Poder absoluto de una sola persona investida de gracia divina para regir nuestro pueblo; y un amor incomparable en querer a nuestra Patria.

Los elementos de fuerzas católicas y monárquicas encuadrados en otras organizaciones que la Comunión Tradicionalista también acudieron a la lucha, como grupos y como individuos.

Todas estas aportaciones al 18 de julio –vértice decisivo para el combate final que aguardaba nuestra historia, han luchado hasta ahora, encuadradas en lo militar por los cuadros de mando de nuestro Ejército glorioso. Y en lo político y civil por sus respectivos grupos, jefes y consignas.

Por tanto –en vista de las supremas razones de Estado ya expuestas, esto es: el *enemigo enfrente*, y, *la llegada histórica de una etapa integradora de todas las anteriores*, nosotros decidimos ante Dios y ante la nación española dar cima a esta obra unificadora. Obra unificadora que nos exige nuestro pueblo y la misión por Dios a nosotros confiada.

Y para llevarla a cabo, nosotros tenemos el honor de jurar dos garantías ante Dios y nuestro pueblo:

La primera: que mantendremos el espíritu y el estilo que la hora del mundo nos exige y que el genio de nuestra patria nos ofrece, luchando lealmente contra toda bastardía y todo arribismo. Queremos mílites, soldados de la fe y no politicastros ni discutidores.

Y la segunda: que nuestro corazón y nuestra voluntad quedan fijos en los *combatientes del frente* y *en la juventud de España*, para que ellos sean los que recojan y terminen de moldear –definitivamente– nuestro esfuerzo encauzador. No queremos una España vieja y maleada. Queremos un Estado donde la pura tradición y sustancia del *pasado ideal* español se encuadre en las formas nuevas, vigorosas y heroicas que la juventud de hoy, y de mañana, aportan en este amanecer imperial de nuestro pueblo.

Por tanto vengo en decretar:

(Sobre lo hasta ahora articulado, deseo revisarlo. No por curiosidad. Sino por misión que siento dentro de mí, de evitar cualquier descuido fatal, cualquier escape a viejas formas o a falsos sentimientos de nuestro movimiento)

[Archivo del autor]

FUENTES Y BIBLIOGRAFÍA

NOTA SOBRE LAS FUENTES

En su mayor parte este estudio se basa en las fuentes impresas relacionadas a continuación en la bibliografía. Sólo la obra de Ernesto Giménez Caballero viene a sumar un abundante caudal de escritos, dispersos libros y opúsculos y, sobre todo, en una prolífica colaboración periodística, de difícil acopio. Lo mismo podemos decir de la bibliografía específica sobre él. En cuanto a la bibliografía de carácter general, damos únicamente una relación selectiva, pues los estudios sobre el período histórico abarcado por este libro, sobre la vanguardia española y sobre el fascismo –en general y en nuestro país– desbordarían cualquier límite razonable.

Las fuentes hemerográficas se han revelado como básicas. Ello se debe no sólo a la ya referida dispersión de los escritos de Giménez Caballero (no siempre recogidos en libro), sino, sobre todo, a los alusivos a su obra y a sus actuaciones (comentarios, reseñas críticas, polémicas, entrevistas, etc.), necesarios para todo intento de reconstrucción histórica. Los periódicos y revistas básicos consultados (salvo indicación contraria, publicados en Madrid) son los siguientes:

- *ABC* (1925, 1930 y 1936).
- *Acción Española* (colección completa: 1931-1936).
- *Arriba* (colección completa: 1935-1936).
- *La Conquista del Estado* (colección completa: 1931).
- *F.E.* (colección completa: 1933-1934).
- *La Gaceta Literaria* (colección completa: 1927-1932).
- *La Gaceta Regional* (Salamanca, 1936-1937).
- *Heraldo de Madrid* (1929-1932).
- *Informaciones* (1932-1936).
- *JONS* (colección completa: 1933-1934).
- *Labor* (1935).
- *La Libertad* (1923-1924).
- *Nueva España* (colección completa: 1930-1931).
- *Revista de las Españas* (colección completa: 1926-1936).
- *Síntesis* (Buenos Aires, 1927-1930).
- *El Sol* (1923-1932).
- *Unidad* (San Sebastián, 1936-1937).
- *El Pueblo Vasco* (Bilbao, 1928-1929).

Otras publicaciones han sido consultadas para cuestiones más concretas. Tanto a unas como a otras hemos tenido acceso en las respectivas Hemerotecas Municipales de Madrid, Valencia y Barcelona, así como en la sección hemerográfica de la Biblioteca Nacional de Madrid, la biblioteca y hemeroteca de la Casa-Museo Azorín, en Monóvar, y en bibliotecas particulares. Por otra parte, los artículos publicados en Italia por Giménez Caballero (y documentos procedentes de los archivos de este país) nos han sido facilitados por el profesor Saz Campos.

En cuanto a las fuentes documentales inéditas, resaltamos los siguientes archivos, particulares o de instituciones:

– *Archivo particular de Ernesto Giménez Caballero* (Madrid). (Lamentablemente, la documentación referente al período anterior a la guerra civil estaba muy mermada cuando tuvimos acceso a él, en vida del personaje. En su mayor parte había desaparecido por circunstancias relacionadas con la guerra. Conservaba, no obstante, todos los documentos posteriores a 1937, y algunos de ellos arrojan luz sobre el tiempo central de nuestro estudio).
– *Archivo de la Fundación Ortega y Gasset* (Madrid).
– *Archivo de Pedro Sainz Rodríguez*, Fundación Universitaria Española (Madrid).
– *Archivo de la Casa-Museo Unamuno* (Salamanca).
– *Archivo Histórico Nacional*, Sección Juan Ramón Jiménez y Zenobia Camprubí (Madrid).
– *Archivo particular de Pablo Beltrán de Heredia* (Madrid). (Donde se conservan documentos pertenecientes al archivo de Eugenio Vegas Latapie).
– *Archivo particular del autor* (Valencia).

Una parte sustancial de las fuentes no impresas procede de las entrevistas personales del autor con varios personajes directa o tangencialmente implicados en la historia que nos ocupa. En primer lugar –como es lógico por su condición de protagonista– las numerosas conversaciones mantenidas con Ernesto Giménez Caballero en el tiempo transcurrido entre octubre de 1985 y su muerte, acaecida en mayo de 1988; desgraciadamente se había producido ya ésta cuando aún no habíamos entrado en la fase de redacción definitiva; con su esposa Edith Sironi Negri (entre diciembre de 1986 y agosto de 1990); con Pedro Sainz Rodríguez (octubre de 1982), con Juan Aparicio López (marzo de 1986) y con Jesús Suevos Fernández (noviembre de 1991). Con todos ellos mantuvimos además correspondencia, de la misma forma que con Elisa Giménez Caballero, Narciso Perales Herrero, Eduardo de Rojas (conde de Montarco), José Luis Vázquez Dodero, Diego Salas Pombo, Dámaso Santos, Pablo Beltrán de Heredia y José Mª García Escudero. De todos esos testimonios proceden unos conocimientos de valor inapreciable, referidos a asuntos concretos o con carácter orientador general. En las notas los citamos cuando nos parecen de especial interés.

Además, y en favor de la generosidad de los anteriormente mencionados, el autor quiere dejar constancia de sus gestiones para entrar en contacto con otras personas (omitiremos discretamente sus nombres) cuyo testimonio hubiera sido de importancia para aclarar algunos extremos, y que rehusaron –con un silencio presumiblemente culposo– prestar su colaboración.

BIBLIOGRAFÍA

I

BIBLIOGRAFÍA DE ERNESTO GIMÉNEZ CABALLERO

1. Libros y opúsculos

−*Notas marruecas de un soldado*. Madrid, [Imp. E. Giménez], 1923, 254 págs. 2ª ed., Barcelona, Planeta, 1983, 187 págs.

−*Carteles*, Madrid, Espasa Calpe, 1927, 302 págs. [Con el seudónimo Gecé.]

−*Los toros, las castañuelas y la Virgen. 3 resucitamientos de España. 3 ensayos folklóricos de España*. Madrid, Caro Raggio, 1927, 193 págs.

−*Yo, inspector de alcantarillas (Epiplasmas)*. Madrid, Biblioteca Nueva, 1928, 227 págs. 2ª ed., Madrid, Turner, 1975, prólogo de Edward Baker, 199 págs.

−*Hércules jugando a los dados*. Madrid, Ediciones «La Nave», 1928, 215 págs.

−*Julepe de menta*. Madrid, La Lectura, Cuadernos literarios, 1929, 117 págs.

−*Circuito imperial*. Madrid, La Gaceta Literaria, colección Joven España, 1929, 125 págs.

−*Cataluña ante España*. Madrid, La Gaceta Literaria, 1930.

−*Trabalenguas sobre España. Itinerarios de Touring-Car. Guía de Touring-Club. Baedeker espiritual de España*. Madrid, CIAP, 1931, 358 págs.

−*Genio de España. Exaltaciones a una resurrección nacional. Y del mundo*. Madrid, Ediciones de La Gaceta Literaria, 1932, 341 págs. 2ª ed., Madrid, Ediciones de La Gaceta Literaria, 1934, 270 págs. 3ª ed., Zaragoza, Jerarquía, 1938, 288 págs. 4ª, 5ª y 6ª eds., Barcelona, Jerarquía, 1939, XXIII + 249 págs. 7ª ed. [abreviada], Madrid, Doncel, 1971, 230 págs. 8ª ed., Barcelona, Planeta, 1983, 227 págs. [Prólogo de F. Sánchez Dragó y epílogo de R. García Serrano.]

−*El Robinsón Literario de España (o la República de las Letras)*. Madrid, Edición de bibliófilo de La Gaceta Literaria, 1932.

−*Manuel Azaña (Profecías españolas)*. Madrid, Ediciones de La Gaceta Literaria, 1932, 288 págs. 2ª ed., Madrid, Turner, 1975, 227 págs. [Con un apéndice de Jean Bécarud.]

−*Nueva catolicidad sobre Europa*. Roma, Reale Accademia d'Italia, 1933, 21 págs.

−*La nueva catolicidad. Teoría general sobre el Fascismo en Europa: en España*. Madrid, CIAP, 1933, 190 págs. 2ª ed., Ediciones de La Gaceta Literaria, 1933, 220 págs. [Con un capítulo adicional sobre «Los fascistas españoles».]

−*El Belén de Salzillo en Murcia. (Origen de los nacimientos en España)*. Premio nacional de literatura. Madrid, Ediciones de La Gaceta Literaria, 1934, 134 págs. + VIII láms.

−*Arte y Estado*. Madrid, Gráfica Universal, 1935, 261 págs.

–*Dialoghi d'amore tra Laura e Don Giovanni o il Fascismo e l'amore.* Roma, Tip. Europa, 1935. [Tirada aparte de la revista *Antieuropa.*]

–*Exaltación del matrimonio. Diálogo de amor entre Laura y Don Juan.* Madrid, Sociedad General de Librería, 1936. 2ª ed., Barcelona, Studium, 1976. 96 págs. 3ª ed., Madrid, Fundación Universitaria Española, 1982, 99 págs.

–*La Falange –hecha hombre– conquista el Estado.* Salamanca, 1937, 15 págs.

–*Exaltaciones sobre Madrid.* [S.l.], Jerarquía, 1937, 24 págs.

–*Muerte y resurrección de España.* Milán, 1938.

–*Roma risorta nel mondo.* Milán, U. Hoepli, 1938, 350 págs. Trad. de Carlo Boselli.

–*España y Franco.* [Cegama (Guipúzcoa)], Ediciones «Los Combatientes», Fe y Acción. Fascículo Doctrinal nº 1, 1938, 31 págs.

–*Manifiesto a España.* Caracas, Publicaciones del Comité Nacionalista Español de Venezuela, Impresores Unidos, 1938, 24 págs.

–*El vidente.* Sevilla, La Novela del Sábado, Genio y Hombres de España, nº 7, 25 de marzo 1939, 144 págs.

–*¡Hay Pirineos!. Notas de un alférez en la IV de Navarra sobre la conquista de Port Bou.* Madrid, Ed. Nacional, 1939, 93 págs.

–*Roma Madre.* Madrid, Ediciones Jerarquía, 1939, XXXII + 236 págs.

–*Los secretos de la Falange.* Barcelona, Ed. Yunque, 1939, 155 págs.

–*La Legión C.T.V.* Madrid, Los Combatientes, 1939, 93 págs.

–*Triunfo del 2 de mayo.* Madrid, Los Combatientes, 1939, 48 págs.

–*Camisa azul y boina colorada.* Madrid, [Imp. E. Giménez], 1940, 48 págs.

–*Lengua y literatura de España y su Imperio.* [Posteriormente modificado, con la supresión de «y su Imperio»]. Madrid, [Imp. E. Giménez], 1940-1949, 6 vols.–*La infantería española.* Madrid, Ediciones de la Vicesecretaría de Educación Popular, 1941, 156 págs.

–*Roma española.* Madrid, Eds. de la Vicesecretaría de Educación Popular, 1941, 150 págs.

– *Amor a Cataluña.* Madrid, Ruta, 1942, 226 págs.

–*Ante la tumba del catalanismo.* Madrid, Sucursal de Rivadeneira, 1942, 15 págs. [Separata del Suplemento Literario de *Vértice,* Madrid, feb.–marzo, 1942.]

–*España nuestra. El libro de las juventudes.* Madrid, Eds. de la Vicesecretaría de Educación Popular, 1943, 261 págs.

–*La matanza de Katyn (Visión sobre Rusia).* Madrid, [Imp. E. Giménez], [1943], 52 págs. + 4 láms.

–*¡Despierta Inglaterra! Mensaje a Lord Holland.* Madrid, Eds. Toledo, 1943, 37 págs.

–*Madrid nuestro.* Madrid, Eds. de la Vicesecretaría de Educación Popular, 1944, 233 págs.

–*Amor a Andalucía.* Madrid, Ed. Nacional, 1944, 206 págs.

–*El cine y la cultura humana.* Bilbao, Eds. de Conferencias y Ensayos, 1944, 48 págs.

–*Afirmaciones sobre Asturias.* Oviedo, [Diputación Provincial de Asturias, Tipografía de la Residencia Provincial], 1945, 48 págs.

– *Teatro escolar. Historia representable del drama religioso en España (Del siglo XII al XVII). El misterio español de Cristo.* Madrid, [Imp. E. Giménez], [1945], 128 págs.

–*Cervantes.* Madrid, [Imp. E. Giménez], 1946, 70 págs.

–*Inglaterra empieza a despertar. Respuesta de Lord Holland.* [S.l., s.a.¿1946?]

–*Amor a Galicia, progenitora de Cervantes.* Madrid, Ed. Nacional, 1947, 79 págs.

– *Teatro escolar. Historia representable del entremés en España sobre la "Vida del estudiante es-*

pañol" (Siglos XV al XX). Madrid, [Imp. E. Giménez], 1947, 142 págs.

−*Don Ernesto o el Procurador del Pueblo en las Cortes Españolas*. Madrid, Eds. y Publicaciones Españolas, S.A., [1947], 250 págs.

−*Amor a Argentina o el genio de España en América*. Madrid, Ed. Nacional, 1948, 151 págs.

−*Amor a Méjico (A través de su cine)*. Madrid, Seminario de Problemas Hispanoamericanos, (Colección Cuadernos de Monografías, 5), [1948], 112 págs.

−*Amor a Portugal*. Madrid, Eds. Cultura Hispánica, 1949, 269 págs.

−*Relaciones de España con la Providencia*. Madrid, [Imp. E. Giménez], 1949, 138 págs. Nueva ed., Madrid, Eds. para el bolsillo de la camisa azul, Departamento Nacional del Frente de Juventudes, [s.a.], 92 págs.

−*La Europa de Estrasburgo. Visión española del problema europeo*. Madrid, Instituto de Estudios Políticos, 1950, 154 págs. Edición francesa: *L'Europe de Strasbourg. Vision Espagnole du Problème Européen*. Strasbourg, Eds. P.H. Heitz, 1950, 148 págs.

−*Norteamérica sonríe a España*. Madrid, [Imp. E. Giménez], 1952, 30 págs.

−*San Isidro y Madrid*. Madrid, Círculo de la Unión Mercantil e Industrial, Actos Culturales, 1953, 14 págs.

−*Lengua y Literatura de la Hispanidad. Síntesis*. Madrid, [Imp. E. Giménez], 1953, 393 págs.

−*El genio antieconómico de España*. Madrid, 1954, 15 págs.

−*Valladolid (La ciudad más romántica de España)*. Madrid, Publicaciones Españolas, (Temas Españoles, 75), 1954, 32 págs. + 4 láms. 2ª ed., 1959.

−*El mundo laboral en los clásicos españoles*. Madrid, [Imp. E. Giménez], 1954.

−*Lengua de España y el mundo laboral*. Madrid, [Imp. E. Giménez], 1954.

−*Lengua y Literatura. Examen de grado elemental*. Madrid, [Imp. E. Giménez], 1955.

−*Lengua y Literatura. Examen de grado superior*. Madrid, [Imp. E. Giménez], 1955.

−*Maravillosa Bolivia (Clave de América)*. Madrid, Cultura Hispánica, 1957, 182 págs.

−*Revelación del Paraguay*. Madrid, Espasa Calpe, 1958, 305 págs.

−*Bahía de todos os santos e de todos os demonios*. Bahia, Universidade, 1958, 89 págs. + 12 láms.

−*Universal Cartagena*. Cartagena, Baladre, 1958, 70 págs.

−*Lengua y Literatura de la Hispanidad en textos pedagógicos*. Madrid, [Imp. E. Giménez], 1963-1965, 3 vols., 327, 514 y 718 págs.

−*El dinero y España*. Madrid, Afrodisio Aguado, 1964, 318 págs.

−*Genio Hispánico y Mestizaje*. Madrid, Ed. Nacional, 1965, 130 págs.

−*Paulo VI y su Iglesia*. Madrid, Ministerio de Educación Nacional, Dirección General de Enseñanza Media, 1965, 41 págs.

−*La ciudad de las siete corrientes (O la unidad del Plata)*. Corrientes, Escuela Taller de Artes Gráficas, Consejo General de Educación de la Provincia de Corrientes, 1968, [sin paginación.]

−*Las mujeres de América*. Madrid, Ed. Nacional, 1971, 446 págs.

−*Junto a la tumba de Larra*. Estella [Navarra], Salvat, (Col. RTV, 99), 1971, 159 págs.

−*Rizal*. Madrid, Publicaciones Españolas, (Temas Españoles, 525), 1971, 36 págs.

−*Asunción, capital de América*. Madrid, Cultura Hispánica, 1971, 30 págs.

−*Sindicalismo y socialismo en España*. Madrid, Organización Sindical Española, Eds. y Publicaciones Populares, 1972, 19 págs.

−*Cabra la cordobesa. Balcón poético de España*. Premio Juan Valera. Madrid, Publicaciones Españolas, (Temas Españoles, 533), 1973, 63 págs.

–*El procurador del pueblo y su cronicón de España. Secretos-Revelaciones-Disparos*. Madrid, Eds. Umbral, 1975, 446 págs.

–*Cartageneras*. Madrid, Publicaciones Españolas, (Temas Españoles, 541), 1975, 74 págs.

–*Don Quijote ante el mundo (Y ante mí)*. Prólogo de Gladys Crescioni Neggers. Puerto Rico, Inter American University Press, 1979, 281 págs.

–*Memorias de un dictador*. Barcelona, Planeta (Espejo de España), 1979, 331 págs. 2ª ed. [abreviada], Barcelona, Planeta (Col. Documento), 1981, 299 págs.

–*Julepe de menta y otros aperitivos*. Barcelona, Planeta (Col. Ensayo), 1981, 176 págs.

–*Madrid cervantino o el barrio más espiritual de Europa*. Madrid, Ayuntamiento de Madrid, Concejalía de Relaciones Institucionales y Comunicación, 1984, 27 págs.

–*Retratos españoles (Bastante parecidos)*. Premio Espejo de España 1985. Prólogo de Pere Gimferrer. Barcelona, Planeta, 1985, 236 págs.

–*E. Giménez Caballero, prosista del 27 (Antología)*. Selección de textos de Enrique Selva. Barcelona, Suplementos Anthropos, 7 (1988), 144 págs.

–*Visitas literarias de España (1925-1928)*. Edición y prólogo de Nigel Dennis. Valencia, Pre-Textos, 1995, 385 págs.

2. Prólogos, epílogos, traducciones

–Prólogo y traducción a Curzio Malaparte, *En torno al casticismo de Italia*, Madrid, Caro Raggio, 1929.

–Introducción a María Cegarra Salcedo, *Cristales míos*, Cartagena, Levante, 1935.

–Prólogo a José Mª Ballesteros, *Naranjos y limoneros*, Madrid, Nuestra Raza, 1935.

–Prefacio a Giuseppe Rasi, *L'inferno spagnolo*, Milán, S.T.E.M., Minerva, 1937.

–Prólogo a Pío Baroja, *Comunistas, judíos y demás ralea*, Valladolid, Reconquista, 1938.

–Prólogo a Marguerita G. Sarfatti, *Dux*, Zaragoza, Librería General, 1938.

–Prólogo a Gumersindo Montes Agudo, *Vieja Guardia*, Madrid, Aguilar, 1939.

–Prólogo y traducción a G. M. Sangiorgi, *Imperialismos en lucha mundial*, Madrid, Iberoitálica, 1940.

–Edición, estudio y notas a Juan de la Encina, *Egloga de Plácida y Vitoriano*, Zaragoza, Biblioteca Clásica Ebro, 1940. (7ª ed., 1980).

–Prólogo a Augusto Haupold Gay, *Camarada. Poemas de la hora difícil*, Madrid, 1941.

– Epílogo a Rafael Gomez Moreno, *El alma de Larreta se llama Avila*, Madrid, Acati, 1949.

–Prólogo a la edición facsímil de Pedro Serrano Lacktaw, *Diccionario español-tagalo y tagalo-español*, Madrid, Instituto de Cultura Hispánica, 1965.

–Prólogo a Enrique Valcarce Alfayate, *A Dios lo que es de Dios… y al laicado lo que Dios le ha dado*, Madrid, Studium, 1971.

–«Carta final al autor». Apéndice a Douglas W. Foard, *Ernesto Giménez Caballero (o la revolución del poeta)*, Madrid, Instituto de Estudios Políticos, 1975.

–Epílogo a Gladys Crescioni Neggers, *Don Juan (Hoy). Innovación y tradición en el teatro y el ensayo del siglo XX en España*, Madrid, Turner, 1977.

–Prólogo a la edición facsímil de *La Gaceta Literaria*, Vaduz, Topos Verlag, Madrid, Turner, 1980.

3. COLABORACIONES EN PUBLICACIONES PERIÓDICAS HASTA ABRIL DE 1937

Ante la imposibilidad material de reseñar su abundantísima colaboración en la prensa y las revistas en el marco cronológico señalado, nos limitamos a recoger –a título indicativo– los principales medios donde se encuentran sus artículos. Las primeras colaboraciones de Ernesto Giménez Caballero aparecieron en la revista universitaria *Filosofía y Letras* (1918). Durante su estancia de lector de español en Estrasburgo –tras la publicación de su primer libro– escribió en el diario *La Libertad* (1923-1924) e inmediatamente pasó a *El Sol* y la *Revista de Occidente* (1924-1930). Desde su aparición, llevó la crítica literaria ibérica en la *Revista de las Españas* (1926-1936). *La Gaceta Literaria*, por él fundada en 1927, contiene, como es lógico, nunerosísimos artículos con su firma y notas anónimas, hasta su final, con los seis números de *El Robinsón literario de España* (1931-1932), redactados íntegramente por su pluma. En esos años colaboró en casi todas las llamadas «revistas del 27»: *Litoral* (Málaga), *Manantial* (Segovia), *Parábola* (Burgos), *Meseta* (Valladolid), *Papel de Aleluyas* (Huelva), *Verso y Prosa* (Murcia), *Mediodía* (Sevilla)… Y en la revista bonaerense *Síntesis* (1927-1930). Al dar por finalizada su contribución a *El Sol*, fue el diario *Informaciones* quien acogió de forma habitual sus artículos (1932-1936), tras haber escrito esporádicamente –en el tránsito de una publicación a otra– en *Heraldo de Madrid* o *Heraldo de Aragón*. Sólo en las vísperas inmediatas de la guerra civil colocó algún artículo en *ABC*. Desde 1931 participa en todas las publicaciones fascistas madrileñas: en los cuatro primeros números de *La Conquista del Estado* (1931); en el único de *El Fascio* (1933), en la revista *JONS* (1933-1934), en *FE* (1933-34) y en las primeras entregas del semanario *Arriba* (1935), hasta su apartamiento de Falange. Colabora también destacadamente en la revista *Acción Española* durante 1935. Y en el órgano de la patronal madrileña *Labor* (1935). Asimismo, publicó sus escritos en las revistas político-culturales más importantes de la Italia fascista: *Critica Fascista*, *900*, *Ottobre*, *Antieuropa* y *Gerarchia*. Desde noviembre de 1936 –cuando consigue escapar del Madrid republicano– hasta la Unificación de abril de 1937 su firma aparece en casi todos los periódicos de la zona nacionalista: *La Gaceta Regional* (Salamanca), *Unidad* (San Sebastián)…

II

BIBLIOGRAFÍA SOBRE
ERNESTO GIMÉNEZ CABALLERO Y LA GACETA LITERARIA

1. TRABAJOS UNIVERSITARIOS

TANDY, Lucy: *Ernesto Giménez Caballero and «La Gaceta Literaria».* Norman, University of Oklahoma, 1932. (Memoria de licenciatura).
SFERRAZZA, Maria: *Ernesto Giménez Caballero en la literatura española de la Dictadura a la República.* Venezia, Facolta di Lingua e Letteratura Straniere, Istituto Universitario Ca'-Foscari, 1963-1964. (Memoria de licenciatura).
FOARD, Douglas Walter: *Ernesto Giménez Caballero and the revolt of the aesthetes. A study of spanish cultural nationalism in the twentieh century.* Washington University, 1972. (Tesis doctoral).
HERNANDO, Miguel Ángel: *La prosa de la generación del 27: Ernesto Giménez Caballero.* Universidad de Valladolid, 1973. (Tesis doctoral).
RIPOLL MARTÍNEZ, Begoña: *«La Gaceta Literaria» y la literatura española en la década de los 20.* Universidad de Alicante, Facultad de Filosofía y Letras, 1985. (Tesis de licenciatura).
SELVA ROCA DE TOGORES, Enrique: *Giménez Caballero y la «vía estética» al fascismo.* Universidad de Valencia, Facultad de Geografía e Historia, 1986. (Tesis de licenciatura).
SELVA ROCA DE TOGORES, Enrique: *Ernesto Giménez Caballero. La crisis de la vanguardia y los orígenes del fascismo en España.* Universidad de Valencia, Facultad de Geografía e Historia, 1995. (Tesis doctoral).
PELOILLE, Manuelle: *Ernesto Giménez Caballero: esthétique et politique (1923-1936).* Université de Paris-IV-Sorbonne, 1996. (Mémoire de DEA).

2. LIBROS, ESTUDIOS, ARTÍCULOS

ALBERT, Mechthild: «"El saetazo de Roma". Ernesto Giménez Caballero y la Italia fascista», en Titus Heydenreich (ed.), *Cultura italiana y española frente a frente: años 1918-1939.* Tübingen, Stauffenburg Verlag, 1992, pp. 95-111.
–*Avantgarde und Faschismus. Spanische Erzählprosa 1925-1940.* Tübingen, Niemeyer, 1996. [pp. 30-39 y 305-311]
ALFARO, José María: «La extraordinaria aventura de Ginénez Caballero». *ABC* (9.IV.1978).
–«Giménez Caballero, del vanguardismo al robinsonismo». *El País* (9.XI.1980).
AREILZA, José María de: «"Memorias de un dictador" de Ernesto Giménez Caballero». *Anthropos,* 84 (mayo 1988), pp. 38-39. [Texto leído en la presentación de la obra en el hotel Palace de Madrid el 22 de mayo de 1979]
ARMIDA SOTILLO, José: «Luis Buñuel, Giménez Caballero y el Cineclub de *La Gaceta Literaria».* *Turia,* 20 (junio 1992), pp. 161-179.
BAKER, Edward: «Prólogo» a EGC, *Yo, inspector de alcantarillas.* 2ª ed., Madrid, Turner, 1975.
BALLESTERO IZQUIERDO, Alberto: «El teatro en *La Gaceta Literaria* (1927-1932)». *Letras de Deusto,* vol. 25, 69 (oct.-dic. 1995), pp. 61-84.

BASSOLAS, Carmen: *La ideología de los escritores. Literatura y política en «La Gaceta Literaria» (1927-1932)*. Barcelona, Fontamara, 1975.

BÈCARUD, Jean: «Sobre un libro obligado: "Manuel Azaña"». *Sistema*,6 (julio 1974), pp. 73-87. [Reproducido como apéndice a EGC, *Manuel Azaña (Profecías españolas)*, Madrid, Turner, 1975, pp. 209-227]

–y LÓPEZ CAMPILLO, Evelyne: *Los intelectuales durante la II República*. Madrid, Siglo XXI, 1978. [pp. 26-30 y 69-73]

BONET, Juan Manuel: *Diccionario de las vanguardias en España (1907-1936)*. Madrid, Alianza, 1995. [Sobre EGC, pp. 290-292; y sobre *La Gaceta Literaria*, pp. 261-263]

–«Cartel de Gecé», en *Madrid-Barcelona. «Carteles literarios» de Gecé*. Universitat de Barcelona / M.N.C.A.R.S., 1994, pp. 3-7.

BUCKLEY, Ramón, y CRISPIN, John: *Los vanguardistas españoles. 1925-1935*. Madrid, Alianza, 1973.

CALVO SERRALLER, Francisco: «"La Gaceta Literaria" y las artes plásticas». *El País* (9.XI.1980).

CARMONA MATO, Eugenio: «Dos billetes de ida y vuelta: poesía y pintura en la España de los años veinte». *Arena*, 5 (didiembre 1989), pp. 82-85.

CASTILLA, Carlos (documentación): «El cine a través de "La Gaceta Literaria" y del Cineclub de Ernesto Giménez Caballero». *Poesía*, 22 (enero 1985), pp. 19-62.

CIERVA, Ricardo de la: *Historia de la guerra civil española. Tomo I. Perspectivas y antecedentes. 1898-1936*. Madrid, San Martín, 1969. [pp. 515-518]

CIRICI, Alexandre: *La estética del franquismo*. Barcelona, Gustavo Gili, 1977. [pp. 56-79]

CONTE, Rafael: «La obra imposible de Ernesto Giménez Caballero». *El País* (9.XI.1980).

CRESCIONI NEGGERS, Gladys: «Prólogo» a EGC, *Don Quijote ante el mundo (Y ante mí)*. Puerto Rico, Inter American University Press, 1979.

CUADRADO FERNÁNDEZ, Perfecto-E.: «Portugal en *La Gaceta Literaria*: Encrucijada de confluencias y dispersiones». *Anthropos*, 84 (mayo 1988), pp. 57-60.

CHABÁS, Juan: *Literatura española contemporánea. 1898-1950*. La Habana, Cultural S.A., 1952. [pp. 579-582]

DENNIS, Nigel (ed.): *Ernesto Giménez Caballero y «La Gaceta Literaria»*. St. Andrews, La Sirena, 1999. [En prensa]

–«Ernesto Giménez Caballero … A reminder». *Vida Hispánica* (invierno 1976), pp. 19-28.

–«Ernesto Giménez Caballero and Surrealism: a Reading of "Yo, inspector de alcantarillas" (1928)», en C. B. Morris (ed.), *The Surrealist Adventure in Spain*. Ottawa, Dovehouse Eds., 1991, pp. 80-100.

–«En torno al Cartelismo de Ernesto Giménez Caballero». *Romance Quarterly*, vol. 41, 2 (primavera 1994), pp. 102-109.

–«El inquieto (e inquietante) Ernesto Giménez Caballero». Prólogo a EGC, *Visitas literarias de España (1925-1928)*. Valencia, Pre-Textos, 1995, pp. 7-81.

–«De la palabra a la imagen: La crítica literaria de Ernesto Giménez Caballero, cartelista», en C. Cuevas García (ed.), *El universo creador del 27. Literatura, pintura, música y cine*. Málaga, Publicaciones del Congreso de Literatura Española Contemporánea, 1997, pp. 363-377.

Enciclopedia Universal Ilustrada Espasa-Calpe: «Giménez Caballero (Ernesto)». Apéndice 1931, tomo 5, p. 870.

FOARD, Douglas W.: *Ernesto Giménez Caballero (o la revolución del poeta). Estudio sobre el Nacionalismo Cultural Hispánico en el siglo XX*. Madrid, Instituto de Estudios Políticos, 1975.

   –*The Revolt of the Aesthetes: Ernesto Giménez Caballero and the Origins of Spanish Fascism.*
      Nueva York, Peter Lang Pub., 1989.
   –«The forgotten falangist: Giménez Caballero». *Journal of Contemporary History*, 10,
      1 (enero 1975), pp. 3-18.
Galindo Mateo, Inocencio: «Dos muestras de literatura visual hispánica en la época de
      los "ismos": *Salle XIV* y *Carteles literarios*». *Insula*, 603-604 (marzo-abril 1997), pp. 17-
      18 y 31.
García Escudero, José María: «La Gaceta Literaria», en *Cine español*. Madrid, Rialp, 1962,
      pp. 152-157.
García Gallego, Jesús: *La recepción del surrealismo en España (1924-1931)*. Granada, An-
      tonio Ubago, 1984. [pp. 92-106]
García Serrano, Rafael: «El joven profeta G.C.», epílogo a EGC, *Genio de España*, 8ª ed.,
      Barcelona, Planeta, 1983.
Gimferrer, Pere: «Retrato de un retratista», prólogo a EGC, *Retratos españoles (Bastante
      parecidos)*, Barcelona, Planeta, 1985.
Gómez de la Serna, Ramón: «"Los toros, las castañuelas y la Virgen", por Ernesto Gi-
      ménez Caballero». *Revista de Occidente*, vol. 18, LII (octubre 1927), pp. 129-133.
   –«Correspondencia. A Ernesto Giménez Caballero». *El canto de la tripulación*, 7 (ju-
      nio 1993), pp. 78-80.
González de Frutos, Ubaldo: «*La Gaceta Literaria* y Juan Chabás», en J. Pérez Bazo (co-
      ord.), «Homenaje a Juan Chabás», *Dianium*, IV (1989), pp. 11-26.
Hernández Marcos, José Luis, y Ruiz Butron, Eduardo Angel: *Historia de los cine clubs
      en España*, Madrid, Ministerio de Cultura, 1978.
Hernando, Miguel Angel: *«La Gaceta Literaria» (1927-1932). Biografía y valoración*. Valla-
      dolid, Colección Castilla, 1974.
   –*La prosa vanguardista en la generación del 27 (Gecé y «La Gaceta Literaria»)*. Madrid,
      Prensa Española, 1975.
   –«Primigenia plasmación del superrealismo castellano: "Yo, inspector de alcantari-
      llas" (1928)». *Papeles de Son Armadans* (nov.–dic. 1975), pp. 137-159.
Jiménez, Juan Ramón: «Ernesto Giménez Caballero (1931)», en *Españoles de tres mundos*.
      Buenos Aires, Losada, 1942, pp. 128-129.
Labanyi, Jo: «Women, Asian Hordes and the Threat to the Self in Giménez Caballero's
      Genio de España». *Bulletin of Hispanic Studies*, LXXIII, 4 (octubre 1996), pp. 377-387.
López-Vidriero, María Luisa: *Bibliografía de E. Giménez Caballero*. Madrid, Universidad
      Complutense, 1982.
Losilla, Carlos: «Gecé y el cine en las postrimerías de las vanguardias. Teoría y prácti-
      ca de una estrategia», en *Madrid-Barcelona. «Carteles literarios» de Gecé*. Universitat de
      Barcelona / M.N.C.A.R.S., 1994, pp. 21-29.
Mainer, José-Carlos: *Falange y literatura*. Barcelona, Labor, 1971.
   –*La Edad de Plata (1902-1939). Ensayo de interpretación de un proceso cultural*. 2ª ed.,
      Madrid, Cátedra, 1981. [pp. 245-252]
   –«Notas sobre *La Gaceta Literaria* (1927-1932)». *Anthropos*, 84 (mayo 1988), pp. 40-44.
Marquina Barrio, Antonio, e Inés Ospina, Gloria: *España y los judíos en el siglo XX*. Ma-
      drid, Espasa Universidad, 1987. [pp. 49-53]
Meregalli, Franco: «La Gaceta Literaria». Tirada aparte de *Letterature Moderne*, Milán,
      Malfasi (marzo-abril 1952).
Molina, César Antonio: *Medio siglo de Prensa literaria española (1900-1950)*. Madrid, Endy-
      mion, 1990. [pp. 111-130]

PASTOR, Manuel: *Los orígenes del fascismo en España*. Madrid, Tucar, 1975.
PAYERAS GRAU, María: «Ramón y *La Gaceta Literaria*». *Anthropos*, 84 (mayo 1988), pp. 60-62.
PAYNE, Stanley G.: *Franco y José Antonio. El extraño caso el fascismo español*. Barcelona, Planeta, 1997. [pp. 131-135]
PEDRAZA, Felipe B.; RODRÍGUEZ, Milagros: *Manual de literatura española*. Vol. X. Pamplona, Cénlit, 1991. [pp. 771-777]
PEÑA SÁNCHEZ, Victoriano: *Intelectuales y fascismo. La cultura italiana del «ventennio fascista» y su repercusión en España*. Granada, Universidad de Granada, 1995.
PERAN, Martí: «Madrid-Barcelona. "Carteles literarios" de Gecé», en *Madrid–Barcelona. «Carteles literarios» de Gecé*. Universitat de Barcelona / M.N.C.A.R.S., 1994, pp. 9-20.
PÉREZ DE TUDELA, Almudena: «El Escorial como modelo entre la vanguardia y la posguerra: E. Giménez Caballero». *Literatura e imagen en El Escorial* [Actas del Simposio], San Lorenzo de El Escorial, 1996, pp. 1001-1013.
PÉREZ FERRERO, Miguel: «Los de "La Gaceta"», en *Tertulias y grupos literarios*, Madrid, Cultura Hispánica, 1974, pp. 47-52.
PLANA, Manuel: «Alle origini del fascismo spagnolo: Giménez Caballero e l'esempio italiano». *Il movimiento di liberazione in Italia* (abril-junio 1973), pp. 65-88.
REHRMANN, Norbert: «Los sefardíes como "anexo" de la Hispanidad: Ernesto Giménez Caballero y *La Gaceta Literaria*», en Mechthild Albert (ed.), *Vencer no es convencer. Literatura e ideología del fascismo español*. Frankfurt / Madrid, Vervuert / Iberoamericana, 1998, pp. 51-74.
RIDRUEJO, Dionisio: *Casi unas memorias*. Barcelona, Planeta, 1976. [pp. 156-158]
RODRÍGUEZ-PUERTOLAS, Julio: *Literatura fascista en España. I: Historia*. Madrid, Akal, 1986. [pp. 89-100, 287-295 y 686-694]
ROJO MARTÍN, María del Rosario: *Evolución del movimiento vanguardista. Estudio basado en «La Gaceta Literaria» (1927-1932)*. Madrid, Fundación Juan March, 1982.
RUBIO CABEZA, Manuel: «Giménez Caballero, Ernesto», en *Diccionario de la guerra civil española*. Barcelona, Planeta, 1986, vol. I, pp. 377-378.
SALAVERRIA, José María: *Instantes*. Madrid, Espasa-Calpe, 1927. [pp. 137-144]
SÁNCHEZ DRAGO, Fernando: «Prólogo» a EGC, *Genio de España*, 8ª ed., Barcelona, Planeta, 1983, pp. V-VII.
SANTOS, Dámaso: «Un perecido en la vanguardia: Giménez Caballero», en *Generaciones juntas*. Madrid, Bullón, 1962, pp. 146-149.
–«Ayer y nuevamente, Ernesto Giménez Caballero». *Anthropos*, 84 (mayo 1988), pp. 34-37.
SANTOS TORROELLA, Rafael: «Giménez Caballero y Dalí: influencias recíprocas y un tema compartido». *Anthropos*, 84 (mayo 1988), pp. 53-56.
SAZ CAMPOS, Ismael: «Tres acotaciones a propósito de los orígenes, desarrollo y crisis del fascismo español». *Revista de Estudios Políticos*, 50 (marzo-abril 1986), pp. 179-211.
SCOTTI-ROSIN, Michael: «Ernesto Giménez Caballero "nieto del 98". Ein Beitrag zur neueren spanischen Ideologiegeschichte». *Stimmen der Romania*, Festschrift W. Th. Elwert, Wiesbaden, Steiner, 1980, pp. 405-420.
SELVA ROCA DE TOGORES, Enrique: «Plenitud vanguardista de Gecé». *Anthropos*, 84 (mayo 1988), pp. 44-46. [Trad. al italiano en «Ernesto Giménez Caballero e l'avanguardia». *Parsifal*, 22 (marzo-abril 1988), pp. 19-21]
–«Giménez Caballero en los orígenes ideológicos del fascismo español». *Estudis d'-Història Contemporània del País Valencià*, 9 [1991], pp. 183-213.

−«La "visita literaria" a Azorín. Un incidente olvidado del periodismo de los años veinte». *Anales Azorinianos*, 4 (1993), pp. 603-615.

−«La crisis de "La Gaceta Literaria" y la escisión de los intelectuales en el tránsito de la Dictadura a la II República». *Comunicación y Estudios Universitarios*, 3 (1993), pp. 133-158.

−«Giménez Caballero en el vórtice de la vanguardia hispana». *Revista Canadiense de Estudios Hispánicos*, XVIII, 2 (invierno 1994), pp. 328-337.

−«La lucidez vehemente: de la voluntad experimental a la sacralización del arte». *IV Discusión sobre las Artes. −Ismos. La otra vanguardia española*. Valencia, Facultad de Bellas Artes de San Carlos, 1996, pp. 41-54.

SERRANO, Carlos: «Un curieux "ami": Giménez Caballero face à Manuel Azaña», en J. P. Amalric et P. Aubert (eds.), *Azaña et son temps*. Madrid, Casa de Velázquez, 1993, pp. 193-201.

SOBEJANO, Gonzalo: *Nietzsche en España*. Madrid, Gredos, 1967. [pp. 650-654]

SORIA OLMEDO, Andrés: *Vanguardismo y Crítica Literaria en España (1910-1930)*. Barcelona, Istmo, 1988. [pp. 263-308]

TANDY, Lucy, y SFERRAZZA, María: *Giménez Caballero y «La Gaceta Literaria» (O la generación del 27)*. Madrid, Turner, 1977.

TORRE, Guillermo de: «La trayectoria de Giménez Caballero». *Síntesis*, 20 (enero 1929), pp. 143-156.

−«Mis recuerdos de "La Gaceta Literaria"», en *El espejo y el camino*. Madrid, Prensa Española, 1968, pp. 293-297.

TORRENTE BALLESTER, Gonzalo: *Panorama de la literatura española contemporánea*. Madrid, Guadarrama, 1956. [pp. 400-402]

TRAPIELLO, Andrés: *Las armas y las letras. Literatura y guerra civil (1936-1939)*. Barcelona, Planeta, 1994, [pp. 28-34 y 48-52]

−«Un mosquetero. Memoria de Giménez Caballero». *Suplemento Semanal*, 266 (29.XI.1992), pp. 80-81. [Texto recogido, con modificaciones, en *Locuras sin fundamento*. Valencia, Pre-Textos, 1993, pp. 124-128; 2ª ed.: Barcelona, Destino, 1998, pp. 160-165]

UCELAY DA CAL, Enric: «Vanguardia, fascismo y la interacción entre nacionalismo español y catalán: el proyecto catalán de Ernesto Giménez Caballero y algunas ideas corrientes en los círculos intelectuales de Barcelona, 1927-1933», en Justo G. Beramendi y Ramón Máiz (comps.), *Los nacionalismos en la España de la II República*. Madrid, Siglo XXI, 1991, pp. 39-95.

UTRERA, Rafael: «Cuatro secuencias sobre el cineasta Ernesto Giménez Caballero». *Anthropos*, 84 (mayo 1988), pp. 46-50.

VALBUENA PRAT, Ángel: *Historia de la literatura española*. 9ª ed., Barcelona, Gustavo Gili, 1983, tomo VI, [pp. 158-162]

VENTALLO, Joaquim: *Los intelectuales castellanos y Cataluña*. Barcelona, Galba Edicions, 1976.

3. Notas, comentarios y reseñas

Abril, Manuel: «Los carteles literarios de "Gecé"». *Revista de la Españas*, 20-21 (abril-mayo 1928), pp. 175-180.

Anónimo: «La cola de un robo y el desparpajo de Jiménez». *ABC* (20.II.1925).
– «La Gaceta Literaria». *El Sol* (30.XII.1926).
– «Nuevo periódico. "La Gaceta Literaria"». *El Sol* (1.I.1927).
– «Escolios a Gecé». *Mediodía*, VII (1927), p. 23. [Comentario de *Carteles*]
– «Una exposición interesante. El Libro Catalán en Madrid». *El Sol* (6.XII.1927).
– «Exposición del Libro Catalán. Banquete de intelectuales catalanes y castellanos». *El Sol* (22.XII.1927).
– «El Libro Catalán. El banquete de anoche». *La Voz* (22.XII.1927).
– «Una conferencia de Giménez Caballero». *La Gaceta Literaria*, 25 (1.I.1928), p. 3.
– «El senyor Giménez Caballero y els seus companys han tornat a marxar cap a Madrid». *La Nau* (9.I.1928).
– «L'exposició de Cartells Literaris i el senyor Giménez Caballero». *La Nau* (10.I.1928).
– «Castilla a Cataluña. Un raid de "La Gaceta Literaria"». *La Gaceta Literaria*, 26 (15.I.1928), p. 1.
– «Un viaje a Lisboa. Exposición del Libro Portugués». *La Gaceta Literaria*, 33 (1.V.1928), p. 8.
– «Los raids literarios. Circunvalación de Europa por Giménez Caballero». *La Gaceta Literaria*, 34 (15.V.1928), p. 1.
– «Los raids literarios. Giménez Caballero, en Italia». *La Gaceta Literaria*, 35 (1.VI.1928), p. 1.
– «Los raids literarios. E. Giménez Caballero». *La Gaceta Literaria*, 36 (15.VI.1928), p. 2.
– «Giménez Caballero, a Italia». *La Gaceta Literaria*, 40 (15.VIII.1928), p. 6.
– «Jiménez Caballero hablará en el Ateneo el sábado». *El Pueblo Vasco* (7.II.1929).
– «En el Ateneo. "Conferencia articulada" de Jiménez Caballero». *El Pueblo Vasco* (10.II.1929).
– «El Cineclub en Bilbao». *El Pueblo Vasco* (15.II.1929).
– «Nota sobre el ciclo de conferencias de Giménez Caballero en 1929». *Books Abroad*, III, 3 (julio 1929), p. 331.
– «Notas y comentarios. El señor Jiménez Caballero y su "hacismo"». *El Pueblo* (12.VII.1929).
– «Escaparate de libros». *Cosmópolis* (septiembre 1929), p. 168. [Comentario a *Hércules jugando a los dados* de EGC.]
– «El viaje a Oriente de Ernesto Giménez Caballero». *La Gaceta Literaria*, 69 (1.XI.1929), p. 6.
– «Regreso de E. Giménez Caballero». *La Gaceta Literaria*, 71 (1.XII.1929), p. 1.
– «Banquete en honor de Giménez Caballero». *ABC* (9.I.1930).
– «Gaceta de Pombo. Banquete a Giménez Caballero». *La Gaceta Literaria*, 74 (15.I.1930), p. 3.
– «Una conversación con Bragaglia». *ABC* (16.I.1930).
– «Conferencia del notable escritor Giménez Caballero». *Heraldo de Madrid* (7.IV.1930).
– «En el Lyceum Club. Inauguración del ciclo romántico de conferencias. E. Giménez Caballero: "Cultos románticos de la mujer española: San José"». *La Gaceta Literaria*, 83 (1.VI.1930), p. 13.
– «Anteayer. La sesión del Cine Club». *Heraldo de Aragón* (3.VI.1930)

–«Spanish Periodicals. La Gaceta Literaria». *The Criterion* (julio 1931), pp. 783-784.
–«Un libro sobre Giménez Caballero». *Informaciones* (6.VIII.1932). [Comentario sobre la tesis de L. Tandy.]
–«Micrófono. Sobre Giménez Caballero». *Heraldo de Madrid* (25.VIII.1932). [Comentario sobre la tesis de L. Tandy.]
–«En Orihuela. En memoria de Gabriel Miró». *El Sol* (6.X.1932).
–«En la Sociedad Económica. Se inaugura solemnemente el curso de la Academia de Bellas Artes. Una bellísima disertación de don Ernesto Giménez Caballero». *La Verdad* (1.XI.1933).
–«Giménez Caballero en Murcia». *La Verdad* (1.XI.1933).
–«"El Belén de Salcillo", conferencia dada en Murcia por Giménez Caballero». *Informaciones* (2.XI.1933).
–«Giménez Caballero desplaza a Ortega en la influencia sobre la juventud». *Informaciones* (7.VII.1934).
–«Nuestro ilustre colaborador, el eminente escritor don Ernesto Giménez Caballero, acaba de obtener en una brillante oposición, la cátedra de Literatura del Instituto del Cardenal Cisneros». *Informaciones* (15.I.1935).
–«Un acto brillante, original y español. Anoche se celebró el banquete en honor de don Ernesto Giménez Caballero. Asistió más de un centenar de comensales y se pronunciaron elocuentísimos discursos». *Informaciones* (8.II.1935).
–«El genio español de Lope de Vega y la exaltación madrileña de San Isidro. Ernesto Giménez Caballero pronunció ayer una admirable conferencia en la Catedral». *Informaciones* (15.IV.1935).
–«Defensa del patrono. El homenaje de los patronos españoles al insigne escritor Giménez Caballero». *Labor*, 90 (20.IV.1935), p. 5; 91 (27.IV.1935), p. 9; 92 (4.V.1935), p. 9; 93 (11.V.1935), p. 16.
–«Hacia la unión nacional de patronos. Homenaje a Ernesto Giménez Caballero por un artículo publicado en "Informaciones"». *Informaciones* (16.V.1935).
–«Homenaje a Giménez Caballero». *Labor*, 94 (18.V.1935), pp. 10-16.
–«Necrología. D. Ernesto Giménez Moreno». *Labor*, 106 (10.VIII.1935), p. 14.
–«Cordialidad Hispanoalemana. Giménez Caballero, en Alemania». *Informaciones* (22.X.1935).
–«Giménez Caballero, en el Instituto de Estudios Hispánicos. Admirable disertación sobre "Alarcón, viajero"». *Informaciones* (14.I.1936).
–«Un Manifiesto. El Partido Económico Patronal Español». *Informaciones* (22.I.1936).
–«En el teatro de la Comedia. Los candidatos Giménez Caballero y Royo Villanova hablan a sus electores». *Informaciones* (15.II.1936).
–«Nota del Partido Económico Patronal Español». *Informaciones* (29.II.1936).
–«"Arte y Estado", por Giménez Caballero». *Gaceta de Arte* (marzo 1936).
–«En Acción Española. Conferencia de don Ernesto Giménez Caballero sobre el tema "Roma en la literatura española"». *Informaciones* (25.IV.1936).
–«Sobre un precursor nacional [Pedro A. de Alarcón]. Conferencia de Giménez Caballero en San Sebastián». *Informaciones* (30.IV.1936).
–«¡A paseo!». *El Mono Azul*, 2 (3.IX.1936), p. 7.
–«En torno al Círculo de la Unión Mercantil». *Fragua Social* (9.IX.1936). [Sobre el registro en el domicilio de EGC.]
–«Festival organizado por Falange Española en honor del embajador de Italia». *La Gaceta Regional* (8.XII.1936).

–«La ofensiva en los sectores del Norte. Jiménez Caballero y Pío Baroja». *Fragua Social* (2.I.1937).

–«Anoche, ante el micrófono de Radio Milán, pronunció una alocución Giménez Caballero». *La Gaceta Regional* (6.II.1937).

–«Falange e Italia. El camarada Giménez Caballero divulga en la Patria del Fascio la doctrina nacionalsindicalista». *Unidad* (15.III.1937).

–«Giménez Caballero da su lección en Castilla». *Unidad* (15.IV.1937). [Sobre un discurso pronunciado en Palencia.]

–«Franco nombra la mitad de la Junta Política. Guión biográfico». *La Gaceta Regional* (23.IV.1937).

APARICIO, Juan: «Estampa única». *El Alcázar* (26.X.1972).

–«El insólito "Gecé"». *La Vanguardia* (30.XI.1978).

–«Fachas, fechas y fichas. G.C.». *El Alcázar* (17.III.1979), Suplemento fin de semana, pp. 13-15.

ARCONADA, César M.: «Cuatro libros de jóvenes». *La Gaceta Literaria*, 48 (15.XII.1928), pp. 1-2. [Comentario sobre *Julepe de menta* de EGC.]

–«Quince años de literatura española». *Octubre*, 1 (junio–julio 1933), pp. 3-7.

–«La doctrina intelectual del fascismo español». *Octubre*, 6 (abril 1934), pp. 22-24.

AYALA, Francisco: «El Cineclub de Madrid». *Síntesis*, 22 (marzo 1929), pp. 115-117.

AZORÍN: «Los escritores nuevos». *La Prensa* (22.VII.1928).

–«El mapa literario de España». *La Prensa* (5.X.1930).

–«Índice de nuevos libros españoles». *La Prensa* (27.XI.1932). [Reseña de *Genio de España*, de EGC.]

BOTTAI, Giuseppe: «I Premi San Remo». *Meridiano di Roma* (24.I.1937).

CAMPMANY, Jaime: «Recuerdo de Ernesto». *ABC* (17.V.1988).

CAÑAS, Dionisio: «La posmodernidad cumple 50 años en España». *El País* (28.IV.1985).

CILLERUELO, José Angel: «Un "ismo" llamado Ernesto». *Anthropos*, 84 (mayo 1988), pp. V-VI. [Comentario a *Yo, inspector de alcantarillas* y *Julepe de menta y otros aperitivos*, de EGC.]

CONTE, Rafael: «Visitas literarias de España (1925-1928)», *ABC* (31.III.1995), Suplemento «ABC Cultural», p. 11.

DANVILA, José Ramón: «El espíritu burlón de Gecé». *El Mundo* (21.VII.1994).

DÍAZ FERNÁNDEZ, José: «Carta abierta. El señor Jiménez Caballero, "La Gaceta Literaria", etc., etc.». *Heraldo de Madrid* (9.VII.1929).

D'ORS, Eugenio: «Palique». *Nuevo Mundo* (9.III.1923).

ESPINA, Antonio: «Los carteles de "Gecé"». *La Gaceta Literaria*, 26 (15.I.1928), p. 5.

ESPINOSA, Agustín: «La hora hostil de España. Ernesto Giménez Caballero». *La Tarde* (24.IV.1929). [Recogido en *Textos (1927-1936)*. Santa Cruz de Tenerife, Aula de Cultura, 1980, pp. 37-38]

–«Robinsón en España. Vieja historia de una joven cabra». *La Tarde* (7.IX.1931). [Recogido en *Textos (1927-1936)*, pp. 106-107]

ESTEBAN, José: «Los otros del 27. Hacia Ernesto Giménez Caballero». *Pueblo* (3.XI.1978). Suplemento «Pueblo literario».

–«La entrevista como género periodístico». *El Mundo* (25.III.1995). Suplemento «La Esfera», p. 9. [Reseña de *Visitas literarias* de EGC.]

FALGAIROLLE, Adolfo: «"Carteles" y "Los toros, las castañuelas y la Virgen" (Nota)». *Les Nouvelles Litteraires* (mayo 1927).

FERNÁNDEZ, Cesáreo: «La literatura española en el extranjero. Giménez Caballero en Berlín». *La Gaceta Literaria*, 37 (1.VII.1928), pp. 1-2.

FERNÁNDEZ DE LA MORA, Gonzalo: «Giménez Caballero, Ernesto: "Retratos españoles"». *Razón Española*, 15 (enero-febrero 1986), pp. 124-125.

FERNÁNDEZ BARBADILLO, P.: «Adiós a una generación». *Razón Española*, 33 (enero-febrero 1989), pp. 92-94.

FERRARIN, A. R.: «Buenos Aires contro Madrid». *La Fiera Letteraria*, 38 (18.IX.1927), p. 1.

FICHTER, W.L.: «Hércules jugando a los dados». *Books Abroad*, III, 4 (octubre 1929), p. 371.

FORNET, Emilio: «Postal de Valencia. Castilla en la Sala Blava». *La Gaceta Literaria*, 62 (15.VII.1929), p. 5.

FOXA, Conde de: «Los Reyes Católicos y Giménez Caballero». *La Gaceta Literaria*, 110 (15.VII.1931), p. 1.

GARCÍA CALERO, Jesús: «Giménez Caballero-Arte y Estado». *Punto y Coma*, 4 (junio-agosto 1986), pp. 23-24.

GARCÍA ESCUDERO, José María: «G.C.: todo un espectáculo». *Ya* (16.V.1988).

GARCÍA SERRANO, Rafael: «Un profeta chispero». *El Alcázar* (21.IV.1985).

GARCÍA VENERO, Maximiano: «Palma y triunfo de Giménez Caballero». *Unidad* (13.III.1937). [Con el seudónimo de Tresgallo de Souza.]

GASCH, Sebastià: «Madrid : Barcelona. La exposición en Dalmau». *La Gaceta Literaria*, 27 (1.II.1928), p. 4.

GAZIEL: «La Gaceta Literaria». *La Vanguardia* (2.XI.1926).

GÓMEZ CAMPILLO, Francisco: «La nueva Catolicidad». *Acción Española*, 48 (1.III.1934), p. 1269.

GÓMEZ DE BAQUERO, Eduardo: «Letras e ideas. Carteles». *El Sol* (3.V.1927).
    —«Seudónimos». *El Sol* (26.V.1927).

GÓMEZ NADAL, Emili: «Un article de "Gecé"». *Acció Valenciana*, 23 (1.IV.1931). [Recogido en *Articles (1930-1939)*, Valencia, Eds. Alfons el Magnànim, IVEI, 1990, pp. 59-61]

GONZÁLEZ RUANO, César: «Reseña incompleta del diario hablado "Levante"». *Arriba* (24.IV.1949).

HALCÓN, Manuel: «Giménez Caballero en España». *Unidad* (4.XI.1936).

HARO TECGLEN, Eduardo: «Surrealismo y fascismo. Lo que no fue Giménez Caballero». *El País* (16.V.1988).

JARNES, Benjamín: «Revistas nuevas». *Revista de Occidente*, 15, XLIV (febrero 1927), pp. 263-266.
    —«Carteles y pasquines». *La Gaceta Literaria*, 15 (1.VIII.1927), p. 4.
    —«Cinema (cineclub)». *Revista de Occidente*, 22, LXVI (diciembre 1928), pp. 386-389.

JIMÉNEZ LOSANTOS, Federico: «Gecé y los Miuras». *ABC* (19.V.1988).

ITURRALDE, Gamito: «Los patriarcas ante las "opiniones juveniles". Palacio Valdés y Giménez Caballero». *El Pueblo Vasco* (2.III.1928).

LAFFON, Rafael: «Lectura». *La Gaceta Literaria*, 120 (15.XII.1931), p. 5. [Comentario a *Trabalenguas sobre España* de EGC.]

LEDESMA RAMOS, Ramiro: «3 libros; 3 perfiles. Giménez Caballero y su Hércules». *La Gaceta Literaria*, 63 (1.VIII.1929), pp. 1-2.

LEQUERICA, José Félix de: «Otro opinante sobre el porvenir del liberalismo». *El Pueblo Vasco* (10.I.1928).

LÓPEZ CORTS: «Ayer tarde en la "Sala Blava". Solana, Valencia y Jiménez Caballero». *El Mercantil Valenciano* (7.VII.1929).

LUCA DE TENA, Torcuato: «Mi respuesta». *ABC* (22.II.1925).

MAEZTU, Ramiro de: «Genio de España». *ABC* (30.VI.1932).
—«Genio de España. Un libro de estímulos». *La Prensa* (30.X.1932).
MAINER, José-Carlos: «Injustamente olvidados». *El País* (26.V.1988).
—«El visitante sospechoso». *Saber Leer*, 89 (noviembre 1995), pp. 6-7. [Reseña de *Visitas literarias* de EGC.]
MARQUERIE, Alfredo: «Un libro de profecías españolas». *Informaciones* (26.XI.1932). [Comentario a *Manuel Azaña* de EGC.]
—«Giménez Caballero, augur de una España renovada». *Informaciones* (30.IX.1933).
—«La vida literaria». *Informaciones* (9.VI.1934). [Comentario a *El Belén de Salzillo* de EGC]
—«Vida y letras. "Arte y Estado", apología de un mundo estético». *Informaciones* (4.XII.1935).
—«La vida literaria». *Informaciones* (30.V.1936). [Comentario a *Exaltación del matrimonio* de EGC.]
MASOLIVER, Juan Ramón: «E. Giménez Caballero». *Hèlix*, 5 (junio 1929), pp. 4-5.
MATEOS, Francisco: «Carta al Robinsón literario. Jiménez Caballero y "La Conquista del Estado"». *La Tierra* (8.XII.1931).
MAYA, Rafael: «Giménez Caballero y América». *Cuadernos Hispanoamericanos*, 74 (1956), pp. 261-263.
MONTANYA, Lluís: «La literatura. Panorama. Cartells Literaris». *L'Amic de les Arts*, 23 (31.III.1928), pp. 174-175.
—«Carteles literarios». *La Gaceta Literaria*, 33 (1.V.1928), p. 7.
—«Letras castellanas. Un libro surrealista de Giménez Caballero». *La Gaceta Literaria*, 59 (1.VI.1929), p. 4. [De *L'Amic de les Arts*.]
NOVÁS CALVO, Lino: «El Robinsón Literario llega a Cuba». *La Gaceta Literaria*, 114 (15.IX.1931), pp. 1-2.
PARDO, Jesús: «El euromoro». *Diario 16* (16.V.1988).
PERUCHO, Artur: «Escriptors castellans, a Barcelona». *Taula de Lletres Valencianes*, 4 (enero 1928), pp. 11-12.
PIZCUETA, Adolfo: «En la "Sala Blava". Conferencia de Giménez Caballero». *El Pueblo* (7.VII.1929).
POMES, Mathilde: «Giménez Caballero–"La Gaceta Literaria"». *ABC* (26.VI.1969).
PRIETO, Indalecio: «Leyendo un libro. "Notas marruecas de un soldado"». *El Socialista* (15.III.1923).
PUTNAM, Samuel: «Caballero and the new Spain». *Books Abroad*, VII, 2 (abril 1933), pp. 139-141.
RAMONEDA, Arturo: «Perfiles informales». *Diario 16* (1.IV.1995). [Reseña de *Visitas literarias* de EGC.]
ROSSELL I VILAR, Pere Màrtir: «Un amic de Catalunya». *Revista de Catalunya*, XIV, 72 (agosto 1931), pp. 130-149.
SALAVERRIA, José María: «La literatura por las calles». *ABC* (30.XII.1926). [Recogido en *Las terceras de ABC*, Madrid, Prensa Española, 1977, pp. 204-208]
SALAZAR Y CHAPELA, Esteban: «Literatura. Giménez Caballero (E.): "Hércules jugando a los dados"». *El Sol* (17.VI.1929).
—«Giménez Caballero, E.: "Circuito imperial"». *El Sol* (8.I.1930).
SANTA CECILIA, Carlos G.: «La sonrisa vanguardista de Gecé». *EL País* (23.VII.1994).
SERRANO PLAJA, Arturo: «El genio de España (Palabras proféticas)». *El Mono Azul*, 8 (15.X.1936), p. 6.

SEYNAVE, Maurice: «Ernesto Giménez-Caballero». *ABC* (31.V.1988).

SIJÉ, Ramón: «Flor fría a todos los otoños. El "Azaña" de Ernesto Giménez Caballero: Nueva orestiada hispánica». *La Verdad* (18.XII.1932). [Recogido en José Muñoz Garrigós, *Vida y obra de Ramón Sijé*. Murcia, Universidad de Murcia / Caja Central Rural de Orihuela, 1987, pp. 575-576]

UMBRAL, Francisco: *Leyenda del César Visionario*. Barcelona, Seix Barral, 1991.

–«Giménez Caballero, en la alcantarilla», en *Las palabras de la tribu (De Rubén Darío a Cela)*. Barcelona, Planeta, 1994, pp. 258-261.

UNAMUNO, Miguel de: «Cola de humo». *España*, 364 (7.IV.1923), pp. 1-2. [Recogido en *Crónica política española (1915-1923)*, Salamanca, Almar, 1977, pp. 348-350]

VALLE, Adriano del: «Fotografía al minuto de Gecé». *Papel de Aleluyas*, 1 (julio 1927), p. 4. Reproducido en *Adriano del Valle (1895-1957). Antología*. [Catálogo]. Madrid, Centro Cultural Conde-Duque, 1995, pp. 197-199.

VENEGAS, José: «Historia Nueva. Respuesta de un editor». *La Gaceta Literaria*, 42 (15.IX.1928), p. 8.

4. ENTREVISTAS

AYALA, Francisco: «Lo que ha dado 1927. Y lo que se espera de 1928», en Gabriel García Maroto, *Almanaque de las Artes y las Letras para 1928*. Madrid, Biblioteca Acción, 1928, pp. 32-33. [Firmado: F. A.]

FORNET, Emilio: «Arte de hoy. "Gecé", teísta en su jardín de papel. De Negrescos a Kioto». *El Mercantil Valenciano* (6.V.1928).

VELLUTER, El [seud. de Adolf Pizcueta]: «Parlant amb Gggiménez [*sic*] Caballero». *Taula de Lletres Valencianes*, 22 (julio 1929), p. 9.

ANÓNIMO: «Literatura y política. Lo que dice el señor Jiménez Caballero». *El Pueblo* (12.VII.1929).

PIQUERAS, Juan: «Los raids literarios. Giménez Caballero parte al mundo sefardí». *La Gaceta Literaria*, 65 (1.IX.1929), p. 1. [Firmado: J. P.]

SALADO, José Luis: «Los nuevos. Giménez Caballero dice que las masas jerarquizadas son la única democracia». *Heraldo de Madrid* (20.II.1930).

ALMANZORA, Juan de: «¿Qué es el vanguardismo. Lo que nos dice el señor Giménez Caballero». *Crónica* (31.VIII.1930).

CARRIBA, J.: «Nuestras encuestas. ¿Cómo veía usted la vida literaria cuando empezó a escribir y cómo la ve ahora?». *Heraldo de Madrid* (18.VIII.1932).

ALMAGRO, M[artín]: «Habla Jiménez Caballero». *Unidad* (9.III.1937).

PÉREZ MADRIGAL, Joaquín: «El autor», en EGC, *El Vidente*. Sevilla, La Novela del Sábado, 1939, pp. 3-19. [Firmado: J. P. M.]

ANÓNIMO: «Coloquio con Giménez Caballero, sobre Europa Una, Grande y Libre». *El Español*, 4 (21.XI.1942), pp. 1 y 6.

DENNIS, Nigel R.: «Una entrevista con Ernesto Giménez Caballero». *Vida Hispánica* (invierno 1976), pp. 26-28.

ALVARENGA, Teresa: «La "Gaceta Literaria" de Madrid: Órgano del Vanguardismo Español». *Nacional* (9.XI.1976).

LARA, Fernando: «Anatomía de un fascista». *Triunfo* (13.VIII.1977). [Reproducido en EGC, *Memorias de un dictador*. Barcelona, Planeta, 1979, pp. 313-319]

RIVAS, Francisco: «Conversación con Ernesto Giménez Caballero». *Pueblo* (3.XI.1978). Suplemento «Pueblo literario».

RUIPÉREZ, María: «Habla Ernesto Giménez Caballero. Memorias de un funámbulo». *Tiempo de Historia*, 56 (julio 1979), pp. 24-35.

ANÓNIMO: «Giménez Caballero: la mística de la anticultura». *La guerra civil española*. [Catálogo]. Madrid, Ministerio de Cultura, Dirección General de Bellas Artes, Archivos y Bibliotecas, 1980, pp. 110-113.

VICENT, Manuel: «Ernesto Giménez Caballero o el Imperio en una zapatería». *El País* (15.VIII.1981).

ELLWOOD, Sheellagh: «Entrevista con Ernesto Giménez Caballero. "Yo propuse la unificación"». *La Guerra Civil*. Madrid, Historia 16, 1986-1987, vol. 7, pp. 119-124.

SELVA ROCA DE TOGORES, Enrique: «Giménez Caballero entre la vanguardia y la tradición. Su autobiografía intelectual a través de una entrevista». *Anthropos*, 84 (mayo 1988), pp. 21-26.

MONCLUS, Antonio: «La teoría nacionalista de Ernesto Giménez Caballero», en J. L. Abellán y A. Monclús (coords.), *El pensamiento español contemporáneo y la idea de América*. Barcelona, Anthropos, 1989, tomo I, pp. 33-71.

III

BILIOGRAFÍA GENERAL Y COMPLEMENTARIA

ALBERT, Mechthild (ed.): *Vencer no es convencer. Literatura e ideología del fascismo español.* Frankfurt / Madrid, Vervuert / Iberoamericana, 1998.

ALBERTI, Rafael: *La arboleda perdida.* Barcelona, Seix Barral, 1975.

ALTED VIGIL, Alicia: *La revista «Filosofía y Letras».* Madrid, Fundación Universitaria Española, 1981.

APARICIO, Juan (Antología y prólogo): *La Conquista del Estado.* Barcelona, Ed. F.E., 1939.

ARCONADA, César M.: *De Astudillo a Moscú. Obra periodística.* Estudio preliminar de Christopher H. Cobb. Valladolid, Ambito, 1986.

AREILZA, José María de: *A lo largo del siglo. 1909-1991.* Barcelona, Planeta, 1992.

AYALA, Francisco: *Recuerdos y olvidos.* Madrid, Alianza, 1988.

AZAÑA, Manuel: *Memorias políticas y de guerra.* Barcelona, Crítica, 1978, 2 tomos.

AZNAR SOLER, Manuel: «Juan Chabás y la Italia fascista: del vanguardismo deshumanizado al compromiso antifascista», en Titus Heydenreich (ed.), *Cultura italiana y española frente a frente: años 1918-1939.* Tübingen, Stauffenburg Verlag, 1992, pp. 67-93.

BERDIAEFF, Nicolás: *Una nueva Edad Media. Reflexiones acerca de los destinos de Rusia y de Europa.* Barcelona, Apolo, 1938, 8ª ed.

BOETSCH, Laurent: *José Díaz Fernández y la otra generación del 27.* Madrid, Pliegos, 1985.

BONET, Juan Manuel: «En el Madrid vanguardista», en *Dalí joven (1918-1930).* [Catálogo]. Madrid, M.N.C.A.R.S., 1994, pp. 111-126.

−«Baedeker del Ultraísmo», en *El Ultraísmo y las artes plásticas.* [Catálogo]. Valencia, IVAM, 1996, pp. 9-58.

BORRÁS, Tomás: *Ramiro Ledesma Ramos.* Madrid, Editora Nacional, 1971.

BRIHUEGA, Jaime: *Las vanguardias artísticas en España. 1909-1936.* Madrid, Istmo, 1981.

−«El futurismo y España. Vanguardia y política (?)», en Grabriele Morelli (comp.), *Treinta años de vanguardia española.* Sevilla, El Carro de la Nieve, 1991, pp. 29-54.

CABRERA, Mercedes: *La patronal ante la II República. Organizaciones y estrategia.* Madrid, Siglo XXI, 1983.

−*La industria, la prensa y la política. Nicolás María de Urgoiti (1869-1951).* Madrid, Alianza, 1994.

CARO BAROJA, Julio: «El mito del "carácter nacional" y su formación con respecto a España», en *El mito del carácter nacional. Meditaciones a contrapelo.* Madrid, Seminarios y Ediciones, 1970, pp. 71-135.

CASTRO, Américo: *España en su historia. Cristianos, moros y judíos.* 2ª ed., Barcelona, Crítica, 1983.

CAVA MESA, María Jesús: *Los diplomáticos de Franco. J. F. de Lequerica, temple y tenacidad (1890-1963).* Bilbao, Universidad de Deusto, 1989.

CUADRADO COSTA, José: *Ramiro Ledesma Ramos, un romanticismo de acero.* Madrid, Barbarroja, 1990.

CHUECA, Ricardo: *EL fascismo en los comienzos del régimen de Franco. Un estudios sobre FET-JONS.* Madrid, Centro de Investigaciones Sociológicas, 1983.

DÍAZ FERNÁNDEZ, José: *El nuevo romanticismo. Polémica de arte, política y literatura*. Madrid, Zeus, 1930.

–*El blocao* [1928]. Prólogo de Víctor Fuentes. Madrid, Turner, 1976.

DÍAZ-PLAJA, Fernando: *Si mi pluma valiera tu pistola. Los escritores españoles en la guerra civil*. Barcelona, Plaza & Janés, 1979.

ELLWOOD, Sheelagh: *Prietas las filas. Historia de Falange Española, 1933-1983*. Barcelona, Crítica, 1984.

ELORZA, Antonio: *La razón y la sombra. Una lectura política de Ortega y Gasset*. Barcelona, Anagrama, 1984.

–«Caballeros y fascistas». *Historia 16*, 91 (noviembre 1983), pp. 33-41.

–y otros: «Las fundaciones de Nicolás María de Urgoiti». *Estudios de Historia Social*, 24/25 (enero-junio 1983), pp. 267-290.

ESPINOSA, Agustín: *Textos (1927-1936)*. Ed. de A. Armas Ayala y M. Pérez Corrales. Santa Cruz de Tenerife, Aula de Cultura, 1980.

FELICE, Renzo de: «Futurismo político». *Cuadernos del Norte*, 39 (noviembre 1986), pp. 10-13.

FLOTTES, Pierre: *El inconsciente en la Historia*. Madrid, Guadarrama, 1971.

FUENTES, Víctor: *La marcha al pueblo en las letras españolas. 1917-1936*. Madrid, Eds. de la Torre, 1980.

GARCÍA DE CARPI, Lucía: «Marinetti en España», en *Homenaje al profesor Hernández Perera*. Madrid, Universidad Complutense, 1992, pp. 821-826.

GARCÍA ESCUDERO, José María: *Mis siete vidas*. Barcelona, Planeta, 1995.

GARCÍA QUEIPO DE LLANO, Genoveva: *Los intelectuales y la dictadura de Primo de Rivera*. Madrid, Alianza, 1988.

GARCÍA SERRANO, Rafael: *La gran esperanza*. Barcelona, Planeta, 1983.

GARCÍA VENERO, Maximiano: *Falange en la guerra de España: la Unificación y Hedilla*. París, Ruedo Ibérico, 1967.

GEIST, Anthony Leo: *La poética de la generación del 27 y las revistas literarias: de la vanguardia al compromiso (1918-1936)*. Barcelona, Guadarrama-Labor, 1980.

–«El 27 y la vanguardia: una aproximación ideológica». *Cuadernos Hispanoamericanos*, 514/515 (abril–mayo 1993), pp. 53-64.

GENTILE, Emilio: *Le origini dell'ideologia fascista (1918-1925)*. Bari, Laterza, 1975.

–*Il mito dello Stato Nuovo dall'antigiolittismo al fascismo*. Bari, Laterza, 1982.

GIBELLO, Antonio: *José Antonio. Apuntes para una biografía polémica*. Madrid, Doncel, 1975.

GIBSON, Ian: *En busca de José Antonio*. Barcelona, Planeta, 1980.

GIL ROBLES, José María: *No fue posible la paz*. Barcelona, Ariel, 1968.

GONZÁLEZ CUEVAS, Pedro Carlos: *Acción Española. Teología política y nacionalismo autoritario en España (1913-1936)*. Madrid, Tecnos, 1998.

GRAMSCI, Antonio: *Antología*. Selec., trad. y notas de Manuel Sacristán. México, Siglo XXI, 1977, 3ª ed.

GUARIGLIA, Raffaele: *Ricordi. 1922-1946*. Nápoles, Ed. Scientifiche Italiana, 1949.

–*Primi passi in diplomazia e rapporti dall'ambasciata di Madrid (1932-1934)*. Ed. e intr. a cargo de R. Moscati. Nápoles, 1972.

GUILLÉN SALAYA: *Anecdotario de las J.O.N.S.*. San Sebastián, «Yugos y Flechas», 1938.

HERNÁNDEZ SANDOICA, Elena: *Los fascismos europeos*. Madrid, Istmo, 1992.

IGLESIA [PARGA], Ramón: *El hombre Colón y otros ensayos*. Intr. de Alvaro Matute, México, FCE, 1986, pp. 201-208.

JATO, David: *La rebelión de los estudiantes*. 2ª ed. Madrid, 1967.

JIMÉNEZ CAMPO, Javier: *El fascismo en la crisis de la Segunda República española*. Madrid, Centro de Investigaciones Sociológicas, 1979.

JIMENEZ MILLÁN, Antonio: *Vanguardia e ideología. Aproximación a la historia de las literaturas de vanguardia en Europa (1900-1930)*. Universidad de Málaga, 1984.

–«De la vanguardia al nuevo romanticismo: la crisis de una ideología literaria», en Gabriele Morelli (comp.), *Treinta años de vanguardia española*. Sevilla, El Carro de la Nieve, 1991, pp. 251-271.

JOWERS, Rebecca: «Las revistas literarias». *Revista de Occidente*, 7/8 (noviembre 1981), pp. 133-154.

KÜHNL, Reinhard: *Liberalismo y fascismo. Dos formas de dominio burgués*. Barcelona, Fontanella, 1978.

LAÍN ENTRALGO, Pedro: *Descargo de conciencia (1930-1960)*. 2ª ed., Madrid, Alianza, 1989.

LAPESA, Rafael: «Américo Castro. Semblanza de un maestro», en *Poetas y prosistas de ayer y de hoy*. Madrid, Gredos, 1977.

LEDESMA RAMOS, Ramiro: *El Quijote y nuestro tiempo (Ensayo)*. Madrid, Vassallo de Mumbert, 1971.

–*Discurso a las juventudes de España* [1935]. 7ª ed., Madrid, 1981.

–*La filosofía, disciplina imperial*. Madrid, Tecnos, 1983.

–*Escritos políticos – JONS. 1933-1934*. Madrid, [Ed. de Trinidad Ledesma], 1985.

–*Escritos políticos. La Conquista del Estado. 1931*. Madrid, [Ed. de Trinidad Ledesma], 1986.

–*¿Fascismo en España? La Patria Libre. Nuestra Revolución*. Madrid, [Ed. de Trinidad Lesdesma], 1988.

LÓPEZ CAMPILLO, Evelyne: *La «Revista de Occidente» y la formación de minorías*. Madrid, Taurus, 1972.

LLOPIS, Juan Manuel: *Juan Piqueras: el «Delluc» español*. Valencia, Filmoteca Generalitat Valenciana, 1988-1989, 2 vols.

LLORENTE, Ángel: *Arte e ideología en el franquismo (1936-1951)*. Madrid, Visor, 1995.

MAEZTU, Ramiro de: *Defensa de la Hispanidad* [1934]. Madrid, Cultura Española, 1946, 5ª ed.

MAINER, José-Carlos: *Literatura y pequeña burguesía en España (Notas 1890-1950)*. Madrid, Cuadernos para el Diálogo, 1972.

MALAPARTE, Curzio: *Técnica del golpe de Estado*. Madrid, Ulises, 1931.

MAS, Ricard (intr. y sel.): *Dossier Marinetti*. Barcelona, Universitat, 1994.

MENÉNDEZ PELAYO, Marcelino: *Textos sobre España*. Selec., estudio prel. y notas de F. Pérez-Embid. Madrid, Rialp, 1962, (2ª ed.)

MENÉNDEZ PIDAL, Ramón: *Los españoles en la historia*. Madrid, Espasa-Calpe, 1991, 3ª ed.

MORODO, Raúl: *Los orígenes ideológicos del franquismo: «Acción Española»*. Madrid, Alianza, 1985.

MOURE MARIÑO, Luis: *La generación del 36. Memorias de Salamanca y de Burgos*. La Coruña, Eds. do Castro, 1989.

MUÑOZ GARRIGOS, José: *Vida y obra de Ramón Sijé*. Murcia, Universidad de Murcia, Caja Rural Central de Orihuela, 1987.

NOLTE, Ernst: *El fascismo en su época*. Madrid, Península, 1967.

ORTEGA Y GASSET, José: *Obras Completas*. Madrid, Alianza, 1983, 12 tomos.

–*Meditaciones sobre la literatura y el arte (La manera española de ver las cosas)*. Ed., intr. y notas de E. Inman Fox. Madrid, Castalia, 1988.

OSUNA, Rafael: *Las revistas españolas entre dos dictaduras: 1931-1939*. Valencia, Pre-Textos, 1986.

–*Las revistas del 27*. Valencia, Pre-Textos, 1993.

PAYNE, Stanley G.: *Historia del fascismo*. Barcelona, Planeta, 1995.

PÉREZ BAZO, Javier: *Juan Chabás y su tiempo. De la poética de vanguardia a la estética del compromiso*. Barcelona, Anthropos / Ajuntament de Dénia, 1992.

PÉREZ CORRALES, Miguel: *Agustín Espinosa, entre el Mito y el Sueño*. Las Palmas, Cabildo Insular, 1986, 2 tomos.

PRESTON, Paul: *Franco. «Caudillo de España»*. Barcelona, Grijalbo, 1994.

PRIMO DE RIVERA, José Antonio: *Obras de José Antonio Primo de Rivera*. Ed., cronológica; recopilación de A. del Río Cisneros. 6ª ed, Delegación Nacional de la Sección Femenina del Movimiento, 1971.

–*José Antonio íntimo. Textos biográficos y epistolario*. Recopilación de A. del Río Cisneros y E. Pavón Pereyra. Madrid, Eds. del Movimiento, 1964.

RAMA, Carlos M.: «El Estado en la ideología fascista española», en *Fascismo y anarquismo en la España contemporánea*. Barcelona, Bruguera, 1979, pp. 17-53.

RODRÍGUEZ, José Luis: «Los orígenes del pensamiento reaccionario español». *Boletín de la Real Academia de la Historia*, CXC, I (enero-abril 1993), pp. 31-119.

ROJAS, Carlos: *¡Muera la inteligencia! ¡Viva la muerte! Salamanca, 1936. Unamuno y Millán Astray frente a frente*. Barcelona, Planeta, 1995.

SÁINZ RODRÍGUEZ, Pedro: *Testimonio y recuerdos*. Barcelona, Planeta, 1978.

SALINAS, Pedro; GUILLÉN, Jorge: *Correspondencia (1923-1951)*. Ed. de A. Soria Olmedo. Barcelona, Tusquets, 1992.

SÁNCHEZ VIDAL, Agustín: *Miguel Hernández, desamordazado y regresado*. Barcelona, Planeta, 1992.

SANTARELLI, Enzo: «Il movimento politico futurista», en *Fascismo e neofascismo*. Roma, Ed. Riuniti, 1974, pp. 3-50.

SANTONJA, Gonzalo: *Del lápiz rojo al lápiz libre. La censura previa de publicaciones periódicas y sus consecuencias editoriales durante los últimos años del reinado de Alfonso XIII*. Barcelona, Anthropos, 1986.

SANTOS, Dámaso: *De la turba gentil... y de los nombres. Apuntes memoriales de la vida literaria española*. Barcelona, Planeta, 1987.

SAZ CAMPOS, Ismael: *Relaciones España-Italia, 1931-1936. República, reacción, fascismo y relaciones internacionales*. Tesis doctoral. Universidad de Valencia, 1984, 2 vols.

–*Mussolini contra la II República. Hostilidad, conspiraciones, intervención (1931-1936)*. Valencia, Eds. Alfons el Magnànim, 1986.

–«Falange e Italia. Aspectos poco conocidos del fascismo español». *Estudis d'Història Contemporània del País Valencià*, 3 [1982], pp. 239-283.

SCHMIDT, Bernhard: *El problema español de Quevedo a Manuel Azaña*. Madrid, Cuadernos para el Diálogo, 1976.

SELVA, Enrique: *Pueblo, «intelligentsia» y conflicto social (1898-1923)*. Onil, Edicions de Ponent, 1999.

–«Salaverría en la vorágine de su tiempo», en Mechthild Albert (ed), *Vencer no es convencer. Literatura e ideología del fascismo español*. Frankfurt / Madrid, Vervuert / Iberoamericana, 1998, pp. 77-86.

SENDER, Ramón J.: *Imán* [1930]. Barcelona, Destino, 1979.

–*Nocturno de los 14* [1969]. Barcelona, Destino, 1983.

SERRANO SUÑER, Ramón: *Entre el silencio y la propaganda, la Historia como fue. Memorias*. Barcelona, Planeta, 1977.

SOUTHWORTH, Herbert Rutledge: *Antifalange. Estudio crítico de «Falange en la guerra de España: la Unificación y Hedilla» de Maximiano García Venero*. París, Ruedo Ibérico, 1967.

SPENGLER, Oswald: *La decadencia de Occidente. Bosquejo de una morfología de la historia universal.* Trad. de M. García Morente. Madrid, Calpe, 1923-1927, 4 vols.

STERNHELL, Zeev: *La droite révolutionnaire. 1885-1914. Les origines françaises du fascisme.* París, Eds. du Seuil, 1978.

–*El nacimiento de la ideología fascista.* Madrid, Siglo XXI, 1994.

TORRE, Guillermo de: *Historia de las literaturas de vanguardia.* Madrid, Guadarrama, 1974, 3 vols.

TORRE, Guillermo de; PÉREZ FERRERO, Miguel; y SALAZAR Y CHAPELA, Esteban: *Almanaque Literario. 1935.* Madrid, Plutarco, 1935.

TUÑÓN DE LARA, Manuel: *Medio siglo de cultura española (1885-1936).* Madrid, Tecnos, 1973, 3ª ed.

–«La revista *Nueva España*: una propuesta de intelectuales de izquierda en vísperas de la República», en J. L. García Delgado (ed.), *La crisis de la Restauración. España entre la primera guerra mundial y la II República.* Madrid, Siglo XXI, 1986, pp. 403-413.

TUSELL, Javier: *La dictadura de Franco.* Madrid, Alianza, 1988.

–*Franco en la guerra civil. Una biografía política.* Barcelona, Tusquets, 1992.

–y G. QUEIPO DE LLANO, Genoveva: *Los intelectuales y la República.* Madrid, Nerea, 1990.

UNAMUNO, Miguel de: *Epistolario inédito. I (1894-1914)* y *II (1915-1936).* Ed. de Laureano Robles. Madrid, Espasa-Calpe, 1991, 2 vols.

URGOITI, Nicolás María de: «Escritos y documentos (selección)». *Estudios de Historia Social,* 24/25 (enero-junio 1983), pp. 291-471.

VALLS MONTES, Rafael: *La interpretación de la Historia de España y sus orígenes ideológicos en el bachillerato franquista (1938-1953).* Valencia, I.C.E. de la Universidad Literaria de Valencia, 1984.

VEGAS LATAPIE, Eugenio: *Memorias políticas. El suicidio de la Monarquía y la Segunda República.* Barcelona, Planeta, 1983.

–*Los caminos del desengaño. Memorias políticas 2. 1936-1938.* Madrid, Tebas, 1987.

VELA, Fernando: *El arte al cubo y otros ensayos.* Madrid, La Lectura, 1927.

VELARDE FUERTES, Juan: *El nacionalsindicalismo, cuarenta años después (Análisis crítico).* Madrid, Ed. Nacional, 1972.

VIÑAS, Ángel: *La Alemania nazi y el 18 de julio.* Madrid, Alianza, 1977, 2ª ed.

XIMÉNEZ DE SANDOVAL, Felipe: *José Antonio (Biografía apasionada).* 8ª ed., Madrid, Fuerza Nueva, 1980.

ÍNDICE ONOMÁSTICO

ÍNDICE

ACABÓSE DE IMPRIMIR
EL 28 DE JUNIO DE 2000